novum 🕮 pro

René Schneider

Das kleine 7 mal 7 des Lebens

Mit großen Denkern
zu Glück und Zufriedenheit im Leben

www.novumverlag.com

Bibliografische Information
der Deutschen Nationalbibliothek:

Die Deutsche Nationalbibliothek
verzeichnet diese Publikation in
der Deutschen Nationalbibliografie.
Detaillierte bibliografische Daten
sind im Internet über
http://www.d-nb.de abrufbar.

Alle Rechte der Verbreitung,
auch durch Film, Funk und Fernsehen,
fotomechanische Wiedergabe,
Tonträger, elektronische Datenträger
und auszugsweisen Nachdruck,
sind vorbehalten.

© 2012 novum publishing gmbh

ISBN 978-3-99026-721-9
Lektorat: Sigrid Jost-Topitsch
Umschlagfoto:
Pbclub | Dreamstime.com
Umschlaggestaltung, Layout & Satz:
novum publishing gmbh
Autorenfoto: Roland Unger

Die vom Autor zur Verfügung gestellte
Abbildung wurde in der bestmöglichen
Qualität gedruckt.

www.novumverlag.com

Johann Wolfgang Goethe:
»Alles Gescheite ist schon gedacht worden,
man muss nur versuchen es noch einmal zu denken.«[1]

Albert Schweitzer:
»Wie der Baum Jahr für Jahr dieselbe Frucht,
aber jedes Mal neu bringt, so müssen auch
alle bleibend wertvollen Ideen in dem Denken
stets von neuem geboren werden.«[2]

Für Ingrid,
meiner Liebe, Frau und Freundin

Für meine Kinder Magdalena,
Reinhard und Katharina,
die mich immer wieder aufs Neue erinnern,
das Wort auch im Leben durch die Tat umzusetzen

DANKSAGUNG

Es gibt so viele Menschen, die das Zustandekommen dieses Buches ermöglicht haben und bei denen ich mich dafür bedanken möchte. Ganz besonderen Dank schulde ich meinem alten Freund und langjährigen Weggefährten Helfried Kandutsch, der in geduldiger Arbeit das Manuskript gelesen hat und mir mit seinen wertvollen Anmerkungen an so vielen Stellen weitergeholfen hat. Bedanken möchte ich mich auch bei meinem Freund und Kollegen Niki Kodolitsch, mit dem ich so oft gemeinsam überlegt habe, wie wir all diese Ideen und Ideale, von denen wir träumen, im täglichen Leben und im Arbeitsumfeld umsetzen können, und bei meiner Freundin und Kollegin Anna Freiberger, mit der ich in zahllosen Gesprächen bei unseren Mittagessentreffen heiße Themen diskutiert habe und die mich immer wieder daran erinnert hat, dass sich eigentlich mit Liebe alles von selbst löst. Schließlich gilt mein Dank meiner Frau Ingrid und meinen drei Kindern, die mit Liebe und Geduld sehr viel Verständnis dafür aufgebracht haben, dass ich meine ohnehin beschränkt verfügbare Zeit neben der beruflichen Arbeit für dieses Buchprojekt geopfert habe. Ach ja, und danke dir, Mama, dass du mich in diese Welt gebracht und begonnen hast, aus mir einen Menschen zu machen.

INHALTSVERZEICHNIS

Danksagung 7

Einleitung 11

1 Grundlagen für ein menschliches Leben 14
   1.1 Die Tugenden –
      Von der Höflichkeit bis zur Liebe 15
   1.2 Selbsterkenntnis als Ausgangspunkt 19
   1.3 Positive Geisteshaltung 25
   1.4 Denken – Der Weg zu Wissen und Wahrheit 29
   1.5 Die Grenzen des Wissens – Wissen und Glauben ... 34
   1.6 Handeln – Die Handlung als
      das Wesentliche im Leben 39
   1.7 Denken und Handeln im Einklang
      mit dem Fühlen – Richtiges Handeln 46

2 Unsere Erwartungen an das Leben 51
   2.1 Was können wir vom Leben erwarten –
      Das Glück 52
   2.2 Bescheidenheit in der Erwartung
      und Selbstgenügsamkeit 56
   2.3 Hohe Ziele – Das Wahre, Gute und Schöne 60
   2.4 Das Polaritätsprinzip – Gut und Böse 66
   2.5 Selbstvertrauen, Selbstsicherheit
      und Selbstwertgefühl 72
   2.6 Grundlegendes Gefühl des Vertrauens
      und Vertrauen in die Zukunft 76
   2.7 Der Sinn des Lebens und des Augenblicks 80

3 Leben Lernen 87
  3.1 Die Vernunft als Führerin
     bei der Lebensgestaltung – Kunst des Lebens 88
  3.2 Der Ernst des Lebens –
     Humor als Lebensprinzip 94
  3.3 Ideale der Aufklärung 99
  3.4 Humanität 106
  3.5 Toleranz 112
  3.6 Leben in der Gegenwart –
     Die Kürze des Lebens 118
  3.7 Alter und Tod als Bestandteile des Lebens –
     Die Vorbereitung auf den Tod 127

4 Tätigkeit und Leben 136
  4.1 Tätigkeit als Lebensinhalt 137
  4.2 Zielgerichtetes Handeln und Streben –
     Beständigkeit und Veränderung 144
  4.3 Leben und Pflichterfüllung 153
  4.4 Selbsterziehung und Selbstbeherrschung 157
  4.5 Edles Handeln – Die Handlungstugenden 164
  4.6 Das Schwert –
     Bewahrung des kämpferischen Geistes 171
  4.7 Die Kleinigkeiten und die Größe
     bei den kleinen Dingen des Lebens 175

5 Partnerschaft und Familie 179
  5.1 Liebe 180
  5.2 Ehe und Partnerschaft – Die Treue 191
  5.3 Egoismus, Eifersucht und deren Vermeidung 200
  5.4 Familie – Unsere Herkunftsfamilie
     und unsere Kinder 206
  5.5 Erziehung zu einem menschlichen Leben 212
  5.6 Erziehung im pädagogischen Sinn 216
  5.7 Freiheit und Ordnungsprinzip 223

6 Grundregeln für das Zusammenleben 230
   6.1 Nächstenliebe und Wohlwollen 231
   6.2 Mitleid, Mitgefühl, Einfühlungsvermögen
       und Rücksichtnahme 238
   6.3 Aufrichtigkeit, Ehrlichkeit und Wahrheit 243
   6.4 Geduld und Selbstbeherrschung 249
   6.5 Verzeihen und Vergessen 253
   6.6 Kritik und deren Vermeidung 257
   6.7 Das Gespräch, Zuhören und Schweigen 262

7 Gesundheit, Umwelt und Wirtschaft 269
   7.1 Die Bedeutung der körperlichen Gesundheit 270
   7.2 Maßnahmen zur Erhaltung und
       Förderung der körperlichen Gesundheit 274
   7.3 Gesundheit und Krankheit –
       Gesundheitsfördernde Faktoren 279
   7.4 Unsere Verantwortung gegenüber Tieren,
       Natur und Umwelt 285
   7.5 Ethik und Wirtschaft 291
   7.6 Nachhaltigkeit und unternehmerische
       Sozialverantwortung 298
   7.7 Perspektiven für ein modernes ethisches Leben ... 305

Schlusswort 310

Literatur 314

Anmerkungen 321

EINLEITUNG

Den Anstoß, dieses Buch über einen Weg zu Glück, Freude und Zufriedenheit im Leben zu schreiben, erhielt ich durch einen lieben Freund, der mich nach langer Zeit wieder zum Lesen brachte und mir einige wertvolle Bücher empfahl. Darin fand sich so viel, was sich mit meinen Einstellungen und Wertvorstellungen deckte, dass ich mich entschloss, ausgehend von den Gedanken weiser Menschen und großer Denker[5] meine persönlichen Gedanken und bisherigen bescheidenen Erfahrungen zu Papier zu bringen und über das Gute und den Weg zum wahrhaft menschlichen Sein zu schreiben.

Interessanterweise bin ich dabei auf sieben Kapitel gekommen, die jeweils aus sieben Teilen bestehen, deshalb auch der Titel »Das kleine 7 mal 7 des Lebens«. Die Sieben war schon seit jeher eine besondere und auch heilige Zahl.[6] Heilig meine ich hier allerdings nicht im religiösen Sinn, sondern im Sinn einer ehrwürdigen, geistigen und kulturhistorischen Überlieferung. So ist es auch zu verstehen, wenn ich in diesem Buch auf die Bibel Bezug nehme.[7] Die Bibel wird dabei bewusst nicht als religiöses Buch hervorgehoben, sondern als das Buch des alten Gesetzes und der heiligen Überlieferung, das mit zahlreichen Weisheiten unseren Kulturkreis nachhaltig geprägt und über Jahrtausende begleitet hat. Und so halte ich mein Buch auch ganz bewusst neutral in Bezug auf die Religion. Gerade Themen wie Religion und Politik sollten wir generell in unseren Diskussionen ausklammern. Denn wie die Geschichte leider nur allzu oft in schmerzhafter Weise gezeigt hat, haben gerade diese Themen immer wieder zu heftigen Konflikten unter den Menschen geführt.

Wenn Sie sich entscheiden, weiter zu lesen, werden Sie sehen, dass sich dieses Buch bis auf ganz wenige Ausnahmen[8] nur mit positiven Themen beschäftigt. Dieser positive Zugang entspricht meiner geistigen Grundhaltung, um die ich mich bisher in meinem Leben immer bemüht habe und der ich mich auch weiterhin mit voller Überzeugung verpflichtet fühle.

Natürlich ist mir bewusst, dass ich in diesem Buch in vielen Bereichen Ideale und Idealzustände anspreche, die wir in der Realität und im täglichen Leben durchwegs nicht oder nur sehr schwer erreichen und umsetzen können. Aber im Leben geht es in erster Linie gar nicht darum, die Ideale und Ziele auch tatsächlich zu erreichen. Wir müssen uns vielmehr auf den Weg machen und versuchen, im Lauf des Lebens diesen Idealen näher zu kommen. Wir müssen uns auf die Suche nach den Idealen machen und den Weg beginnen. Dabei sollten wir uns in einem ersten Schritt das Gute, die Menschlichkeit und die hohen Ziele als Ideal bewusst machen und im Rahmen der Selbsterkenntnis erkennen, wie weit wir in Wahrheit von ihnen entfernt sind.[9] Haben wir das geschafft, beginnt der zweite, noch viel schwierigere Schritt, die Selbsterziehung, die Arbeit an uns selbst[10], damit wir diese Ziele und Ideale in unserem Leben bestmöglich – oder doch zumindest einigermaßen – erreichen. Das ist ein sehr weiter Weg und eine harte, mühselige Arbeit[11], eine Arbeit, die wir letztendlich bis zu unserem Tod nie vollenden. Unser Leben entwickelt sich damit zu einer einzigen Geburt unseres eigenen Menschseins, zu einem ständigen »Werden«.

Die Betonung liegt dabei auf der Arbeit an uns selbst, nicht an den anderen. Das wird nur allzu oft missverstanden: Nicht die anderen sollen wir gut und menschlich machen, sondern uns selbst. Natürlich ist es viel leichter, den Verbesserungsbedarf bei anderen zu erkennen. Aber jeder kann nur bei sich anfangen und mit gutem Beispiel vorangehen, alles andere ist sinnlos. Und damit das überhaupt möglich ist, erscheint dieser Weg der Selbsterkenntnis als erster Schritt so wichtig. In diesem »Erkenne dich selbst!«, in diesem Bewusstmachen der Entfernung von dem Guten und dem wahrhaft menschlichen Sein, in diesem Erkennen der eigenen Unzulänglichkeit soll Sie dieses Buch unterstützen und auf Ihrer arbeitsintensiven Wanderschaft in die Nähe der Ideale des Guten und der Menschlichkeit begleiten.

Ich habe mich bemüht, die einzelnen Teile der sieben Kapitel dieses Buches kurz und bündig und grundsätzlich unabhängig von einander zu halten, damit Sie die Möglichkeit haben, zwischendurch zu diesem Buch zu greifen und hineinzulesen. Fundstellen, weitere Details und Überlegungen, weiterführende Literatur und interessante weitere Zitate finden Sie in den Anmerkungen am Ende des Buches. Jedem Kapitel ist ein kurzer Streifzug durch dessen wesentlichen Inhalt vorangestellt, damit Sie gleich wissen, welche Themen Sie erwarten. Die Zusammenfassung der entscheidenden Gedanken am Ende jedes einzelnen Teiles eines Kapitels ermöglicht einen raschen Einstieg in das jeweilige Thema und erleichtert die Wiederholung, die ich als besonders wesentlich ansehe.

Wichtig war es mir auch, eine einfache und klare Sprache zu wählen, ohne Unverständlichkeiten und Kompliziertheiten. Denn die Klarheit der Ausdrucksweise ist wesentlich: Klarheit auch bei den schwierigen Gedanken. Warum kompliziert, wenn es auch einfach geht, warum lang, wenn es auch kurz geht, warum dunkel, wenn man auch klar sein kann? Der französische Philosoph *Comte-Sponville* hat es wunderbar ausgedrückt: »Seichtes Wasser kann nur Tiefe vortäuschen, wenn es trübe ist.«[12] Die Einfachheit ist eine intellektuelle Tugend und in diesem Buch habe ich mich zumindest bemüht, dieser Tugend einigermaßen treu zu bleiben.

1 GRUNDLAGEN FÜR EIN MENSCHLICHES LEBEN

Im ersten Kapitel dieses Buches werden wir uns zunächst mit den wesentlichen Grundlagen beschäftigen, die ein menschliches Leben ausmachen. Über die Fragen, was wahrhaftes menschliches Sein bedeutet und welche Tugenden wir kennen, sowie die Ahnung, welche herausragende Bedeutung dabei die Liebe hat, gelangen wir zur Selbsterkenntnis, die für ein menschliches Leben den zentralen Ausgangspunkt bildet: Denn in einem ersten Schritt müssen wir zunächst einmal erkennen, wie weit wir selbst vom Ideal der Tugenden entfernt sind. Und genau diese Spannung, die aus dem Vergleich zwischen Realität und Ideal entsteht, soll uns auf unserem weiteren Weg in die Nähe unseres Zieles führen. Dabei unterstützt uns eine positive geistige Grundhaltung, mit der wir uns im dritten Teil dieses Kapitels kurz beschäftigen werden. In den restlichen vier Teilen dieses Kapitels werden unsere Gedanken rund um das Denken und Handeln und deren magische Verbindung kreisen: Das Denken bildet unseren Ausgangspunkt im Leben, es kann uns zu Wissen und Wahrheit führen, denn der Mensch ist ein Wahrheitssucher. Dabei werden wir sehen, dass Wissen nicht nur die nüchterne Intelligenz und Rationalität ist, sondern Weisheit erst in der Verbindung zwischen Denken und Fühlen entstehen kann. Im fünften Teil werden wir uns kurz den Grenzen des Wissens widmen. Neben dem für uns erfassbaren Wissen und unseren Wissenschaften gibt es auch einen Bereich, den wir nicht oder nicht mehr erfassen können und der letztendlich Raum für den Glauben lässt. Ausgehend von *Goethes* Lehrbrief stoßen wir auf das Handeln und die Handlung als das Wesentliche im Leben: Als Mensch sind wir in jeder Lebenslage aufgefordert, das Gute und Menschliche im Leben durch die Tat umzusetzen. Dieser entscheidende Gedanke wird uns durch das ganze Buch begleiten. Nachdem wir uns anhand der goldenen Regel und *Kants* kategorischen Imperativ klar gemacht haben, wie wir unsere Handlungen gegenüber anderen Menschen begrenzen können, werden wir uns im siebten Teil dieses Kapitels mit der entscheidenden Verbindung zwischen Denken und Handeln beschäftigen: Als höchste Tugend wird uns dabei das kluge und besonnene Handeln begegnen: Wir müssen die Folgen und Konsequenzen jeder unserer Handlungen bedenken, bevor wir die jeweilige Handlung ausführen. Ziel ist es dabei, den Zustand zu erreichen, in dem wir intuitiv richtig handeln, das ist letztendlich ein Zustand, in dem wir Denken und Handeln mit dem Fühlen in uns vereint haben. Ein weiter Weg! Aber zum Glück enthält *Goethes* Lehrbrief ein Geheimnis, wie wir uns verhalten können, bis wir in die Nähe dieses »Ideals der Heiligkeit« kommen.

1.1 Die Tugenden – Von der Höflichkeit bis zur Liebe

Wenn es darum geht, einen Weg zu Glück, Freude und Zufriedenheit im Leben aufzuzeigen, kommen wir nicht umhin, uns mit dem altbewährten Konzept der »Tugenden« zu beschäftigen. Mit den klassischen Tugenden wollen wir uns daher einleitend kurz auseinandersetzen, weil sie auf das wahrhaft menschliche Sein und auf die eigene Menschwerdung in bemerkenswerter Weise hinweisen.

Ich gebe zu, das Wort »Tugend« hat heute einen etwas altertümlichen Anstrich. Tugend gilt seit jeher als eine sittlich wertvolle Eigenschaft. Tugendhaft sein, bedeutet, sich sittlich einwandfrei, moralisch untadelig oder vorbildlich zu verhalten. Das klingt alles sehr streng und antiquiert. Und dennoch üben die Tugenden auf uns eine unheimliche Faszination aus: Tugendhafte Charaktere bewundern wir. Wenn sie im Zentrum von Theaterstücken, Opern und Filmen stehen, fühlen wir uns mit ihnen emporgehoben. Das trifft wohl ganz besonders auf *Mozarts Zauberflöte* zu, in der sich der Weg der Tugend und die Liebe zweier Menschen in wundersamer Weise vereinen:

»Wenn Tugend und Gerechtigkeit, den großen Pfad mit Ruhm bestreut – Dann ist die Erd ein Himmelreich und Sterbliche den Göttern gleich«, singt der Chor, als Tamino und Papageno gegen Schluss der *Zauberflöte* in den Weisheitstempel zur Prüfung eingeführt werden.[13]

Die Tugenden und ein tugendhaftes Leben fesseln uns und heben uns zu einem höheren und wertvolleren Leben empor. Und wir sollten uns auch emporheben lassen, das ist die Grundidee dieses Buches.

Zunächst aber zur näheren Bedeutung des Begriffs der Tugend: Das Wort Tugend geht auf das lateinische Wort *virtus* zurück, das auch Mut, Kraft und Tüchtigkeit bedeutet, sich mit Tatkraft und Entschlossenheit für die gute Sache einsetzen. Tugend ist das, was nach *Aristoteles* den Menschen vom Tier unterscheidet: »Ein Tätigsein der Seele gemäß dem rationalen Element oder jedenfalls nicht ohne dieses«, mit anderen Worten das vernunftgemäße Leben, ein Leben gemäß der Vernunft und im Einklang mit ihr.[14] Seit *Aristoteles* bezeichnet man die Tugend als die erworbene Fähigkeit des Menschen, das Gute zu tun. Tugend ist unsere Art und Weise, menschlich zu sein und menschlich zu handeln, das heißt unsere Fähigkeit, gut zu handeln.[15]

Worin bestehen nun konkret die Tugenden, die ein menschliches und tugendhaftes Leben ausmachen?

Die vier Kardinaltugenden des Altertums und des Mittelalters waren Klugheit, Gerechtigkeit, Tapferkeit (Mut, heute auch Zivilcourage) und Besonnenheit (Maß oder Mäßigung).[16] Eine moderne und sehr schöne Zusammenfassung der Tugenden findet sich beim französischen Philosophen *Comte-Sponville*, der den Bogen der Tugenden von der Höflichkeit, die noch keine Tugend ist, bis zur Liebe, die schon keine Tugend mehr ist, spannt:

Die Höflichkeit stellt den Anfang aller Tugenden dar. Am Beginn aller Tugenden kann nicht selbst eine Tugend stehen. Zunächst muss der Mensch durch die Erziehung gute Manieren lernen, etwa Grüßen, »Bitte« und »Danke« sagen. Aus diesem »Zur-Schau-Tragen« von Tugend können die Tugenden erst entstehen. Dieses Thema wird uns noch im Kapitel über Partnerschaft und Familie im Zusammenhang mit der Erziehung näher beschäftigen.

Als weitere Tugenden folgen bei *Comte-Sponville* die Treue sowie die vier Kardinaltugenden des Altertums, die Klugheit, die Mäßigung, der Mut und die Gerechtigkeit. Dann kommt die Großherzigkeit als Tugend des Schenkens, die nur deshalb eine so große und vielgerühmte Tugend ist, weil sie in jedem von uns sehr schwach ist, weil der Egoismus immer stärker ist und weil die Großherzigkeit meist »durch Abwesenheit glänzt«.[17] Weitere Tugenden sind das Mitleid, die Barmherzigkeit, die Dankbarkeit, die Demut, die Einfachheit, die Toleranz, die Reinheit, die Sanftmut, die Aufrichtigkeit, der Humor und schließlich: die Liebe.

Seine zentrale Aussage betont *Comte-Sponville* mehrfach: Wir brauchen die Tugenden nur in Ermangelung der Liebe. Denn dort wo Liebe vorhanden ist, gibt es eigentlich gar keinen Bedarf an Tugenden mehr. Wenn die Liebe vorhanden ist, dann folgen die anderen Tugenden spontan.[18] Es ist wie in *Mozarts Zauberflöte*, wo die Tugenden letztendlich in der Liebe aufgehen. Und auch in der Bibel wurde das Gebot der Nächstenliebe ganz bewusst der Erfüllung aller Gebote gleichgesetzt.[19] Schließlich hat *Augustinus*, dessen Ethik kurz und bündig mit dem Liebesgebot zusammengefasst werden kann, betont: »Liebe und was du willst, das tu!« – »*Dilige, et quod vis fac.*« Denn wenn Liebe die Wurzel des Handelns ist, dann kann aus dieser Wurzel nichts anderes als Gutes wachsen.[20]

Liebe ist die Krönung der Tugenden, sie macht die Tugenden und damit ethische Pflichten entbehrlich. Wir können an dieser Stelle schon erahnen, welche herausragende Bedeutung der Liebe im Rahmen eines tugendhaften und menschlichen Lebens zukommt. Doch bedauerlicherweise löst das nicht unser Dilemma auf. Denn wahrhafte Liebe in jeder Lebenssituation zu üben ist, wie wir später noch sehen werden, ein allzu hohes »Ideal der Heiligkeit«. In unserem Leben gelingt es uns leider nur sehr selten, zu dieser echten Liebe zu finden. Zumindest können wir diese wahrhafte Liebe meist nur für einen eingeschränkten Kreis unserer engsten Mitmenschen empfinden. Und gerade deshalb brauchen wir die Tugenden und ethische Pflichten, weil die Liebe meistens fehlt. Mangelnde Liebe ist letztendlich der Grund, warum wir über Tugenden und ein menschliches Leben nachdenken müssen und warum wir uns in unserem Leben mit ethischen Pflichten auseinandersetzen müssen.

Nun, wenngleich es wichtig ist, über die Tugenden und das wahrhaft menschliche Sein nachzudenken, so müssen wir uns für unseren weiteren Weg bereits an dieser Stelle bewusst machen, dass dieses Nachdenken allein noch nicht menschlich und tugendhaft macht. Wir sollen das Gute nicht bedenken oder betrachten: Wir sollen das Gute tun! Denn letztendlich existiert das Gute nur in der unübersehbaren Vielfalt der guten und menschlichen Handlungen eines Menschen.[21]

Der Grundsatz, das Gute zu tun, findet sich bereits in der Bibel: *Paulus* schreibt im ersten Brief an die Thessalonicher: »Seht zu, dass keiner dem anderen Böses mit Bösem vergilt, sondern bemüht euch immer, einander und allen Gutes zu tun.«[22] *Erich Kästner* hat es in seiner *Lyrischen Hausapotheke* wunderbar auf den Punkt gebracht:[23]

»Es gibt nichts Gutes, außer: man tut es!«

Das Wesentliche kurz: Der etwas antiquierte Begriff der »Tugend«, mit dem wir uns einleitend auseinandersetzen, ist die erworbene Fähigkeit des Menschen, das Gute zu tun, unsere Art und Weise, menschlich zu sein und menschlich zu handeln, das heißt unsere Fähigkeit, gut zu handeln. Die Höflichkeit, die eigentlich noch keine Tugend ist, steht am Anfang aller Tugenden. Als weitere Tugenden folgen die Treue sowie die vier Kardinaltugenden des Altertums, die Klugheit, die Mäßigung, der Mut und die Gerechtigkeit. Weitere Tugenden sind die Großherzigkeit als Tugend des Schenkens, das Mitleid, die Barmherzigkeit, die Dankbarkeit, die Demut, die Einfachheit, die Toleranz, die Reinheit, die Sanftmut, die Aufrichtigkeit, der Humor und schließlich: die Liebe. Sie ist jene Tugend, die eigentlich schon keine mehr ist. Liebe ist vielmehr die Krönung der Tugenden.

Letztendlich brauchen wir die Tugenden nur in Ermangelung der Liebe. Denn dort wo Liebe vorhanden ist, gibt es gar keinen Bedarf an Tugenden. Doch gerade weil wir zu wahrhafter Liebe im Leben nur sehr selten oder doch nur gegenüber sehr wenigen Menschen fähig sind, brauchen wir ethische Pflichten. Dabei reicht es nicht, über die Tugenden nur nachzudenken. Wir sollen das Gute nicht bedenken oder betrachten, sondern tun. Denn das Gute existiert nur in der unübersehbaren Vielfalt der guten Handlungen eines Menschen.

1.2 Selbsterkenntnis als Ausgangspunkt

Bevor wir mit der Arbeit an uns selbst beginnen, um das Gute und ein menschliches Leben zu erreichen, müssen wir uns zunächst einmal bewusst machen, wie weit wir in Wahrheit vom Guten und von einem menschlichen Leben entfernt sind. Denken über die Tugenden ist in Wahrheit Bewusstmachen der Entfernung von ihnen, Denken also durchaus auch über unsere eigene Unzulänglichkeit.[24]

Um zu erkennen, wie weit wir von einem wahrhaft menschlichen Leben entfernt sind, müssen wir der Aufforderung des Orakels von Delphi folgen und als ersten Schritt den Weg der Selbsterkenntnis gehen:

»Erkenne dich selbst!«
(griechisch: *gnothi sauton*)

Schon der griechische Philosoph *Heraklit* hat den Standpunkt vertreten, dass es jedem Menschen möglich ist, »sich selbst zu erkennen und vernünftig zu sein«.[25] Und auch nach *Kants* Tugendlehre ist erstes Gebot aller Pflichten gegen sich selbst das »Erkenne (erforsche, ergründe) dich selbst«. Es geht dabei um die Erforschung der Vollkommenheit, und zwar nicht der physischen Vollkommenheit, wie *Kant* meint, sondern »der moralischen, in Beziehung auf deine Pflicht – dein Herz, ob es gut oder böse« ist, ob »die Quelle deiner Handlungen lauter oder unlauter« ist. »Die moralische Selbsterkenntnis, die in die schwerer zu ergründenden Tiefen oder den Abgrund des Herzens zu dringen vermag«, ist nach *Kant* »aller menschlichen Weisheit Anfang«.[26] Diese Idee des Hinabsteigens in die eigenen Tiefen deckt sich auch mit alten alchemistischen Vorstellungen, wonach der Stein der Weisen tief im Inneren der Erde, also in uns selbst liegt. Und aus diesen Tiefen muss er extrahiert werden. Wir müssen in diese Tiefen hinab steigen, um ihn und damit auch uns selbst zu finden.

Selbsterkenntnis sollte in der Tat der wesentliche Ausgangspunkt in unserem Leben sein. Aber was bedeutet Selbsterkenntnis eigentlich genau? Wie können wir sie konkret in unserem Leben umsetzen?

Bei der Selbsterkenntnis geht es um die Einschätzung unserer eigenen Person im Hinblick auf unsere Fähigkeiten und Fehler. Unter Einsatz unseres Denkens und Fühlens sollten wir versuchen, unser eigenes Ich kennenzulernen, unsere Stärken und Schwächen herauszufinden und auch zu erkennen, wie weit wir vom Ziel und von den Idealen entfernt sind. Es geht also darum, wie *Rudolf Steiner* bemerkt, den Abstand zu erkennen »zwischen dem, was man ist, und dem, was man werden soll«.[27]

Haben Sie Selbsterkenntnis schon einmal ehrlich versucht? Haben Sie sich schon einmal in Ruhe einen Spiegel vorgehalten und sich gefragt, welches Bild Sie sehen? Und haben Sie sich selbst darauf eine ehrliche Antwort gegeben? Was haben Sie dabei gesehen? Haben Sie sich selbst gesehen? Haben Sie an sich selbst gesehen, was Sie nur allzu oft an anderen kritisieren und beanstanden, etwa an Ihrem Partner, an Ihren Kindern, an Ihren Mitarbeitern oder Arbeitskollegen? Welche Fehler und Unzulänglichkeiten haben Sie dabei an sich selbst erkannt?

Der Spiegel wird uns auf unserem Weg der Selbsterkenntnis sehr hilfreich sein. Denn er hilft uns dabei, zwischen dem Betrachteten und dem Betrachter zu differenzieren. Das Besondere der Selbsterkenntnis besteht gerade darin, dass unsere eigene Person sowohl Gegenstand der Erkenntnis als auch gleichzeitig Mittel der Erkenntnis ist. Und genau diese Differenzierung zwischen dem Betrachter und dem Betrachteten macht den Weg der Selbsterkenntnis auch so schwierig. Vor dem Spiegel sind wir selbst plötzlich nicht nur der Betrachter, sondern auch der Betrachtete. Wir können uns darin mit den Augen eines anderen sehen. Und erst wenn wir uns selbst ehrlich und aufrichtig als Außenstehender mit den Augen eines anderen betrachten, können wir uns selbst wirklich adäquat erkennen. Denn wie uns ein Sprichwort sagt, kann man seine Fehler nur mit den Augen der anderen gut sehen.

Wie das Wort »Selbst-Erkenntnis« bereits zum Ausdruck bringt, müssen wir die Arbeit der Selbsterkenntnis an uns selbst vornehmen. Die Betonung liegt hier bei der Arbeit an uns selbst und nicht an den anderen, dieser Punkt ist ganz entscheidend. Natürlich ist es viel leichter, den Verbesserungsbedarf bei anderen zu erkennen. Das macht uns auch die Bibelstelle bewusst, in der davon gesprochen wird, dass wir zwar den Splitter im Auge des anderen bemerken, aber den Balken in unserem eigenen Auge nicht.[28] Doch Wesensbestandteil der Selbsterkenntnis ist gerade, sie an uns zu üben und nicht an anderen. Die Selbsterkenntnis trägt uns auf, bei uns anzufangen, also uns selbst im Rahmen eines wahrhaft menschlichen Seins zur eigenen Geburt und zum »Werden« zu verhelfen.

Diese Arbeit an uns selbst ist allerdings nicht ganz einfach. *Schopenhauer* hat in diesem Zusammenhang mit einigem Humor bemerkt, dass der Mensch »nicht die eigenen Fehler und Laster, sondern nur die der anderen« bemerkt. »Dafür aber hat jeder am andern einen Spiegel, in welchem er seine eigenen Laster, Fehler, Unarten und Widerlichkeiten jeder Art deutlich erblickt. Allein meistens verhält er sich dabei wie ein Hund, welcher gegen den Spiegel bellt, weil er nicht weiß, dass er sich selbst sieht, sondern meint, es sei ein anderer Hund.«[29] Wie recht er doch damit hat: Nur allzu oft bellen wir unser eigenes Spiegelbild an, weil wir glauben, es sei ein anderer, den wir darin erblicken. Dabei sollten wir uns öfter bewusst machen, dass es unsere eigene Person ist, die vor uns steht und die wir gerade im Spiegel kritisch betrachten.

Wenn wir mit Hilfe des Spiegels unseren Weg der Selbsterkenntnis begonnen haben, dann werden wir bald erkennen, dass das Ergebnis dieser Prüfung durchaus ernüchternd ausfällt. Die Liste der eigenen Fehler und negativen Eigenschaften, die wir uns auf unserem Weg der Selbsterkenntnis machen, wird zweifelsohne lang sein. Aber die Länge dieser Liste ist nicht wichtig, denn sie ist bei jedem Menschen mehr oder weniger gleich. Entscheidend ist vielmehr, dass wir mit dem Prozess der eigenen Selbsterkenntnis überhaupt beginnen, dass wir einen ersten Schritt setzen und beginnen, uns selbst auch unsere eigene Unzulänglichkeit überhaupt einmal bewusst zu machen, dass wir beginnen, uns vor Augen zu führen, wie weit wir in Wahrheit vom Guten und von einem menschlichen Leben entfernt sind.

»Wir sind uns unbekannt, wir Erkennenden,
wir selbst uns selbst: das hat seinen guten Grund.
Wir haben nie nach uns gesucht –, wie sollte es geschehen,
dass wir eines Tages uns fänden?«

hat *Nietzsche* in seinem Werk *Zur Genealogie der Moral* einleitend bemerkt.[30] »Über kein Ding in der Welt weiß ich weniger als über mich«, erkennt auch *Hesses* Siddhartha anlässlich seines Erwachens. Und dabei wird ihm bewusst, dass dies aus einer Ursache kommt, aus einer einzigen: »Ich hatte Angst vor mir, ich war auf der Flucht vor mir!«[31]

Es ist sicherlich eines der zentralen Probleme unseres Lebens, dass wir vor uns selbst fliehen, uns nicht auf die Suche nach uns machen und nicht in uns gehen, um uns selbst erst einmal zu finden. Und damit uns das nicht passiert, dass wir uns nicht finden, weil wir gar nicht nach uns suchen, müssen wir in einem ersten Schritt beginnen, uns zu suchen. Wir müssen beginnen, den Weg der Selbsterkenntnis zu gehen, weil wir uns nur so auf die Suche nach unserem eigenen Ich machen und uns finden können.

Die Betonung liegt dabei ganz bewusst auf einem »Beginn« des Weges der Selbsterkenntnis. Denn dieser Weg hört bis zu unserem Tod nicht auf. Selbsterkenntnis ist ein sich dauernd wiederholender und nie endender Prozess. Und das ist gut so, denn letztendlich erreichen wir das Ideal und unser Ziel im Leben nicht. Und das ist auch gar nicht das alles Entscheidende. Wichtig ist vielmehr, dass wir uns auf den Weg machen und unterwegs sind. Wir müssen uns selbst zur Geburt unseres eigenen Menschseins verhelfen, wir müssen in unserem Leben beginnen zu »werden«. Wie wir später noch des Öfteren sehen werden, gibt es einen ganz wesentlichen Grundsatz, den wir uns schon jetzt für unseren weiteren Lebensweg fest einprägen sollten: Der Weg ist das Ziel!

Zuvor haben wir bemerkt, dass es auch Bestandteil der Aufgabe der Selbsterkenntnis ist, uns wieder auf uns selbst zu besinnen und zu uns selbst zu finden, uns wiederzufinden.[32] Dabei liegt gerade in der Besinnung und in deren dauernder Wiederholung eine besondere Bedeutung des Prozesses der Selbsterkenntnis: Jeden Tag am Abend, wenn die Nacht alles ruhig und friedlich werden lässt, sollten wir in uns gehen und die Ereignisse des Tages Revue passieren lassen und kritisch betrachten: Was haben wir gut gemacht? Wo lagen wir falsch? Wo haben wir falsch gehandelt? Haben wir unsere Kräfte an diesem Tag richtig eingesetzt? Wo blieben wir auf halber Strecke liegen? Haben wir Menschen weh oder Unrecht getan? Eine derartige reflektierende und besinnende Selbsterkenntnis am Ende jeden Tages wird uns helfen, unser Tagwerk objektiv zu betrachten und nichts Ungelöstes in die Nacht und den anderen Tag mit hinüber zu nehmen.

Hesse hat diesen besinnenden und reflektierenden Vorgang wunderbar in seinem Gedicht *Jeden Abend* beschrieben:[33]

»Jeden Abend sollst du deinen Tag
Prüfen, ob er Gott gefallen mag,
Ob er freudig war in Tat und Treue,
Ob er mutlos lag in Angst und Reue;
Sollst die Namen deiner Lieben nennen,
Haß und Unrecht still vor dir bekennen,

Sollst dich alles Schlechten innig schämen,
Keinen Schatten mit ins Bette nehmen,
Alle Sorgen von der Seele tun,
Dass sie fern und kindlich möge ruhn.

Dann getrost in dem geklärten Inneren
Sollst du deines Liebsten dich erinnern,
Deiner Mutter, deiner Kinderzeit;
Sieh, dann bist du rein und bist bereit,
Aus dem kühlen Schlafborn tief zu trinken,
Wo die goldnen Träume tröstend winken,
Und den neuen Tag mit klaren Sinnen
Als ein Held und Sieger zu beginnen.«

Der entscheidende Punkt bei der Selbsterkenntnis ist, dass wir uns auf den Weg zu Wissen und Wahrheit über uns selbst machen, dass wir in uns selbst gehen und uns unser Ziel vor Augen führen, damit wir die Richtung beibehalten. Es ist die Selbsterkenntnis, durch die wir den Unterschied zwischen unserer aktuellen Position und unserem Ziel, also zwischen Realität und Ideal, wahrnehmen und die uns in der Aufrechterhaltung der Spannung, die genau aus diesem Vergleich entsteht, auf unserem weiteren Weg zu unserem Ziel oder doch in dessen Nähe führen wird.

Wenn wir den ersten Schritt einmal gewagt und den Weg der Selbsterkenntnis begonnen haben, sind wir schließlich auch einer wichtigen anderen Tugend bereits etwas näher gekommen, der Bescheidenheit, im Altertum auch Demut genannt: Aus der Erkenntnis der eigenen Fehler und Unzulänglichkeiten werden wir eine gewisse Bescheidenheit lernen. Bescheidenheit bedeutet, dass wir uns selbst adäquat erkennen, dass wir auch erkennen, was wir alles nicht sind. Die Bescheidenheit ist eine Form der Wahrheitsliebe. Sie orientiert sich an der Wahrheit. Und »wo die Demut ist, dort ist die Liebe«, hat *Augustinus* gemeint.[34] Denn die Demut führt zur Liebe und die wirkliche Liebe setzt Demut voraus.

Das Wesentliche kurz: Der erste Schritt eines Neubeginns in unserem Leben ist der Weg der Selbsterkenntnis, das »Erkenne dich selbst!« des Orakels von Delphi. Selbsterkenntnis führt uns dazu, dass wir uns selbst mit den Augen eines anderen betrachten und dabei auch unsere Fehler und Unzulänglichkeiten ehrlich erkennen. Wir sollen erkennen, was wir alles nicht sind und wie weit wir in Wahrheit von einem tugendhaften und menschlichen Leben entfernt sind. Wie *Nietzsche* meint, können wir uns nur finden, wenn wir überhaupt erst einmal beginnen, nach uns zu suchen. Die Betonung liegt dabei am »Beginn«, denn Selbsterkenntnis hört bis zu unserem Tod nicht auf, es ist ein sich dauernd wiederholender, nie endender Prozess, den wir am Ende jeden Tages im Rahmen einer besinnenden und meditativen Selbsterkenntnis wiederholen sollten. Wichtig ist dabei, dass wir in uns selbst gehen und uns unser Ziel vor Augen führen, damit wir die Richtung beibehalten. Es ist die Selbsterkenntnis, durch die wir den Unterschied zwischen Realität und Ideal wahrnehmen und die uns in der Aufrechterhaltung der Spannung, die genau aus diesem Vergleich entsteht, auf unserem weiteren Weg in die Nähe unseres Zieles führen wird. Schließlich lehrt uns die Selbsterkenntnis auch eine gewisse Bescheidenheit. Denn aus der Erkenntnis der eigenen Fehler lernen wir, bescheiden zu werden.

1.3 Positive Geisteshaltung

Ich habe einleitend festgehalten, dass sich dieses Buch bis auf ganz wenige Ausnahmen nur mit positiven Themen beschäftigt, weil dieser positive Zugang meiner geistigen Grundhaltung entspricht. Es entspricht auch meiner festen Überzeugung, dass eine positive geistige Grundhaltung von wesentlicher Bedeutung ist, um unseren weiteren Lebensweg zum wahrhaft menschlichen Sein zu meistern.

Über das positive Denken wurden schon viele Bücher geschrieben und das positive Denken wurde schon für die verschiedensten Dinge bemüht. Aber was bedeutet eine positive Geisteshaltung eigentlich genau? Was verbirgt sich dahinter? Und wie können wir uns diese positive Geisteshaltung aneignen?

Eine positive geistige Grundhaltung umschreibt das grundsätzliche Einstellungsmuster eines Menschen, das Leben und die Anforderungen des täglichen Lebens in einer positiven Weise zu sehen, alles zunächst einmal von der positiven und guten Seite zu betrachten, und nicht von der negativen, das Gute zu denken, und nicht das Schlechte oder Böse, das Leben und seine täglichen Anforderungen im positiven Sinn als eine Herausforderung zu sehen und nicht als Belastung, lästiges Ärgernis oder bedrohlichen Stress. Positives Denken bedeutet kurz gesagt, das Glas immer halb voll zu sehen und nicht halb leer! Oder wie es ein noch schönerer Vergleich zum Ausdruck bringt: Der positiv denkende Mensch ärgert sich nicht darüber, dass der Rosenstock Dornen trägt, sondern er freut sich darüber, dass der Dornenstrauch Rosen hat.[35]

In der Tat macht eine positive Geisteshaltung den wesentlichen Unterschied im Leben aus: »Schaut den Himmel an. Fragt euch: Hat das Schaf die Blume gefressen oder nicht? Ja oder nein? Und ihr werdet sehen, wie sich alles verwandelt«, sagt der Pilot am Schluss von *Saint-Exupéry*s *Der kleine Prinz*.[36] Zuvor hat er sich noch unheimliche Sorgen gemacht, weil er vergessen hatte, für den Maulkorb des Schafes, das er dem kleinen Prinzen gezeichnet hatte, auch einen Lederriemen zum Umbinden zu zeichnen: Eine Unachtsamkeit und das Schaf könnte nun die geliebte Blume des kleinen Prinzen fressen! Doch es liegt an uns, wie wir es sehen, positiv oder negativ. Es macht eben den entscheidenden Unterschied, ob wir aus einer positiven Grundeinstellung heraus davon überzeugt sind, dass das Schaf die Blume nicht fressen wird.

Rudolf Steiner verdeutlicht das Wesen einer positiven Geisteshaltung sehr schön an einer Legende: Als *Jesus* mit einigen anderen Personen an einem toten Hund vorbeikam, wandten sich die anderen von dem hässlichen Anblick ab. Doch *Jesus* sprach bewundernd von den schönen Zähnen des Tieres. Damit bringt er zum Ausdruck, dass das Irrtümliche, Schlechte und Hässliche uns nicht davon abhalten soll, das Wahre, Gute und Schöne überall zu finden, wo es vorhanden ist. Gleichzeitig betont *Steiner* dabei, dass eine positive geistige Grundhaltung nicht mit Kritiklosigkeit oder einem willkürlichen Verschließen der Augen gegenüber dem Schlechten, Falschen und Minderwertigen verwechselt werden darf. Denn wer die »schönen Zähne« eines toten Tieres bewundert, der sieht auch den verwesenden Leichnam. Doch dieser Leichnam wird ihn nicht davon abhalten, die schönen Zähne zu sehen. Wir sollen uns durch das Schlechte nicht davon abhalten lassen, das Gute zu sehen. Der Irrtum soll uns nicht daran hindern, das Wahre zu sehen.[37]

Eine positive Geisteshaltung ist in der Regel auch mit einem hohen Maß an Selbstsicherheit, Selbstvertrauen und Selbstwertgefühl verbunden, meist gepaart mit einem zwischenmenschlichen Grundvertrauen und einem grundlegenden Vertrauen in die Zukunft (zu alldem kommen wir später noch). Dazu gehören ganz wesentlich die eigene Überzeugung, Probleme selbst lösen zu können, also die Einstellung: »Ich schaffe das schon!« und der Glaube, wichtige Ereignisse im Leben selbst beeinflussen zu können und nicht äußeren Kräften oder anderen Menschen hilflos ausgeliefert zu sein.

Wenn nun eine positive Grundeinstellung im Leben so wichtig ist, stellt sich die weitere entscheidende Frage, wie wir uns diese positive Geisteshaltung konkret aneignen können.

Ganz einfach, könnte man sagen. Doch in Wahrheit ist es natürlich überhaupt nicht einfach. Eine positive Geisteshaltung können wir nur durch fortgesetzte Übung erwerben, indem wir unser Denken und unsere Einstellung in jeder Lebenssituation, bei jedem Ereignis, bei jeder Kleinigkeit des täglichen Lebens umstellen und dabei immer in erster Linie positiv denken und das Gute sehen. Wenn wir unser Denken und unsere Wahrnehmung in dieser Weise Schritt für Schritt in jeder Lebenssituation umstellen, wird sich nach und nach auch unser grundsätzliches Einstellungsmuster ändern. Und das wird dann wiederum unser weiteres Leben positiv beeinflussen und grundlegend verändern.[38] Das geht natürlich nicht von heute auf morgen, sondern dauert lang, ein Leben lang, und erfordert von uns Ausdauer und Beharrlichkeit in jeder noch so kleinen Lebenssituation.

Denn bei der positiven Geisteshaltung gilt das Gleiche wie beim Weg der Selbsterkenntnis: Das Aneignen dieses grundsätzlichen Einstellungsmusters im Leben ist ein sich dauernd wiederholender und nie endender Prozess. Dabei mögen wir uns vielleicht beklagen, dass es nur sehr langsam mit uns vorwärts geht. Aber doch geht es mit uns vorwärts und nicht zurück. Wie der Held der griechischen Mythologie *Sisyphos* müssen wir den schweren Stein nie enden wollend immer wieder auf den steilen Hang hinaufrollen. Und auch wenn er immer wieder von Neuem hinunterrollt, so ist es doch entscheidend, dass wir den Stein rollen und dadurch in Bewegung halten: Wir erreichen letztendlich nie unser Ziel, und doch sind wir unterwegs und befinden uns am Weg, denn der Weg ist das Ziel!

Es ist diese positive Geisteshaltung, diese grundlegend positive Einstellung, die uns das Leben erleichtert, die den entscheidenden Unterschied im Leben macht und die uns letztendlich auf unserem weiteren Weg zum Ziel oder doch in dessen Nähe führt.

Damit wir uns eine positive Geisteshaltung aneignen können, hilft uns schließlich ganz wesentlich die Freude. Wenn wir etwas mit Freude und Liebe tun, dann fällt es uns leichter, das, was wir getan haben, positiv zu betrachten. Und das gilt natürlich auch umgekehrt: Dinge, die wir positiv betrachten und mit einer positiven Grundeinstellung angehen, werden uns wiederum eher Freude bereiten und bringen uns so eher dem Glück etwas näher:

»Wer freudig tut und sich des Getanen freut, ist glücklich.«[39]

Das Wesentliche kurz: Eine positive Geisteshaltung besteht darin, das Leben und seine täglichen Anforderungen in einer positiven Weise als Herausforderung zu sehen und nicht als Belastung, lästiges Ärgernis oder bedrohlichen Stress. Positives Denken besteht darin, in erster Linie das Gute zu denken und zu sehen, das Glas immer halb voll zu sehen und nicht halb leer.

Eine positive Geisteshaltung ist grundsätzlich mit einem hohen Maß an Selbstsicherheit, Selbstvertrauen und Selbstwertgefühl und einem grundlegenden Vertrauen in die Zukunft verbunden. Also die Einstellung: »Ich schaffe das schon!« Durch das Umstellen unseres Denkens und unserer Wahrnehmung in jeder noch so kleinen täglichen Lebenssituation können wir uns dieses wichtige grundsätzliche Einstellungsmuster im Leben bewusst aneignen. Das ist natürlich nicht einfach und ein nie endender Prozess, der von uns Ausdauer und Beharrlichkeit erfordert. Wie beim Held der griechischen Mythologie *Sisyphos* müssen wir den schweren Stein immer wieder auf den steilen Hang hinaufrollen. Doch wesentlich ist, dass wir den Stein rollen und dadurch in Bewegung halten: Wir erreichen letztendlich nie unser Ziel, und doch sind wir unterwegs und befinden uns am Weg, denn der Weg ist das Ziel!

1.4 Denken – Der Weg zu Wissen und Wahrheit

Wenngleich ich der festen Überzeugung bin, dass die Handlung und die Tat das Wesentliche im Leben sind, so bleibt dabei doch immer das Denken unser Ausgangspunkt. Das Denken gibt uns die Möglichkeit, unbeirrt durch den Lärm der Welt und die Wirren der Zeit den Weg zu Wissen und Wahrheit zu finden, allerdings nur, wenn wir dabei das Gute und Menschliche als unser hohes Ziel nicht aus den Augen verlieren.

Unser Denken kann unsere Handlungen beeinflussen und in die richtige Richtung lenken. Deshalb ist es so wichtig, dass wir zunächst unser Denken mit dem Menschlichen und Guten beschäftigen. Denn im Denken liegt die Wurzel unserer guten Taten. Und auch wenn es natürlich richtig ist, dass es nicht ausreicht, über die Tugenden nur nachzudenken, sondern dass sie im Leben in die Tat umgesetzt werden müssen, so ist es doch umgekehrt wiederum wichtig, dass wir unser Denken unentwegt mit dem Guten und mit der guten Tat beschäftigen und dabei auch immer prüfen, ob wir (noch) am richtigen Weg sind. Denn wie *Goethe* richtig festgestellt hat, wiederholt sich der Irrtum »immerfort in der Tat, deswegen muss man das Wahre unermüdlich in Worten wiederholen.«[40] Oder wie *Nietzsche* dazu bemerkte:[41]

> »Ich frage, ob wir eine andere Methode kennen,
> um gut zu handeln, als: immer gut zu denken;
> letzteres ist ein Handeln, und ersteres setzt Denken voraus.«

Dabei sollten wir uns immer bewusst vor Augen halten, dass unser Denken nicht losgelöst von unserem Fühlen besteht. Denken und Fühlen gehören zusammen und müssen in uns auf wunderbare Weise vereint sein. Erst wenn Denken und Fühlen in uns harmonieren und eine unzertrennliche Einheit bilden, können sie unser Handeln richtig leiten. Diese Überlegung findet sich schon in der Bibel: »Der Anfang eines jeden Werkes ist das Wort, der Anfang jeder Tat die Überlegung. Die Wurzel der Pläne ist das Herz.«[42] Und auch bei den griechischen Stoikern war immer die innere Haltung dessen, der handelt, entscheidend dafür, ob eine sittlich richtige Handlung vorlag. Der eigentliche moralische Wert einer Handlung lag in der Gesinnung des Handelnden.[43] Die Tat war damit Ausdruck des übereinstimmenden Denkens und Fühlens des Handelnden. Auch *Kant* hat in seiner Tugendlehre diese Bedeutung des Fühlens, oder eines »guten Willens«, wie er es nannte, ganz bewusst hervorgehoben.[44]

Wenn wir uns mit dem Denken als Ausgangspunkt für unser Handeln beschäftigen, führt uns das zurück zu einer der vier Kardinaltugenden des Altertums, nämlich zur Klugheit oder Besonnenheit: Schon *Aristoteles* hat darauf hingewiesen, dass Klugheit oder »sittliche Einsicht«, wie er sie nennt, »eine mit richtigem Planen verbundene, zur Grundhaltung verfestigte Fähigkeit des Handelns ist, des Handelns im Bereich dessen, was für den Menschen wertvoll oder nicht wertvoll ist.« Daher gebraucht *Aristoteles* auch das griechische Wort *sophrosyne*, das Besonnenheit bedeutet, weil sie uns die sittliche Einsicht bewahrt: »Was sie bewahrt, ist eben das Urteilsvermögen«.[45] Die Klugheit ist die Disposition, die uns befähigt, richtig zu beurteilen, was für den Menschen gut oder schlecht ist, und dementsprechend richtig zu handeln, also gut zu handeln. Man könnte die Klugheit oder Besonnenheit auch als den gesunden Menschenverstand bezeichnen.[46]

In diesem Sinn hat Klugheit und Besonnenheit auch mit Umsicht und Vorsicht zu tun: Denn das lateinische Wort für Klugheit, *prudentia*, kommt von *providere*, das vorausschauen und sich vorsehen bedeutet. Der Wahlspruch des Philosophen *Spinoza* war »*Caute!*« – »Sei auf der Hut!«[47] Es ist die Maxime der Klugheit und Vorsicht: Denn nur Lebende sind tugendhaft, nur sie können es sein. Nur die Vorsichtigen sind oder bleiben am Leben.[48] Und das ist letztendlich eine unserer wesentlichen Lebenspflichten, die wir niemals vergessen dürfen und auf die wir noch einmal bei der Erziehung und bei der Gesundheit zu sprechen kommen werden.

Das Denken hilft uns, den Weg zu Wissen und Wahrheit zu finden, haben wir zuvor festgestellt. Mit Wissen und Wahrheit werden zwei wesentliche Themen in unserem Leben angesprochen. Was aber verbindet sich mit diesen beiden Begriffe genau? Dieser Frage wollen wir uns im Folgenden annähern.

Wissen ist die Fülle dessen, was uns die Wissenschaften heute schon offenbart haben. Im heutigen Informationszeitalter scheint es mir, zumindest in der westlichen Welt, nicht mehr schwierig zu sein, den Zugang zu Wissen zu erhalten. Vielmehr ist es schwierig, das wahrhaft Wissenswerte vom Unnützen und unnötigen Ballast zu unterscheiden, also die Spreu vom Weizen zu trennen. Das ist allerdings nicht ein Phänomen unserer Zeit, sondern wurde schon seit jeher als Herausforderung erkannt.[49]

Dabei ist es gerade beim Wissen und bei den Wissenschaften wichtig, dass wir unser Wissen nicht losgelöst als alleiniges Werk unserer nüchternen Intelligenz und Rationalität betrachten. Wir können das Wissen nicht nur auf das reine Experiment, auf die reine Wissenschaft reduzieren. Das menschliche Wissen ist ungenügend und die Schlussfolgerungen der Wissenschaften allein können den Weg zur ganzheitlichen Entwicklung des Menschen nicht weisen. Es ist immer nötig, über das Wissen hinaus weiter vorzustoßen. Wenn Wissen Weisheit sein will, dann müssen zu dieser Erkenntnis, wie wir bereits zuvor festgehalten haben, auch das Fühlen, das Gefühl und die Liebe dazukommen. »Das Tun ist blind ohne das Wissen, und das Wissen ist steril ohne die Liebe«, heißt es in der Enzyklika *Caritas in veritate*.[50] Das ist ganz im Sinn von *Hesse*, der im Wissen ohne Liebe und Ehrfurcht und in der Bildung ohne Herz »eine der schlimmsten Sünden gegen den Geist« sah.[51]

Das Fühlen wird damit ganz wesentlicher Bestandteil des Wissens und des Denkens. Ohne das Fühlen und ohne die Liebe kann das Wissen nicht bestehen. Diese Wahrheit müssen wir uns in unserem Leben immer vor Augen halten. Unser Denken soll uns nicht zu gefühlskalten, rationalen Automaten machen. Auf dem Weg zu einem menschlichen Leben sollte es vielmehr unser Bestreben sein, Denken und Fühlen in uns harmonisch zu vereinen und zu einer unzertrennlichen Einheit zu führen.

Und was ist Wahrheit? – »*Quid est veritas?*« Diese Frage hat bereits *Pilatus* an *Jesus* vor seiner Verurteilung gestellt und darauf keine Antwort gefunden.[52] *Pilatus* verkörpert damit den Drang des Menschen, die Wahrheit zu finden. Doch gleichzeitig führt er uns vor Augen, dass die absolute Wahrheit letztendlich gar nicht zu finden ist. Niemand erlangt die einzige, allein weise machende Wahrheit. Wir können uns nur auf die Suche nach ihr, auf den Weg machen.

Die Suche nach der Wahrheit ist eine der wesentlichen Lebensaufgaben, denn der Mensch ist ein Wahrheitssucher. Was das Licht für das Auge ist, das ist Vernunft und Wahrheit für den Geist, könnte man in Anlehnung an die Zeit der Aufklärung sagen, in der Vernunft und Wahrheit auch als »Licht« oder »natürliches Licht« bezeichnet wurden. Das Licht hatte schon seit jeher eine wesentliche Bedeutung.[53] Die Lichtsymbolik steht im Mittelpunkt fast jeder Kultur oder Religion. Der Altar in christlichen Kirchen steht immer im Osten, wo das Licht aufgeht und herkommt (»*ex oriente lux*«), und Kirchen wurden wiederum meistens auf alten germanischen und keltischen Kultstätten errichtet, die mystische Bedeutung hatten und bereits nach Osten hin ausgerichtet waren. Die Sommersonnenwende am 21. Juni und die Wintersonnenwende am 21. Dezember wurden bereits bei den Kelten gefeiert und die Christen haben daraus das Namensfest von Johannes dem Täufer und das Weihnachtsfest gemacht.

»Licht« und »Wort« (griechisch: *lógos*) sind gewissermaßen austauschbare Begriffe: Lichtsucher – Wortsucher – Wahrheitssucher. Aber wie *Pilatus* werden auch wir immer daran erinnert, dass niemand von uns die volle Wahrheit hat. Jeder hat nur ein Stück davon, seine Wahrheit. Obwohl diese bruchstückhaft bleiben muss, kommt man ihr doch mit Hilfe der Mitmenschen näher: Gib du mir, ich gebe dir! Wir alle suchen die Wahrheit, aber niemand kennt sie ganz. Wir suchen den *lógos*, das Wort, das niemand fassen kann. Das Streben des Menschen ist die unablässige Suche nach dem Wort, nach der Wahrheit.

Auf dem weiteren Weg zum wahrhaft menschlichen Sein sollten wir uns auf den mühseligen Weg der Wahrheitssuche begeben. Denn wie wir später noch von *Lessing* im Zusammenhang mit den Idealen der Aufklärung hören werden, zeichnet den Menschen nicht der Besitz der Wahrheit aus, sondern die Mühe, die er aufgewendet hat, um die Wahrheit zu suchen. Wissen bedeutet letztendlich, wie *Fromm* treffend bemerkt, nicht »im Besitz von Wahrheit zu sein, sondern durch die Oberfläche zu dringen und kritisch und tätig nach immer größerer Annäherung an die Wahrheit zu streben«.[54]

Gerade wenn wir uns mit Wissen und Wahrheit beschäftigen, ist eines abschließend wichtig: Das Wahre ist nicht (immer) das Gute und das Gute ist nicht (immer) das Wahre. Das Wissen, unser Streben nach Wissen und Wahrheit, kann nicht das Wollen und Sollen, also unsere ethischen und moralischen Pflichten, ersetzen. Wissen beurteilt nicht, Wissen gebietet nicht! Die Wahrheit drängt sich zwar jedem auf, sie verpflichtet aber zu nichts.[55] Es ist vielmehr unser inneres Bewusstsein, in dem sich Denken und Fühlen vereinen, das uns dabei leitet und uns sagt, was das Gute ist und was wir auf dem Weg eines menschlichen Lebens tun sollen.

Das Wesentliche kurz: Auch wenn die Tat das Wesentliche im Leben ist, bleibt doch zunächst immer das Denken unser Ausgangspunkt. Wir müssen unser Denken unentwegt mit dem Guten und mit der guten Tat beschäftigen und dabei auch immer wieder prüfen, ob wir (noch) am richtigen Weg sind. Denn wie *Goethe* richtig festgestellt hat, wiederholt sich der Irrtum immerfort in der Tat. Klugheit und Besonnenheit mahnen uns dabei zu Umsicht und Vorsicht, zwei der wesentlichen Lebenspflichten, denn nur die Vorsichtigen sind oder bleiben am Leben. Wie der Philosoph *Spinoza* meinte, sollen wir auf der Hut sein: »*Caute!*« Unser Denken gibt uns die Möglichkeit, den Weg zu Wissen und Wahrheit zu finden, allerdings nur, wenn wir dabei das Gute und Menschliche nicht aus den Augen verlieren. Denn unser Wissen und unsere Wissenschaften können wir nicht losgelöst als alleiniges Werk unserer nüchternen Intelligenz betrachten. Wenn Wissen Weisheit sein will, dann müssen auch das Fühlen, das Gefühl, die Liebe und das Herz dazukommen. Weil die Suche nach der Wahrheit eine der wesentlichen Lebensaufgaben ist, wollen wir uns auf unserem weiteren Lebensweg auf den mühevollen Weg der Wahrheitssuche begeben. Doch wenngleich die Suche nach Wissen und Wahrheit wichtig ist, kann sie nicht unsere ethischen und moralischen Pflichten ersetzen. Es ist vielmehr unser inneres Bewusstsein, in dem Denken, Handeln und Fühlen vereint sind, das uns leitet und uns sagt, was wir im Rahmen eins menschlichen Lebens tun sollen.

1.5 Die Grenzen des Wissens – Wissen und Glauben

Wenn wir uns mit dem Denken und Wissen beschäftigen, führt uns das unweigerlich zur Frage, wo die Grenzen unseres Wissens liegen und ob es über das reine Wissen hinaus etwas gibt. Können wir alles wissen? Können wir alles, wie manche meinen, durch unser Wissen und die Wissenschaften erklären?

»Eigentlich weiß man nur, wenn man wenig weiß; mit dem Wissen wächst der Zweifel«, hat *Goethe* einmal gemeint.[56] Und auch sein Faust sieht ein, »dass wir nichts wissen können!« Der Mensch ist durch die Beschränkung und Subjektivität seiner Erkenntnis letztendlich unfähig, objektive Wahrheit in irgendeiner Sache zu erlangen. Faust will über die Grenzen des Menschen hinaus und leidet darunter, dass er es nicht kann.[57]

Schon die Griechen und Römer haben festgestellt, dass es unmöglich ist, alles zu wissen: »*Nec scire fas est omnia.*« Es war der berühmte Philosoph *Sokrates*, der den bekannten Ausspruch tätigte: »Ich weiß, dass ich nichts weiß.« – »*Scio me nihil scire.*« Und auch *Lukrez* hat festgestellt, dass unser Auge das »Wesen der Dinge« nicht zu erkennen vermag.[58] *Lao-tse* gibt uns in diesem Zusammenhang in seinem *Tao-Tê-King* eine wunderbare Weisheit mit auf den Weg:[59]

>»Um sein Nichtwissen wissen
>Ist das Höchste.
>Um sein Wissen nicht wissen
>Ist krankhaft.«

Schließlich hat *Goethe* in seiner wohl unvergleichlichen Weisheit zum Ausdruck gebracht, dass wir nicht alles wissen und lernen können:[60]

>»Willst du ins Unendliche schreiten,
>Geh nur im Endlichen nach allen Seiten.«

Ich bin der festen Überzeugung, dass wir nicht alles wissen können. Unser menschliches Wissen ist begrenzt. Diese Grenzen muss unser Denken akzeptieren und erkennen.[61] Und mehr noch: Neben dem sicherlich umfassenden Wissen und den Wissenschaften gibt es auch einen Bereich, den wir rational nicht oder nicht mehr erklären und erfassen können. Dort beginnt letztendlich der Freiraum für den Glauben. Was »un-wiß-bar« ist, braucht nicht »un-glaub-lich« zu sein, hat *Viktor Frankl* gemeint.[62] Dabei ist die Grenze zwischen den beiden Bereichen unscharf, dessen sollten wir uns im Sinn der Tugend der Bescheidenheit und Demut immer bewusst sein. Dies bringt schon *Paulus* in der Bibel sehr deutlich zum Ausdruck:[63]

> »Wenn einer meint, er sei zur Erkenntnis gelangt,
> hat er noch nicht so erkannt, wie man erkennen muss.«

Augustinus hat betont, dass dem Glauben gelingt, was die menschliche Vernunft nicht bewerkstelligen kann: Und wo die menschliche Vernunft und das menschliche Wissen versagen, dort erweist sich der Glaube als erfolgreich.[64] Oder wie *Kant* umgekehrt meinte, man muss das Wissen aufheben, um dem Glauben Platz zu machen.[65] Auch *Frankl* hat im Zusammenhang mit der Sinnfrage die zentrale Bedeutung des Glaubens hervorgehoben: Der Glaube an einen »Über-Sinn«, also an einen Sinn alles Geschehens und der Welt im Ganzen, ist von entscheidender Bedeutung, denn er ist schöpferisch. Als echter Glaube innerer Stärke entspringend, macht er stärker. Für einen solchen Glauben gibt es letztendlich nichts Sinnloses. Nichts kann ihm »vergeblich« oder »sinnlos« erscheinen. Der religiöse Glaube ist letztlich ein Glaube an einen »Über-Sinn«, ein Vertrauen auf den Übersinn. Religiös zu sein bedeutet, eine Antwort auf die Frage nach dem Sinn des Lebens gefunden zu haben.[66]

> »An einen Gott glauben heißt sehen,
> dass das Leben einen Sinn hat.«[67]

Das zeigt uns auch die Einsicht, dass das ganze Universum und die Ereignisse in der Welt letztendlich Ausdruck einer göttlichen Planung sind. Vor *Augustinus* hat dies schon *Boethius* so gesehen, der weniger als Wissenschaftler als vielmehr mit seinem Werk *Trost der Philosophie – Consolatio Philosophiae* bekannt wurde. »Es ist gar nicht verwunderlich«, sagt darin die Göttin Philosophie, »wenn man etwas für planlos und verwirrt hält, weil man den Sinn der Ordnung nicht versteht; aber magst du auch den Grund einer so gewaltigen Ordnung nicht kennen, so zweifle doch nicht, dass alles richtig geschieht, da ein guter Lenker die Welt beherrscht«.[68]

In diesem Zusammenhang gibt es eine wunderbare Aussage von *Albert Einstein*, einem der größten Wissenschaftler unserer Zeit, welche dieser 1929 in einem Interview äußerte:[69]

»Wir befinden uns in der Lage eines kleinen Kindes, das in eine riesige Bibliothek eintritt, die mit vielen Büchern in verschiedenen Sprachen angefüllt ist. Das Kind weiß, dass jemand die Bücher geschrieben hat. Es weiß aber nicht, wie das geschah. Es versteht die Sprachen nicht, in der sie geschrieben wurden. Das Kind erahnt dunkel eine mysteriöse Ordnung in der Zusammenstellung der Bücher, weiß aber nicht, was es ist. Das ist nach meiner Meinung die Einstellung auch des intelligentesten Menschen gegenüber Gott. Wir sehen ein Universum, das wunderbar zusammengesetzt ist und bestimmten Gesetzen gehorcht, aber diese Gesetze verstehen wir nur andeutungsweise. Unser begrenzter Verstand kann die mysteriösen Kräfte, welche die Konstellationen bewegen, nicht fassen.«

Eine sehr schöne persönliche Erkenntnis gibt uns schließlich *Alexander Giese* mit auf den Weg:[70]

»Als ich ein junger Mann war, gehörte es zu meiner festen Überzeugung, dass man Glauben und Wissen streng voneinander unterscheiden müsse, ja mehr noch, dass es sich um ganz verschiedene Dimensionen unseres geistigen Lebens handle. Der Glaube könne nicht bewiesen werden, das Wissen kann überprüft werden, und allein diese Unterscheidung trenne Welten. Je älter ich wurde, desto unschärfer wurde die Grenze zwischen diesen beiden Bereichen, und selbst das Studium von *Kant* brachte keine Lösung.«

Es ist wichtig, zu betonen, dass die Frage nach Wissen und Glauben und nach der Grenze zwischen diesen Bereichen nicht mit religiöser Dogmatik verwechselt werden darf. Denn seinen Glauben, seine Religion soll jeder Mensch im Sinn der Tugend der Toleranz für sich haben. In diesem Zusammenhang müssen wir etwas genauer differenzieren und bewusst zwischen Religion einerseits und Konfessionen andererseits unterscheiden: Denn während die Religion den individuellen Glauben eines einzelnen Menschen bedeutet, der wertfrei ist, sind die Konfessionen politisch, ideologisch oder theologisch festgelegte kollektive Aussagen, deren Nichtbefolgung durchwegs in unterschiedlicher Form sanktioniert wird. Nicht die Religion und der individuelle Glaube der einzelnen Menschen verursachen die Probleme, die wir heute wieder mit dem religiösen Fundamentalismus haben, sondern die dogmatischen, meist intoleranten Konfessionen.

Meiner Meinung nach reicht es bei der Frage der Religion und des Glaubens aus, festzuhalten, dass es im Sinn des *Deismus* um die Frage des Glaubens an ein höheres Wesen, an eine schöpferische, uns Menschen letztendlich unerforschliche Wesenheit geht, wie auch immer diese aussehen mag.[71] In Bezug auf Fragen der Religion sollten wir im Übrigen schweigen oder uns in Anbetracht der in den letzten Jahren wieder neu aufflammenden fundamentalistischen Tendenzen durchaus an *Goethe* halten:[72]

»Wer Wissenschaft und Kunst besitzt
Hat auch Religion;
Wer jene beiden nicht besitzt
Der habe Religion.«

Das Wesentliche kurz: Neben dem umfassenden und für uns erfassbaren Wissen und unseren Wissenschaften gibt es auch einen Bereich, den wir rational nicht oder nicht mehr erfassen können und der letztlich Freiraum für den Glauben lässt. Was »un-wiß-bar« ist, braucht nicht »un-glaub-lich« zu sein, hat *Frankl* bemerkt. Dabei ist die Grenze zwischen diesen Bereichen unscharf. Wir können nicht alles wissen. Dessen sollten wir uns im Sinn der Tugend der Bescheidenheit oder Demut immer bewusst sein. Seinen persönlichen Glauben, seine Religion soll jeder Mensch entsprechend der Tugend der Toleranz für sich haben. Individuellen Glauben und Religion müssen wir allerdings bewusst von den politisch, ideologisch oder theologisch festgelegten kollektiven Aussagen der Konfessionen unterscheiden. Denn nicht der individuelle Glaube der einzelnen Menschen, sondern die dogmatischen, meist intoleranten Konfessionen sind die wahre Ursache der heute wieder neu aufkommenden Probleme mit dem Fundamentalismus.

1.6 Handeln – Die Handlung als das Wesentliche im Leben

Wir haben zu Beginn festgehalten, dass die Tugend die erworbene Fähigkeit des Menschen ist, gut zu handeln. Es reicht aber nicht aus, über die Tugenden zu reden oder nachzudenken, sondern wir sollen das Gute und Menschliche auch tun. Wir müssen das Gute, das unserem Denken und Fühlen entspringt, im Leben durch die Tat umsetzen: Wir müssen handeln!

Die Handlung wird damit das Wesentliche im Leben.[73] Ohne Tat und Handlung bleibt das Gute und Menschliche, an das wir durchaus denken mögen, nur eine leere Worthülse und es ändert sich nichts in und um uns. »Nicht im Reden, nicht im Denken sehe ich seine Größe, nur im Tun, im Leben«, sagt *Hesses* Siddhartha über den großen Gotama.[74] Es ist jene Weisheit, die *Hesse* schon zuvor in seinem *Demian* formulierte:[75]

»Nur das Denken, das wir leben, hat einen Wert.«

Nur durch die Tat können wir das Gute und ein menschliches Leben überhaupt erst erreichen. Und das verlangt Kraft und Anstrengung von uns. Allerdings ist es im Leben nicht immer leicht, diese Kraft auch tatsächlich aufzubringen. Denn »wie viel andächtig schwärmen leichter, als gut handeln ist« und »wie gern der schlaffste Mensch andächtig schwärmt«, um nur nicht gut handeln zu müssen, hat schon *Lessing* in seinem *Nathan der Weise* festgestellt.[76] Und auch *Goethe* beschreibt das menschliche Wesen richtig, wenn er meint, dass uns die Höhe reizt, nicht hingegen die Stufen. Wir haben zwar durchaus gerne den Gipfel im Auge, gehen aber dann doch lieber gemütlich auf der Ebene.

In seiner unvergleichlichen Weisheit hat *Goethe* den Grundsatz, dass die Handlung und die Tat das Wesentliche im Leben sind, im Lehrbrief seines Bildungsromans *Wilhelm Meisters Lehrjahre* geprägt.[77] Da es sich beim Lehrbrief um eine der schönsten und weisesten Aussagen von *Goethe* handelt, möchte ich den gesamten Text des Lehrbriefs hier wiedergeben:

> »Die Kunst ist lang, das Leben kurz, das Urteil schwierig, die Gelegenheit flüchtig. Handeln ist leicht, Denken schwer; nach dem Gedachten handeln unbequem. Aller Anfang ist heiter, die Schwelle ist der Platz der Erwartung. Der Knabe staunt, der Eindruck bestimmt ihn, er lernt spielend, der Ernst überrascht ihn. Die Nachahmung ist uns angeboren, das Nachzuahmende wird nicht leicht erkannt. Selten wird das Treffliche gefunden, seltner geschätzt. Die Höhe reizt uns, nicht die Stufen; den Gipfel im Auge wandeln wir gerne auf der Ebene. Nur ein Teil der Kunst kann gelernt werden; der Künstler braucht sie ganz. Wer sie halb kennt, ist immer irre und redet viel; wer sie ganz besitzt, mag nur tun und redet selten oder spät. Jene haben keine Geheimnisse und keine Kraft, ihre Lehre ist wie gebackenes Brot, schmackhaft und sättigend für einen Tag; aber Mehl kann man nicht säen, und die Saatfrüchte sollen nicht vermahlen werden. Die Worte sind gut, sie sind aber nicht das Beste. Das Beste wird nicht deutlich durch Worte. Der Geist, aus dem wir handeln, ist das Höchste. Die Handlung wird nur vom Geiste begriffen und wieder dargestellt. Niemand weiß was

er tut, wenn er recht handelt; aber des Unrechten sind wir uns immer bewusst. Wer bloß mit Zeichen wirkt, ist ein Pedant, ein Heuchler oder Pfuscher. Es sind ihrer viel, und es wird ihnen wohl zusammen. Ihr Geschwätz hält den Schüler zurück, und ihre beharrliche Mittelmäßigkeit ängstigt die Besten. Des echten Künstlers Lehre schließt den Sinn auf; denn, wo die Worte fehlen, spricht die Tat. Der echte Schüler lernt aus dem Bekannten das Unbekannte entwickeln und nähert sich dem Meister.«

Wir können diesen Text von *Goethe* gar nicht oft genug lesen und in uns aufnehmen. Durch immerwährende Wiederholung werden wir vielleicht Stück für Stück die Weisheit und Wahrheit dieser wenigen Zeilen aufnehmen können. Versuchen Sie den Lehrbrief möglichst oft zu lesen, er ist für den weiteren Weg eines menschlichen Lebens von ganz entscheidender Bedeutung. Denn wie uns *Goethe* richtig lehrt, ist die Handlung das Wesentliche im Leben: Die Worte sind zwar gut, sie sind aber nicht das Beste. Der Geist, aus dem wir handeln, ist das Höchste. Die Handlung wird nur vom Geist begriffen und wieder dargestellt. In ähnlicher Weise wie *Goethe* hat bereits der griechische Philosoph *Demokrit* die wesentliche Bedeutung der Handlung hervorgehoben: »Nach guten Taten und Werken ziele unser Streben, nicht nach Worten, denn das Wort ist gleichsam nur ein Schatten der Tat.«[78]

Unsere Taten und Handlungen sind im Leben das alles Entscheidende. Und hier schließt sich der Kreis zur Bibel, in der es im Johannes-Evangelium, Kapitel 1, Vers 1, heißt: »Im Anfang war das Wort«:[79] Der Begriff »Wort« ist dabei auf die *Luther*-Übersetzung des griechischen Originaltextes *lógos* zurückzuführen und wird heute auch in der Einheitsübersetzung der Bibel so verwendet. Diese Übersetzung ist allerdings nicht unumstritten, weil für das griechische *lógos* auch andere Übersetzungen wie »Sinn«, »Kraft« und schlussendlich »Tat« möglich sind.[80] Das »Wort« sollte eigentlich für die »Tat« stehen.

Und genau mit dieser Übersetzung, nämlich »Im Anfang war die Tat«, schließt *Goethes* Faust seine geistige Auseinandersetzung mit dem griechischen Grundtext dieser Bibelstelle. In der Szene Studierzimmer I sagt Faust, nachdem er den Pudel zu sich mitgenommen hat:[81]

> »Mich drängt's den Grundtext aufzuschlagen,
> Mit redlichem Gefühl einmal
> Das heilige Original
> In mein geliebtes Deutsch zu übertragen.
> Geschrieben steht: ›im Anfang war das Wort!‹
> Hier stock ich schon! Wer hilft mir weiter fort?
> Ich kann das Wort so hoch unmöglich schätzen,
> Ich muss es anders übersetzen,
> Wenn ich vom Geiste recht erleuchtet bin.
> Geschrieben steht: im Anfang war der Sinn.
> Bedenke wohl die erste Zeile,
> Dass deine Feder sich nicht übereile!
> Ist es der Sinn, der alles wirkt und schafft?
> Es sollte stehen: im Anfang war die Kraft!
> Doch, auch indem ich dieses niederschreibe,
> Schon warnt mich was, dass ich dabei nicht bleibe.
> Mir hilft der Geist! Auf einmal seh ich Rat
> Und schreibe getrost: im Anfang war die Tat!«

Wenn die Tat das Wesentliche im Leben ist, stellt sich in einem weiteren Schritt die entscheidende Frage, wie es uns gelingen kann, unsere eigenen Taten und Handlungen gegenüber anderen zu begrenzen.

Eine erste Antwort auf diese Frage gibt uns die goldene Regel, die sich bereits in der Bibel im Matthäus-Evangelium findet:[82]

> »Alles, was ihr also von anderen erwartet,
> das tut auch ihnen!«

Daran erinnert auch das uns allen bekannte Sprichwort, das die goldene Regel der Bibel aufnimmt und in ähnlicher Art und Weise in fast allen Kulturen der Welt zu finden ist:[83]

»Was du nicht willst, das man dir tut,
das füg auch keinem andern zu.«

Entsprechend der goldenen Regel liegt die Grenze unserer Handlungen zunächst dort, wo unsere Handlung zum klaren Nachteil eines anderen ist und wir das auch bei uns selbst als Nachteil empfinden würden: Wie wir selbst behandelt werden wollen, so sollen wir handeln. Die goldene Regel zwingt uns, die eigenen Handlungen an den Handlungen anderer uns selbst gegenüber zu messen. Sie hindert uns daher, etwas zu tun, was wir nicht auch selbst erleiden wollen.

Die Begrenzung der eigenen Handlungen ist jedoch enger, als es die goldene Regel zunächst vermuten lässt. Denn ganz wesentlich hat uns der große Denker und Aufklärer *Immanuel Kant* mit seinem kategorischen Imperativ den Weg für die Begrenzung der eigenen Handlungen gewiesen: Wir sollen immer so handeln, dass unsere Handlungsregel jederzeit ein allgemein gültiges Gesetz für alle Menschen werden könnte.

Ursprünglich formulierte *Kant* seinen kategorischen Imperativ wie folgt:[84]

»Handle nur nach derjenigen Maxime,
durch die du zugleich wollen kannst,
dass sie ein allgemeines Gesetz werde.«

Oder wie *Kant* später meinte:

»Handle so, dass die Maxime deines Willens
jederzeit zugleich als Prinzip
einer allgemeinen Gesetzgebung gelten könne.«

Beim kategorischen Imperativ geht es darum, sich selbst (also nicht andere) einem Gesetz zu unterwerfen, von dem wir überzeugt sind, dass es für alle gelten sollte.[85] Im kategorischen Imperativ spricht die Stimme der Vernunft zu uns als Handelnder und fordert uns auf, unsere Vernunft zu gebrauchen, um die eigenen Handlungsregeln (Maximen) zu überprüfen, und zwar jederzeit, also ohne Ausnahmen. Als Handelnder haben wir uns dabei immer zu fragen, ob unsere jeweilige konkrete eigene Handlungsregel als ein allgemeines Gesetz für alle Menschen gelten könnte, ob wir also, wenn wir Gesetzgeber wären, wollten, dass alle Menschen nach genau dieser von uns selbst aufgestellten Handlungsregel handeln sollten.[86] Kommen wir bei der Prüfung unserer jeweiligen konkreten eigenen Handlung zu der Ansicht, dass wir unsere Handlungsregel nicht auch zu einem allgemeinen Gesetz für alle Menschen erheben könnten, müssen wir die beabsichtigte eigene Handlung unterlassen. Nur dann, wenn wir im Rahmen unserer Selbstprüfung zum Ergebnis kommen, dass unsere Handlungsregel ein allgemeines Gesetz werden könnte, das für alle Menschen gleiche Geltung hat, sind wir selbst berechtigt, die geplante eigene Handlung auch auszuführen.

Kant wollte seinen kategorischen Imperativ ganz bewusst nicht mit der »trivialen« goldenen Regel, wir sollen keinem anderen etwas tun, von dem wir nicht wollen, dass er es uns tut, identifiziert wissen. Denn dies würde bedeuten, dass wir nur dann ethisch handeln müssten, wenn es auch andere tun. Aber gerade diese Bedingung macht der kategorische Imperativ nicht. Die goldene Regel teilt zwar ein bedeutsames Moment mit dem kategorischen Imperativ: Sie hindert uns, uns selbst etwas zu erlauben, was wir nicht auch jedem anderen gestatten würden. Die goldene Regel rechnet allerdings mit der Gemeinsamkeit und Gegenseitigkeit des moralischen Handelns, der kategorische Imperativ hingegen nicht: Er zwingt uns selbst (und zwar nur uns selbst), ethisch zu handeln, ganz unabhängig davon, ob auch andere sich zwingen lassen bzw ob andere ebenso entsprechend handeln.

Bemerkenswert ist, dass *Kants* kategorischer Imperativ keine konkreten moralischen Handlungsregeln vorgibt, sondern nur das Kriterium ihrer Überprüfung. Er stellt also nur ein Werkzeug zur Überprüfung der eigenen Handlungen, welcher Art auch immer, bei. Dabei sollen keine allgemeinen Gesetze geschaffen werden.[87] Und genau darin liegt auch der besondere Wert des kategorischen Imperativs: Er soll uns nicht nur bei der Abgrenzung der Frage des rechten Handelns gegenüber anderen Menschen dienen, sondern ganz allgemein als wesentliche allgemeine Richtschnur in allen Bereichen von ethischer Relevanz gegenüber Tieren, Natur und Umwelt, und zwar gerade weil er uns selbst zwingt, ethisch zu handeln, unabhängig davon, ob auch andere Menschen in gleicher Weise ethisch handeln. Nur allzu oft unterlassen wir eine bestimmte ethisch gebotene Handlung, weil doch andere auch nicht das Gleiche tun. Der kategorische Imperativ, konsequent angewandt, lässt eine derartige Ausrede nicht zu: Denn er zwingt uns, selbst immer so zu handeln, dass die jeweilige eigene Handlungsregel als Prinzip eines allgemeinen Gesetzes gelten könnte, und dies gilt unabhängig davon, ob sich auch andere an diese Handlungsregel halten oder nicht.

Damit nähern wir uns dem Prinzip, dass alles, was wir tun, aus Überzeugung und Gewissenhaftigkeit kommen sollte und nie dazu dienen darf, andere Menschen oder die Natur und unsere Umwelt zu verletzen. *Rousseau* hat diesen Grundgedanken durch seine, wie er sie nennt, »Maxime der natürlichen Güte« geprägt:

»Sorge für dein Wohl mit so wenig Schaden
für andere wie möglich.«[88]

Es sind unsere Handlungen und Taten, die im Leben zählen. Und an diesen Handlungen und Taten wird man letztendlich – so wie beim Gleichnis vom guten Baum, der gute Früchte hervorbringt, und vom schlechten Baum, der schlechte Früchte hervorbringt – erkennen, ob wir gut oder böse sind.[89]

Das Wesentliche kurz: Wir sollten das Gute und Menschliche, das unserem Denken entspringt, vor allem im Leben durch die Tat umsetzen. Die Handlung wird damit das Wesentliche im Leben, denn wie *Goethe* im Lehrbrief sagt, sind Worte gut, sie sind aber nicht das Beste. Vielmehr ist der Geist, aus dem wir handeln, das Höchste. Denn wo die Worte fehlen, spricht die Tat. Unsere Taten und Handlungen sind im Leben das alles Entscheidende. Diese müssen wir natürlich gegenüber anderen begrenzen: In Anlehnung an die goldene Regel der Bibel liegt die Grenze unserer Handlungen zunächst dort, wo unsere Handlung zum klaren Nachteil eines anderen ist und wir selbst das auch bei uns als Nachteil empfinden würden: Wie wir selbst behandelt werden wollen, so sollen wir handeln. Oberste Richtlinie für unser Handeln und für die Begrenzung unserer Handlungen gegenüber anderen Menschen ist allerdings *Kants* kategorischer Imperativ. Dieser zwingt uns selbst immer so zu handeln, dass unsere jeweilige Handlungsregel als Prinzip eines allgemeinen Gesetzes gelten könnte, und zwar unabhängig davon, ob sich auch andere an diese Handlungsregel halten. Und diese Überprüfung unserer Handlungen anhand des kategorischen Imperativs sollte uns in allen Fragen von ethischer Relevanz im Umgang mit Menschen, Tieren, Natur und Umwelt als grundlegende Richtschnur dienen.

1.7 Denken und Handeln im Einklang mit dem Fühlen – Richtiges Handeln

Das Gute und Menschliche, das unserem Denken entspringt, müssen wir im Leben durch Handlungen umsetzen. Und bei diesem Umsetzen durch die Tat sind wiederum Klugheit und Besonnenheit wichtig, denn im Rahmen des Denkens und Handelns wird die höchste Tugend erst durch das besonnene und kluge Handeln erreicht.

In *Mozarts Zauberflöte* sagt Tamino zu Papageno, der schwankt, als die drei Damen versuchen, ihn von seinem Schweigegelübde abzubringen: »Denk deiner Pflicht, und handle klug.«[90] Tamino, der das unerreichbare Ideal verkörpert, mahnt den schwachen und unzulänglichen Menschen Papageno, klug zu handeln. Aber was meint er damit konkret? Wie können wir klug und besonnen handeln?

Besonnenes und kluges Handeln bedeutet, jede Handlung zu überdenken, bevor wir sie ausführen, und auch die Auswirkungen und Folgen dieser Handlung in unsere Überlegung mit einzubeziehen, und zwar wiederum bevor wir die Handlung ausführen. Wir müssen jede unserer Handlungen zu Ende denken. Wir müssen bedenken, wohin sie führt und welche Konsequenzen sie hat und haben kann. Daran erinnert uns das alte lateinische Sprichwort, das zu allen Zeiten Gültigkeit hat:[91]

>»Quidquid agis, prudenter agas et respice finem.«
>»Was immer du tust, tue es besonnen
>und klug und bedenke das Ende.«

Viele Probleme entstehen dadurch, dass die Menschen zuerst handeln und – wenn überhaupt – erst danach denken. Bedauerlicherweise ist genau das der verkehrte Weg: Wir sollen zuerst denken und dann handeln. Denken und Handeln, und zwar genau in dieser Reihenfolge, das ist der richtige Weg. Egal was wir tun, wir müssen jede Handlung vorher überdenken, und zwar nicht nur in Bezug auf den Inhalt der Handlung, sondern vor allem auch hinsichtlich ihrer Folgen und Auswirkungen. Denn nur wenn wir jedes Mal die Auswirkungen und Konsequenzen unserer jeweiligen Handlung in unsere Überlegungen mit einbeziehen, und zwar bevor wir die Handlung ausführen, können wir die jeweilige Handlung selbst in ihrer Tragweite richtig beurteilen. Auch diese Weisheit findet sich sehr deutlich im Lehrbrief von *Goethe*:[92]

>»Handeln ist leicht, Denken schwer; nach dem Gedachten handeln unbequem. Die Handlung wird
>nur vom Geiste begriffen und wieder dargestellt.«

Wir sollen also die Konsequenzen unserer Handlungen in unsere Überlegungen mit einbeziehen, bevor wir handeln. So weit, so gut, aber wie können wir die richtigen Handlungen von den falschen unterscheiden? Wie wissen wir, ob wir in einer bestimmten Lebenssituation richtig handeln?

Das ist eine Frage, die nur wenige weise Meister, die sich dem Ideal genähert haben, beantworten können: Richtiges Handeln verlangt eine Vereinigung unseres Handelns mit dem Denken und Fühlen und führt letztendlich dazu, dass wir intuitiv richtig handeln. Es ist das »intuitive Wissen« oder die »Erkenntnis dritter Gattung«, wie uns *Spinoza* in seiner Ethik lehrt, bei der das menschliche Erkennen zur adäquaten oder wahren »Erkenntnis des Wesens der Dinge« fortschreitet.[93] Eine geistige Erkenntnis von innen heraus, eine geistige Schau, mit der wir das Wesentliche im Leben erkennen können. Und dieses intuitive Wissen leitet uns zum intuitiv richtigen Handeln. Denn der Mensch ist eine Einheit. Sein Denken, Handeln und Fühlen sind untrennbar miteinander verbunden. Erst wenn wir in uns selbst unser Denken und Fühlen mit dem Handeln vereint haben, wenn wir handeln, wie es »Herz und Verstand« entspricht, können wir richtig handeln, weil wir dann letztendlich intuitiv richtig handeln. Aber das ist ein weiter Weg, möglicherweise wirklich ein »Ideal der Heiligkeit«, das nur wenige erreichen und dem wir uns in unserem Leben nur Schritt für Schritt nähern können.

Solange wir uns noch auf dem Weg befinden, können wir die Frage nach dem richtigen Handeln letztendlich nur nach dem negativen Ausschlussprinzip im Nachhinein beurteilen: Ob wir richtig handeln, wissen wir zwar nie, aber wir wissen immer, wenn wir etwas Falsches oder Unrechtes getan haben. Wenn wir falsch oder unrecht gehandelt haben, wird uns im Nachhinein immer sehr deutlich bewusst, dass die betreffende Handlung nicht richtig war. Sie werden das sicherlich auch bei sich selbst bereits des Öfteren erlebt haben: Man tut etwas oder sagt etwas und im nächsten Moment weiß man, dass es in dieser Situation völlig verkehrt war. Auch diesen wesentlichen Grundsatz hat *Goethe* in seinem Lehrbrief geprägt:

»Niemand weiß was er tut, wenn er recht handelt;
aber des Unrechten sind wir uns immer bewusst.«

Wenn es auch bedauerlich sein mag, dass wir uns letztendlich erst im Nachhinein sicher sein können, wenn wir etwas Falsches oder Unrechtes getan haben, so wissen wir doch zumindest rückblickend, wer wir sind. Wenn wir im Nachhinein unsere falsche oder unrechte Handlung betrachten und überdenken, dann können wir zumindest zu diesem Zeitpunkt unser Tun rückblickend richtig beurteilen und nach dieser Beurteilung in der Zukunft ausrichten. Und irgendwann kann es uns dann vielleicht doch gelingen, die Frage nach dem Handeln im Vorhinein richtig zu beurteilen, nämlich in uns Denken und Fühlen mit dem Handeln zu vereinen und intuitiv richtig zu handeln. *Alexander Giese* hat das sehr schön formuliert:[94]

»Ist das der Zustand,
den wir als ›mit sich im Reinen sein‹ bezeichnen?
Dass wir das sichere Gefühl haben richtig zu handeln.«

Das sichere Gefühl, richtig zu handeln, kann uns letztendlich nur unser inneres Bewusstsein geben, in dem Denken, Handeln und Fühlen in wunderbarer Weise vereint sind. Und auch hier ist es noch einmal wichtig, zu betonen, dass Wissen und Denken allein nicht genügen. Unser Herz muss in Liebe davon erfüllt sein, erst dann können wir letztendlich richtig handeln, erst dann gelangt die Tat zur Schönheit. Wie *Goethe* in seinem Gedicht *Von dem Berge zu den Hügeln* wunderbar sagt:[95]

»Und dein Streben, seis in Liebe,
Und dein Leben sei die Tat.«

Das Wesentliche kurz: Die höchste Tugend, die wir uns für den weiteren Weg eines menschlichen Lebens vornehmen sollten, ist das kluge und besonnene Handeln. Wir müssen jede unserer Handlungen vorher überdenken und auch die Folgen und Konsequenzen jeder Handlung in unsere Überlegungen mit einbeziehen: Zuerst Denken und dann Handeln. Unser Ziel sollte sein, den Zustand zu erreichen, in dem wir zum intuitiven Wissen, zur wahren Erkenntnis des Wesens der Dinge fortschreiten und letztendlich intuitiv richtig handeln. Denn erst wenn wir Denken und Fühlen mit dem Handeln in uns vereint haben, können wir richtig handeln. Aber das ist ein weiter Weg, ein Ideal, das nur wenige erreichen und dem wir uns in unserem Leben nur Schritt für Schritt nähern können. Solange wir noch auf dem Weg sind, sollten wir uns an das negative Ausschlussprinzip in *Goethes* Lehrbrief halten: Ob wir richtig handeln, wissen wir zwar nie, aber wir wissen immer, wenn wir etwas Falsches oder Unrechtes getan haben. Und zumindest rückblickend wissen wir dann, wer wir sind, und wir können zumindest im Nachhinein unser Handeln richtig beurteilen und nach dieser Beurteilung in der Zukunft ausrichten.

2 UNSERE ERWARTUNGEN AN DAS LEBEN

Nachdem wir uns im ersten Kapitel zunächst mit den Grundlagen für ein menschliches Leben beschäftigt haben, kommen wir im zweiten Kapitel dieses Buches auf Themen rund um unsere Erwartungen an das Leben zu sprechen. Dabei steht natürlich in einem ersten Teil die Erwartung des Menschen nach dem Glück im Zentrum der Betrachtung. Doch wir werden sehen, dass jeder für sein eigenes Glück letztendlich selbst verantwortlich ist: Glück hat also durchaus Leistungscharakter, lässt sich allerdings nicht erzwingen. Auch materieller Wohlstand und Reichtum sind für das Glücklichsein nicht entscheidend. Um glücklich zu werden, helfen uns vielmehr die beiden Tugenden der Bescheidenheit und Selbstgenügsamkeit, mit denen wir uns im zweiten Teil kurz beschäftigen werden. Im dritten Teil dieses Kapitels eröffnet sich uns die Erkenntnis, dass letztendlich der Weg eines menschlichen Lebens zu wahrer Glückseligkeit führt, ein Weg, der über das Erstreben von geistigem Reichtum, geistiger Schönheit und geistiger sowie seelischer Vervollkommnung zu moralischer Wahrheit und Schönheit führt. Als Zwischenschritt werden wir dabei den wesentlichen Grundsatz festhalten, dass ein wahrhaft menschliches Leben zu Selbsterfüllung führt und auf Selbstachtung beruht. Nachdem wir uns in weiterer Folge kurz dem geheimnisvollen Polaritätsprinzip im Leben, der Existenz von Gut und Böse und der Bedeutung des Bösen für unsere eigene Selbstüberwindung zugewandt haben, werden wir uns im fünften und sechsten Teil dieses Kapitels wieder eher »weltlichen« Dingen widmen, die uns helfen sollen, überhaupt zum Ziel der wahren Schönheit zu kommen und unsere Erwartungen an das Leben erfüllen zu können. Dabei werden unsere Gedanken einerseits um die Bedeutung von Selbstvertrauen, Selbstsicherheit und Selbstwertgefühl und andererseits um das Gefühl des Vertrauens und das Vertrauen in die Zukunft kreisen. Den krönenden Abschluss dieses Kapitels bildet der siebte Teil über den Sinn des Lebens und des Augenblicks: Jeder Mensch muss für sich auf die Grundfrage des Lebens antworten und in seinem Leben und in jedem Augenblick davon einen Sinn sehen und finden. Mit Hilfe von *Viktor Emil Frankl*, der diese Gedanken entscheidend geprägt hat, werden wir erfahren, dass für die Sinnfindung im Leben die Ausrichtung auf ein bestimmtes Ziel in der Zukunft wesentlich ist: »Wer ein ›Warum‹ zu leben hat, erträgt fast jedes ›Wie‹.« Dabei wird uns letztendlich der Mythos des *Sisyphos* zeigen, dass es kein Schicksal gibt, das nicht überwunden werden kann. Mit seiner Beharrlichkeit und Entschlossenheit hat *Sisyphos* den Stein in Bewegung gehalten. Damit symbolisiert er uns auch den wesentlichen Grundsatz, wonach der Weg das Ziel ist.

2.1 Was können wir vom Leben erwarten – Das Glück

Wahrscheinlich haben Sie sich diese Frage auch schon einmal gestellt: Was können wir vom Leben erwarten? Und was erwarten Sie sich konkret vom Leben? Wie viele andere Menschen werden Sie wahrscheinlich darauf antworten: Glück, Freude, Zufriedenheit, Freiheit, Gesundheit, Erfolg, Reichtum und wohl noch einiges mehr.

Die wichtigste Erwartung in unserem Leben ist wohl das Glück.[96] Eine Erwartung, die bei den Menschen schon seit jeher eine zentrale Rolle gespielt hat. Welch eine berechtigte und gute Erwartung! Aber wie können wir glücklich werden? Wie können wir in unserem Leben zufrieden werden?

»Das Glück, o Freund, ist überall«, antwortet der wunderbare Vogel Piktor im Paradies, als dieser ihn verwundert fragt, wo denn das Glück sei.[97] In der Tat können wir das Glück überall finden. Und es liegt auch an uns, es zu finden. Denn wie schon die Römer wussten, bereitet sich jeder Mensch sein Glück selbst – »*Fortunam suam quisque parat.*« Glücklich und zufrieden kann ein Mensch letztendlich nur selbst werden und kaum jemand kann ihm dabei helfen: Glück ist also nicht nur Geschenk, sondern hat durchaus auch Leistungscharakter: Wir müssen aktiv etwas dazu beitragen und tun, um glücklich zu sein oder glücklich zu werden. Dabei spielt zunächst die eigene subjektive Einstellung und Einbildungskraft eine ganz wesentliche Rolle: Nur allzu oft steigern wir uns in Dinge hinein, die wir meinen, unbedingt haben zu müssen, die aber objektiv gesehen gar nicht wichtig sind. Und genau das beeinflusst auch unser Glücks- und Zufriedenheitsgefühl: »Nicht was die Dinge objektiv und wirklich sind, sondern was sie für uns in unserer Auffassung sind«, macht uns nach *Schopenhauer* glücklich oder unglücklich. Und genau hier kann unser Denken in einem ersten Schritt ansetzen: Glück ist eine Folge von »richtigen« Gedanken und Vorstellungen, die wir uns selbst geben. Wir können unsere Wünsche und Vorstellungen gedanklich durchaus so steuern, dass wir selbst uns nicht unerfüllbare oder sinnlose Voraussetzungen für das Glücklichsein schaffen. Denn wie *Schopenhauer* weiter meint, kann »ein guter, gemäßigter, sanfter Charakter unter dürftigen Umständen zufrieden sein; während ein begehrlicher, neidischer und böser es bei allem Reichtum nicht ist«.[98]

Auch wenn wir aktiv etwas zu unserem Glücklichsein beitragen können und müssen, ist es bei der Erwartung nach dem Glück in einem weiteren Schritt doch wichtig, einzusehen, dass sich Glück letztendlich nicht erzwingen lässt: Das Glück lässt sich nicht kommandieren, es kommt nur zögernd oder gar nicht. Wie eine reife Frau schenkt es sich nur aus eigenem Willen.[99] *Frankl* hat dementsprechend in Anlehnung an *Kierkegaard* gemeint, dass die Tür zum Glück nach außen aufgeht: Wer versucht, diese Tür aufzudrücken, dem verschließt sie sich. Gerade wer krampfhaft bemüht ist, glücklich zu werden, versperrt sich dadurch den Weg zum Glück.[100] Je schneller wir zum Glück hineilen, desto eher entfernen wir uns von ihm.[101] Oder wie *Nietzsche* sehr schön gemeint hat: »Du bist zu schnell gelaufen für dein Glück. Nun, da du müde wirst und langsam gehst, holt es dich ein.«[102]

Vor dem Hintergrund unserer Spaß- und Konsumgesellschaft sind wir auch aufgerufen, das wahre Glück und die wahre Zufriedenheit vom Vergnügen und von der Konsumlust zu unterscheiden: Ich möchte das Ganze jetzt nicht schlechter darstellen, als es ist, aber haben Sie sich schon einmal kritisch unseren Konsumwahn, die Werbung, unsere Einkaufszentren, Nachtlokale und Bars angeschaut, die uns umgeben? Konsumtempel und künstlich gestaltete Umgebungen, die uns eine unnatürliche Erlebniswelt vorspiegeln und zum Konsumieren einladen. Eine Fülle an Kinowelten, Themen-Parks und Spielhöllen, und nunmehr der neueste Trend aus den U.S.A.: die Gestaltung von ganzen künstlichen Stadtteilen als Freiluft-Einkaufszentren.[103] Uns umgibt eine völlig unnatürliche und künstliche Vergnügungswelt, die letztendlich nur bezweckt, Menschen zu noch höherem Konsum und zu weiteren Ausgaben zu veranlassen, und zwar oft für Dinge, die sie in Wahrheit gar nicht brauchen.

Es gibt Untersuchungen, dass sich die Menschen trotz des starken Wirtschaftswachstums in den letzten Jahrzehnten und der dramatischen Zunahme der materiellen Güter nicht reicher und vor allem nicht glücklicher fühlen. So liegt etwa der Anteil der US-amerikanischen Bevölkerung, die sich als »sehr glücklich« bezeichnet, seit den 1950er Jahren bei etwa einem Drittel. Warum ist der Anteil nicht mit dem Niveau des materiellen Wohlstands gestiegen? Das lässt sich psychologisch erklären: Die Anpassung oder Gewöhnung an Dauerzustände ist eine biologische Grunderscheinung des Menschen. Dabei sind die anhaltende Dauer eines Zustandes und die häufige Wiederholung eines Reizes mit einer Abschwächung der Reaktion darauf verbunden. Jedes neu erreichte Niveau von Bequemlichkeit, Luxus und materiellen Gütern gewährt gegenüber dem vorherigen Zustand sehr bald keine stärkere Befriedigung mehr.[104] Sie haben diese Erfahrung vielleicht auch schon bei sich selbst gemacht. Und das bedeutet letztendlich, dass es über die Befriedigung der Grundbedürfnisse hinaus kein Niveau materiellen Wohlstands gibt, das uns mit einiger Wahrscheinlichkeit langfristig zu mehr Erfüllung verhilft als irgendein anderes.[105]

»Was glänzt ist für den Augenblick geboren«,

heißt es dementsprechend in *Goethes Faust*.[106] Und auch *Schopenhauer* meint, dass jeder Besitz und jedes Glück nur vom Zufall auf unbestimmte Zeit geliehen ist und daher in der nächsten Stunde wieder zurückgefordert werden kann.[107] Höherer materieller Wohlstand, Spaß und Konsumlust sind letztendlich nichts anderes als der dauernde Versuch, das Glück zu vergewaltigen. Spaß und Konsum sind nur für den Augenblick; sie verändern nichts. Sie verbrauchen sich selbst und entfernen uns immer weiter von den wahrhaften und hohen Zielen, von der wahren Freude. Sie mögen vielleicht kurzfristig Lustgefühle befriedigen, aber sie führen nicht zu dem Glück und zu der Zufriedenheit, die wir uns im Leben erwarten.[108] Zurück bleibt meist eine Leere, die wiederum durch weiteren Spaß und Konsum überwunden werden muss. Wahrlich ein *circulus vitiosus*, der nur mehr sehr schwer zu durchbrechen ist. Und in diesem Teufelskreis wird der Mensch zum Gefangenen der Lust, statt sich von ihr zu befreien. Nicht der Mensch hat dann die Lust, sondern die Lust hat ihn, wie *Seneca* richtig bemerkt.[109]

Aber wohin führt nun der Weg zur Glückseligkeit? Wie können wir in unserem Leben das Glück finden?

Einen ersten Anhaltspunkt finden wir wiederum bei *Schopenhauer*. Er meint, dass es »weiser ist, auf Erhaltung seiner Gesundheit und auf Ausbildung seiner Fähigkeiten, als auf Erwerbung von Reichtum hinzuarbeiten; was jedoch nicht dahin missdeutet werden darf, dass man den Erwerb des Nötigen und Angemessenen vernachlässigen sollte. Aber eigentlicher Reichtum, dh großer Überfluss, vermag wenig zu unserem Glück. Denn was der Reichtum über die Befriedigung der wirklichen und natürlichen Bedürfnisse hinaus noch leisten kann, ist von geringem Einfluss auf unser eigentliches Wohlbehagen: vielmehr wird dieses gestört durch die vielen und unvermeidlichen Sorgen, welche die Erhaltung eines großen Besitzes herbeiführt. Dennoch aber sind die Menschen tausendmal mehr bemüht, sich Reichtum, als Geistesbildung zu erwerben; während doch ganz gewiss was man ist, viel mehr zu unserem Glück beiträgt, als was man hat.«[110]

Das bringt schon sehr deutlich zum Ausdruck, wohin der Weg zum Glück weist. Nicht der Erwerb von Reichtum und materiellem Wohlstand ist das Entscheidende, sondern Geistesbildung, geistiger Reichtum und menschliche Vollkommenheit. Was wir sind, ist wichtig, nicht, was wir haben!

Das Wesentliche kurz: Wir haben viele Erwartungen an das Leben. Die Wichtigste ist wohl das Glück. Aber glücklich und zufrieden kann ein Mensch nur selbst werden und kaum jemand kann ihm dabei helfen. Glück ist nicht nur Geschenk, sondern hat durchaus auch Leistungscharakter: Wir müssen aktiv etwas dazu beitragen und tun, um glücklich zu sein oder glücklich zu werden. Dabei ist Glück zunächst eine Frage von »richtigen« Gedanken und Vorstellungen, die wir uns selbst geben. Denn wir sollten uns nicht unerfüllbare oder sinnlose Voraussetzungen für das Glücklichsein schaffen. Glück lässt sich auch nicht erzwingen, es kommt nur von selbst, zögernd oder gar nicht. Die Tür zum Glück geht nach außen auf. Wer krampfhaft versucht, diese Tür aufzudrücken, dem verschließt sie sich. Materieller Wohlstand und Reichtum sind für das Glücklichsein nicht entscheidend. Vor allem ist Glück etwas anderes als Spaß und Konsumlust, die uns letztendlich immer weiter vom wahrhaften Glück entfernen. Denn, »was glänzt ist für den Augenblick geboren«, meint *Goethe*. Wohin weist nun der Weg zum Glück? Wie *Schopenhauer* richtig bemerkt, bereitet nicht materieller Wohlstand diesen Weg, sondern Geistesbildung, geistiger Reichtum und menschliche Vollkommenheit: Was wir sind, ist wichtig, nicht was wir haben!

2.2 Bescheidenheit in der Erwartung und Selbstgenügsamkeit

Wenn wir uns mit dem im Leben wahrhaft Erstrebenswerten beschäftigen, sollten wir uns noch einmal der Tugend der Bescheidenheit oder Demut zuwenden. Denn wenn es um die Frage geht, was wir uns vom Leben erwarten können, müssen wir zunächst Bescheidenheit in unsere Erwartungen bringen.

Mit der Bescheidenheit haben wir uns schon im Zusammenhang mit der Selbsterkenntnis beschäftigt. Wir haben dabei festgehalten, dass wir aus der Erkenntnis der eigenen Fehler die Tugend der Bescheidenheit und Demut lernen. Und genau diese Bescheidenheit ist auch bei unseren Erwartungen an das Leben, insbesondere bei der Erwartung nach dem Glück, wichtig.

Denn wir sollten vom Leben grundsätzlich nicht zu viel erwarten. Wie schon die Römer wussten, zerbricht ohnehin übermäßiges »Glück« die Menschen – »*Animos immoderata felicitas rumpit.*« Und die Gewöhnung an das »Glück« ist ein schlimmes Übel – »*Bonarum rerum consuetudo pessima est.*«[111] Dementsprechend meinte auch *Schopenhauer*: »Um nicht sehr unglücklich zu werden, ist das sicherste Mittel, dass man nicht verlange, sehr glücklich zu sein.« Denn »der Schmerz entsteht nicht aus dem Nicht-haben; sondern aus dem Habenwollen und doch nicht haben. Sich aus dieser Einsicht soviel wie möglich des Wollens entschlagen, ist der Gipfel des Stoizismus oder ist die höchste Lebensklugheit«.[112]

Zweifelsohne müssen wir uns in unserem Leben in erster Linie dem Überleben widmen, uns also zunächst einmal um das Notwendige und Angemessene kümmern, um das, was zum Leben und Überleben notwendig ist. Gerade in der Aufbauphase des Lebens sind das Überleben und die Arbeit für das Notwendige wichtig und für viele bleibt das auch ein Leben lang bestimmend. Doch ist das alles? Und was ist das Notwendige? Ist alles, was wir haben wollen, notwendig? Oder begehren wir schon das Überflüssige?[113] Wie finden wir die Grenze zwischen diesen beiden Bereichen?

Wie schon die Römer wussten, fehlt gerade jenen viel, die viel begehren – »*Multa petentibus multa desunt.*« Und auch *Lao-tse* bringt in seinem *Tao-Tê-King* in diesem Zusammenhang einen interessanten Vergleich:[114]

»Wer ewig ohne Begehren,
Wird das Geheimste schaun;
Wer ewig hat Begehren,
Erblickt nur seinen Saum.«

Diese Überlegungen zeigen uns, dass es bei der zentralen Erwartung nach dem Glück in einem weiteren Schritt wichtig ist, unsere eigenen Wünsche und unser Begehren zu mäßigen und auf bescheidene Art und Weise zurückzunehmen. Im Zusammenhang mit der Unterscheidung zwischen dem Notwendigen und dem Überflüssigen führt uns unser weiterer Weg zur menschlichen Pflicht der Mäßigung, der Zurückhaltung oder der Selbstgenügsamkeit. Diese Tugend entspringt der Selbstbeherrschung und deshalb ist sie auch so schwierig, denn sie verlangt von uns doch einiges an Kraft und Anstrengung.

Aber was bedeuten Mäßigung und Selbstgenügsamkeit? Wie können wir diese menschlichen Tugenden im Rahmen unserer Erwartungen an das Leben verwirklichen?

Das Wort Mäßigung kommt vom lateinischen *modus*, das auch Maß, rechtes Maß und Maßhalten bedeutet. Es kommt darauf an, das richtige und rechte Maß zu finden, das richtige Verhältnis in allen Dingen. Die stoische Ethik sieht im Maß die rechte Mitte zwischen dem Zuviel und dem Zuwenig.[115]

Die Mäßigung ist ein Mittel zur Unabhängigkeit und Freiheit und damit letztendlich auch ein Weg zum wahren Glück. Maßvoll sein heißt, mit wenig zufrieden sein können. Es geht dabei nicht um ein zwanghaftes Kasteien. Es geht auch nicht darum, überhaupt nicht zu genießen oder möglichst wenig zu genießen. Bei der Mäßigung ist nicht das »Wenig«, sondern vielmehr das »Können«, also die Selbstgenügsamkeit im Sinn der Selbstbeherrschung entscheidend. Das hat der griechische Philosoph *Epikur* wunderbar zusammengefasst:[116]

> »Die Selbstgenügsamkeit halten wir für ein großes Gut, nicht damit wir es uns unter allen Umständen am Wenigen genügen lassen, sondern um uns mit dem Wenigen zu begnügen, wenn wir nicht viel haben. Dabei leitet uns die Überzeugung, dass jene einen reichen Aufwand am meisten genießen, die seiner am wenigsten bedürfen, dass alles Natürliche leicht, das Überflüssige und Sinnlose aber schwer zu beschaffen ist.«

Das Notwendige ist in der Tat leicht zu beschaffen und das Überflüssige und Sinnlose schwer. Der vernünftige und maßvolle Mensch ist sich seines Glücks sicher, weil er weiß, wie *Lukrez* meint: »Wenn jemand nach der wahren Vernunft lebt, wird er aus Überzeugung bescheiden und genügsam leben, denn an Bescheidenem gibt es niemals Mangel.«[117] Ähnliche Überlegungen finden sich auch bei *Lao-tse* in seinem *Tao-Tê-King*:[118]

> »Kein Frevel größer, als seinen Wünschen nachzugeben.
> Kein Übel größer, als nicht Genügen kennen.
> Kein Makel größer, als nach Gewinn zu streben.
> Wahrlich:
> Wer Genügen kennt am Genügenden,
> wird ständig genug haben.«

Aristoteles versteht unter Selbstgenügsamkeit oder, wie er sagt, »für sich allein genügend« (griechisch: *autarkeia*) das, »was rein für sich genommen das Leben begehrenswert macht und nirgends einen Mangel offen lässt«. Diese Selbstgenügsamkeit oder das für sich allein Genügende ist nach *Aristoteles* Vollendung: »So erweist sich denn das Glück als etwas Vollendetes, für sich allein Genügendes: es ist das Endziel des uns möglichen Handelns.« Bei seinen Überlegungen hat *Aristoteles* die Selbstgenügsamkeit entscheidend mit der Vernunft verbunden: »Daher sollte das Begehrende in dem besonnenen Mann mit dem rationalen Element der Vernunft im Einklang sein, denn beider Ziel ist ja das Edle, und es begehrt der Besonnene das richtige Ziel, maßvoll und in der richtigen Weise und zur richtigen Zeit: eben dies aber ist das Gebot der richtigen Planung.«[119]

Eine Spruchweisheit von *Wilhelm Busch* bringt diese Verbindung der Mäßigung mit der Vernunft und Klugheit wunderbar zum Ausdruck:[120]

> »Enthaltsamkeit ist das Vergnügen
> An Sachen, welche wir nicht kriegen.

> Drum lebe mäßig, denke klug.
> Wer nichts gebraucht, der hat genug.«

Die der Selbstbeherrschung entspringende Tugend der Mäßigung und Selbstgenügsamkeit ist vor allem in unserer Konsum- und Überflussgesellschaft wichtig, in welcher die Menschen mittlerweile schon häufiger an den Folgen der Unmäßigkeit als an Hunger oder Enthaltsamkeit sterben. Wie *André Comte-Sponville* bemerkt hat, ist die Mäßigung eine Tugend für alle Zeiten, doch am nötigsten ist sie für die fetten Zeiten.[121]

Das Wesentliche kurz: Die Tugend der Bescheidenheit ist auch für unsere Erwartungen an das Leben wichtig. Wir sollten vom Leben nicht zu viel erwarten, denn übermäßiges »Glück« zerbricht die Menschen. Die Tugend der Mäßigung hilft uns, eine Unterscheidung zwischen dem Notwendigen und dem Überflüssigen zu treffen. Mäßigung (*modus*) bedeutet, das richtige und rechte Maß zu finden, also die Mitte zwischen dem Zuviel und dem Zuwenig. Maßvoll sein heißt, mit wenig zufrieden sein können. Nicht das »Wenig«, sondern vielmehr das »Können«, also die Selbstgenügsamkeit im Sinn der Selbstbeherrschung ist dabei entscheidend. Deshalb ist die Tugend der Mäßigung und Selbstgenügsamkeit in unserer Konsum- und Überflussgesellschaft so wichtig. Denn sie ist ein Mittel zur Unabhängigkeit und Freiheit und damit letztendlich ein Weg zu wahrem Glück.

2.3 Hohe Ziele – Das Wahre, Gute und Schöne

Wie wir zuvor festgehalten haben, reicht es nicht, sein Leben einfach von einem Tag zum anderen dahinzuleben und sich nur um das Notwendige oder allenfalls auch Nützliche zu kümmern. Da muss es noch mehr geben, etwas, was im Leben wahrhaft erstrebenswert und wirklich wertvoll ist und zum wahren Glück und zur wahren Zufriedenheit führt. Aber was ist dieses wahrhaft Erstrebenswerte? Und wie können wir es erreichen?

Jeder Mensch hat neben der sicherlich notwendigen Pflicht, sich zu erhalten, auch die Aufgabe, seine Fähigkeiten und Anlagen so auszubauen, dass er eine gute, harmonische und vollkommene Persönlichkeit wird. Doch Vollkommenheit wird nur erreicht, wenn wir über die Sicherung der bloßen Existenz hinaus zum Bewusstsein eines zwar nie erreichbaren, aber immer anzustrebenden geistigen und seelischen Reichtums kommen.[122] Wie wir bereits von *Schopenhauer* gehört haben, ist es weiser, auf Ausbildung unserer Fähigkeiten und Erwerb von Geistesbildung als auf Erwerb von Reichtum hinzuarbeiten. Denn was wir sind, trägt viel mehr zu unserem Glück bei, als was wir haben.[123] Entsprechend der grundlegenden Empfehlung von *Fromm* sollten wir uns am »Sein« orientieren, nicht am »Haben«.[124] So wie über *Lessings Nathan der Weise* gesagt wurde, dass er von allen Gütern dieser Welt sowohl das Kleinste als auch das Größte im reichen Ausmaß erhalten hat, nämlich »das Kleinste: Reichtum. Und das Größte: Weisheit«.[125]

Auch in *Mozarts Zauberflöte* wird uns in mysterienhafter Weise der Weg einer selbstvervollkommnenden Verwandlung vorgezeigt und wir werden aufgefordert, diesen Weg mitzugehen und selbst nachzuvollziehen. Gleich zu Beginn erfahren wir dabei, dass es im Leben auf die Vermehrung des Menschenglücks ankommt, nicht auf Reichtum und Geld.[126] Und auch *Saint-Exupéry* meint: »Das Wesentliche einer Kerze ist nicht das Wachs, das seine Spuren hinterlässt, sondern das Licht.« In seinem Buch *Die Stadt in der Wüste* wird er nicht müde zu betonen, dass das ganze Leben des Menschen Geburt ist und er in seinem Leben »werden« muss. Der Mensch muss sich im Lauf seines Lebens vollenden und gegen etwas Größeres und Kostbareres als er selbst, gegen ein Werk »austauschen«:[127]

> »Denn glaubst du etwa, es handle sich darum, zu erwerben und zu besitzen, da es doch nur darum geht, zu werden, zu sein und in der Fülle des inneren Reichtums zu sterben?«

Der Weg zu Glück und Zufriedenheit im Leben weist somit nicht zu Reichtum und materiellem Wohlstand, sondern zu Geistesbildung, geistigem Reichtum und menschlicher Vollkommenheit. Damit ist es letztendlich der Weg eines menschlichen und tugendhaften Lebens, der zu wahrer Glückseligkeit führt.

Denn wenn es um die Frage geht, wie wir Glück und Zufriedenheit erreichen können, schließt sich der Kreis zu den menschlichen Tugenden, mit denen wir uns hier beschäftigen: Wahres Glück und wahrhafte Zufriedenheit erreichen wir, indem wir das Gute, das Menschliche und die Tugenden anstreben und mehr noch: indem wir das Gute tun und uns immer um das Gute bemühen, und zwar nicht aus Angst vor Strafe oder wegen einer Belohnung, sondern um des Guten selbst willen. Wie die griechischen Philosophen gemeint haben, sollen wir unseren Geist erhellen und unser Herz für alles Wahre, Gute und Schöne erwärmen. Das führt uns hin zu geistiger und seelischer Selbstvervollkommnung, zu geistigem Reichtum und zum wahren Glück.

Und das Gute ist gleichzeitig auch das Wahre und Schöne. Denn wenn wir das Gute und Menschliche im Leben tun, führt uns dieser Weg zum Zustand der Wahrhaftigkeit und des Schönen, zu einem Zustand, den wir als geistige Schönheit bezeichnen können; eine Schönheit wie sie letztendlich in der Kunst und Musik, insbesondere in der Musik von *Mozart*, *Haydn* und *Bach* wunderbar zum Ausdruck kommt.[128] Insofern deckt sich das durchaus mit der philosophischen Betrachtung des Schönen und Erhabenen in der Natur sowie in der Kunst und Musik, wie sie der Gedankenwelt von *Schopenhauer* entspringt.[129] Und genau diese Schönheit bleibt uns letztendlich auch unerforschlich, weshalb wir sie nur ruhig verehren können, wie *Goethe* meint.[130]

Über unseren anfänglichen Weg der Selbsterkenntnis, wie weit wir in Wahrheit von dem Guten und einem menschlichen und tugendhaften Leben entfernt sind, haben wir Bescheidenheit und Demut gelernt. Wir haben gesehen, dass es wichtig ist, das Gute zu tun, also zu handeln. Aber Handeln allein ist nicht genug: Durch Denken und Handeln, und zwar genau in dieser Reihenfolge, vereint mit dem Fühlen und unserem Herz haben wir uns vorgenommen, besonnen und klug zu handeln und unsere Handlungen zu beherrschen. Diese Selbstbeherrschung hilft uns bei der Selbstgenügsamkeit und lässt uns im Leben das Notwendige vom Überflüssigen unterscheiden. Dadurch öffnet sich der Weg zum wahren Glück und zur wahrhaften Zufriedenheit: Wir sollen in unserem Leben Stufe um Stufe voranschreiten und eine gute und harmonische Persönlichkeit werden, die geistigen Reichtum, geistige Schönheit sowie geistige und seelische Vervollkommnung als Vollkommenheit des Menschseins anstrebt.

Das ist der Zustand, den wir als wahre Schönheit bezeichnen können, der Zustand, in dem wir mit uns »im Reinen« sind, der Zustand also, in dem wir wissen, dass wir richtig handeln, und in dem Denken, Handeln und Fühlen in uns auf wunderbare Weise vereint sind. Wie *Schiller* meint, ist es in einer »schönen Seele«, wo Sinnlichkeit und Vernunft, Pflicht und Neigung harmonisieren, und »Grazie ist ihr Ausdruck in der Erscheinung«.[131] Die »schöne Seele« *Schillers* entspricht dabei der »guten Seele« *Kants*, ein Wesen auf dem Weg zur moralischen Wahrheit, dessen Richtung über die Kunst zur Moral führt. Wahre Kunst im Leben ist erreicht, wenn das Schöne in der Erscheinung sich der Idee, nämlich der Sittlichkeit nähert und zu Ihrem Symbol wird:

»Das Schöne ist das Symbol des Sittlich-Guten.«

sagt *Kant* in wunderbarer Weisheit.[132] Und diese Schönheit ist auch ganz im Sinn der griechischen und römischen Stoiker, die Tugend und Sittlichkeit als notwendige und hinreichende Bedingung für das Vorliegen des Schönen angesehen haben und denen Schönheit und Schicklichkeit immer als untrügliches Indiz für das Vorhandensein von Tugend und Sittlichkeit galten.[133] Auch nach *Nietzsche* genügt es nicht, »das Gute zu üben, man muss es gewollt« haben. »Aber das Schöne darf man nicht wollen, man muss es können, in Unschuld und Blindheit, ohne alle Neubegier der Psyche. Wer seine Laterne anzündet, um vollkommene Menschen zu finden, der achte auf das Merkmal: es sind die, welche immer um des Guten willen handeln und immer dabei das Schöne erreichen, ohne daran zu denken.«[134]

Wenn wir das Gute tun und es auch um des Guten selbst willen tun, können wir das Schöne und den Zustand wahrer Schönheit erreichen, und zwar ganz von selbst, ohne dass wir es eigentlich bemerken. Und das ist gleichzeitig auch unser Lohn. Denn tugendhaftes Handeln und ein menschliches Leben bedeuten Selbsterfüllung. Gutes und tugendhaftes Verhalten beruht weitgehend auf Selbstbelohnung und Selbstachtung. Es lohnt sich für uns, gut zu sein, weil wir damit das Schöne und das höchste Gut erreichen, nämlich Selbstvervollkommnung und Selbstveredelung.

Das haben schon die Griechen und Römer erkannt: Tugendhaftes Handeln war nach *Aristoteles* »freudvoll in sich« und bedeutete »Befriedigung in sich selbst«. »Wertvolles Handeln ist selbst Endziel.«[135] »Daher irrst du, wenn du fragst, was es ist, weshalb ich nach der Tugend strebe«, hat *Seneca* gemeint. »Denn du fragst nach etwas über dem Höchsten. Du fragst, was ich von der Tugend haben will. Sie selbst. Denn sie besitzt nichts Besseres, sie ist selbst ihr Preis.«[136] Und auch *Spinoza* folgert aus seinen Vernunftüberlegungen heraus, »dass die Tugend um ihrer selbst willen erstrebt werden muss und dass es nichts gibt, was vortrefflicher und uns nützlicher wäre, um dessentwillen man es erstreben müsste, als eben sie«, die Tugend.[137] Nach *Kant* ist es »das moralische Gesetz in mir«[138], unsere intuitive Moral.

Demgemäß hat auch *Peter Singer* seinen ethischen Standpunkt mit dieser Idee der Selbstvervollkommnung zusammengefasst:[139]

»Ein ethisches Leben zu führen, bedeutet nicht
Selbstaufopferung, sondern Selbsterfüllung.«

Ob wir uns tugendhaft und menschlich verhalten oder nicht, ist letztendlich eine Frage der Selbsterfüllung und Selbstachtung: Wir handeln ethisch und tugendhaft, weil wir uns selbst jeden Tag in die Augen sehen wollen und dabei sagen können möchten: Ich habe das getan, weil es mein inneres Bewusstsein und meine innere Überzeugung von mir gefordert haben und ich davon überzeugt bin, damit vor mir und meiner Überzeugung das Richtige getan zu haben. Und unser inneres Bewusstsein wird uns dabei auch sicher leiten, denn es ist jene Instanz, in der sich Denken, Handeln und Fühlen in einzigartiger und wunderbarer Weise vereinen.

Und genau das wird unser Leben auch mit Glück erfüllen. *Nietzsche* hat einmal gemeint, dass die Tugendhaften uns glauben machen wollen, sie hätten das Glück erfunden. Doch die Wahrheit ist, dass die Tugend von den Glücklichen erfunden wurde.[140]

»Die Glückseligkeit ist nicht der Lohn der Tugend, sondern die Tugend selbst«,

hat *Spinoza* dementsprechend bemerkt.[141] Oder wie vor ihm schon *Seneca* meinte:[142]

»Auf der Tugend also beruht die wahre Glückseligkeit.«

Das hohe Ziel des Wahren, Guten und Schönen und damit das Ziel der Selbstvervollkommnung und Selbstveredelung sollten wir auf dem Weg eines menschlichen Lebens und des wahrhaft menschlichen Seins immer im Auge behalten, weil es uns zu wahrer Glückseligkeit und Zufriedenheit im Leben führt.

Das Wesentliche kurz: Wenn es um die Frage geht, wie wir das wahrhafte Glück und die wahre Zufriedenheit erreichen können, schließt sich der Kreis zu den menschlichen Tugenden: Letztendlich führt der Weg eines menschlichen Lebens zu wahrer Glückseligkeit, indem wir über unseren anfänglichen Weg der Selbsterkenntnis, der Beherrschung unserer Handlungen und der Selbstgenügsamkeit das Gute tun und uns immer ernstlich um das Gute bemühen. Erst dieser Weg wird uns zu geistigem Reichtum, zur geistigen Schönheit, zu geistiger und seelischer Vervollkommnung als Vollkommenheit des Menschseins führen, eine Vollkommenheit wie sie in der Musik von *Mozart*, *Haydn* und *Bach* zum Ausdruck kommt. Das ist der Zustand der wahren

Schönheit, *Schillers* »schöne Seele« oder *Kants* »gute Seele«, ein Wesen auf dem Weg zur moralischen Wahrheit und Schönheit. Denn das Schöne ist das Symbol des Sittlich-Guten. Wir können das Schöne erreichen, wenn wir das Gute tun, und zwar um des Guten selbst willen. Ein tugendhaftes und menschliches Leben führt zu Selbsterfüllung und beruht auf Selbstachtung: Damit wir uns selbst jeden Tag in die Augen sehen und zu uns selbst überzeugt sagen können, das Richtige getan zu haben. Unser inneres Bewusstsein, in dem sich Denken, Handeln und Fühlen in einzigartiger und wunderbarer Weise vereinen, wird uns dabei sicher leiten. Und genau das wird unser Leben auch mit Glück erfüllen. Denn die Glückseligkeit ist nicht der Lohn der Tugend, sondern die Tugend selbst.

2.4 Das Polaritätsprinzip – Gut und Böse

Wir haben uns bisher schon intensiv mit den Tugenden und den guten und menschlichen Handlungen beschäftigt. Aber vielleicht haben Sie sich auch schon einmal diese Frage gestellt: Warum gibt es eigentlich nicht nur das Gute? Warum gibt es auch das Böse? Warum gibt es beides, Gut und Böse? Warum sind wir Menschen zu beidem fähig und warum ist beides in uns vorhanden? Warum haben Rosen Dornen und können trotz ihrer unvergleichlichen Schönheit auch stechen? Warum hat die wunderschöne Blume des kleinen Prinzen Stacheln?

Der Mensch steht zwischen den Polaritäten des Lebens, zwischen hell und dunkel, Licht und Schatten, weiß und schwarz, Gut und Böse. Beides existiert in uns und unter den Menschen.[143] Im Zusammenhang mit dem Gebot der Nächstenliebe brachte *Jesus* zum Ausdruck, dass man nicht nur seinen Nächsten lieben soll, wie dies schon das Alte Testament verlangte, sondern auch seine Feinde. Warum? »Damit ihr Söhne eures Vaters im Himmel werdet«, begründet *Jesus* diese Überlegung, »denn er lässt seine Sonne aufgehen über Bösen und Guten, und er lässt regnen über Gerechte und Ungerechte«.[144] Die Forderung der Liebe auch gegenüber den Feinden entspringt ganz offenbar dem biblischen Gedanken, dass der Schöpfer nicht nur das Gute, sondern auch das Böse geschaffen hat. Und auch *Hesses* Siddhartha sagt zu seinem Freund Govinda, dass er einen Gedanken gefunden hat, der sein bester Gedanke ist.»Er heißt: von jeder Wahrheit ist das Gegenteil ebenso wahr.«[145]

Das Böse existiert neben dem Guten. Und das hat seinen Sinn und Zweck. Denn das Gute erkennen wir oft erst durch das Schlechte und Böse. Seit dem griechischen Philosophen *Heraklit* wissen wir, dass menschliches Verstehen an Polaritäten gebunden ist und sich die Kenntnis einer Sache oft nur mit der Kenntnis ihres Gegenteils eröffnet: »Krankheit macht Gesundheit angenehm und gut, Hunger Sättigung, Ermüdung das Ausruhen«.[146] *Goethe* hat das wunderbar in *Wilhelm Meisters Lehrjahre* beschrieben: »Wir merken erst, wie traurig und unangenehm ein trüber Tag ist, wenn ein einziger durchdringender Sonnenblick uns den aufmunternden Glanz einer heitern Stunde darstellt.« Und an anderer Stelle bekennt Wilhelm still zu sich selbst: »Ach, erscheinen uns denn eben die schönsten Farben des Lebens nur auf dunklem Grunde? Und müssen Tropfen fallen, wenn wir entzückt werden sollen?«[147]

Wie kein anderer war es *Hesse*, der sich in seinen Werken immer wieder mit der Existenz des geheimnisvollen Polaritätsprinzips auseinandergesetzt hat: »Einzig darin besteht für mich das Leben, im Fluktuieren zwischen zwei Polen, im Hin und Her zwischen den beiden Grundpfeilern der Welt.«[148] In seinem autobiografischen Werk *Demian* beschreibt *Hesse* die zwei Welten oder Welthälften, die ihn als Kind umgaben: Einerseits die vertraute und heile Welt in seinem Elternhaus, wo alles in geregelten Bahnen und Vertrautheit lief, die wie er sie nannte »lichte Welt«, andererseits aber die »andere oder dunkle Welt«, mit der er schon früh in Berührung kam und von der Anstöße kamen, die »Angst, Zwang und böses Gewissen« mit sich brachten und den Frieden gefährdeten, in dem er gerne wohnen geblieben wäre. »Und das Seltsamste war, wie die beiden Welten aneinander grenzten, wie nah sie beisammen waren.«[149]

Der Gegensatz zwischen der hellen und der dunklen Welt kommt auch in *Mozarts Zauberflöte* zum Ausdruck, in welcher die Königin der Nacht die dunkle Seite verkörpert und Sarastro im hellen Licht des Tages erstrahlt. Interessanterweise sind aber auch Sarastros Eingeweihte des Lichts nicht alle hell und gut, denn unter ihnen befindet sich Monostatos, der als dunkler Mohr die Existenz des Bösen in den eigenen Reihen symbolisiert. Monostatos vermittelt uns letztendlich, dass wir mitten in dieser Polarität zwischen hell und dunkel, Licht und Schatten, weiß und schwarz, Gut und Böse leben, und zwar auch oder vor allem im eigenen Haus, also bei uns selbst. Beides existiert in uns, beides liegt eng nebeneinander und wir stehen dazwischen, wir bewegen uns zwischen diesen beiden Polen und werden zwischen ihnen hin- und hergerissen.

Die Existenz dieser Polaritäten müssen wir akzeptieren und hinnehmen. Und mehr noch, in ihnen müssen wir Harmonie und Einheit des Ganzen suchen und finden. Denn die Einheit wird letztendlich durch Auseinanderstreben der Kräfte und Harmonisieren der auseinandergehenden Mächte erreicht.[150] Wir müssen versuchen, jene polarisierende Zweiheit zu überwinden, die nach altchristlicher Vorstellung entstanden ist, weil der Mensch im Garten Eden verbotenerweise vom Baum des Lebens und der Erkenntnis gegessen hatte und daraufhin erkannte dass es Gut und Böse sowie Leben und Tod gibt.[151] Dies führte zwar zur Vertreibung des Menschen aus dem Paradies, doch die Überwindung der Polarität von Gut und Böse und die Suche nach Einheit kann den Menschen durch eigene Kraft wieder dorthin zurückführen.

»Das Leben als ein energetischer Prozess bedarf der Gegensätze, ohne welche Energie unmöglich ist«, hat dementsprechend *C. G. Jung* gemeint. Erst die Gegensatzspannung ermöglicht Energie, sie ist ein Weltgesetz, auch passend ausgedrückt durch das Yin und Yang der chinesischen Philosophie.[152] Und genau in diesem Kraftfeld der Gegensatzspannung wird die zum Leben erforderliche Energie erzeugt, die Veränderung und Verwandlung erst ermöglicht. Darin liegt gleichzeitig die untrennbare Einheit der Gegensätze. *Hesse* hat diese geheimnisvolle Weisheit in unvergleichlicher Schönheit in seinem Liebesmärchen *Piktors Verwandlungen* beschrieben. Und auch im *Glasperlenspiel* bringt er zum Ausdruck, dass es unsere Bestimmung als Mensch ist, »die Gegensätze richtig zu erkennen, erstens nämlich als Gegensätze, dann aber als die Pole einer Einheit«.[153]

Selbst wenn es die Existenz von Gut und Böse gibt und wir in ständiger Polarität dazwischen leben, heißt das nicht, dass wir dem hilflos ausgeliefert sind und keine freie Wahl und Entscheidung zwischen diesen Polen haben. Die Existenz der Polaritäten dürfen wir nicht als Ausrede benützen. Denn wir selbst haben die Wahl und haben es in der Hand, ob wir gut oder böse sind: Wenn wir uns entscheiden, gut zu sein und gut zu denken, dann werden auch unsere Handlungen gut sein. Entscheiden wir uns hingegen dafür, böse zu sein und böse zu denken, werden auch unsere Handlungen schlecht sein. Es ist wie mit dem biblischen Gleichnis vom guten Baum, der gute Früchte hervorbringt, und vom schlechten Baum, der schlechte Früchte trägt.[154] Und ob wir nun in unserem eigenen Leben ein guter Baum oder ein schlechter Baum sind, liegt nur an uns. Es ist unsere eigene Entscheidung!

Viktor Frankl hat in seinem Bericht über die Erlebnisse im Konzentrationslager bemerkt, dass es neben den Wachposten, die die Häftlinge körperlich und seelisch unsagbar quälten, auch Vorarbeiter gab, die mit den Häftlingen Mitleid hatten und ihr Möglichstes taten, die Situation wenigstens auf der Baustelle zu mildern.[155] Auch in der Hölle des Konzentrationslagers war es der Mensch selbst, der entschied, was er war, gut oder böse, und es gab durchaus auch dort Menschen, die sich für das Gute eingesetzt haben. Auch in einer noch so schlimmen und unmenschlichen Umgebung, immer tragen wir selbst als Menschen, jeder für sich, Verantwortung für unser Tun und Handeln. Immer ist es allein unsere eigene Entscheidung, wie wir sind, gut oder böse.

An den Konflikt zwischen Gut und Böse erinnert auch der Planet des kleinen Prinzen, auf dem es gute Gewächse und schlechte Gewächse und dementsprechend gute Samenkörner von guten Gewächsen und schlechte Samenkörner von schlechten Gewächsen gab. Zu den fürchterlichen Samen gehörten die Samen der

Affenbrotbäume. Der Boden des Planten war voll davon und einen Affenbrotbaum kann man, wenn man sich seiner zu spät annimmt, nie mehr los werden: »Es ist eine Frage der Disziplin«, sagt der kleine Prinz. »Man muss sich regelmäßig dazu zwingen, die Sprösslinge der Affenbrotbäume auszureißen, sobald man sie von den Rosensträuchern unterscheiden kann, denen sie in der Jugend sehr ähnlich sehen. Das ist eine zwar langweilige, aber leichte Arbeit.«[156]

Hat der kleine Prinz nicht recht? Zwischen Gut und Böse bewegen wir uns ständig, aber wir müssen mit Disziplin und Konsequenz bereits bei den Kleinigkeiten beginnen, gut zu denken und das Gute und Menschliche zu tun. Das ist zwar nicht sonderlich aufregend und spannend, aber wir schaffen es relativ leicht. Wenn unsere schlechten Eigenschaften noch klein sind, dann ist es gar nicht so schwierig, sie loszuwerden oder durch gute zu ersetzen, so wie es eben leichter ist, Unkraut auszureißen, solange es noch klein ist. Und was wir im Kleinen schaffen, können wir dann auch bei den großen und schwierigeren Dingen leichter umsetzen.

Wie bereits ausgeführt, ist es dabei wichtig, die uns innewohnende Polarität, also die Existenz von Gut und Böse, grundsätzlich zu akzeptieren und nicht in eine Verdrängung oder Unterdrückung unserer destruktiven und bösen Eigenschaften zu verfallen. Denn sowohl bei der Verdrängung als auch bei der Unterdrückung wird nur das Handeln verhindert, nicht der Impuls der Handlung selbst. *Fromm* hat im Rahmen seiner humanistischen Ethik gezeigt, dass die richtige Reaktion in einem Kampf der lebensfördernden Kräfte eines Menschen gegen die destruktiven und bösen Impulse besteht. Je stärker ein Mensch sich dieser Impulse bewusst ist, desto stärker kann er darauf reagieren. Nicht nur sein Wille und seine Vernunft beteiligen sich, sondern auch die emotionalen Kräfte in ihm, die von seiner Destruktivität herausgefordert werden. Die Betonung liegt hier also nicht auf dem Gefühl von Schlechtigkeit und Reue, sondern auf dem Vorhandensein und dem Einsatz der dem Menschen eigenen produktiven Kräfte.[157]

Und wenn wir diese produktiven Kräfte aktivieren, geschieht etwas ganz Sonderbares: Als Ergebnis des produktiven Konfliktes zwischen Gut und Böse wird letztendlich das Böse selbst zur Quelle der Tugend.

Damit hat die Polarität zwischen Gut und Böse im gewissen Sinn auch den Zweck der Selbstüberwindung. Denn neben das Gute gestellt zeigt uns das Böse, dass eben dies das Böse ist und es zeigt uns damit im Sinn des Gegensatzes gleichzeitig auch, was das Gute ist. Dadurch erhalten wir die Möglichkeit, nicht nur das Böse zu erkennen, sondern auch dem Bösen in uns selbst zu widerstehen und es zu überwinden. *Wilhelm Busch* hat einmal gesagt: »Das Gute – dieser Satz steht fest – ist stets das Böse, das man lässt!«[158] Wir kennen das Gute oft nicht und sind unwissend, wenn wir uns nicht mit dem Bösen beschäftigt haben, uns nicht in das Böse in uns selbst vertieft haben. Und vielleicht war es genau das, was *Jesus* mit seinem Satz »Leistet dem, der euch etwas Böses antut, keinen Widerstand«[159] gemeint hat.

Alles Leben bewegt sich in einem Kreislauf. Das bringt der altgriechische Grundsatz *panta rhei* – »Alles fließt!« zum Ausdruck. »Sich wandelnd ruht es aus«, hat *Heraklit* gesagt.[160] Und auch *Camus* meint, dass es »kein Licht ohne Schatten« gibt, »man muss auch die Nacht kennen«.[161] Schatten und Dunkelheit herrschen vor und dennoch geht jeden Tag von Neuem die Sonne auf. »Die Strahlen der Sonne vertreiben die Nacht, zernichten der Heuchler erschlichene Macht!« singt Sarastro am Schluss von *Mozarts Zauberflöte*.[162] Es ist die ewige Wiederkehr des Lichtes, des Guten, und diese Wiederkehr ist nur möglich, wenn es die Dunkelheit, das Böse gibt: Ohne Licht kein Schatten, aber ohne Dunkelheit letztendlich auch kein Licht:

> »Das Gleichgewicht in den menschlichen Handlungen kann leider nur durch Gegensätze hergestellt werden.«[163]

Das Wesentliche kurz: Wenn wir uns fragen, warum es beides gibt, Gut und Böse, und warum die Menschen zu beidem fähig sind, dann führt uns das zur Erkenntnis, dass beides in uns existiert und dass der Mensch zwischen diesen geheimnisvollen Polaritäten steht. Die Kenntnis einer Sache erschließt sich oft nur mit der Kenntnis ihres Gegenteils, so wie etwa erst Krankheit Gesundheit angenehm und gut macht. Licht und Schatten, Gut und Böse, beides existiert, beides liegt eng nebeneinander und wir stehen dazwischen. Wir bewegen uns zwischen diesen Polen. In ihnen müssen wir Harmonie und Einheit des Ganzen suchen und finden. Dabei haben wir es selbst in der Hand, ob wir gut oder böse sind, es ist unsere eigene Entscheidung; wie beim biblischen Gleichnis vom guten Baum, der gute Früchte hervorbringt, und vom schlechten Baum, der schlechte Früchte trägt. Die richtige Reaktion besteht nicht in Verdrängung oder Unterdrückung des Bösen, sondern in einem Kampf unserer lebensfördernden und produktiven Kräfte gegen die destruktiven und bösen Impulse. Als Ergebnis dieses produktiven Konfliktes zwischen Gut und Böse wird letztendlich das Böse selbst zur Quelle der Tugend, denn es ermöglicht uns Selbstüberwindung. Es gibt kein Licht ohne Schatten und man muss auch die Dunkelheit kennen. Aber auch wenn Dunkelheit vorherrscht, so geht doch jeden Tag von Neuem die Sonne auf. Es ist die ewige Wiederkehr des Lichtes, des Guten. Diese Wiederkehr ist nur möglich, wenn es die Dunkelheit, das Böse gibt: Ohne Licht kein Schatten, aber ohne Dunkelheit letztendlich auch kein Licht.

2.5 Selbstvertrauen, Selbstsicherheit und Selbstwertgefühl

Von dem zuvor beschriebenen Idealzustand der Selbstvervollkommnung und wahren Schönheit kommend und nach dem Bewusstmachen der Polaritäten im Leben wollen wir uns nun wieder eher »weltlichen« Dingen widmen, die uns helfen, zum Ziel der wahren Schönheit zu kommen und unsere Erwartungen an das Leben erfüllen zu können. Denn entscheidend ist es, zunächst einmal im Hier und Jetzt die Herausforderungen des Lebens zu meistern.

Und da scheinen mir zunächst vor allem ein gesundes Selbstvertrauen, Selbstsicherheit und Selbstwertgefühl wichtig zu sein. Denn gerade, wenn es um die Gestaltung von Glück und Zufriedenheit im Leben geht, sind Vertrauen, Mut und Energie in der Gegenwart wichtig.[164]

Zunächst zum Selbstvertrauen: Im Zusammenhang mit der positiven Geisteshaltung haben wir bereits festgestellt, dass Selbstvertrauen ein wichtiger Bestandteil unseres positiven Einstellungsmusters zum Leben ist. Selbstvertrauen ist das Vertrauen in unsere eigenen Kräfte und Fähigkeiten. Es ist ganz wesentlich von der eigenen Überzeugung geprägt, die Probleme selbst lösen zu können, also von der Einstellung: »Ich schaffe das schon!« Durch Selbstvertrauen, also Vertrauen in uns selbst, erhalten wir die Überzeugung, wichtige Ereignisse im Leben selbst beeinflussen zu können und nicht äußeren Kräften oder anderen Menschen hilflos ausgeliefert zu sein. Und das ist auch wirklich so: Wir selbst können unser eigenes Leben in die Hand nehmen und beeinflussen, und zwar auch unter noch so widrigen Umständen. Immer können wir Mensch bleiben und unsere menschlichen Möglichkeiten in einer verzweifelten Situation verwirklichen. Es liegt immer an uns selbst!

Ein gesundes Selbstvertrauen hat auch *Kant* gefordert. Er war davon überzeugt, dass die Kraft der menschlichen Vernunft, der man sich anvertrauen soll, jeder in sich selbst finden kann: »Ich stehe in der Einbildung, es sei zuweilen nicht unnütz, ein gewisses edles Vertrauen in seine eigenen Kräfte zu setzen. Eine Zuversicht von der Art belebt alle unsere Bemühungen und erteilt ihnen einen gewissen Schwung, der der Untersuchung der Wahrheit sehr beförderlich ist.«[165] Und auch *Hesse* hat dazu bemerkt, dass »Vertrauen zu dir selbst« der Beginn ist. »Nicht mit Abrechnungen, Schuld und bösem Gewissen, nicht mit Kasteiung und Opfern wird der Glaube gewonnen. Alle diese Bemühungen wenden sich an Götter, welche außer uns wohnen. Der Gott, an den wir glauben müssen, ist in uns innen.«[166]

Selbstsicherheit oder Selbstbewusstsein drückt zudem aus, inwieweit wir von unseren eigenen Fähigkeiten und vom Wert unserer eigenen Person überzeugt sind. Durch das Selbstbewusstsein bezeichnet sich der Mensch als ein selbständiges, von allen übrigen abgeschlossenes Wesen, als »Ich«.[167] Auch diese Eigenschaften sind wichtiger Bestandteil einer positiven Geisteshaltung und Lebensgestaltung. Sowohl Selbstvertrauen als auch Selbstsicherheit sind von wesentlicher Bedeutung, wenn es darum geht, unsere Erwartungen an das Leben und die Anforderungen des Lebens zu meistern. Denn nur ein selbstsicherer Mensch mit ausreichendem Selbstvertrauen wird in der Lage sein, sich den täglichen Herausforderungen zu stellen. Und diese Herausforderungen verlangen oft viel von uns, denn es geht in jeder Lage des Lebens darum, gut zu handeln und die uns gegebenen Möglichkeiten in unserem Leben bestmöglich zu verwirklichen.

Dabei kann man beobachten, dass Selbstvertrauen sehr oft mit einem hohen Selbstwertgefühl verbunden ist, also mit einer hohen Wertschätzung sich selbst gegenüber. Ein starkes Selbstwertgefühl ist wichtig, weil es uns bei der Bewältigung der Herausforderungen des Lebens unterstützt. Da es sich gerade beim Selbstwertgefühl um eine subjektive Einschätzung über uns selbst und unsere eigene Wertigkeit handelt, können wir gerade hier ansetzen, an uns arbeiten und durch eine Veränderung dieser subjektiven Einschätzung von uns selbst auch unser Leben objektiv verändern und verbessern: Indem wir uns selbst einen höheren Wert zuschreiben, werden wir wiederum höhere Werte nach außen umsetzen. Und umgekehrt, wenn wir höhere Werte nach außen umsetzen, steigt auch unser Selbstwertgefühl.

Denn bemerkenswerter Weise steht das Selbstwertgefühl immer in einer gewissen Wechselbeziehung zu jenen Werten, die wir in unserem Leben selbst umsetzen und mit denen wir uns umgeben. Das hat *Goethe* in einer Widmung an *Schopenhauer* sehr schön zum Ausdruck gebracht, nachdem dieser im endgültigen Zerwürfnis mit seiner Mutter nach Dresden aufbrach: »Willst du dich deines Wertes freuen, so musst der Welt du Wert verleihen.«[168] *Schopenhauer* hat sich später aber auch selbst sehr positiv zum Selbstwertgefühl geäußert: »Nichts kann verkehrter sein, als etwas anderes sein zu wollen, als man ist.

Denn es ist das Urteil der eigenen Wertlosigkeit, von sich selbst ausgesprochen.«[169]

Der zuvor erwähnten Wechselbeziehung begegnen wir auch bei der Nächstenliebe, zu der wir später noch kommen werden. Denn auch bei der Nächstenliebe spielt das eigene Selbstwertgefühl eine wesentliche Rolle: Den Grundsatz der Nächstenliebe, also das »Liebe deinen Nächsten wie dich selbst«, können wir überhaupt erst dann verwirklichen, wenn wir zunächst uns selbst lieben und uns selbst wertschätzen. Nächstenliebe bedingt eine Wechselwirkung: seinen Nächsten lieben wie sich selbst und sich selbst wie einen Nächsten.[170]

Doch gleichzeitig müssen wir bei diesem »Liebe dich selbst« und bei der natürlichen Selbstliebe durchaus vorsichtig sein, weil die Grenze zur eigennützigen Eigenliebe, zum Egoismus und der mit Egoismus verbundenen Eitelkeit schnell überschritten ist.

Schon *Jean-Jacques Rousseau* hat zwischen der schädlichen Eigenliebe (*amour propre*) und der guten Selbstliebe (*amour de soi-même*) unterschieden: »Die Selbstliebe ist ein natürliches Gefühl, das jedes Tier dazu antreibt, über seine eigene Erhaltung zu wachen, und das, soweit es im Menschen von der Vernunft geleitet und vom Mitleid abgewandelt wird, die Menschlichkeit und die Tugend hervorbringt. Die Eigenliebe ist hingegen jenes Gefühl, das jedes Individuum dazu veranlasst, sich selbst einen größeren Wert beizulegen als jedem anderen, das den Menschen all die Übel eingibt, die sie sich gegenseitig zufügen.«[171]

Ein gesundes und natürliches Selbstwertgefühl und die natürliche Selbstliebe dürfen wir niemals mit der schädlichen Eigenliebe verwechseln. Die Eigenliebe entspringt dem Egoismus. Und diese egoistische Eigenliebe ist, auch wenn sie nicht immer schuldhaft sein mag, wie *Kant* richtig meint, die »Quelle alles Bösen«.[172]

Das Wesentliche kurz: Ein gesundes Selbstvertrauen, Selbstsicherheit und Selbstwertgefühl sind wichtig, wenn es darum geht, unsere Erwartungen an das Leben und die Anforderungen des Lebens zu meistern. Selbstvertrauen ist das Vertrauen in unsere eigenen Kräfte und Fähigkeiten. Es ist von der eigenen Überzeugung geprägt, die Probleme selbst lösen zu können, also von der Einstellung: »Ich schaffe das schon!« Wir selbst können unser eigenes Leben in die Hand nehmen und beeinflussen. Selbstwertgefühl ist eine hohe Wertschätzung sich selbst gegenüber, die wir durchaus mit unserem eigenen Denken beeinflussen können. Indem wir uns selbst einen höheren Wert zuschreiben, werden wir wiederum höhere Werte nach außen umsetzen, und auch umgekehrt. Schließlich können wir durch das eigene Selbstwertgefühl erst den Grundsatz der Nächstenliebe verwirklichen, der eine Wechselwirkung bedingt: seinen Nächsten lieben wie sich selbst und sich selbst wie einen Nächsten. Ein gesundes und natürliches Selbstwertgefühl dürfen wir allerdings niemals mit der schädlichen Eigenliebe verwechseln, die dem Egoismus entspringt und die nach *Kant* die Quelle alles Bösen ist.

2.6 Grundlegendes Gefühl des Vertrauens und Vertrauen in die Zukunft

Neben Selbstvertrauen, Selbstsicherheit und Selbstwertgefühl ist eine positive Gestaltung des Lebens auch durch den Aufbau eines grundlegenden Gefühls des Vertrauens sowie eines Vertrauens in die Zukunft gekennzeichnet. Neben Selbstvertrauen und Selbstsicherheit hilft uns auch das Gefühl des Vertrauens, zum Ziel der wahren Schönheit zu kommen und unsere Erwartungen an das Leben, vor allem jene nach dem Glück, erfüllen zu können.

Zunächst zum grundlegenden Gefühl des Vertrauens: Gemeint ist damit ein durchdringendes, überdauerndes, aber dennoch dynamisches Gefühl des Vertrauens, also die Grundstimmung oder Grundsicherheit eines Menschen innerlich zusammengehalten zu werden, nicht zu zerbrechen und gleichzeitig auch in äußeren Anbindungen die erforderliche Unterstützung und den notwendigen Halt zu finden.

Dieses Vertrauen lässt sich auch mit dem Begriff »Kohärenzgefühl« umschreiben, der im Rahmen der »Salutogenese«, einem modernen Gesundheitskonzept, das uns später im Zusammenhang mit der körperlichen Gesundheit noch beschäftigen wird, geprägt wurde.[173] Kohärenzgefühl kommt vom lateinischen Wort *cohaerere*, das zusammenhalten, Halt haben und zusammenhängen bedeutet.

Beim Kohärenzgefühl ist eine mentale Einflussgröße entscheidend, nämlich die Grundhaltung des Menschen gegenüber der Welt und dem eigenen Leben. Von dieser geistigen Grundhaltung hängt es maßgeblich ab, wie gut ein Mensch in der Lage ist, vorhandene Ressourcen zum Erhalt seiner Gesundheit und seines Wohlbefindens zu nutzen. Je ausgeprägter das Kohärenzgefühl eines Menschen ist, desto gesünder ist er bzw desto schneller wird er gesund und bleibt es auch.

Ein stark ausgeprägtes Kohärenzgefühl führt dazu, dass ein Mensch flexibel auf Anforderungen reagieren kann. Das Kohärenzgefühl aktiviert die für eine spezifische Situation angemessenen Ressourcen und wirkt damit als flexibles Steuerungsprinzip, das den Einsatz verschiedener Verarbeitungsstrategien in Abhängigkeit von den jeweiligen Anforderungen anregt.

Dieses grundlegende Gefühl des Vertrauens wird durch ein Vertrauen in die Zukunft ganz wesentlich ergänzt. Wir müssen uns bewusst machen, dass auf dem Weg eines menschlichen Lebens das Vertrauen in die Zukunft von wesentlicher Bedeutung ist. Denn mangelndes Vertrauen in die Zukunft und in das Leben ganz allgemein führt zu Angst. Angst hilft bei einer positiven Gestaltung des Lebens wiederum nicht weiter, weil sie den harmonischen Fluss des Lebens und die Lebensenergie blockiert.

Schon der römische Dichter *Horaz* schrieb, man solle sich hüten, danach zu fragen, was morgen sein wird – »*Quid sit futurum cras, fuge quaerere!*«[174] Mit Überlegungen, was uns nicht alles am nächsten Tag passieren könnte, sollten wir nicht unsere Zeit und Kraft vergeuden. Wir sollten stattdessen ein grundlegendes Vertrauen in die Zukunft entwickeln. Dieser Grundsatz kommt in der Bibel sehr deutlich zum Ausdruck:[175]

> »Sorgt euch also nicht um morgen; denn der morgige Tag wird für sich selbst sorgen. Jeder Tag hat genug eigene Plage.«

Der Humanist *Johann Gottfried Herder* hat sein grundlegendes Urvertrauen in die Zukunft und die eigenen Kräfte in seiner Sammlung *Zerstreute Blätter*, in der er seinen sittlich-humanen Standpunkt erläutert, unter dem Titel *Tithon und Aurora* im Jahr 1792 wunderbar zusammengefasst:[176]

> »Was wir Überleben unsrer selbst, also Tod nennen, ist bei bessern Seelen nur Schlummer zu neuem Erwachen, eine Abspannung des Bogens zu neuem Gebrauche. So ruht der Acker, damit er im Frühling neu sprosse und treibe. Den Guten verlässt das Schicksal nicht, solange er sich nicht selbst verlässt und unrühmlich an sich vergreift. Der Genius, der von ihm gewichen schien, kehrt zu rechter Zeit zurück, und mit ihm neue Tätigkeit, Glück und Freude. Oft ist ein Freund solcher Genius; oft ist's ein unerwarteter Wechsel der Zeiten. Opfre diesem Genius, auch wenn du ihn nicht siehst; hoffe auf das zurücksehende, wiederkehrende Glück, wenn du es gleich entfernt glaubest. Ist die linke Seite dir wund, lege dich auf die rechte; hat der Sturm dein Bäumchen hierher gebeugt, suche es dorthin zu beugen, bis es wieder seine aufstrebende Mitte erreiche.«

Vertrauen und Glaube in die Zukunft sind für das Überleben des Menschen an sich oder doch für die Bewältigung schwieriger Lebenssituationen wichtig. Wie bereits erwähnt, führt mangelndes Vertrauen in die Zukunft zu Angst und kann damit den Organismus schwächen und unsere Gesundheit beeinträchtigen. Wie wir später im Rahmen der körperlichen Gesundheit sehen werden, hat das *Viktor Frankl* sehr eindrucksvoll nachgewiesen. Und nebenbei bemerkt sollten wir uns im Rahmen des Vertrauens in die Zukunft auch bewusst machen, dass wir das, worauf es im Leben am meisten ankommt, ohnehin nicht voraussehen können. Denn die schönste Freude erlebt man letztendlich immer da, wo man sie am wenigsten erwartet hat.[177]

Goethe hat seine Überlegungen zu einem grundlegenden Vertrauen in die Zukunft wunderbar in einem Gedicht zusammengefasst:[178]

> »Was machst du an der Welt, sie ist schon gemacht,
> Der Herr der Schöpfung hat alles bedacht.
> Dein Los ist gefallen, verfolge die Weise,
> Der Weg ist begonnen, vollende die Reise:
> Denn Sorgen und Kummer verändern es nicht,
> Sie schleudern dich ewig aus gleichem Gewicht.«

Das Wesentliche kurz: Eine positive Gestaltung des Lebens ist durch den Aufbau eines durchdringenden, überdauernden aber dennoch dynamischen Gefühls des Vertrauens gekennzeichnet, also die Grundstimmung oder Grundsicherheit eines Menschen innerlich zusammengehalten zu werden, nicht zu zerbrechen und gleichzeitig in äußeren Anbindungen die erforderliche Unterstützung und den notwendigen Halt zu finden. Dieses Gefühl wird auch »Kohärenzgefühl« (zusammenhalten, Halt haben) genannt. Neben diesem grundlegenden Gefühl des Vertrauens ist ein Vertrauen in die Zukunft von wesentlicher Bedeutung. Wir sollten nicht dauernd danach fragen, was morgen kommt, und uns über die Zukunft Sorgen machen. Denn nach *Goethe* verändern Sorgen und Kummer unser Leben nicht, sondern sie schleudern uns nur aus dem Gleichgewicht.

2.7 Der Sinn des Lebens und des Augenblicks

Sie kennen wahrscheinlich *Monty Python's* Film über den Sinn des Lebens. Nun, so satirisch wollen wir es im Sinn unserer positiven Geisteshaltung natürlich nicht angehen, wenngleich der Film in humorvoller Weise einige kritische Fragen im Zusammenhang mit der Suche nach dem Sinn des Lebens aufwirft. Und am Ende bietet er eigentlich eine durchaus einfache und praktikable Lösung:[179]

> »Also, hier kommt der Sinn des Lebens. Ach ja, das ist nichts Besonderes. Seien Sie nett zu Ihren Nachbarn, vermeiden Sie fettes Essen, lesen Sie ein paar gute Bücher, machen Sie ein paar Spaziergänge und versuchen Sie in Frieden und Harmonie mit Menschen jeden Glaubens und jeder Nation zu leben.«

Nach dieser Einleitung werden Sie sich vielleicht fragen, warum es mir wichtig ist, an dieser Stelle im Zusammenhang mit unseren Erwartungen an das Leben auf die Frage nach dem Sinn des Lebens einzugehen: Weil ich überzeugt bin, dass es sich dabei um eine der zentralen Fragen im Leben jedes Menschen handelt. Für jeden von uns ist es von entscheidender Bedeutung, in seinem eigenen Leben und in jedem Augenblick seines Lebens einen Sinn zu sehen und zu finden! Sobald wir uns die Frage nach dem Sinn des Lebens stellen, gehört die Suche nach einer Antwort zu einem Teil unseres Daseins und wir werden den Wunsch verspüren, diesem Sinn in unserem Leben auch gerecht zu werden.[180]

Albert Camus beginnt sein Buch *Der Mythos des Sisyphos* mit einer sehr provokanten Aussage:[181]

> »Es gibt nur ein wirklich ernstes philosophisches Problem: den Selbstmord. Sich entscheiden, ob das Leben es wert ist, gelebt zu werden oder nicht, heißt auf die Grundfrage der Philosophie antworten. Alles andere – ob die Welt drei Dimensionen und der

Geist neun oder zwölf Kategorien hat – kommt später. Das sind Spielereien; erst muss man antworten.«

Er hat recht: Auf die Grundfrage des Lebens müssen wir zunächst antworten, jeder für sich. Für jeden Menschen gehört die Frage nach dem Sinn seines eigenen Lebens zu den dringlichsten aller Fragen. Die Suche danach ist eine wesentliche Grundmotivation jedes Menschen. Im Leben einen Sinn zu sehen und in jeder Lebenssituation den Sinn des Augenblicks zu erkennen und zu verwirklichen, sind wesentliche Voraussetzungen für eine positive und glückliche Gestaltung des Lebens. Denn jeder Mensch, der seinen »Willen zum Sinn« im Leben nicht umsetzen kann, riskiert bedrückende Sinn- und Wertlosigkeitsgefühle. Das ist der wesentliche Ansatzpunkt der »Logotherapie und Existenzanalyse«, die von dem berühmten Wiener Neurologen und Psychiater *Viktor Emil Frankl* begründet wurde.[182]

Frankl hat seine Gedanken erstmals 1945 in seinem weltweit erfolgreichen Buch ... *trotzdem Ja zum Leben sagen* niedergelegt. Darin schildert er, wie er als Häftling und Psychologe das Konzentrationslager erlebt hat. Und er kommt dabei zu erstaunlichen Erkenntnissen, die er später wissenschaftlich weiter entwickelt hat.

Auch in der absoluten Zwangslage des Konzentrationslagers gab es einen Rest von geistiger Freiheit und freier Einstellung des eigenen Ich zur Umwelt. Mögen es auch wenige gewesen sein, sie haben bewiesen, dass »man dem Menschen im Konzentrationslager alles nehmen kann, nur nicht: die letzte menschliche Freiheit, sich zu den gegebenen Verhältnissen so oder so einzustellen. Und es gab ein ›So oder so‹! Und jeder Tag und jede Stunde im Lager gab tausendfältige Gelegenheit, diese innere Einstellung zu vollziehen«. *Frankl* kommt zum Schluss, dass es das Ergebnis dieser inneren Einstellung des Menschen ist, was mit ihm innerlich geschieht und was im Lager aus ihm wird: »ein typischer ›KZler‹ – oder ein Mensch, der auch hier noch Mensch bleibt und die Menschenwürde bewahrt«.[183]

Und diese »geistige Freiheit des Menschen, die man ihm bis zum letzten Atemzug nicht nehmen kann, lässt ihn auch noch bis zum letzten Atemzug Gelegenheit finden, sein Leben sinnvoll zu gestalten«. Denn nicht nur ein tätiges oder schöpferisches Leben und ein genießendes oder erlebendes Leben hat Sinn, sondern auch jenes Leben behält seinen Sinn, das – wie im Konzentrationslager – kaum noch eine Chance bietet, schöpferisch oder erlebend Werte zu verwirklichen, vielmehr »nur noch eine letzte Möglichkeit zulässt, das Leben sinnvoll zu gestalten, nämlich eben in der Weise, in der sich der Mensch zu dieser äußerlich erzwungenen Einschränkung seines Daseins einstellt«. Und mehr noch: »Wenn Leben überhaupt einen Sinn hat, dann muss auch Leiden einen Sinn haben. Not und Tod machen das menschliche Dasein erst zu einem Ganzen.« In der Art, wie ein Mensch sein unabwendbares Schicksal auf sich nimmt, eröffnet sich nach *Frankl* auch noch in den schwierigsten Situationen des Lebens eine Fülle von Möglichkeiten, das Leben sinnvoll zu gestalten: »Je nachdem ob einer mutig und tapfer bleibt, würdig und selbstlos, oder aber im bis aufs äußerste zugespitzten Kampf um die Selbsterhaltung sein Menschtum vergisst, je nachdem hat der Mensch die Wertmöglichkeiten, die ihm seine leidvolle Situation und sein schweres Schicksal geboten haben, verwirklicht oder verwirkt – und je nach dem war er ›der Qual würdig‹ oder nicht.«[184]

»Nicht was, sondern wie du es erträgst, ist wichtig«, hat *Seneca* gemeint. Wir müssen gerade die schwierigen Situationen in unserem Leben als Chance und Herausforderung sehen, denn, wie *Seneca* weiter argumentiert, erscheint nichts »unglücklicher als ein Mensch, dem nie etwas Widriges widerfahren ist. Es war ihm nämlich nicht möglich, sich zu erproben«.[185] Wir müssen gerade für die besonders schwierigen Lebenssituationen dankbar sein, denn sie geben uns die Möglichkeit, uns selbst zu erproben und auch noch in dieser widrigen Situation etwas Positives für unser weiteres Leben mitzunehmen und Werte in unserem Leben zu verwirklichen.

Interessanterweise hat *Frankls* psychologische Beobachtung der KZ-Lagerhäftlinge ergeben, dass nur derjenige in seiner Charakterentwicklung den Einflüssen der Lagerwelt verfiel, der sich zuvor geistig und menschlich fallen gelassen hatte. Fallen ließ sich aber nur derjenige, der keinen inneren Halt mehr besaß. Dabei war entscheidend, ob der betreffende Mensch in der Lage war, auf ein bestimmtes Ziel hin zu leben. Wer an eine Zukunft, wer an seine Zukunft nicht mehr glauben konnte, war im Lager verloren. Denn mit dem Verlust der Zukunft verlor er den geistigen Halt, ließ sich innerlich fallen und verfiel nicht nur seelisch, sondern auch körperlich. Dies geschah meistens ziemlich plötzlich, in Form einer Krise: »Er gibt sich auf!« Und damit sank in der Regel auch die Abwehrkraft seines Organismus. Sein Zukunftsglaube und sein Zukunftswille erlahmten, und so erlag sein Organismus der Krankheit.[186]

Das Erfordernis einer Ausrichtung des Lebens auf ein bestimmtes Ziel in der Zukunft hat *Frankl* in Anlehnung an *Nietzsche* mit dem entscheidenden Satz geprägt:[187]

»Wer ein ›Warum‹ zu leben hat, erträgt fast jedes ›Wie‹.«

Daran angelehnt hat *Frankl* eine Wendung in der Fragestellung nach dem Sinn des Lebens eingeleitet. Es kommt nicht darauf an, »was wir vom Leben noch zu erwarten haben, vielmehr lediglich darauf: was das Leben von uns erwartet!« Wir sollen also nicht nach dem Sinn des Lebens fragen, sondern uns selbst als Befragte erleben, als diejenigen, an die das Leben täglich und stündlich Fragen stellt – also ganz im Sinn von *Camus* Fragen, die wir selbst zu beantworten haben, und zwar, indem wir durch ein Handeln, ein richtiges Verhalten, die richtige Antwort geben: »Leben heißt letztlich eben nichts anderes als: Verantwortung tragen für die rechte Beantwortung der Lebensfragen, für die Erfüllung der Aufgaben, die jedem einzelnen das Leben stellt, für die Erfüllung der Forderung der Stunde. Diese Forderung und mit ihr der Sinn des Daseins, wechselt von Mensch zu Mensch und von Augenblick zu Augenblick.« Jede Situation zeichnet sich dabei durch Einmaligkeit und Einzigartigkeit aus, die jeweils nur eine, eine einzige, eben die richtige »Antwort« auf genau diese Frage zulässt, die in der konkreten Situation enthalten ist. Dementsprechend fasst *Frankl* seine Überlegungen wie folgt zusammen:[188]

»Jene Einmaligkeit und Einzigartigkeit, die jeden einzelnen Menschen auszeichnet und jedem einzelnen Dasein erst Sinn verleiht, kommt also sowohl in Bezug auf ein Werk oder eine schöpferische Leistung zur Geltung, als auch in Bezug auf einen anderen Menschen und dessen Liebe. Diese Unvertretbarkeit und Unersetzlichkeit jeder einzelnen Person ist jedoch das, was – zu Bewusstsein gebracht – die Verantwortung, die der Mensch für sein Leben und Weiterleben trägt, so recht in ihrer ganzen Größe aufleuchten lässt. Ein Mensch, der sich dieser Verantwortung bewusst geworden ist, die er gegenüber dem auf ihn wartenden Werk oder einem auf ihn wartenden liebenden Menschen hat, ein solcher Mensch wird nie imstande sein, sein Leben hinzuwerfen. Er weiß eben um das ›Warum‹ seines Daseins – und wird daher auch fast jedes ›Wie‹ zu ertragen vermögen.«

Auch der australische Philosoph *Peter Singer* hat in seinem bekannten Buch *Wie sollen wir leben? – How are we to live?* festgestellt, dass in unserer Überfluss- und Überdrussgesellschaft die Frage nach dem Sinn des Lebens immer größere Bedeutung gewinnt. Wofür können wir sonst noch leben außer für Geld, Liebe und Sorge für die eigene Familie? *Singer* gibt in seinem Buch die Antwort, die so alt wie die Beschäftigung des Menschen mit der Philosophie selbst ist: »Sie lautet, dass wir ethisch leben können.« Der dem Menschen angeborene Egoismus ist nicht zwingend. Das ethische Leben ist vielmehr eine grundlegende Alternative zu dieser Orientierung an den eigenen Interessen. Eigeninteresse und Ethik müssen nicht in Konflikt miteinander stehen: »Ein ethisches Leben zu führen, bedeutet nicht Selbstaufopferung, sondern Selbsterfüllung«.[189]

Im Zusammenhang mit der Sinnfrage im Leben dient in der Regel der Mythos des *Sisyphos*, eines Helden der griechischen Mythologie, als düsteres Bild für die Sinnlosigkeit der menschlichen Existenz. Die Strafe von *Sisyphos* in der Unterwelt bestand darin, einen Felsblock einen steilen Hang hinaufzurollen. Kurz bevor er den Gipfel des Hanges erreichte, entglitt ihm allerdings immer wieder der Stein, und er musste wieder von vorne beginnen, und zwar immer und immer wieder.[190]

Die Last des *Sisyphos* finden wir sehr oft und wir werden des Öfteren im Leben damit konfrontiert. Aber was uns *Sisyphos* mit seiner unvergleichlichen Beharrlichkeit und Entschlossenheit zeigt, ist, dass es keine Aufgabe gibt, die nicht bewältigt werden kann, und dass es letztendlich auch kein Schicksal gibt, das nicht überwunden werden kann. In bemerkenswerter Weise schließt denn auch *Camus* seine Überlegungen in seinem Werk *Der Mythos des Sisyphos*:[191]

> »Der Kampf gegen Gipfel vermag ein Menschenherz auszufüllen. Wir müssen uns *Sisyphos* als einen glücklichen Menschen vorstellen.«

Schließlich gibt es aber noch einen Grund, warum *Sisyphos* den Stein nicht sinnlos bewegt: Entscheidend ist nicht, ob nun *Sisyphos* den Gipfel des Hanges, auf den er den Stein immer wieder rollt, auch tatsächlich erreicht. Wesentlich ist vielmehr, dass *Sisyphos* mit seiner Beharrlichkeit und Entschlossenheit den Stein in Bewegung hält. *Sisyphos* dient uns damit auch als Symbol für den Weg: Der Weg ist das Ziel! Wichtig ist, dass wir in unserem eigenen Leben den Stein des *Sisyphos* weiterrollen, und sei es nur ein kleines Stück des Weges.

Das Wesentliche kurz: Auf die Frage nach dem Sinn des Lebens einzugehen ist deshalb wichtig, weil es für jeden von uns von entscheidender Bedeutung ist, auf die Grundfrage des Lebens zu antworten und in seinem Leben und in jedem Augenblick seines Lebens einen Sinn zu sehen und zu finden. Nach *Frankl*, der diese Gedanken entscheidend geprägt hat, ist es das Ergebnis der inneren Einstellung des Menschen, ob er in einer schwierigen Lebenssituation Mensch bleibt und die Menschenwürde bewahrt. Und diese geistige Freiheit des Menschen lässt ihn bis zum letzten Atemzug Gelegenheit finden, sein Leben sinnvoll zu gestalten. Denn nicht nur ein tätiges oder schöpferisches und ein genießendes oder erlebendes Leben hat Sinn, sondern auch ein Leben in Krankheit oder Leiden. Gerade schwierige Lebenssituationen bieten Chance und Herausforderung. Sie geben uns die Möglichkeit, uns zu erproben und auch unter noch so widrigen Umständen Werte in unserem Leben zu verwirklichen. Für die Sinnfindung entscheidend ist im Leben die Ausrichtung auf ein bestimmtes Ziel in der Zukunft: »Wer ein ›Warum‹ zu leben hat, erträgt fast jedes ›Wie‹.« Es kommt nicht darauf an, was wir vom Leben noch zu erwarten haben, sondern was das Leben von uns erwartet. Wir sind die Befragten, an die das Leben täglich und stündlich Fragen stellt – Fragen, die wir zu beantworten haben, und zwar, indem wir durch ein Handeln, ein richtiges Verhalten die richtige Antwort in der jeweiligen Lebenssituation geben. Gerade der dunkle Mythos des *Sisyphos* zeigt uns dabei, dass es keine Aufgabe gibt, die nicht bewältigt werden kann, und dass es kein Schicksal gibt, das nicht überwunden werden kann. Außerdem hat *Sisyphos* den Stein in Bewegung gehalten, er dient uns damit auch als Symbol für den Weg: Der Weg ist das Ziel!

3 LEBEN LERNEN

Das dritte Kapitel dieses Buches konzentriert sich auf jene Werte und Ideale, die erforderlich sind, um das Leben an sich zu erlernen und zu gestalten. Dabei leitet uns zunächst der Gedanke, dass die Vernunft ganz allgemein als Führerin in unserem Leben und bei unserer Lebensgestaltung dienen sollte, denn das vernunftgemäße Handeln ist wesentliches Merkmal des Menschen. Wir werden erkennen, dass – wie *Fromm* es wunderbar ausdrückt – das Leben selbst eine Kunst ist, und zwar eine Kunst im wahrsten Sinn des Wortes, bei der uns Vernunft und Verantwortung gegenüber uns selbst und unseren Mitmenschen leiten. Im zweiten Teil dieses Kapitels widmen wir uns der zentralen Bedeutung des Humors und der Heiterkeit für das Leben. Dabei werden wir sehen, dass wir weder das Leben noch uns selbst allzu ernst nehmen sollten. Die allgemeinen Ideale der Aufklärung, denen wir uns im dritten Teil vom geschichtlichen Hintergrund her zuwenden, sollen uns auch heute noch daran erinnern, dass die Suche nach Erkenntnis und Wahrheit zum Wesen menschlichen Seins und menschlicher Tätigkeit gehört. Sie leiten auch zu zwei wesentlichen Grundpfeilern für das menschliche Leben über, nämlich zu Humanität und Toleranz: Menschen wie der große Humanist *Herder* werden uns im vierten Teil dieses Kapitels zunächst den Begriff der Humanität als Prozess der Selbstbildung, Selbstfindung und Selbstveredelung näherbringen. Im Rahmen von *Fromms* humanistischer Ethik wird uns weiters der zentrale Grundsatz bewusst werden, dass die Quellen der Normen für eine sittliche Lebensführung in der Natur des Menschen gründen, in uns selbst zu finden sind. Dabei werden wir erkennen, wie wichtig die Tugend der Humanität für unser eigenes Leben ist. Der fünfte Teil über die Toleranz wird uns das Wesen dieser Tugend im Sinn echter Anerkennung erklären, eine Haltung, die jedem Menschen zubilligt, frei in seinem Erkenntnisweg bei der Suche nach Wahrheit zu sein. Schließlich beenden wir das Kapitel mit zwei Themen, die mir besonders am Herzen liegen: In Anbetracht des Todes als festem Bestandteil des Lebens müssen wir uns der Endlichkeit und Kürze unseres eigenen Lebens bewusst werden, unser Leben in der Gegenwart leben und die zur Verfügung stehende Zeit sinnvoll nutzen. Die wesentliche Mahnung der Römer »*Memento mori!*« erinnert uns daran, dass wir uns bereits im Leben mit dem Tod und der Endlichkeit unseres Lebens beschäftigen müssen, um unser Leben richtig und wahrhaft leben zu können. Schließlich werden wir sehen, dass sich der existentielle Widerspruch, wonach die Kürze unseres Lebens auch unter den günstigsten Bedingungen nicht die Verwirklichung all unserer Möglichkeiten erlaubt, nur lösen lässt, indem wir unsere Kräfte entfalten, tätig sind, aktiv bleiben und produktiv leben.

3.1 Die Vernunft als Führerin bei der Lebensgestaltung – Kunst des Lebens

Wie wir bereits am Beginn dieses Buches im Zusammenhang mit den Tugenden festgehalten haben, ist das vernunftgemäße Handeln das wesentliche Merkmal des Menschen. Der Einsatz der Vernunft durch den Menschen ist auch die wesentliche Errungenschaft der Aufklärung, mit der wir uns später noch beschäftigen werden.

Wesentlich geprägt wurde der Vernunftgedanke von *Spinoza*: »Absolut aus Tugend handeln ist in uns nichts anderes als nach Leitung der Vernunft handeln, leben, sein eigenes Sein erhalten (diese drei Ausdrücke bezeichnen dasselbe) auf der Grundlage, dass man den eigenen Nutzen sucht.«[192] Die Vernunft zeigt dem Menschen, was er zu tun hat, um tugendhaft zu handeln und wahrhaft er selbst zu sein. Es ist die Vernunft, die uns lehrt, was tugendhaft, also gut ist.

Die Vernunft gewinnt damit eine zentrale Bedeutung für ein menschliches Leben und das wahrhaft menschliche Sein. Sie sollte uns ganz allgemein als Führerin in unserem Leben und bei unserer Lebensgestaltung dienen, und zwar bei der Gestaltung unseres Lebens in jeder Lebenslage. Denn nach *Demokrit* unterscheidet sich der erfahrene Mann von dem unerfahrenen »nicht nur in dem was er tut, sondern auch in dem was er sich vornimmt«.[193] Die Vernunft leitet damit nicht nur unser Handeln, sondern auch unser Denken, das wiederum zum Handeln führt.

Die Vernunft, der *lógos* oder die *ratio*, war für die Stoiker das göttliche Prinzip, das die ganze Natur durchwaltet. Daraus ergibt sich, dass ein Leben, wenn es sich in Übereinstimmung mit der Natur befinden soll, von der Vernunft geleitet sein muss. Das findet sich unverwechselbar bei *Seneca* in seiner Schrift *De vita beata – Vom glücklichen Leben*: »Glücklich kann genannt werden, wer weder begehrt noch fürchtet – dank der Vernunft. Glücklich ist also ein Leben, das auf ein richtiges und sicheres Urteil gegründet und daher unwandelbar ist. Glücklich ist also, wer richtig urteilt; glücklich ist, wer mit den gegenwärtigen Umständen, wie immer sie sind, zufrieden und seinen Verhältnissen Freund ist.« Und schließlich fasst *Seneca* seine Vernunftüberlegungen wunderbar zusammen:[194]

»Glücklich ist derjenige,
dem die Vernunft den Gesamtzustand
seiner Verhältnisse empfiehlt.«

Wer die Vernunft zur Führerin bei der Lebensgestaltung wählt, wird Verwirrungen und Ängste überwinden und im Sinn der Philosophie von *Epikur* zum Lebensziel der »Unerschütterlichkeit« (griechisch: *ataraxía*) finden. Ein jedes Wählen und Meiden lässt sich auf die Gesundheit des Körpers und die Unerschütterlichkeit der Seele zurückführen und darin liegt letztendlich das Ziel eines glückseligen Lebens. Dauerhafte körperliche und seelische Unversehrtheit sind Ziele des menschlichen Handelns und in diesen Zielen liegt gleichzeitig auch das Wesen des Guten. Nach *Epikur* ist die ungetrübte Grundstimmung der »Unerschütterlichkeit« nur dann zu erreichen, wenn es dem Menschen gelingt, elementare Entbehrungen und Bedrohungen auf Dauer zu überwinden und wenn er sich weder durch den Augenblick noch durch das Vergangene und das Zukünftige beunruhigen lässt.[195]

Der Vernunftgedanke im Sinn dieser Unerschütterlichkeit findet sich auch im sogenannten »Gelassenheitsgebet«[196], das seinen Titel wohl verdient hat:

»Gott, gib mir die Gelassenheit,
Dinge hinzunehmen, die ich nicht ändern kann,
den Mut, Dinge zu ändern, die ich ändern kann, und
die Weisheit, das eine vom anderen zu unterscheiden.«

Eine derartige Gelassenheit im Sinn der Unerschütterlichkeit der Seele hat auch *Rudolf Steiner* in seinen geisteswissenschaftlichen Werken vertreten: Wenn der »Mensch nicht mehr auf jede Lust und jeden Schmerz, auf jede Sympathie und Antipathie hin seine eigensüchtige Antwort, sein eigensüchtiges Verhalten hat, dann wird er auch unabhängig von den wechselnden Eindrücken der Außenwelt.« Seiner Meinung nach kann ein Mensch, der sich je nach den wechselnden Eindrücken in Lust und Schmerz verliert, nicht zu geistiger Erkenntnis gelangen. Mit »Gelassenheit« muss er vielmehr Lust und Schmerz aufnehmen. »Dann hört er auf, sich in ihnen zu verlieren; dann fängt er aber dafür an, sie zu verstehen.« Lust und Unlust, Freude und Schmerz sollen uns daher Gelegenheit sein, durch die wir von den Dingen lernen. Das bedeutet nicht, gegenüber der Umwelt stumpf und teilnahmslos zu werden. Doch wir sollen dazu gelangen, den Ausdruck solcher Gefühle zu beherrschen und uns über sie zu erheben, damit sie uns letztendlich die Natur der Dinge offenbaren.[197]

Das Gelassenheitsgebet und *Steiners* Überlegungen zeigen uns, in welche Richtung es eigentlich geht, wenn wir uns mit der Vernunft als Führerin bei unserer Lebensgestaltung beschäftigen: Wir sollten uns darauf besinnen, dass das Leben selbst eine Kunst ist, und zwar eine »Kunst« im wahrsten Sinn des Wortes. Diese »Kunst des Lebens« ist heute vielleicht ein wenig in Vergessenheit geraten und dabei ist sie doch so wichtig. Wir müssen das Leben selbst als eine echte Kunst betrachten, wir müssen uns die Kunst des Lebens wieder aneignen und diese Kunst wie ein Meister ausüben und vervollkommnen.

Denn wie *Fromm* nachgewiesen hat, sind nicht nur Medizin, Technik, Musik und Malerei Künste. Auch das Leben selbst, es wahrhaft und richtig zu leben, ist eine »Kunst«. Seine humanistische Ethik versteht er ganz bewusst als »angewandte Wissenschaft von der Kunst des Lebens«.[198] Und er hat recht: Wir sollten unser eigenes Leben als Kunst betrachten, bei dem uns Vernunft und Verantwortung gegenüber uns selbst und den Mitmenschen leiten. Wie *Fromm* nachweist, hat unsere Zeit bedauerlicherweise die Auffassung vom Leben als eine echte Kunst verloren. Wir investieren zwar viel Zeit und Aufwand in unsere Bildung und Ausbildung, aber beim Leben selbst glauben wir, dass es einfach ist und keiner besonderen Anstrengung bedarf, um es zu erlernen. Wir handeln nur allzu oft in der Illusion, unsere Handlungen würden dem Selbstinteresse nützen, obwohl wir in Wirklichkeit allem anderen dienen, nur nicht unserem »eigenen wahren Interesse«. Alles ist uns wichtig, nur nicht das eigene Leben und die Kunst des Lebens; für alles sind wir zu haben, nur nicht für uns selbst.

Die Vernunft gebietet uns, wieder mehr Zeit und Anstrengung in die Kunst des Lebens zu investieren, denn unser Leben ist in der Tat eine Kunst, und unser Leben ist wohl das Wichtigste, was wir haben, und deshalb ist es auch diese Anstrengung wert. Wie jede andere Kunst, können wir allerdings auch die Kunst des Lebens nur langsam und beständig erlernen. Denn – um einen handwerklichen Vergleich zu bemühen – Meister sind nur wenige. Und es dauert eine gewisse Zeit, um Meister in der Kunst des Lebens zu werden oder sich dem Meistergrad zu nähern. Wie *Fromm* weiter bemerkt, können wir erst nach einer langen Praxis Meister in der Kunst des Lebens werden. Meister zu werden erfordert, dass die Ergebnisse unseres theoretischen Wissens und die Ergebnisse unserer praktischen Tätigkeit in der Kunst des Lebens zu einer Einheit verschmelzen und wir letztendlich zur Intuition und zum intuitiven Wissen gelangen, die das Wesen der Meisterschaft in jeder Kunst ausmachen.[199] Daran erinnert uns auch *Goethes* Lehrbrief, wonach der echte Schüler aus dem Bekannten das Unbekannte entwickeln lernt und sich dadurch dem Meister nähert.

Dabei ist es wichtig, uns bewusst zu machen, dass wir hier eigentlich den Bereich des erlernbaren Wissens schon verlassen. Denn man kann die Kunst des Lebens oder Lebensweisheit, wie wir sie auch nennen mögen, nicht erlernen und durch Wissen erwerben, sondern nur finden. »Weisheit ist nicht mitteilbar. Wissen kann man mitteilen, Weisheit aber nicht. Man kann sie finden, man kann sie leben, man kann von ihr getragen werden, man kann mit ihr Wunder tun, aber sagen und lehren kann man sie nicht.«[200] Und doch können wir eines tun: Wir können uns auf den Weg machen. Denn um Weisheit, Lebensweisheit und die Kunst des Lebens überhaupt finden zu können, müssen wir uns zunächst einmal auf den Weg machen und die weite Wanderschaft hin zum wahrhaft menschlichen Sein beginnen.

Wie *Hesse* im *Glasperlenspiel* meint, ist unser Leben nur ein Weg auf der Suche nach Weisheit und Vollkommenheit, die letztendlich in der Kunst des Lebens zum Ausdruck kommt: »Jeder von uns ist nur ein Mensch, nur ein Versuch, ein Unterwegs. Er soll aber dorthin unterwegs sein, wo das Vollkommene ist, er soll ins Zentrum streben, nicht an die Peripherie.« Und als sich Josef Knecht beim Musikmeister in diesem Zusammenhang beklagt, dass es keine Lehre gebe, an die man sich im Leben verlässlich halten könne, antwortet ihm der alte Musikmeister in seiner wunderbaren Weisheit: »Es gibt die Wahrheit, mein Lieber! Aber die ›Lehre‹, die du begehrst, die absolute, vollkommen und allein weise machende, die gibt es nicht. Du sollst dich auch gar nicht nach einer vollkommenen Lehre sehnen, Freund, sondern nach Vervollkommnung deiner selbst. Die Gottheit ist in dir, nicht in den Begriffen und Büchern. Die Wahrheit wird gelebt, nicht doziert.«[201]

Selbst wenn uns die Vernunft bei der Lebensgestaltung führen soll, weil Verstand und Vernunft zum Leben unerlässlich sind, sollten wir uns dabei doch immer vor Augen führen, dass Denken und Fühlen zusammengehören und in uns eine Einheit bilden. Wenn wir uns daher im Rahmen eines menschlichen und tugendhaften Lebens von der Vernunft leiten lassen, dann versteht sie sich im Sinn dieser Einheit, als »Herzensvernunft«, welche das Fühlen mit einschließt. Letztendlich ist es also doch unser Herz, unser Gefühl und unser Fühlen, das uns sicher durchs Leben leiten wird. Und das können wir von der rein rationalen Vernunft, mag sie auch noch so eine gute Lebensführerin sein, nicht lernen, sondern wir können es nur fühlen und erahnen.

»Zum Lichte des Verstandes«, können wir nach *Goethe* immer gelangen, »aber die Fülle des Herzens kann uns niemand geben«.[202] Es ist in der Tat das große Geheimnis, welches der Fuchs dem kleinen Prinzen anvertraut hat:[203]

»Man sieht nur mit dem Herzen gut.
Das Wesentliche ist für die Augen unsichtbar.«

Das Wesentliche kurz: Vernunftgemäßes Handeln ist ein wesentliches Merkmal des Menschen. Die Vernunft zeigt dem Menschen, was er zu tun hat, um tugendhaft zu handeln und wahrhaft er selbst zu sein. Die Vernunft sollte uns ganz allgemein als Führerin in unserem Leben und bei unserer Lebensgestaltung dienen. Wie die Stoiker meinen, ist derjenige glücklich, dem die Vernunft den Gesamtzustand seiner Verhältnisse empfiehlt. Lebensziel ist die epikureische »Unerschütterlichkeit« der Seele oder die Weisheit des Gelassenheitsgebets. Das Leben selbst ist eine »Kunst«, bei der uns Vernunft und Verantwortung gegenüber uns selbst und den Mitmenschen leiten. Wir sollten uns diese Kunst des Lebens aneignen, wir sollten unser Leben als eine »Kunst« im wahrsten Sinn des Wortes verstehen und diese Kunst ausüben und vervollkommnen. Denn das Leben richtig zu leben ist wahrlich eine Kunst. Man kann aber diese Kunst nicht erlernen und durch Wissen erwerben, sondern nur leben und finden. Um Weisheit, Lebensweisheit und die Kunst des Lebens überhaupt finden zu können, müssen wir uns zunächst einmal auf den Weg machen und die weite Wanderschaft hin zum wahrhaft menschlichen Sein beginnen. Und wenn wir uns dabei von der Vernunft leiten lassen, dann sollten wir bedenken, dass sich diese im Sinn der Einheit von Denken und Fühlen als »Herzensvernunft« versteht, denn letztendlich sieht man nur mit dem Herzen gut.

3.2 Der Ernst des Lebens – Humor als Lebensprinzip

Warte nur, wenn der »Ernst des Lebens« kommt, dann wirst du schon sehen, hören Kinder auch heute noch dann und wann. Es klingt fast wie eine gefährliche Drohung: Bis jetzt durftest du Freude am Leben haben, fröhlich und glücklich sein, aber jetzt ist es damit vorbei. Jetzt musst du ernst sein, denn du gehörst zu den »Großen« und wenn man groß ist, dann spielt und lacht man nicht mehr. Es ist traurig, wenn man Kindern ihr natürliches Lachen und ihre heitere und unbefangene Fröhlichkeit nimmt. Denn offenbar spüren sie ganz intuitiv, was ein glückliches Leben ausmacht: fröhlich sein, humorvoll sein, lachen können, die Leichtigkeit des Seins im Leben spüren.

Zu den schönsten Dingen im Leben gehören zweifelsohne der Humor und das menschliche Lachen. Ein heiteres Gemüt und eine gute Laune, ganz allgemein eine fröhliche und freudige Heiterkeit, sind ganz wesentliche Charaktereigenschaften, die sowohl uns selbst als auch unseren Mitmenschen das tägliche Leben leichter machen. Dementsprechend hat auch *Spinoza* argumentiert, dass Heiterkeit kein Übermaß haben kann, sondern immer gut ist.[204]

Es mag überraschen, dass Humor eine Tugend sein soll, hat der französische Philosoph *Comte-Sponville* argumentiert. »Doch der Ernst ist verwerflich, weil er zu sehr auf sich selbst bezogen ist.« Und genau davor bewahrt uns der Humor. Es ist unhöflich, sich dauernd wichtig zu machen, aber es ist geradezu lächerlich, sich selbst allzu ernst zu nehmen. »Dem Humorlosen mangelt es an Demut, an klarem Verstand, an Leichtigkeit, er ist zu sehr von sich selbst eingenommen, fällt auf sich selbst herein, ist zu streng oder zu aggressiv und lässt es daher fast immer an Großherzigkeit, an Sanftmut, an Barmherzigkeit fehlen.« Zuviel Ernsthaftigkeit hat, wie *Comte-Sponville* weiter meint, selbst bei der Tugend, etwas Verdächtiges und Beunruhigendes.[205]

Wir sollten das Leben nicht zu »ernst« nehmen. Das gilt vor allem in Bezug auf unsere eigene Person. Wie uns ein Sprichwort lehrt, ist Humor der Versuch, sich selbst nicht ununterbrochen wichtig zu nehmen. Wer über sich selbst lächeln kann, setzt den ersten Schritt zur Weisheit. In der Tat sollten wir nicht nur das Leben ganz allgemein, sondern auch uns selbst nicht allzu ernst nehmen. Wir müssen auch über uns selbst lachen können, denn es ist wirklich geradezu lächerlich, sich selbst zu ernst zu nehmen. Menschen, die auch über sich selbst lachen können, zeugen von Weisheit und einer gewissen Leichtigkeit. Ein Mensch, der über sich selbst nicht lachen kann, vermittelt hingegen meistens, dass er einen beschränkten Geist hat und die Leichtigkeit des Seins im Leben verloren oder gar nie gewonnen hat. *Goethe* hat diese Weisheit in einem wunderbaren Spruch zum Ausdruck gebracht:[206]

>»Ich liebe mir den heitern Mann
>Am meisten unter meinen Gästen:
>Wer sich nicht selbst zum Besten haben kann
>Der ist gewiss nicht von den Besten.«

Wenn wir heute von der fröhlichen und freudigen Heiterkeit sprechen, wird sehr oft nicht mehr zwischen Humor und Witz differenziert. Interessanterweise hat man früher viel bewusster zwischen diesen beiden Begriffen unterschieden:

Das Wort »Witz« hat eine germanische Wurzel und meinte ursprünglich »wissen«. Bis ins späte 17. Jahrhundert wurde »Witz« im Sinn von Verstand, Klugheit, Wissen und Weisheit gebraucht. Das beweist auch heute noch der jüdische Witz. Es geht dabei nicht um den Witz, den man macht, sondern um den Witz, den man hat.[207]

Im Gegensatz zum »Witz« meint »Humor« hingegen ganz allgemein ein heiteres Gemüt und eine gute Laune. Es ist die Gabe eines Menschen, der Unzulänglichkeit der Welt und der Menschen, den Schwierigkeiten und Missgeschicken des Alltags mit einer heiteren Gelassenheit zu begegnen. Wie ein Sprichwort sehr schön sagt, ist der Humor keine Gabe des Geistes, sondern eine Gabe des Herzens.

Mit dem Gegensatz der Ernsthaftigkeit und Heiterkeit im Leben haben sich schon die Griechen beschäftigt: Das Pendant zur ernsten griechischen Philosophie von *Platon* und zum weinenden *Heraklit* war der griechische Philosoph *Demokrit*. Er war nicht nur ein Weisheitsliebhaber (griechisch: *philosophos*), sondern auch ein Freund des Lachens und des Humors. Man nannte ihn deshalb auch den »lachenden Philosophen«. Seine Überlegungen zur Harmonie im Kosmos hat er im Rahmen seiner Ethik auf die menschliche Natur übertragen. Für *Demokrit* kommt es darauf an, das richtige Maß zu finden. Und aus dieser Harmonie des Gleichmaßes leitet er das Ideal einer richtigen Lebensform ab, nämlich eine Seelenheiterkeit und »frohmütige Gelassenheit«. Denn nur »Toren leben ohne Lebensfreude. Am besten bekommt es dem Menschen, wenn er sein Leben so viel wie möglich in frohgemuter Gelassenheit zubringt und sich so wenig wie möglich missmutiger Stimmung überlässt«.[208]

Diese heitere Gelassenheit des Lebens hat auch der Stoiker *Seneca* vertreten. In seinem Dialog *Über die Ausgeglichenheit der Seele – De tranquilitate animi* meint er: »Von der leichten Seite müssen wir also alles nehmen und es mit Bereitwilligkeit ertragen. Menschlicher ist es zu lachen über das Leben als zu jammern.«[209] Dabei ist gerade die frohmütige Heiterkeit und die heitere Gelassenheit das Höchste, was wir im Leben erreichen können: Am Beispiel des alten Musikmeisters beschreibt *Hesse* in seinem *Glasperlenspiel* diesen wunderbaren Zustand als eine heitere Stille, ein Zustand der Vollendung und Seligkeit, ein Zustand der »Verklärung«. Der Musikmeister hat in seinen letzten Lebensjahren diese Tugend der Heiterkeit in solchem Maß besessen, dass »sie von ihm ausstrahlte wie das Licht von einer Sonne, dass sie als Wohlwollen, als Lebenslust, als gute Laune, als Vertrauen und Zuversicht auf alle überging und in allen weiterstrahlte, die ihren Glanz ernstlich aufgenommen und in sich eingelassen hatten«. Diese Heiterkeit zu erreichen, ist höchstes und edelstes Ziel, sie ist »höchste Erkenntnis und Liebe, ist Bejahen aller Wirklichkeit, Wachsein am Rand aller Tiefen und Abgründe, sie ist eine Tugend der Heiligen«. Sie ist damit letztendlich »das Geheimnis des Schönen und die eigentliche Substanz jeder Kunst«.[210]

Auch wenn im Altertum Humor und Lachen noch einen wichtigen Stellenwert hatten, wie sich vor allem in der Philosophie *Demokrits* zeigt, unterlag das Lachen ab dem frühen Mittelalter einer ablehnenden Haltung seitens der katholischen Kirche. Die christliche Hochschätzung des Leidens Christi führte zu einer ganz allgemeinen Ablehnung des Humors und des Lachens: »Weh euch, die ihr jetzt lacht; denn ihr werdet klagen und weinen«, steht im Lukas-Evangelium geschrieben.[211] Und demgemäß wurden das Lachen und der Humor verurteilt. Denn man könne doch unmöglich über Gott und das Leiden seines göttlichen Sohnes, der sich für die Menschen geopfert hat, lachen.

Wenngleich diese Argumentation nicht nachvollziehbar ist, muss man doch einräumen, dass die ablehnende christliche Haltung in erster Linie gegen das verwerfliche oder satanische Lachen gerichtet war, nämlich gegen das Lachen als Ausdruck eines Hochmuts oder aus einem Gefühl der eigenen Überlegenheit und Überheblichkeit, gegen das spöttische Lachen, das den anderen bloßstellt und ihn mit seinen Fehlern und Mängeln lächerlich erscheinen lässt. Es ist ganz wesentlich, den guten Witz als Ausdruck von Verstand und Klugheit sowie den Humor als Ausdruck einer heiteren Gelassenheit des Lebens von dem Lachen aus einem Gefühl des Hochmuts und der Überlegenheit abzugrenzen. Im Sinn des aufklärerischen geistvollen Witzes und guten Humors (*good humour*) ist es etwas anderes, über etwas zu lachen oder gemeinsam zu lachen (*to laugh about a thing or with someone*), als jemanden auszulachen oder lächerlich zu machen (*to laugh at someone or a thing*).[212] Ein derartiges Lachen aus Hochmut, Überheblichkeit und Ironie ist abzulehnen und wir sollten es in jeder Lebenssituation unterlassen, weil es den anderen verletzt.

Aus diesem Grund hat *Spinoza* den Spott und das spöttische Lachen aufs Schärfste verurteilt und als schlecht bezeichnet, weil es sich auf den Hass bezieht oder aus ihm entspringt. Vom Spott hat allerdings auch er bewusst das Lachen und die Freude unterschieden: »Denn das Lachen, wie auch der Scherz, ist reine Lust und daher, sofern nur Übermaß vermieden wird, an und für sich gut. Fürwahr, nur ein finsterer und trübseliger Aberglaube verbietet, sich zu freuen. Die Dinge zu genießen und sich an ihnen soviel wie möglich zu erfreuen (zwar nicht bis zum Überdruss), ist darum eines weisen Mannes durchaus würdig.«[213]

Schopenhauer hat die Bedeutung der Heiterkeit und Fröhlichkeit wunderbar zusammengefasst: »Wer viel lacht ist glücklich, und wer viel weint ist unglücklich. Deswegen sollen wir der Heiterkeit, wann immer sie sich einstellt, Tür und Tor öffnen: denn sie kommt nie zur unrechten Zeit.« Heiterkeit ist somit »unmittelbarer Gewinn, gleichsam die bare Münze des Glücks«.[214]

Wir sollten auf dem weiteren Weg eines menschlichen Lebens versuchen, in unserem Leben nicht alles allzu ernst zu nehmen, und dem Leben mit einer gewissen kindlich heiteren und frohen Gelassenheit begegnen. Denn fröhliche und freudige Heiterkeit und ein guter Humor tragen ganz wesentlich zu einem glücklichen und zufriedenen Leben bei.

Das Wesentliche kurz: Kinder spüren offenbar ganz intuitiv, was ein glückliches Leben ausmacht: fröhlich sein, humorvoll sein, lachen können, die Leichtigkeit des Lebens spüren. Fröhliche und freudige Heiterkeit ist eine ganz wesentliche Charaktereigenschaft, die sowohl uns selbst als auch unseren Mitmenschen das tägliche Leben leichter macht. Wir sollten das Leben, aber vor allem uns selbst, nicht allzu ernst nehmen. Wir müssen auch über uns selbst lachen können, denn das zeugt von Weisheit und einer natürlichen Leichtigkeit. Es ist geradezu lächerlich, sich selbst allzu ernst zu nehmen. Seelenheiterkeit und frohmütige Gelassenheit sind nach *Demokrit* das Ideal einer richtigen

Lebensform. Es ist menschlicher über das Leben zu lachen als zu jammern. Bei aller gebotenen Heiterkeit im Leben ist es allerdings wichtig, den guten Witz als Ausdruck von Verstand und Klugheit sowie den Humor als Ausdruck einer heiteren und frohen Gelassenheit des Lebens von dem Lachen aus einem Gefühl des Hochmuts, der Überlegenheit, der Ironie und des Spotts abzugrenzen. Ein derartiges Lachen ist abzulehnen, und wir sollten es in jeder Lebenssituation unterlassen, weil es den anderen verletzt.

3.3 Ideale der Aufklärung

Der französische Philosoph *Descartes* gehörte zu den Ersten, die nicht mehr Gott, sondern den Menschen selbst als autonomes denkendes Wesen (das »denkende Ich« – *res cogitans*) in den Mittelpunkt der philosophischen Überlegungen stellten. Mit seiner Philosophie »Ich denke, also bin ich« – »*Cogito, ergo sum*« prägte er den Beginn eines modernen und neuzeitlichen Denkens. Er war damit Wegbereiter für das Zeitalter der Aufklärung, dessen eigentlichen Auftakt *Spinoza* mit seinem *Theologisch-Politischen Traktat – Tractatus Theologico-Politicus* aus dem Jahr 1670 bildete, in dem bereits eine Vielzahl von aufklärerischen Themen angesprochen wird. Übergeordnete Themen waren dabei der Toleranzgedanke sowie die Verteidigung der Denk- und Redefreiheit.[215]

Diese Überlegungen leiteten das Zeitalter der Aufklärung ein, eine geistige Grundhaltung, die im 18. Jahrhundert ihren Höhepunkt erreichte. Die Ideen der Aufklärung sind ganz wesentlich von Begriffen wie Vernunft, Freiheit, Wahrheit, Humanität und Toleranz geprägt. Die Aufklärung erstrebte Wahrheit durch Klarheit. Ihr Ideal war Klarheit und Erhellung des menschlichen Geistes und Verstandes. Die herrschende Unvernunft und die bestehenden Denkhindernisse, die sich damals insbesondere in Form von Vorurteilen, Aberglauben, religiöser Schwärmerei und Fanatismus äußerten, sollten durch Vernunft und ein klares und deutliches Denken beseitigt werden.[216]

Neben diesem rationalistischen Aspekt ist das Zeitalter der Aufklärung vor allem durch den Gedanken der Emanzipation der Bürger geprägt, und zwar einerseits als Emanzipation gegen Denkverbote, die von Macht habenden Autoritäten verhängt wurden, und andererseits als Selbstemanzipation gegen Denkhindernisse, die auf die eigene menschliche Faulheit oder Feigheit zurückzuführen sind.[217] Aufklärung ist nach *Kant* die »Maxime, jederzeit selbst zu denken«.[218] Die Idee des Selbst-Denkens und das Ideal einer Selbst-Verantwortung des Menschen wurden damit zu zentralen Themen der aufklärerischen Bestrebungen.

Dementsprechend war es auch *Kant*, der in einem Aufsatz aus dem Jahr 1784 das Wesen und die Aufgabe der Aufklärung in bemerkenswerter Schärfe und Klarheit zum Ausdruck brachte:[219]

> »Aufklärung ist der Ausgang des Menschen aus seiner selbstverschuldeten Unmündigkeit. Unmündigkeit ist das Unvermögen, sich seines Verstandes ohne Leitung eines anderen zu bedienen. Selbstverschuldet ist diese Unmündigkeit, wenn die Ursache derselben nicht am Mangel des Verstandes, sondern der Entschließung und des Mutes liegt, sich seiner ohne Leitung eines anderen zu bedienen.«

Im Zentrum steht dabei für *Kant* ein *Horaz*-Zitat, das bereits vor ihm als Motto der Aufklärung bekannt war:

> »*Sapere aude!*
> Habe Mut dich deines eigenen Verstandes zu bedienen!
> ist also der Wahlspruch der Aufklärung.«

Das Recht des Selbst-Denkens wird jedem Menschen in gleicher Weise zuerkannt. Gleichzeitig hatte die Forderung des Selbst-Denkens eine Verpflichtung zur Folge: Denn jeder Mensch sollte nun auch in der Tat von der Vernunft Gebrauch machen und nach der Vernunft handeln. Wer herrschte, sollte ebenfalls nur im Namen der Vernunft herrschen. Dieser Gedanke wurde zentral wiederum von *Kant* geprägt: Er fragte sich, wie die Vernunft selbst gedacht werden soll, wenn sie eine derart große Verantwortung trägt. Seine Überlegungen mündeten darin, dass Vernunft ein praktisch, normativer Begriff ist. Niemand kann wirklich gleich wie andere denken. Vernünftige Menschen sind lediglich aufgefordert, in ihrem Denken und Handeln von all ihren Ungleichheiten abzusehen und nach Maßstäben zu denken und zu handeln, die zugleich für alle gelten könnten. Mit seinen drei Maximen der Vernunft (des gemeinen Menschenverstandes), nämlich »1. Selbstdenken; 2. An die Stelle jedes anderen denken; 3. Jederzeit mit sich selbst einstimmig denken«, hat er ganz wesentlich den Begriff der Aufklärung mitgeprägt.[220]

Bei seinen Überlegungen zur Aufklärung bis heute unübertroffen sind *Kants* Einsichten in den Mechanismus der Vorurteile und deren Rückwirkung auf ihre Urheber, welche das Selbst-Denken und damit die Aufklärung so schwierig machen:

»Faulheit und Feigheit sind die Ursachen, warum ein so großer Teil der Menschen dennoch gerne zeitlebens unmündig bleibt; es ist so bequem, unmündig zu sein.« Habe ich einen anderen, »so brauche ich mich ja nicht selbst zu bemühen. Ich habe nicht nötig zu denken, wenn ich nur bezahlen kann; andere werden das verdrießliche Geschäft schon für mich übernehmen.« Dementsprechend ist es »also für jeden einzelnen Menschen schwer, sich aus der ihm beinahe zur Natur gewordenen Unmündigkeit herauszuarbeiten. Er hat sie sogar liebgewonnen und ist vorderhand wirklich unfähig, sich seines eigenen Verstandes zu bedienen. Daher gibt es nur wenige, denen es gelungen ist, durch eigene Bearbeitung ihres Geistes sich aus der Unmündigkeit herauszuwickeln und dennoch einen sicheren Gang zu tun.«[221]

Ein hartes Urteil, aber was *Kant* da vor mehr als zwei Jahrhunderten geschrieben hat, ist heute mehr denn je aktuell. Fragen wir uns einmal ganz ehrlich, ob seine Feststellungen über die Trägheit des menschlichen Geistes heute nicht gleich zutreffen wie damals. Die Überwindung der eigenen Trägheit und das Herausarbeiten aus der eigenen Faulheit, Bequemlichkeit und der doch so bequemen Unmündigkeit sind auch heute noch die wesentlichen Hindernisse, die uns selbst nur allzu oft davon abhalten, Verantwortung für uns, unser Leben und unsere Mitmenschen zu übernehmen.

Der Gedanke der Aufklärung als Wahrheit oder Wahrheitssuche hat dazu geführt, dass als Metapher für die aufklärerische Vernunft und Wahrheit das »Licht« oder das »natürliche Licht« (*lumen naturale, lumen rationis*) steht, und zwar ganz bewusst im Gegensatz zum »übernatürlichen Licht« der Offenbarung oder Gnade im Sinn der Offenbarungsreligionen. Ausgehend von der Bedeutung von *les lumières* im Sinn von Einsicht, Erkenntnis und Erleuchtung wurde dementsprechend in Frankreich das Zeitalter der Aufklärung auch als »Zeitalter des Lichts« (*le siècle des lumières*) bezeichnet.[222]

Die Bedeutung des Lichts als aufklärerische Vernunft und Weisheit versinnbildlicht *Mozart* wunderbar in der *Zauberflöte*, die 1791 in der Hochblüte der Aufklärung entstand. Zwischendurch kündigen die drei Knaben bereits den Sieg des aufklärerischen Lichts an: »Bald prangt den Morgen zu verkünden die Sonn auf goldner Bahn – bald soll der Aberglaube schwinden, bald siegt der weise Mann!« Nachdem am Schluss die dunkle Königin der Nacht mit ihren drei Damen und Monostatos vernichtet und »in ewige Nacht« gestürzt wurden, erscheint Sarastro, der mit seinen Eingeweihten des Lichts das Dunkle und die Nacht durchdrang, und verkündet den Sieg des Lichts: »Die Strahlen der Sonne vertreiben die Nacht, zernichten der Heuchler erschlichene Macht!« Das natürliche Licht der Vernunft und Wahrheit triumphiert damit über die dunkle Nacht des Aberglaubens und der religiösen Schwärmerei.[223]

Die Deutung des aufklärerischen Vernunftbegriffes im Sinn von Wahrheitssuche hat *Lessing* ganz wesentlich geprägt: Er sieht im Vernunftprinzip nicht die Verfügung über einen gesicherten Schatz uneingeschränkt gültigen Wissens, sondern er stellt die »Suche nach der Wahrheit« in den Mittelpunkt. Diese Wahrheitssuche ist ein nicht abschließbarer Prozess, der letztendlich nie zum Besitz der Wahrheit führen kann.[224]

Das verdeutlicht *Lessing* wunderbar durch die Ringparabel in seinem *Nathan der Weise*: Nathan erzählte dem Sultan die Ringparabel, als dieser ihn danach fragt, welche der drei monotheistischen Religionen Christentum, Judentum oder Islam denn nun »die wahre« Religion sei: Ein Vater hatte drei Söhne und einen wunderbaren Ring. Weil er alle drei Söhne so sehr liebte, vererbte er einem seiner Söhne den wunderbaren Ring und den anderen beiden jeweils eine ununterscheidbare Nachbildung. Als die Söhne nach dem Tod des Vaters ins Streiten kamen, stufte der Richter alle drei Ringe als nicht echt ein und sagte ihnen: »Der echte Ring vermutlich ging verloren.«[225]

Damit bringt *Lessings* Nathan zum Ausdruck, dass es letztendlich gar keine allumfassende Wahrheit gibt und alle drei Religionen in ihrer Wahrheitssuche gleichberechtigt sind. Die eine, die einzige Wahrheit ist in der Tat nicht zu finden, denn es gibt immer verschiedene Aspekte einer Sache und unterschiedliche Perspektiven. *Herder* hat *Lessing* aus diesem Grund in seinem Nachruf als den edlen Wahrheitssucher, Wahrheitskenner und Wahrheitsverfechter bezeichnet. Und in einer Streitschrift von 1777/1778 hat *Lessing* sein Ideal der Suche nach der Wahrheit und ihre Grenzen in bis heute wohl unerreichter Art und Weise beschrieben:[226]

> »Nicht die Wahrheit, in deren Besitz irgendein Mensch ist oder zu sein vermeinet, sondern die aufrichtige Mühe, die er angewandt hat, hinter die Wahrheit zu kommen, macht den Wert des Menschen. Denn nicht durch den Besitz, sondern durch die Nachforschung der Wahrheit erweitern sich seine Kräfte, worin allein seine immer wachsende Vollkommenheit besteht. Der Besitz macht ruhig, träge, stolz.
>
> Wenn Gott in seiner Rechten alle Wahrheit und in seiner Linken den einzigen immer regen Trieb nach Wahrheit, obschon mit dem Zusatze, mich immer und ewig zu irren, verschlossen hielte und spräche zu mir: Wähle! Ich fiele ihm mit Demut in seine Linke und sagte: Vater gib! Die reine Wahrheit ist ja doch nur für dich allein!«

Diese Formel charakterisiert den Weg, den die Aufklärung von ihren Anfängen zurückgelegt hat: An die Stelle einer vermeintlich objektiven nüchternen Rationalität, die sich im Besitz von Wissen und Wahrheit glaubte und die ein Instrumentarium in der Hand zu haben schien, das die Erkenntnis der Welt verfügbar macht, tritt die Suche nach der Wahrheit, welche die Aufklärung als einen nie abschließbaren Prozess begreift. Aufklärung wird damit zum Ethos des Forschens und der Dauerreflexion, der nicht auf Ergebnisse aus ist, sondern die Suche nach Erkenntnis und Wahrheit als das Wesen menschlichen Seins und menschlicher Tätigkeit begreift.[227]

Und genau dieser nie abschließbare Prozess scheint ein Schicksal der Aufklärung selbst zu sein. Denn gegen Schluss seines Aufsatzes aus dem Jahr 1784 konfrontiert *Kant* seine Leser mit der provokanten Frage:[228]

> »Wenn denn nun gefragt wird: Leben wir jetzt in einem aufgeklärten Zeitalter? So ist die Antwort: Nein, aber wohl in einem Zeitalter der Aufklärung.«

Diese Aussage von *Kant* ist auch heute noch zutreffend. Wir müssen feststellen, dass wir noch immer nicht in einem »aufgeklärten Zeitalter«, sondern nur in einem »Zeitalter der Aufklärung« leben. Denn die Aufklärung als geistiger Entwicklungsprozess, so wie er im 18. Jahrhundert begonnen wurde, ist bis heute nicht abgeschlossen. Aufklärung ist letztendlich eine dauernde und grundsätzlich nicht vollendbare Aufgabe, für die wir, wie *Kant* sagt, mit Mut eintreten müssen. Damit dieser Prozess gelingen kann, ist es notwendig, dass wir selbst nicht nur aufklärungsfähig, sondern vor allem auch aufklärungswillig sind. Das heißt, wir müssen auch bereit sein, unseren Verstand und unsere Vernunft im täglichen Leben zu gebrauchen, uns von Vorurteilen, autoritären Bevormundungen und einschränkenden Traditionen befreien und beginnen, selbst zu denken. Und genau an diese Notwendigkeit sollen uns auch heute noch die Ideale der Aufklärung erinnern.

Dabei dürfen wir es allerdings mit den vernunftbezogenen Idealen der Aufklärung nicht zu weit treiben. Denn einer der wesentlichen – durchaus berechtigten – Kritikpunkte der Aufklärung war die verabsolutierte Rationalisierung des menschlichen Denkens und Lebens. Nicht eine rein rationalisierte Aufklärung, sondern die gefühlsbetonte und gefühlsbezogene Aufklärung sollte unser Ideal sein. Denn, wie wir bereits gehört haben, ist in uns das Denken mit dem Fühlen vereint. Wie *Saint-Exupéry* richtig sagt: »Man sieht nur mit dem Herzen gut.«[229]

Das Wesentliche kurz: Das Zeitalter der Aufklärung im 18. Jahrhundert symbolisiert eine geistige Grundhaltung, deren Ideale wesentlich von Begriffen wie Vernunft, Freiheit, Wahrheit, Humanität und Toleranz geprägt sind. Die Aufklärung erstrebte Wahrheit durch Klarheit, also Erhellung des menschlichen Geistes und Verstandes. Die herrschende Unvernunft und die bestehenden Denkhindernisse, die sich damals insbesondere in Form von Vorurteilen, Aberglauben, religiöser Schwärmerei und Fanatismus äußerten, sollten durch ein klares Denken beseitigt werden. Geprägt vom Gedanken der Emanzipation der Bürger werden die Idee des Selbst-Denkens und das Ideal einer Selbst-Verantwortung des Menschen zu zentralen Themen: »*Sapere aude!* Habe Mut dich deines eigenen Verstandes zu bedienen!« ist nach *Kant* in Anlehnung an *Horaz* der Wahlspruch der Aufklärung. Es geht um die Überwindung der eigenen Trägheit und das Herausarbeiten aus der eigenen Faulheit und bequemen Unmündigkeit. Denn diese Ausreden halten uns auch heute noch allzu oft davon ab, Verantwortung für uns, unser Leben und unsere Mitmenschen zu übernehmen. Eine wesentliche Bedeutung liegt aber auch im Gedanken der Wahrheitssuche, wie er von *Lessing* in der Ringparabel in *Nathan der Weise* geprägt wurde, welche die Aufklärung als einen nie abschließbaren Prozess begreift. Aufklärung wird damit zum Ethos des Forschens und der Dauerreflexion, der nicht auf Ergebnisse aus ist, sondern die Suche nach Erkenntnis und Wahrheit als das Wesen menschlichen Seins und menschlicher Tätigkeit begreift. Und genau daran sollen uns auch heute die Ideale der Aufklärung erinnern.

3.4 Humanität

Die von der Aufklärung geprägten Tugenden der Humanität und Toleranz haben eine ganz wesentliche Bedeutung für das wahrhaft menschliche Sein und für ein menschliches Leben. Es ist mir daher wichtig, diesen beiden Tugenden jeweils einen eigenen Teil in diesem Kapitel zu widmen. Denn Humanität und Toleranz bilden die Grundpfeiler eines tugendhaften und menschlichen Lebens.

Der Begriff der Humanität wurde in Anlehnung an die römisch-antike Tradition im Zeitalter der Aufklärung, und zwar vor allem vom großen Humanisten *Johann Gottfried Herder* geprägt. *Herder* versteht unter Humanität die allgemeine Natur des Menschen als ein Wesen, das sich selbst bestimmt, gleichzeitig aber auch die Verwirklichung dieser menschlichen Natur in den jeweiligen konkreten Lebenssituationen. Humanität umfasst aber auch die Aufgabe und Bestimmung des Menschen, sich über alle nationalen Grenzen hinaus zur Weltgemeinschaft emporzuheben.[230]

Mit Humanität hat *Herder* ganz wesentlich Begriffe wie Menschheit, Menschlichkeit, Menschenrechte, Menschenpflichten, Menschenwürde und Menschenliebe umschrieben. Humanität ist die »Kunst des menschlichen Geschlechts« oder der »Charakter unseres Geschlechts«. Dieser Charakter ist uns »nur in Anlagen angeboren und muss uns eigentlich angebildet werden. Wir bringen ihn nicht fertig auf die Welt mit; auf der Welt aber soll er das Ziel unseres Bestrebens, die Summe unserer Übungen, unser Wert sein«.[231]

Der Mensch muss in Wahrheit erst zum Menschen werden, das ist seine eigentümliche Bestimmung. Das humanistische »Werde, was du bist!« – nämlich »Mensch« – ist eine Aufforderung zur Selbsterziehung. Und gerade unter diesem Aspekt der Selbsterziehung beschäftigen sich moderne Humanitätsüberlegungen heute viel stärker mit dem Aspekt der Menschenpflichten (als menschliche Verpflichtungen – *responsibilities*) und nicht so sehr mit den seit der Aufklärung bereits erkämpften Menschenrechten (als

Freiheitsrechte). Der Begriff der Menschenpflichten dient dem Ausbalancieren von Freiheit und Verantwortung. Denn wenngleich die Menschen größtmögliche Freiheit verdienen, sind sie doch auch verpflichtet, ihr Verantwortungsgefühl voll und ganz zu entwickeln, um ihre Freiheiten richtig zu gebrauchen.[232]

Humanität erwerben wir in einem nie abgeschlossenen Prozess der Selbsterziehung, Selbstbildung und Selbstfindung, indem wir uns selbst als Mensch unter Menschen verstehen und von dem an uns selbst gewonnenen Menschenbild auf die gesamte Menschheit schließen. Humanität ist ein Prozess der Wandlung, ein Prozess der Weiterentwicklung und Veredelung. Dieser Prozess erfordert von uns Erkenntnis und Wahrnehmung der Lebensbedingungen rund um uns. Denn dass es in der Welt nicht human zugeht, bedeutet nicht, dass die Welt auch weiterhin so bleiben muss, wie sie ist. Inhumane menschliche Daseinsbedingungen bilden keine unabänderliche Konstante, sondern sind von uns beeinflussbar und veränderbar. Durch gelebte Praxis der Humanität können wir selbst diese Lebensbedingungen wandeln und verbessern. Gleichzeitig erfordert dies natürlich, dass wir uns unentwegt zur Humanität und zum Menschsein selbst erziehen und diese Menschlichkeit auch in unserem täglichen Leben in die Tat umsetzen.

Einer der großen Humanisten seiner Zeit war *Hesse*. Er wurde zeit seines Lebens nicht müde, an die Humanität und Vernunft der Menschen zu appellieren. In seinem autobiographischen Buch *Demian* aus dem Jahr 1917 erzählt er die Geschichte eines Menschen, eines »wirklichen, einmaligen, lebenden Menschen«, wie er sagt. In berührender Weise bringt er dabei während der schrecklichen Ereignisse des Ersten Weltkrieges zum Ausdruck, was Humanität für ihn bedeutet:[233]

> »Was das ist, ein wirklicher lebender Mensch, das weiß man heute allerdings weniger als jemals, und man schießt denn auch die Menschen, deren jeder ein kostbarer, einmaliger Versuch der Natur ist, zu Mengen tot. Wären wir nicht noch mehr als einma-

lige Menschen, könnte man jeden von uns wirklich mit einer Flintenkugel ganz und gar aus der Welt schaffen, so hätte es keinen Sinn mehr, Geschichten zu erzählen. Jeder Mensch aber ist nicht nur er selber, er ist auch der einmalige, ganz besondere, in jedem Fall wichtige und merkwürdige Punkt, wo die Erscheinungen der Welt sich kreuzen, nur einmal so und nie wieder. Darum ist jedes Menschen Geschichte wichtig, ewig, göttlich, darum ist jeder Mensch, solange er irgend lebt und den Willen der Natur erfüllt, wunderbar und jeder Aufmerksamkeit würdig. In jedem ist der Geist Gestalt geworden, in jedem leidet die Kreatur, in jedem wird ein Erlöser gekreuzigt.«

Wenn auch Sie diese wunderbare Stelle von *Hesse* innerlich bewegt hat, dann haben Sie bereits intuitiv verstanden, was Humanität zum Ausdruck bringt und warum sie so wichtig ist: Sie anerkennt und bewahrt jeden einzelnen Menschen als Geschöpf in seiner ganzen Einzigartigkeit und Besonderheit. Humanität steht unter den Ideen der Menschlichkeit, Gerechtigkeit und Sittlichkeit und geht vom unbedingten Wert des Menschen, von seiner Freiheit und Würde aus.

Und genau diese Werte vermittelt auch die moderne humanistische Ethik, die *Erich Fromm* begründet hat und die den Menschen selbst und die Tugend der Humanität wieder in den Mittelpunkt der ethischen Betrachtung stellt:

Fromm geht bei seinen Überlegungen davon aus, dass zwar die Ideen der Aufklärung den Offenbarungsglauben und die ethische Autorität der Kirche beseitigt und die Vernunft als neuen moralischen Führer des Menschen gebracht haben. Aber wachsende Zweifel an der menschlichen Vernunft haben heute zu einem Zustand moralischer Verwirrung geführt, in dem der Mensch sowohl der Führung durch die Offenbarung des Glaubens als auch der Führung durch die Vernunft beraubt ist. Das Ergebnis ist nur allzu oft die Einnahme eines relativistischen Standpunktes, der Werturteile und ethische Normen als Angelegenheit des Geschmacks oder willkürlicher Bevorzugung sieht, über die man keine objektiv gültigen Aussagen machen könne.

Diesem relativistischen Standpunkt widerspricht *Fromm* ganz entschieden, indem er in seinem Buch *Den Menschen verstehen* die Gültigkeit der humanistischen Ethik erneut unter Beweis stellt: *Fromm* ist davon überzeugt, dass die Quellen der Normen für eine sittliche Lebensführung »in der Natur des Menschen selbst zu finden« sind. Ethische Normen gründen in Qualitäten, die »dem Menschen selbst innewohnen«; ihre Verletzung hat psychische und emotionale Desintegration zur Folge. Der sogenannte »produktive Charakter«, als Charakterstruktur der reifen und integrierten Persönlichkeit, ist »Ursprung und Grundlage der Tugend«. Laster zeugt hingegen letztendlich von Gleichgültigkeit gegen das eigene Selbst und ist deshalb Selbst-Verstümmelung. Die höchsten Werte der humanistischen Ethik sind nicht Selbstaufgabe oder Selbstsucht, sondern »Selbst-Liebe«, nicht die Verleugnung des individuellen Selbst, sondern die »Bejahung des wahrhaft menschlichen Selbst«. Soll der Mensch Vertrauen in Werte haben, dann muss er sich selbst und die Fähigkeit seiner menschlichen Natur zum Guten kennen.[234]

Dabei ist für die humanistische Ethik »gut« gleichbedeutend mit »gut für den Menschen« und »böse« gleichbedeutend mit »schlecht für den Menschen«. Auch *Spinoza* definiert in seiner *Ethik* Menschenfreundlichkeit und Menschlichkeit (*humanitas*) als »Begierde zu tun, was den Menschen gefällt, und zu unterlassen, was ihnen missfällt«.[235] Gut im Sinn der humanistischen Ethik bedeutet Bejahung des menschlichen Lebens, Entfaltung der menschlichen Kräfte. Tugend heißt, sich der eigenen menschlichen Existenz gegenüber verantwortlich zu fühlen. Das Böse hingegen führt zur Lähmung dieser menschlichen Kräfte. Deshalb ist nach *Fromm* Laster in erster Linie Verantwortungslosigkeit sich selbst gegenüber.[236]

Was *Fromm* hier zum Ausdruck bringt, ist von entscheidender Bedeutung für unsere weiteren Überlegungen: Seine humanistische Ethik besinnt sich darauf, dass die ethischen Werte dem

Menschen selbst innewohnen. Wir müssen diese Werte nur suchen und wachrufen. Die ethischen Werte liegen in uns selbst, wir selbst können sie freisetzen. Es ist unsere Entscheidung, ob wir Menschlichkeit und Mensch-Sein leben und in unserem Leben verwirklichen. Humanität wird damit zu einer der wichtigsten Tugenden auf unserem weiteren Lebensweg. Und deshalb ist es auch so wichtig, dass wir uns selbst, unser eigenes Ich und Gewissen entdecken und uns im Rahmen der Selbsterkenntnis auf die Suche nach uns selbst machen. Genau vor dieser Verantwortung dürfen wir nicht fliehen, sondern wir müssen in unserem Leben für uns und unser Leben Verantwortung übernehmen, und zwar in jedem Augenblick des Lebens.

In der berühmten Hallenarie in *Mozarts Zauberflöte* singt Sarastro, dass man im Tempel der Eingeweihten des Lichts die Rache nicht kennt, Liebe einen gefallenen Menschen wieder an Freundes Hand zur Pflicht führt, der Mensch den Menschen liebt und man dem Feind vergibt. Und wen solche Lehren nicht erfreuen, so singt Sarastro schließlich, »verdienet nicht, ein Mensch zu sein«.[237]

In der Tat verdienen wir die Bezeichnung »Mensch« nur dann, wenn wir die Tugend der Humanität leben. Denn, wie *Hesse* gesagt hat, ist es unsere zentrale Aufgabe als Mensch, »innerhalb unseres eigenen, einmaligen, persönlichen Lebens einen Schritt weiter zu tun vom Tier zum Menschen«.[238] »Für den Menschen gibt es nur eine Wahrheit«, wie *Saint-Exupéry* richtig meint, und »das ist die, die aus ihm einen Menschen macht«.[239] Mensch zu sein oder zu werden, ist eine Tugend und Pflicht, die uns niemand abnehmen kann. Letztendlich können wir unsere Aufgabe als Mensch nur dann würdig erfüllen, wenn wir uns durch richtige Gedanken sowohl im Denken als auch im Handeln leiten lassen.[240] Und genau das bedeutet harte Arbeit, Arbeit an uns selbst. Durch diese Arbeit unterscheidet sich der Mensch vom Tier. Durch diese Arbeit vollzieht sich unsere Menschwerdung. Unsere Arbeit an uns selbst dient letztendlich dem Zweck der eigenen Menschwerdung.

Das Wesentliche kurz: Die von der Aufklärung ganz wesentlich geprägten Tugenden der Humanität und Toleranz bilden die Grundpfeiler eines tugendhaften Lebens. Mit Humanität hat der große Humanist *Herder* Begriffe wie Menschheit, Menschlichkeit, Menschenrechte, Menschenpflichten, Menschenwürde und Menschenliebe umschrieben. Humanität ist der »Charakter unseres Geschlechts«, den man in einem nie abgeschlossenen Prozess der Selbstbildung und Selbstfindung erwirbt, indem man sich als Mensch unter Menschen versteht und von dem an sich selbst gewonnenen Menschenbild auf die gesamte Menschheit schließt. Humanität ist ein Prozess der Veredelung. Dieser Prozess erfordert von uns Erkenntnis und Wahrnehmung der Lebensbedingungen rund um uns, denn inhumane menschliche Daseinsbedingungen bilden keine unabänderliche Konstante, sondern sind von uns beeinflussbar und veränderbar. Humanität anerkennt und bewahrt jeden Menschen als Geschöpf in seiner ganzen Einzigartigkeit und Besonderheit und geht vom unbedingten Wert des Menschen, von seiner Freiheit und Würde aus. Wie *Fromm* im Rahmen seiner humanistischen Ethik zum Ausdruck bringt, ist es der Mensch selbst, der im Mittelpunkt der ethischen Betrachtung steht. Denn die Quellen der Normen für eine sittliche Lebensführung sind in der Natur des Menschen selbst zu finden, gründen also in Qualitäten, die dem Menschen selbst innewohnen. Der höchste Wert der humanistischen Ethik ist Selbst-Liebe, die Bejahung des wahrhaft menschlichen Selbst. Soll der Mensch Vertrauen in Werte haben, dann muss er sich selbst und die Fähigkeit seiner menschlichen Natur zum Guten und zur Produktivität kennen. »Gut« im Sinn der humanistischen Ethik ist dabei wie auch schon bei *Spinoza* gleichbedeutend mit »gut für den Menschen«, bedeutet somit Bejahung des menschlichen Lebens, Entfaltung der menschlichen Kräfte.

3.5 Toleranz

Toleranz zu üben ist eine der wesentlichen Lebenspflichten, die dem Humanitätsprinzip und den aufklärerischen Idealen entspringen. Aber was bedeutet Toleranz konkret? Wozu verpflichtet sie die Menschen? Und wo liegen die Grenzen der Toleranz? Wann darf oder muss selbst ein toleranter Mensch intolerant sein? Diese Fragen werden erst klar, wenn wir uns kurz mit dem geschichtlichen Hintergrund der Toleranzidee auf ihrem Weg von einer Erkenntnistoleranz zur Respekttoleranz beschäftigen.

Die Toleranzidee hatte ihre Wurzeln zunächst im religiösen Bereich. Sie entwickelte sich am Ende des Mittelalters als Reaktion gegen den unerbittlichen Absolutismus der katholischen Kirche. Die vor allem im ausgehenden 17. Jahrhundert aufkommende freidenkerische Bewegung des Deismus, welche die allen Menschen annehmbare »natürliche Religion« suchte und im Rahmen der verschiedenen Glaubensströmungen nur die »natürlichen« Gesetze der Vernunft, nicht aber die religiöse Offenbarung gelten ließ, spiegelte die erwachte Toleranzidee in besonders prägnanter Weise wieder.[241]

Gerade die in der Toleranzidee des Deismus zum Ausdruck kommende Antidogmatik und damit die grundsätzliche Möglichkeit, Menschen unterschiedlicher Religion zu vereinen, war ein wesentlicher Grund, warum Gruppierungen, die diesem Gedanken verpflichtet waren, von der katholischen Kirche vehement verfolgt wurden.[242] Denn der Toleranzgedanke war geeignet, die dogmatischen Grundlagen der Kirche und die Disziplin ihrer Anhänger zu lockern. Der Gedanke musste mit der katholischen Kirche als eine die absolute Wahrheit beanspruchende monotheistische Religion kollidieren. Dies obwohl sich interessanterweise im Neuen Testament auch deutliche toleranzfreundliche Elemente finden, wie etwa das Gleichnis vom Unkraut unter dem Weizen.[243]

Die sich ursprünglich aus dem religiösen Bereich entwickelnde Toleranzidee wurde in der Folge auch auf das politische Gebiet übertragen.[244] Gerade in politischer Hinsicht beruhte die Toleranz zunächst eher auf praktischen Überlegungen. Es handelte sich um eine Toleranz im Sinn einer bloßen »Duldung«, also Toleranz als das »kleinere Übel«. Dem steht allerdings der vertiefte, von reinen Zweckmäßigkeitsüberlegungen emanzipierte Toleranzbegriff gegenüber, der ganz wesentlich von *John Locke* in seinen Briefen über Toleranz geprägt wurde.[245] Das für falsch Gehaltene anderer wurde nicht nur »geduldet«, sondern es setzte sich ganz in Sinn des Wahrheitssuchers *Lessing* der Gedanke durch, dass niemand über abschließende Wahrheit verfügt und daher jedem Menschen grundsätzlich die Möglichkeit offen steht, bei seiner Suche nach Wahrheit eigene Erkenntnisse zu haben und in seinem Erkenntnisweg und seinen daraus gewonnenen Ansichten frei zu sein.

Es war dieser im Sinn von »Respekt« verstandene Toleranzgedanke, der die Entstehung der Freiheit des Einzelnen begleitete und auch heute noch ihr wichtigster Garant ist. Toleranz hat sich damit von einem ursprünglich auf den Religionsfrieden bezogenen Denkmodell auf alle Bereiche des menschlichen Seins, insbesondere auch auf die politische Entwicklung der bürgerlichen Freiheiten und Menschenrechte, ausgedehnt. Als Höhepunkte sind dabei die amerikanische und die französische Menschenrechtserklärung im ausgehenden 18. Jahrhundert zu nennen.[246] Die dort bereits angesprochenen Ideale der Aufklärung finden sich heute in der Allgemeinen Erklärung der Menschenrechte der Vereinten Nationen[247] und in der Erklärung von Prinzipien der Toleranz der UNESCO.[248] Aus einer ursprünglich als Religionsfreiheit verstandenen Toleranz ist damit heute in politischer Hinsicht eine umfassende Denk- und Meinungsfreiheit geworden.

Auch als persönliche Haltung wird heute der Toleranzgedanke nicht nur als Duldung anderer Gesinnung und anderer Art im Sinn der lateinischen Bedeutung des Begriffs – *tolerare*, das dulden und ertragen bedeutet – verstanden. Die Toleranzidee beinhaltet vielmehr die unbedingte Anerkennung der Geistes- und Gewissensfreiheit und die Abkehr von jeder dogmatischen Bindung. Toleranz äußert sich niemals in Gleichgültigkeit gegen politische, religiöse, sittliche und weltanschauliche Fragen, vielmehr setzt sie voraus, dass man feste Überzeugungen hat und trotzdem andere Überzeugungen respektiert. Toleranz ist eine handlungsorientierte Haltung, die im Fremden, im Andersartigen, soweit wie möglich, einen eigenen Wert entdeckt, ihm ein Lebensrecht gewährt. Sie besteht in der Anerkennung anderer als freie und ebenbürtige Personen, die das Recht haben, die eigenen Vorstellungen zu äußern und nach ihnen zu handeln, soweit sie nicht das Recht anderer beeinträchtigen.[249]

Wie es *Lessing* in *Nathan der Weise* zum Ausdruck bringt, ist Toleranz eine Geisteshaltung ohne Gleichgültigkeit, die zu Anerkennung führt. Denn »der echte Ring vermutlich ging verloren«, heißt es in der Ringparabel.[250] Und gerade weil die eine, die einzige Wahrheit nicht zu haben ist, weil es immer verschiedene Aspekte einer Sache und unterschiedliche Perspektiven gibt, bedarf es der Verständigung zwischen den Parteien, des Ausgleichs, der Toleranz.[251] Oder wie *Goethe* wunderbar meint:[252]

> »Toleranz sollte eigentlich nur
> eine vorübergehende Gesinnung sein;
> sie muss zur Anerkennung führen.
> Dulden heißt beleidigen.«

Wie steht es nun mit den Grenzen der Toleranz und der Toleranz gegenüber Intoleranten? Soll oder muss man Toleranz auch gegenüber Intoleranten üben? Sollte das christliche Prinzip: »Wenn dich einer auf die rechte Wange schlägt, dann halt ihm auch die andere hin«[253] gelten oder kann ich den, der mich schlägt, auch schlagen? Wie weit reicht unsere Humanität? Muss ich mit Menschen zusammen sein, die mir von Herzen verhasst sind? In der Theorie der Humanität, in der Liebe *Jesu*, in diesem »Ideal der Heiligkeit« müsste ich es. Ich müsste das Unerträgliche ertragen. Toleranz also auch gegenüber dem Mörder, dem Vergewaltiger, dem Rassismus, dem Konzentrationslager?[254]

»Toleranz ist gut. Aber nicht gegenüber Intoleranten«, hat *Wilhelm Busch* gesagt.[255] Und auch *Alexander Giese* meint, der Grundsatz, dass Toleranz und Duldung Intoleranten gegenüber nicht angebracht sind, sei jedem Vernünftigen einleuchtend und augenscheinlich evident. Vor allem die Erfahrungen der Geschichte (Weimarer Republik, Nationalsozialismus, etc) hätten gezeigt: »Wer gegen Intolerante tolerant ist, stirbt.«[256]

Aber ist das wirklich so? Laufen wir damit nicht Gefahr, uns letztendlich auf der Ebene der Relativisten zu bewegen, die nur Streit aus dem Weg gehen wollen, und mit ihrem Leitspruch: »Keine Toleranz dem Intoleranten« meist keinen Widerspruch dulden wollen, wobei es dann unterschiedlich hohe Hemmschwellen dafür gibt, ab wann der Gegenüberstehende für intolerant erklärt wird, so dass man Grund hat, ihn aus dem Weg zu räumen. Die Höhe der Hemmschwelle wird erfahrungsgemäß davon abhängen, ob ich mich stärker oder schwächer fühle als mein Konkurrent. Die Frage der Toleranz wird damit letztendlich zu einer Frage der Macht.[257]

Nun eines ist wohl sicher: Die Toleranz kann nur innerhalb bestimmter äußerster Grenzen gelten, und das sind jedenfalls ihre eigene Erhaltung und die Aufrechterhaltung der Möglichkeiten ihrer Ausübung. *Karl Popper* hat dies das »Paradox der Toleranz« genannt: »Wenn man absolut, selbst gegen die Intoleranten, tolerant ist und die tolerante Gesellschaft nicht gegen deren Angriffe verteidigt, werden die Toleranten vernichtet, und mit Ihnen die Toleranz.« Eine unendliche Toleranz wäre letztendlich das Ende der Toleranz![258] In diesem Sinn wird von uns eine »kämpferische Toleranz« verlangt, eine Toleranz, für die wir auch mit Zivilcourage (mit dem »Schwert«, zu dem wir später noch kommen werden) eintreten und zu kämpfen bereit sind.

Bei der Frage »Keine Toleranz dem Intoleranten?« müssen wir letztendlich anders ansetzen. Die Frage muss eigentlich richtig lauten: Bedeutet Toleranz, dass man alles toleriert bzw tolerieren muss?

Und die Antwort darauf lautet Nein, wenn wir wollen, dass Toleranz als eine menschliche Tugend verstanden wird.[259] Das schließt aber nicht aus, dass man auch gegenüber Intoleranten Toleranz übt. Aber ich muss nicht alles tolerieren. Der Raum der Toleranz ist daher durchaus ein prinzipiell begrenzter Raum.

Die Zurückweisung der Toleranz darf allerdings nicht ohne gute Gründe erfolgen.[260] Die Grenze der Pflicht zur Übung von Toleranz liegt jedenfalls dort, wo es darum geht, dass ihre Erhaltung und die Aufrechterhaltung der Möglichkeiten ihrer Ausübung gefährdet werden.

In Anlehnung an die Kritik des Toleranzbegriffs durch *Goethe* – »Dulden heißt beleidigen«[261] – oder *Kant* – der vom »hochmütigen Namen der Toleranz« sprach[262] – hat der französische Philosoph *André Compte-Sponville* die Toleranz als eine »mindere Tugend« bezeichnet:

Wir nennen Toleranz, was eigentlich, wenn wir hellsichtiger, großherziger, gerechter wären, Achtung heißen müsste, oder Sympathie, oder Liebe. Das Wort Toleranz passt also, weil die Liebe fehlt, weil die Sympathie fehlt, weil die Achtung fehlt. Tolerieren ist eindeutig kein Ideal, es ist kein Maximum, sondern nur ein Minimum. Toleranz ist eine passable Lösung, bis etwas Besseres kommt. Bis die Menschen sich lieben und verstehen können, wollen wir uns glücklich schätzen, dass sie anfangen sich zumindest zu ertragen, zu tolerieren. Die Toleranz ist daher ein Provisorium. Sie ist nur ein Anfang; aber immerhin das. Eine mindere Tugend, die zu uns Menschen passt, weil sie für uns zumindest erreichbar ist. Und wie *Comte-Sponville* meint, verdienen scheinbar auch einige unserer Gegner nichts Besseres.[263]

Dabei müssen wir bedenken, dass wir in unserem Leben, wie wir bereits im Zusammenhang mit dem Polaritätsprinzip festgestellt haben, laufend zwischen zwei Polen hin und her gerissen sind. Wir bewegen uns im Polaritätsprinzip zwischen Licht und Schatten, weiß und schwarz und wissen nur allzu oft nicht was Gut und Böse ist. Und gerade wenn wir uns zwischen den Polaritäten unseres Lebens bewegen, erinnert uns die Toleranz daran, dass sich jeder von uns durch das Üben von Toleranz zu einem Menschen entwickeln soll, der im Anderssein des anderen und dessen Ideen nicht etwas gegen ihn Gerichtetes, Feindliches erblickt, das es zu bekämpfen gilt, sondern der versteht, dass in der Vielfalt der Erscheinungen und Ideen der Reichtum des Lebens begründet ist.[264] Toleranz in diesem

Sinn verstanden bildet demnach die Grundlage für ein Zusammenleben in Freiheit, Gleichheit und Brüderlichkeit unter den Menschen. Und deshalb hat die Tugend der Toleranz für uns und den Weg eines wahrhaft menschlichen Lebens eine so wesentliche Bedeutung.

Das Wesentliche kurz: Toleranz zu üben ist eine unserer wesentlichsten Lebenspflichten. Doch der Toleranzgedanke verlangt mehr als bloßes Dulden anderer Gesinnung und anderer Art, wie dies die lateinische Bedeutung des Begriffs *tolerare* nahelegen würde. Nach *Goethe* hieße bloß dulden eigentlich beleidigen. Da niemand über die abschließende Wahrheit verfügt, ist Toleranz vielmehr eine Haltung, die jedem Menschen zubilligt, frei in seinem Erkenntnisweg bei der Suche nach der Wahrheit zu sein. Toleranz äußert sich niemals in Gleichgültigkeit gegen politische, religiöse, sittliche und weltanschauliche Fragen, sondern setzt vielmehr voraus, dass man feste Überzeugungen hat und trotzdem andere Überzeugungen respektiert und im Fremden, im Andersartigen, so weit wie möglich, einen eigenen Wert entdeckt, ihm ein Lebensrecht gewährt. Toleranz muss, wie bereits *Goethe* und *Lessing* zum Ausdruck gebracht haben, zu Respekt und Anerkennung führen. Denn wir nennen Toleranz eigentlich nur das, was, wenn wir großherziger und gerechter wären, Achtung oder Liebe heißen müsste. Dennoch: Als Provisorium ist die Tugend der Toleranz unbedingt notwendig. Denn bis wir diesen idealen Zustand eines Zusammenlebens in Liebe und echter Freiheit, Gleichheit und Brüderlichkeit unter den Menschen erreicht haben, wollen wir uns in unserem täglichen Leben zumindest mit der Toleranz als eine Art »mindere Tugend« zufrieden geben.

3.6 Leben in der Gegenwart – Die Kürze des Lebens

Vor dem Hintergrund des nächsten Teils dieses Kapitels, in dem es um den Tod als Bestandteil des Lebens geht, stellt sich in unserem Leben zunächst die Frage, wie wir mit der in unserem Leben zur Verfügung stehenden Zeit umgehen sollen. Dies erfordert, dass wir uns die Kürze unseres Lebens vor Augen führen und zunächst zur Erkenntnis kommen, dass in erster Linie ein Leben in der Gegenwart die Antwort auf diese Frage ist. Nicht in der Vergangenheit oder in der Zukunft sollen wir leben, sondern im Hier und Jetzt, ohne uns allzu viel Sorgen um die Zukunft zu machen. Was wir schließlich noch aus dem Bewusstmachen der Kürze des Lebens lernen, ist, dass wir die uns zur Verfügung stehende Zeit des Lebens nutzen, sie nicht vergeuden, und nach Möglichkeit nichts auf morgen verschieben.

Das sind Themen, die es in sich haben, und dabei sind wir noch gar nicht beim Tod selbst angelangt. Aber eins nach dem anderen. Für die Wanderschaft, die wir jetzt unternehmen, brauchen wir etwas Zeit. Und trotz der »Kürze des Lebens« sollten wir uns diese Zeit nehmen, um uns im Folgenden mit den drei zentralen Themen rund um das Leben in der Gegenwart und die Kürze des Lebens zu beschäftigen.

Wir wollen uns zunächst dem Leben in der Gegenwart widmen: Nicht in der Vergangenheit oder in der Zukunft sollen wir leben, haben wir einleitend festgehalten, sondern in erster Linie in der Gegenwart, im Hier und Jetzt. »Die Gegenwart zu genießen und dies zum Zweck seines Lebens zu machen«, ist nach *Schopenhauer* »die größte Weisheit«.[265] Damit hat er zweifelsohne recht, denn wir vergessen nur allzu oft, dass es die Gegenwart ist, in der wir leben. Nur sie ist gewiss, sie ist die einzige Realität, nur in ihr liegt unser Dasein.

Auf ein Leben in der Gegenwart sollten wir uns im Rahmen unserer weiteren Lebensgestaltung primär konzentrieren. Das ist eine der wesentlichen Botschaften, die wir uns auf unserem weiteren Lebensweg zu Herzen nehmen sollten. Und dabei können wir vielleicht auch etwas von jenen Menschen lernen, die das Genießen noch nicht verlernt haben. Denn Genussmenschen leben wahrlich für den Augenblick: ein gutes Essen, ein guter Wein, eine schöne Opernaufführung oder ein schönes Konzert. All das ist für den Augenblick, danach ist es vorbei, aber gleichzeitig ist dieser Augenblick Ewigkeit, wie *Goethe* in seinem Gedicht *Vermächtnis* meint. Und deshalb sollten wir lernen, den Augenblick zu genießen und unser Leben in der Gegenwart zu leben.

Bei der Aufteilung unseres Lebens in Vergangenheit, Zukunft und Gegenwart sollten wir jedenfalls dem Leben in der Gegenwart den Vorzug geben. Aber wie sieht dieses Leben in der Gegenwart aus? In welchem Ausmaß sollen wir uns dabei der Gegenwart widmen und in welchem Verhältnis stehen dazu Vergangenheit und Zukunft? Auch darauf hat *Schopenhauer* eine konkrete Antwort:[266]

»Ein wichtiger Punkt der Lebensweisheit besteht in dem richtigen Verhältnis, in welchem wir unsere Aufmerksamkeit teils der Gegenwart, teils der Zukunft widmen, damit nicht die eine uns die andere verderbe. Viele leben zu sehr in der Gegenwart: die Leichtsinnigen; andere zu sehr in der Zukunft: die Ängstlichen und Besorglichen. Selten wird einer genau das rechte Maß halten. Statt mit den Plänen und Sorgen für die Zukunft ausschließlich und immerdar beschäftigt zu sein oder aber uns der Sehnsucht nach der Vergangenheit hinzugeben, sollten wir nie vergessen, dass die Gegenwart allein real und allein gewiss ist; hingegen die Zukunft fast immer anders ausfällt, als wir sie denken; ja, auch die Vergangenheit anders war; und zwar so, dass es mit beiden im ganzen weniger auf sich hat, als es uns scheint. Denn die Ferne, welche dem Auge die Gegenstände verkleinert, vergrößert sie dem Gedanken. Die Gegenwart allein ist wahr und wirklich: sie ist die real erfüllte Zeit, und ausschließlich in ihr liegt unser Dasein.«

Und wieder einmal ist es *Goethe*, der das Thema der Dreiteilung des Lebens zwischen Gegenwart, Vergangenheit und Zukunft bemerkenswert in einem Gedicht kommentiert hat:[267]

> »Willst du dir ein hübsch Leben zimmern,
> Musst dich ums Vergangne nicht bekümmern;
> Das Wenigste muss dich verdrießen;
> Musst stets die Gegenwart genießen,
> Besonders keinen Menschen hassen
> Und die Zukunft Gott überlassen.«

Es ist das Geheimnis, das der Fährmann Vasudeva vom Fluss gelernt hat und das er Siddhartha mit hellem Lächeln erzählt: »Es ist doch dieses, was du meinst: dass der Fluss überall zugleich ist, am Ursprung und an der Mündung, am Wasserfall, an der Fähre, an der Stromschnelle, im Meer, im Gebirge, überall, zugleich, und dass es für ihn nur Gegenwart gibt, nicht den Schatten Zukunft?« Siddhartha bestätigt mit Entzücken diese Erleuchtung, die auch ihn beglückt hat: »Und als ich gelernt hatte, da sah ich mein Leben an, und es war auch ein Fluss, und es war der Knabe Siddhartha vom Manne Siddhartha und vom Greis Siddhartha nur durch Schatten getrennt, nicht durch Wirkliches. Es waren auch Siddharthas frühere Geburten keine Vergangenheit, und sein Tod und seine Rückkehr zu Brahma keine Zukunft. Nichts war, nichts wird sein; alles hat Wesen und Gegenwart.«[268]

Ist denn nicht alles Leiden Zeit, ist nicht alles sich Quälen und sich Fürchten Zeit, ist nicht alles Schwere, alles Feindliche in der Welt weg und überwunden, sobald wir die Zeit überwunden haben, sobald wir die Zeit wegdenken können? Es wäre gut, wie *Saint-Exupéry* meint, »wenn uns die verrinnende Zeit nicht als etwas erscheint, das uns verbraucht und zerstört, wie die Hand voll Sand, sondern als etwas, das uns vollendet«.[269]

Was der Gegenwart vorangegangen ist, liegt in der Vergangenheit. Es ist im wahrsten Sinn des Wortes »vergangen« und berührt unser Leben in der Gegenwart eigentlich gar nicht, weil es nicht mehr ist. Allerdings sollten wir für dieses Vergangene dankbar sein. Darauf hat bereits *Epikur*, der griechische Philosoph der Freude, hingewiesen.[270] Dann werden wir verstehen, dass durch diese Dankbarkeit auch der Gedanke an den Tod keine wesentliche Rolle mehr spielt. Denn das, was wir erlebt haben, kann uns selbst der Tod nicht mehr nehmen. Der Tod wird uns nur die Zukunft nehmen, die allerdings ohnehin noch nicht ist und die wir auch nicht kennen. Die Dankbarkeit befreit uns von der Sorge um die Zukunft durch das freudige Wissen dessen, was war und ist.

Dankbarkeit ist auch deshalb wichtig, weil wir damit erkennen, dass alles Gute und all unsere guten Handlungen in der Vergangenheit sicher aufbewahrt sind. Gleichzeitig sind damit zwar auch das Schlechte und unsere Fehler der Vergangenheit nicht mehr änderbar, zumindest nicht für die Vergangenheit. Wir können dieses Vergangene allerdings in der Zukunft noch ändern und beeinflussen, und zwar indem wir unsere schlechten Handlungen bereinigen und begangenes Unrecht wiedergutmachen oder, sofern es uns widerfahren ist, verzeihen. Wir sind der Zukunft daher nicht ohnmächtig ausgeliefert, sondern können sie durch unsere zukünftigen Handlungen beeinflussen, wir können die Zukunft in die Hand nehmen und gestalten!

Gerade auf diesen Umstand hat *Frankl* in bemerkenswerter Weise hingewiesen: Alles Gute, alles Schöne aus der Vergangenheit ist in der Vergangenheit sicher aufbewahrt. Andererseits ist jede Schuld aus der Vergangenheit und jedes begangene Übel zeitlebens noch, wie er sagt, »erlösbar«. Denn das »Vergangene zum Glück« steht fest und ist gesichert, hingegen steht das »Zukünftige zum Glück« noch offen und ist somit in unsere Verantwortung gestellt. Wir können das Zukünftige beeinflussen und sind ihm nicht hilflos ausgeliefert. Nach *Frankl* ist es daher einerseits »furchtbar« zu wissen, dass wir in jedem Augenblick die Verantwortung für den nächsten Augenblick tragen; dass jede unserer Entscheidungen, die kleinste wie die größte, eine Entscheidung »für alle Ewigkeit« ist; dass wir in jedem Augenblick eine Möglichkeit, die Möglichkeit eben des einen Augenblicks, verwirklichen oder verwirken. Andererseits ist es »herrlich« zu wissen, dass die Zukunft, unsere eigene und mit ihr die Zukunft der Dinge und der Menschen um uns, irgendwie von unserer Entscheidung in jedem Augenblick abhängig ist. Was wir durch sie verwirklichen, was wir durch sie »in die Welt schaffen«, das retten wir in die Wirklichkeit hinein und bewahren es so vor der Vergänglichkeit.[271]

Was noch kommen wird, befindet sich in der Zukunft und ist in unserem Leben in der Gegenwart noch nicht vorhanden. Die Zukunft kann von uns nicht vorausgesehen werden, sie sollte uns daher nicht allzu sehr beschäftigen oder gar beunruhigen. Gerade im Verhältnis zwischen der Gegenwart und der Zukunft ist es von wesentlicher Bedeutung, dass wir dabei, wie wir bereits zuvor festgestellt haben, das richtige Maß finden: Wir sollten weder zu sehr in der Gegenwart leben und damit leichtsinnig und unvorsichtig sein, noch sollten wir zu sehr in der Zukunft leben, also ängstlich und besorgt sein.

Und genau dieser letzte Aspekt leitet auch zu der Überlegung über, dass wir uns nicht allzu viel Sorgen um die Zukunft machen sollten. Unser Leben im Hier und Jetzt müssen wir nicht damit belasten, dass wir uns dauernd über das, was kommt oder kommen könnte, Sorgen machen. Mit diesem Thema haben wir uns schon kurz im Zusammenhang mit dem Vertrauen in die Zukunft beschäftigt. Auch in der Bibel heißt es dazu im Gleichnis von den Vögeln im Himmel, dass wir uns nicht um morgen sorgen sollen, »denn der morgige Tag wird für sich selbst sorgen. Jeder Tag hat genug eigene Plage«.[272]

Die Sorge um die Zukunft bringt uns nicht weiter, weil wir die Zukunft ohnehin nicht vorhersehen können, denn sie ist ungewiss. Schon die Römer vertraten die Meinung, man sollte nicht fragen, was morgen sein wird. Dementsprechend hat *Seneca* gemahnt: »Alles, was noch kommt, liegt im Ungewissen: Jetzt sollst du leben!«[273] Wir sollten also nicht an die Zukunft denken, denn sie kommt ohnehin früh genug. Außerdem laufen wir andernfalls Gefahr, dass das Leben an uns vorübergeht. Wie *John Lennon* gesagt hat, ist Leben letztendlich das, was passiert, während wir gerade dabei sind, andere Pläne für die Zukunft zu machen.[274]

Abgesehen davon, dass wir das Zukünftige nicht vorhersehen können, weil es ungewiss ist, belasten Sorgen um die Zukunft nur unser Leben, ohne dass wir daraus einen Nutzen ziehen könnten. Je mehr wir planen, desto härter trifft uns die Wirklichkeit, sagt ein altes Sprichwort. Je mehr ängstliche Gedanken wir uns über die Zukunft machen, desto härter trifft es uns dann, wenn die Wirklichkeit tatsächlich anders kommt, als wir sie uns vorgestellt haben. Nach *Goethe* verändern Sorgen und Kummer unser Leben nicht, sondern schleudern uns nur aus dem Gleichgewicht. Das einzige, was wir mit all unseren Sorgen um die Zukunft erreichen, ist, dass wir damit unser Leben in der Gegenwart belasten und unnötig schwer machen. Das hat auch *Hesse* in einer Spruchweisheit sehr schön zum Ausdruck gebracht:[275]

> »Über dem ängstlichen Gedanken, was uns etwa morgen zustoßen könnte, verlieren wir das Heute, die Gegenwart und damit die Wirklichkeit.«

Ein Leben in der Gegenwart zu führen bedeutet, dass wir die in unserem Leben zur Verfügung stehende Zeit sinnvoll nutzen und sie nicht vergeuden und verschwenden. Ein vehementer Verfechter dieses Grundsatzes war *Seneca*. In seiner Schrift *Von der Kürze des Lebens – De brevitate vitae* zeichnet *Seneca* ein lebendiges Bild vom richtigen und falschen Gebrauch der Zeit und ruft uns auf, unser Leben sinnvoll zu gestalten und die zur Verfügung stehende Zeit sinnvoll zu nutzen. Das Leben ist nicht zu kurz, sondern wir machen es kurz, indem wir so viel davon verschwenden: »Wir haben keine zu geringe Zeitspanne, sondern wir vergeuden viel davon. Lang genug ist das Leben und reichlich bemessen auch für die allergrößten Unternehmungen – wenn es nur insgesamt gut angelegt würde. Wir haben kein kurzes Leben empfangen, sondern es kurz gemacht; keinen Mangel an Lebenszeit haben wir, sondern gehen verschwenderisch damit um.«[276] *Seneca* beschreibt auch den Grund, warum das so ist:[277]

> »Ihr lebt so, als lebtet ihr ewig; niemals kommt euch eure Hinfälligkeit in den Sinn, nie achtet ihr darauf, wie viel Zeit schon vergangen ist. Als ob ihr sie in Fülle und im Übermaß hättet, verschwendet ihr sie. Dabei ist doch gerade der Tag, den ihr für

irgendeinen Menschen oder irgendeine Sache dahinschenkt, der letzte Tag. Schämst du dich nicht, nur die kümmerlichen Reste deines Lebens für dich zu behalten und nur die Zeit für sinnvolle geistige Beschäftigung zu bestimmen, die für kein anderes Geschäft mehr taugt? Es ist doch reichlich spät, erst dann mit dem Leben zu beginnen, wenn man es schon bald beenden muss! Und wie unvernünftig ist es, seine Sterblichkeit so weit zu vergessen, dass man gute Vorsätze auf das fünfzigste und sechzigste Lebensjahr verschiebt und erst in einem Alter zu leben beginnen will, das nur wenige erreichen!«

Diese Mahnungen treffen wohl einen wunden Punkt im Leben vieler Menschen, jedenfalls in meinem und wahrscheinlich auch in Ihrem: Wir müssen uns die Kürze unseres Lebens, unsere eigene Sterblichkeit, den Tod als Bestandteil unseres Lebens bewusst machen. Denn es ist schlichtweg eine biologische Tatsache, dass wir nicht ewig leben, daran ändern all die Verjüngungskuren und Jugendlichkeitsideale unserer heutigen Gesellschaft nichts. Und aus dem Bewusstmachen unserer Endlichkeit und der Kürze unseres Lebens müssen wir beginnen, mit unserer Lebenszeit behutsam umzugehen. Wir sollten die uns in unserem Leben zur Verfügung stehende Zeit sinnvoll nutzen und sie keinesfalls leichtfertig verschwenden.

Gleichzeitig mahnen uns diese Überlegungen auch, uns für die wichtigen Dinge im Leben wieder mehr Zeit zu nehmen und nicht dauernd unsere Zeit mit unwichtigen Dingen zu verbringen. Das ist gerade in der heutigen Zeit wichtig, wo mittlerweile Zeit und Muße zur Mangelware geworden sind. Wir müssen durchaus wieder lernen, uns Zeit für das wirklich Wichtige im Leben zu nehmen, also Zeit zum Nachdenken, Zeit zum Besinnen, Zeit zum Reflektieren und Meditieren, Zeit zum Ausspannen, Zeit in uns zu gehen und uns selbst und unseren eigenen Mittelpunkt wieder zu finden. »Die Menschen haben keine Zeit mehr, irgendetwas kennen zu lernen«, sagt der Fuchs zum kleinen Prinzen. Wie recht er doch hat. Und manchmal denke ich mit Wehmut an die »gute alte Zeit«, in der es feste Regeln, Bräuche, Gewohnheiten sowie Schaffens- und Ruhenszyklen über das Jahr verteilt gab. Es gab Zeiten der Ruhe, ohne Druck und ohne schlechtes Gewissen, in denen ein Durchatmen und Nachdenken noch möglich war, ohne Hast und Hetzerei. »Es muss feste Bräuche geben«, sagt der Fuchs weiter zum kleinen Prinzen. Was das heißt, feste Bräuche? »Es ist das, was einen Tag vom andern unterscheidet, eine Stunde von den andern Stunden.«[278]

Das Bewusstmachen unserer Endlichkeit und der Kürze unseres Lebens wird uns schließlich noch eines verdeutlichen: Wir sollten nach Möglichkeit in unserem Leben nichts auf morgen verschieben. Ich sage hier bewusst »nach Möglichkeit«, denn ich weiß aus eigener Erfahrung, wie schwer das ist. Wir hängen tagtäglich in so vielen Ringen, aus denen wir uns nur mühsam befreien können, und dann gibt es natürlich hundert Ausreden, warum wir dies oder jenes heute nicht mehr schaffen. Doch ich glaube, es ist im Leben wichtig, jeden Tag bewusst zu leben, denn genau dieser Tag, ja genau diese Stunde könnte die letzte sein. Wenn wir wissen, dass der Tod uns jederzeit wegreißen kann, welches Recht haben wir, etwas auf morgen zu verschieben, was wir heute tun können?[279]

Ich weiß, wie viele Menschen ihr Leben lang darunter leiden, dass ihnen der überraschende Tod eines Verwandten oder Bekannten die Möglichkeit genommen hat, noch ein paar Worte zu wechseln, sich zu verabschieden oder einen Streit oder eine Auseinandersetzung aus der Welt zu schaffen. Wir sollten gerade dann nichts auf morgen verschieben, wenn es darum geht, unsere schlechten und bösen Handlungen zu bereinigen, begangenes Unrecht wieder gut zu machen und zugefügte Kränkungen zu beseitigen; aber auch wenn es darum geht, erlittenes Unrecht oder erlittene Kränkungen dem anderen zu verzeihen. Denn all das könnte am nächsten Tag, in der nächsten Stunde schon nicht mehr möglich sein. Und dann belastet die nicht bereinigte Situation entweder uns oder den anderen. Die Bedeutung dieser Worte macht uns das wunderbare Gedicht *Du, Nachbar Gott* von *Rainer Maria Rilke* klar:[280]

»Nur eine schmale Wand ist zwischen uns,
durch Zufall; denn es könnte sein:
ein Rufen deines oder meines Munds –
und sie bricht ein ganz ohne Lärm und Laut.«

»Du kannst dein Leben nicht verlängern, nur vertiefen«, lautet ein Spruch von *Martin Buber*, den ich einmal auf einer Glückwunschkarte gelesen habe, und dann folgt eine bemerkenswerte Weisheit: »nicht dem Leben mehr Jahre, aber den Jahren mehr Leben geben.«

Das Wesentliche kurz: Vor dem Hintergrund des Todes als fester Bestandteil des Lebens sollten wir die Endlichkeit und Kürze unseres Lebens bedenken. Daraus gewinnen wir zunächst die wesentliche Erkenntnis, dass in erster Linie ein Leben in der Gegenwart entscheidend ist. Nicht in der Vergangenheit oder in der Zukunft sollen wir leben, sondern in der Gegenwart, im Hier und Jetzt. Die Gegenwart ist gewiss, sie ist die einzige real erfüllte Zeit, nur in ihr liegt unser Dasein. Was vergangen ist, berührt unser Leben in der Gegenwart nicht, weil es nicht mehr ist. Für dieses Vergangene sollten wir allerdings dankbar sein. Denn alles Gute und all unsere guten Handlungen sind in der Vergangenheit sicher aufbewahrt. Obwohl das Vergangene nicht mehr änderbar ist, können wir dennoch in der Zukunft unsere falschen Handlungen bereinigen und begangenes Unrecht wiedergutmachen oder, sofern es uns widerfahren ist, verzeihen. Im Verhältnis zwischen Gegenwart und Zukunft müssen wir in unserem Leben das richtige Maß finden: Wir sollten weder zu sehr in der Gegenwart leben und damit leichtsinnig und unvorsichtig sein, noch zu sehr in der Zukunft, also ängstlich und besorgt sein. Abgesehen davon, dass wir das Zukünftige ohnehin nicht vorhersehen können, weil es ungewiss ist, wäre es unvernünftig, unser Leben in der Gegenwart mit unnötigen Sorgen um die Zukunft zu belasten. Bewusstmachen unserer Endlichkeit und der Kürze unseres Lebens bedeutet, dass wir die in unserem Leben zur Verfügung stehende Zeit sinnvoll nutzen und nicht verschwenden. Schließlich sollten wir nach Möglichkeit in unserem Leben nichts auf morgen verschieben, denn wir wissen nicht, ob wir dieses Morgen überhaupt noch erleben werden.

3.7 Alter und Tod als Bestandteile des Lebens – Die Vorbereitung auf den Tod

Unser Tod, unser eigenes Sterben, gehört zu unserem Leben dazu. »Um zu sterben, bist du geboren«, hat *Seneca* gemeint.[281] Und erst der Tod rundet nach *Frankl* unser Leben zu einer »sinnhaften Totalität« ab: Angesichts des Todes als unüberwindbare Grenze unserer Zukunft und Begrenzung unserer Möglichkeiten, stehen wir – wie *Frankl* meint und wir bereits zuvor festgestellt haben – unter dem Zwang, unsere Lebenszeit auszunützen und die einmaligen Gelegenheiten in unserem Leben nicht ungenützt vorübergehen zu lassen. »Die Endlichkeit ist nicht nur ein Wesensmerkmal des menschlichen Lebens, sondern für dessen Sinn auch konstitutiv«.[282]

In der Tat ist der Tod ein wesentlicher Bestandteil unseres Lebens. An den Tod sollten wir öfter denken, als wir es tatsächlich tun, denn wir müssen im Leben jederzeit damit rechnen, »abberufen« zu werden. Wie *Rilke* meint, kann die Wand, die uns vom Tod trennt, ganz plötzlich ohne Laut und Lärm einbrechen. An den Tod schon im Leben zu denken und sich das Ende des Lebens bewusst zu machen, gehört zum Leben dazu. Und dennoch wird dieses Thema in unserer Gesellschaft, in der Jugendlichkeit und Unsterblichkeit zum Ideal hochstilisiert werden, nach wie vor verdrängt.

Oder ist diese Verdrängung möglicherweise sogar in Ordnung? Vielleicht sollten wir uns während unseres Lebens ja gar nicht mit dem unangenehmen Thema »Tod« beschäftigen? Das wäre dann ganz im Sinn von *Epikur*, dem griechischen Philosophen der Freude, der argumentiert, der Tod sei nichts, was uns betrifft: »Denn das Aufgelöste ist empfindungslos. Das Empfindungslose aber ist nichts, was uns betrifft.«[283] Der Tod kommt so oder so einmal und wir wissen nicht wann, also wozu über den Tod nachdenken, warum sich damit beschäftigen oder gar belasten?

Die Vernunftbegabung des Menschen ist nach *Fromm* Segen und Fluch zugleich. Sie zwingt ihn, sich ständig mit der Lösung seiner an sich unlösbaren existentiellen Widersprüche zu beschäftigen. Dabei ist der grundlegende existentielle Widerspruch des Menschen jener von Leben und Tod. Denn die Tatsache, dass wir sterben müssen, ist unabwendbar. Gleichgültig, was wir über den Tod wissen, es ändert nach *Fromm* »nichts an der Tatsache, dass der Tod für das Leben selbst keine Bedeutung hat und dass uns nichts anderes übrig bleibt, als ihn als Tatsache anzunehmen, und das heißt – aus der Sicht des Lebens – als Niederlage«. Der Mensch hat immer versucht, diesen existentiellen Widerspruch mit Hilfe von Ideologien zu leugnen. Wenn das Christentum eine unsterbliche Seele fordert, dann leugnet es, so *Fromm*, die tragische Tatsache, dass das Leben des Menschen mit dem Tod endet.[284]

Macht es also wirklich keinen Sinn, im Leben über den Tod nachzudenken und sich mit dem Tod zu beschäftigen?

»Indem die Menschen vor dem Tod fliehen, laufen sie hinter ihm her«, hat *Demokrit* gemeint.[285] Und das ist heute wohl mehr denn je aktuell. Ich bin der festen Überzeugung, dass es eine unserer wesentlichen Lebenspflichten ist, bereits im Leben über den Tod nachzudenken. Denn wenn wir uns den Tod und die Endlichkeit unseres Lebens ins Bewusstsein rufen und uns damit möglichst früh auseinandersetzen, wird das auch unser Leben entscheidend beeinflussen, und zwar auf positive Weise. Denn nur dann sind wir überhaupt erst in der Lage, unser Leben richtig und wahrlich zu leben.[286]

Dieser Gedanke findet sich auch bei *Spinoza*: Der vernünftige Mensch denkt zwar »an nichts weniger als an den Tod«, doch gleichzeitig ist »seine Weisheit nicht ein Nachsinnen über den Tod, sondern über das Leben«. Wie *Spinoza* weiter argumentiert, wird der vernünftige Mensch nicht von Todesfurcht geleitet, sondern er begehrt das Gute unmittelbar, das heißt wie er sagt, zu handeln, zu leben und sein Sein zu erhalten, auf der

Grundlage, dass er den eigenen Nutzen sucht.[287] Der vernünftige Mensch wird zeit seines Lebens nicht vor Todesfurcht vergehen und Angst vor dem Tod haben. Aber er wird sehr wohl aus Gründen der Vernunft schon im Leben an den Tod denken. Und wenn er über das Leben nachdenkt wird er auch den Tod und damit die Endlichkeit seines Lebens in seine Überlegungen mit einbeziehen. Er wird insofern an den Tod denken, als er sein Leben im Bewusstsein lebt, dass es endlich ist. Damit ist die Weisheit des vernünftigen Menschen im Sinn von *Spinoza* ein Nachdenken über das Leben im vollen Bewusstsein der Endlichkeit des Lebens, also des Todes.

»*Memento mori!*«

war dementsprechend die wesentliche Mahnung der Römer: »Denke daran, dass du sterben musst!« Diese Mahnung soll uns zu jeder Zeit daran erinnern, dass unser Leben einmal zu Ende geht und dass wir es sehr gut und vernünftig nutzen sollten. Der Tod wird damit zum Bestandteil des Lebens, und zwar unseres Lebens. Wir können uns diese Mahnung gar nicht oft genug ins Bewusstsein rufen. Wie *Seneca* richtig meint, muss man »zu leben das ganze Leben über lernen und das ganze Leben über muss man sterben lernen«.[288]

Und damit kann es uns auch gelingen einen weiteren existentiellen Widerspruch zu lösen, nämlich, dass wir zwar die Fülle der menschlichen Möglichkeiten in uns tragen, jedoch unsere kurze Lebensspanne – auch unter den günstigsten Bedingungen – nicht ihre volle Verwirklichung erlaubt. Schon *Hippokrátes* seufzte: »Kurz ist das Leben, lang die Kunst.« – »*Vita brevis, ars longa.*«[289] Um alles zu lernen und zu verwirklichen, ist das Leben in der Tat zu kurz. Das hat auch *Fromm* bemerkt:

»Jeder Mensch stirbt, bevor er ganz geboren ist.«

Was ein Mensch in seinem Leben verwirklichen könnte und was er tatsächlich verwirklicht, diesen Widerspruch ahnt er zumindest in Ansätzen. *Fromm* hat hier sicherlich recht, dass Ideologien diesen existentiellen Widerspruch nicht einfach dadurch auflösen können, dass sie behaupten, die Erfüllung des Lebens erfolge erst nach dem Tod.[290] Ich würde sogar sagen, dass wir die Erfüllung unseres Lebens gerade nicht in erster Linie nach dem Tod sehen sollten. Wir können uns nicht darauf verlassen, dass unsere bösen und falschen Handlungen ohnehin nach unserem Tod durch eine übernatürliche göttliche Gnade vergeben werden. Die Änderung und Wiedergutmachung unserer falschen und unrechten Handlungen kann schon vor unserem Tod stattfinden, ja ich würde sogar sagen, sie muss vor unserem Tod stattfinden: Wir haben sogar die Pflicht dazu! Das haben wir in unserem eigenen Leben selbst in der Hand und dabei sollten wir uns auf keine Ausreden einlassen, auch nicht auf übernatürliche Gnadenüberlegungen.

Es ist unter diesem Gesichtspunkt ganz wesentlich, dass wir uns bereits so früh wie möglich im Leben mit der Tatsache des Todes auseinandersetzen und uns die Endlichkeit unseres Lebens deutlich vor Augen führen. Denn nur dann kann es uns gelingen, den existentiellen Widerspruch aufzulösen, nämlich unter Einsatz der Vernunft unser Leben so zu gestalten, dass wir möglichst viele der uns gegebenen Möglichkeiten in unserem Leben auch tatsächlich verwirklichen.

Damit gewinnen Tätigkeit und Pflichterfüllung, zu denen wir später noch kommen werden, in unserem Leben an Bedeutung: Aus der Erkenntnis der Endlichkeit des Lebens heraus muss der Mensch nach *Fromm* »die Verantwortung für sich selbst akzeptieren und sich damit abfinden, dass er seinem Leben nur durch die Entfaltung seiner eigenen Kräfte Sinn geben kann«. Und dieser Sinn bedeutet natürlich nicht Gewissheit, denn die Stunde des Todes ist und bleibt ungewiss. Der Tod ist gewiss, ungewiss ist nur seine Stunde, haben die Römer gesagt –, »*Mors certa, hora incerta.*« Aber gerade diese Ungewissheit ist die entscheidende Bedingung, die den Menschen zur Entfaltung seiner Kräfte zwingt. Sieht der Mensch der Wahrheit furchtlos ins Auge, dann erfasst er, so *Fromm*, dass »sein Leben nur den Sinn hat, den er selbst ihm gibt, indem er seine Kräfte entfaltet: indem er produktiv lebt«.

Erst dann kann er seine Aufgabe lösen, nämlich »er selbst und um seiner selbst willen zu sein und glücklich zu werden durch die volle Verwirklichung der ihm eigenen Möglichkeiten – seiner Vernunft, seiner Liebe und produktiver Arbeit«.[291]

Dieses produktive Leben hat auch einen ganz wesentlichen Einfluss auf die menschliche Phase des Alterns und den Umgang mit dem Älter werden. *Fromm* hat nachgewiesen, dass ein Mensch, der bereits vor dem Älter werden produktiv lebt, durchaus auch später nicht nachlässt. »Die geistigen und emotionalen Kräfte, die er im Lauf seines produktiven Lebens entwickelt hat, wachsen sogar trotz des Abnehmens der physischen Kräfte weiter. Der nicht-produktive Mensch aber verfällt tatsächlich in seiner Gesamtpersönlichkeit, sobald seine physische Kraft, die seiner Aktivität zugrunde lag, abnimmt. Der Verfall der Persönlichkeit im Alter ist ein Symptom dafür, dass dieser Mensch nicht produktiv gelebt hat. Die Furcht vor dem Altern ist ein – häufig unbewusster – Ausdruck des Gefühls, unproduktiv zu leben.« Es ist, wie *Fromm* schonungslos meint, die »Reaktion unseres Gewissens auf unsere Selbstverstümmelung«.[292]

Und genau darin liegt auch das Geheimnis, wie wir unser Leben »verlängern« können: indem wir produktiv leben, unsere Kräfte entfalten, tätig sind und aktiv bleiben. Denn Interesselosigkeit, Untätigkeit und Starrsinn verkürzen unser Leben. Diese Weisheit findet sich auch bei *Lao-tse* im *Tao-Tê-King*:[293]

»Wird ein Wesen fest, so wird es alt.
Dieses nennt man: Nicht dem Weg gemäß.
Nicht dem Weg gemäß wird enden bald.«

Wenn wir die Fähigkeit zum weiteren Werden und Sichwandeln verlieren, sind wir zum Absterben verurteilt, meint dementsprechend auch *Hesse* im *Glasperlenspiel*. Besonders schön beschreibt er diese Wahrheit in seinem Liebesmärchen *Piktors Verwandlungen*:[294] Als sich Piktor im Paradies seinem Wunsch gemäß in einen Baum verwandelt hat, erkennt er nach Jahren, dass sein Glück nicht vollkommen ist. Denn rings um ihn im Paradies können sich die meisten Wesen wunderbar verwandeln, nur er selbst, der Baum Piktor, bleibt immer derselbe und verliert seine Verwandlungsfähigkeit. »Seit er dies erkannt hatte, schwand sein Glück dahin; er fing an zu altern und nahm immer mehr jene müde, ernste und bekümmerte Haltung an, die man bei vielen alten Bäumen beobachten kann.« Auch bei Menschen und allen Wesen kann man das ja täglich sehen: »Wenn sie nicht die Gabe der Verwandlung besitzen, verfallen sie mit der Zeit in Traurigkeit und Verkümmerung, und ihre Schönheit geht verloren.«

In der Tat sollten wir in unserem Leben nicht starr und fest werden, verkümmern und unsere Schönheit verlieren. Wir müssen uns vielmehr bis ins hohe Alter die Gabe der Verwandlung und die Kunst des Lebens erhalten. »Nicht den Tod sollte man fürchten«, hat *Marc Aurel* gesagt, »sondern dass man nie beginnen wird, zu leben«.[295] Auch nach *Saint-Exupéry* entsteht »Kummer stets aus der verrinnenden Zeit, die ihre Frucht nicht ausgereift hat. Es ist Kummer über die Flucht der Tage, Kummer über den Leerlauf der Zeit, Kummer über die Zeit, die zu nichts mehr dient«. Doch »einer, der langsam sein Leben gegen ein wohl gelungenes Werk, das das Leben überdauert, austauscht, solch einer ist auch bereit zu sterben. Denn hier empfängt ihn etwas, was größer ist als er selbst: So gibt er sich seiner Liebe hin.«[296]

Wenn wir rechtzeitig beginnen, zu leben, produktiv und tätig zu leben, und nicht starr und fest sind, wird auch das Älter werden und das Alter für uns nicht zum »Problem«, sondern in unser Leben Erfüllung bringen. Leider wird in unserer auf Jugendlichkeit getrimmten Welt die Bedeutung des Alters für unser Leben völlig zu Unrecht verdrängt und vergessen. Und dabei ist doch gerade das Alter jene Phase im Leben, die interessant und beneidenswert ist. *Schopenhauer* hat das wunderbar zusammengefasst: »Der Angriff des Alters, welcher die intellektuellen Kräfte allmählich verzehrt, lässt die moralischen Eigenschaften unberührt. Die Güte des Herzens macht den Greis noch verehrt und geliebt, wenn sein Kopf schon die Schwächen zeigt, die ihn dem Kindesalter wieder zu nähern anfangen. Sanftmut, Geduld, Redlichkeit, Wahrhaftigkeit, Uneigennützigkeit, Menschenfreundlichkeit usw erhalten sich das ganze Leben und gehen nicht durch Altersschwäche verloren: in jedem hellen Augenblick des abgelebten Greises treten sie unvermindert hervor wie die Sonne aus Winterwolken.«[297]

Ich meine, dass gerade Erfahrung und Weisheit des Alters die guten und menschlichen Eigenschaften bei einem älteren Menschen verstärken und hervorbringen. Sie haben das sicherlich schon oft beobachtet, wie viel Milde, Güte, Nachsicht und Verständnis ein tugendhafter älterer Mensch seinen Mitmenschen, auch den ungestümen Jungen, die oft mit dem Kopf durch die Wand wollen, entgegenbringt. Kritik und scharfes Urteil lassen nach und weichen Verständnis und Güte. Natürlich kommen auch diese Eigenschaften bei einem älteren Menschen nicht von selbst, sondern nur, wenn er sie ein Leben lang gepflegt und gelebt hat. Das Alter allein führt sicherlich nicht dazu, das hat schon *Seneca* bemerkt: Nur weil »einer graue Haare hat oder Runzeln, brauchst du deswegen nicht glauben, er habe lange gelebt: Er hat nicht lange gelebt, er ist einfach nur lange da gewesen.«[298]

Wenn wir bereits in jungen Jahren beginnen, unser Leben menschlich und gut zu leben und unsere Kräfte zu entfalten, dann werden wir im Alter nicht nur lange »da gewesen« sein, sondern auch lange »gelebt« haben. Und genau diese guten und menschlichen Eigenschaften, wie Milde, Güte, Nachsicht und Verständnis, die für einen älteren tugendhaften Menschen typisch sind, zeigen, dass wir erst dann *Goethes* »Stirb und Werde« haben und eigentlich erst dann in der Lage sind, das Ende unseres Lebens mit dem Anfang in Verbindung zu setzen.[299] Und das bedeutet, dass wir wieder wie Kinder werden. Wie schon *Jesus* gesagt hat: »Lasst die Kinder zu mir kommen; hindert sie nicht daran! Denn Menschen wie ihnen gehört das Himmelreich.«[300] Vielleicht liegt das daran, dass Kinder letztendlich allein in jener Tugend leben, die eigentlich gar keine Tugend mehr ist oder in der alle Tugenden vereint sind, nämlich in der Liebe. Wenn wir älter werden, nähern wir uns diesem Zustand wieder. Wie die lustige Person im Vorspiel auf dem Theater von *Goethes Faust* sagt: »Das Alter macht nicht kindisch, wie man spricht, es findet uns nur noch als wahre Kinder.«[301]

Und wahrscheinlich liegt auch genau darin das Geheimnis, wie wir eine natürliche Lebensdauer erreichen und ruhig entschlafen und sterben können, oder wie *Schopenhauer* in bemerkenswerter Weise meint, »gar nicht sterben, sondern nur zu leben aufhören«.[302]

>»Über allen Gipfeln
Ist Ruh,
In allen Wipfeln
Spürest du
Kaum einen Hauch;
Die Vöglein schweigen im Walde.
Warte nur, balde
Ruhest du auch.«[303]

Das Wesentliche kurz: Unser Tod, unser eigenes Sterben, gehört zu unserem Leben dazu. Erst der Tod rundet unser Leben zu einer sinnhaften Totalität ab. Der grundlegende existentielle Widerspruch des Menschen ist jener von Leben und Tod, denn die Tatsache, dass wir sterben müssen, ist unabwendbar. Dieser Widerspruch zwingt uns, bereits im Leben über den Tod nachzudenken. Denn nur wenn wir uns den Tod und die Endlichkeit unseres Lebens vor Augen führen, können wir unser Leben überhaupt erst richtig und wahrlich leben. »*Memento mori!*« ist dementsprechend die wesentliche Mahnung: »Denke daran, dass du sterben musst!« Sie soll uns zu jeder Zeit daran erinnern, dass unser Leben einmal zu Ende geht und dass wir es sehr gut und vernünftig nutzen sollten. Der Tod wird damit zum Bestandteil des Lebens, unseres Lebens. Und damit kann es uns auch gelingen, einen weiteren existentiellen Widerspruch zu lösen, nämlich, dass wir zwar die Fülle der menschlichen Möglichkeiten in uns tragen, jedoch unsere kurze Lebensspanne – auch unter den günstigsten Bedingungen – nicht ihre volle Verwirklichung erlaubt. Diesen Widerspruch können wir dadurch auflösen, dass wir möglichst viele der uns gegebenen Möglichkeiten in unserem Leben auch tatsächlich verwirklichen und unsere Kräfte entfalten. Ein produktives Leben hat dabei auch einen ganz wesentlichen Einfluss auf unsere Phase des Alterns und den Umgang mit dem Älter werden. Unser Leben »verlängern« können wir nur, indem wir tätig sind und aktiv bleiben. Und erst dann werden wir in der Lage sein, das Ende unseres Lebens mit dem Anfang in Verbindung zu setzen. Und das bedeutet, dass wir wieder wie Kinder werden und, wie *Schopenhauer* meint, im Todeszeitpunkt letztendlich »gar nicht sterben, sondern nur zu leben aufhören.«

4 TÄTIGKEIT UND LEBEN

Nach der soeben abgeschlossenen Auseinandersetzung mit den Werten, die uns leben lernen, wenden wir uns im vierten Kapitel der grundlegenden Bedeutung der Tätigkeit für das Leben zu. Dabei beginnen wir im ersten Teil mit dem Grundsatz der Tätigkeit als Lebensinhalt und dem »*Carpe diem!*«: Wir sollen den Tag und jeden Augenblick davon nutzen. Das haben uns leuchtende Vorbilder wie *Goethe* vorgelebt. Wir werden sehen, dass Tätigkeit, der Gebrauch der Kräfte und die Verwirklichung der Möglichkeiten im Leben auch im Vordergrund von *Fromms* »produktiver Charakterorientierung« stehen. Im Anschluss daran beschäftigen wir uns mit dem zielgerichteten Handeln und Streben und der Bedeutung der Beständigkeit für die Tätigkeit im Leben. Doch wir werden gleichzeitig im Sinn des Polaritätsprinzips erkennen, dass es bei aller gebotenen grundsätzlichen Beständigkeit auch wichtig ist, im Leben Veränderungen zuzulassen und den Mut zu Veränderungen aufzubringen, und zwar gerade dann, wenn es um die Beseitigung von Fehlern aus der Vergangenheit geht. Der dritte Teil dieses Kapitels leitet über zur Bedeutung der Pflichterfüllung für das Leben. Unsere Gedanken drehen sich hier um Themen wie die Pflicht, unsere Fähigkeiten zu unserem eigenen Vorteil und im Dienst anderer zu nutzen, die Entwicklung von Pflicht- und Verantwortungsgefühl gegenüber unseren Mitmenschen und die Forderung, beim täglichen Handeln unsere ethische Pflicht zu erfüllen. Nach den beiden Tugenden der Selbsterziehung und Selbstbeherrschung, die harte Arbeit bedeuten und von uns eine Kraftanstrengung erfordern, führt uns der fünfte Teil dieses Kapitels in die weiteren Handlungstugenden ein, die zum edlen Handeln im Leben gehören: Einfachheit, Bescheidenheit, Ehrfurcht, Freigebigkeit und Dankbarkeit. Ich nenne sie Handlungstugenden, weil sie uns im Leben ein Handeln und Tätigsein abfordern, damit wir sie erreichen oder ihnen doch zumindest näher kommen. Zum Tätigsein gehört auch die Bewahrung eines kämpferischen Geistes. Deshalb werden sich unsere Gedanken im sechsten Teil auf das Symbol des Schwertes konzentrieren. Wir werden erkennen, dass es unser Auftrag ist, im Sinn der Aufklärung Kämpfer für Licht, Wahrheit und Gerechtigkeit sowie für die geistige Freiheit der Menschheit zu sein und im entscheidenden Moment mit Mut zur Hilfe für unsere Mitmenschen einzutreten. Der siebte Teil des vierten Kapitels schließt mit einer Kleinigkeit – und doch ist sie an Bedeutung groß: Wir werden versuchen zu erfassen, welche Bedeutung die Kleinigkeiten im Leben haben und welche Größe oft bei den kleinen Dingen des Lebens erforderlich ist.

4.1 Tätigkeit als Lebensinhalt

Tätigkeit ist Lebensinhalt, das ist aus meiner Sicht eine der wichtigsten Erkenntnisse für einen positiven Lebensweg. »Tätig zu sein« ist nach *Goethe* »des Menschen erste Bestimmung«.[304] Es gibt wirklich nichts Schlimmeres für einen Menschen, als untätig zu sein und sein Leben einfach so zwischen Vergnügen, Langeweile und Lethargie dahinplätschern zu lassen. »*Carpe diem!*«, lehren uns die Römer: Nutze den Tag und jeden Augenblick davon. Im Leben tätig zu sein, seine Kräfte zu entfalten und den Augenblick zu nutzen ist einer der wesentlichsten Faktoren für ein glückliches und zufriedenes Leben.

Schon *Aristoteles* hat festgestellt, dass Tugend im Tätigsein besteht und Glück als das wesentliche Ziel des Menschen eine Folge von tugendhaftem Handeln und Tätigsein ist, nicht hingegen von stillem Besitz. Zum tugendhaften Verhalten gehört »das Tätigsein in ihrem Sinn«. Denn es macht einen wesentlichen Unterschied, »ob man das oberste Gut im Besitzen oder im Benützen, in einem Zustand oder in aktiver Verwirklichung erkennt. Denn ein Zustand kann vorhanden sein, ohne dass etwas Wertvolles dabei herauskommt. Beim aktiven Verwirklichen dagegen kann das nicht vorkommen, denn dies heißt: mit Notwendigkeit handeln, wertvoll handeln«. Die Bedeutung dieses Tätigseins verdeutlicht *Aristoteles* am Beispiel der Olympischen Spiele: »Wie bei den Festspielen von Olympia nicht die den Siegeskranz erringen, die am schönsten und stärksten aussehen, sondern die Kämpfer – denn aus ihren Reihen treten die Sieger –, so gelangen auch zu den Siegespreisen des Lebens nur die Menschen, die richtig handeln.«[305]

Ähnlich sieht das auch *Spinoza*, für den Tugend letztendlich bedeutet, dass der Mensch tätig ist und seine Kräfte und Fähigkeiten gebraucht: »Unter Tugend und Kraft« – das lateinische *virtus & potentia* könnte man statt mit Kraft auch mit Vermögen oder Fähigkeit übersetzen – »verstehe ich ein und dasselbe.«[306]

Als leuchtendes Vorbild und Beispiel für einen Menschen, welcher die Tätigkeit zu seinem Lebensinhalt gemacht hat, dient uns zweifelsohne *Goethe*. Für ihn ist Tätigkeit der Lebensinhalt schlechthin. Sein Konzept des menschlichen Daseins ist das Ringen um das Nutzen jeden Augenblicks: »Die Zeit ist unendlich lang und jeder Tag ein Gefäß, in das sich sehr viel eingießen lässt, wenn man es wirklich ausfüllen will.« *Goethes* Leben bestand aus Mühe und Arbeit; ihm selbst erschien es als »das ewige Wälzen eines Steines, der immer von neuem gehoben sein wollte«.[307] Die grundlegende Lebensphilosophie eines tätigen Lebens kommt sehr schön in einem von *Goethes* Gedichten zum Ausdruck:[308]

»Und wer nicht richtet, sondern fleißig ist,
Wie ich bin und wie du bist,
den belohnt auch die Arbeit mit Genuss;
Nichts wird auf der Welt ihm Überdruss.«

Tätigkeit als Lebensinhalt ist auch die zentrale Überlegung von *Fromms* humanistischer Ethik, bei der die »produktive Charakterorientierung« im Vordergrund steht. Der reife und produktive Mensch leitet dabei das Gefühl seiner Identität davon ab, dass er »sich als Handelnder erlebt, der im Tun mit seinen Kräften eins« ist. »Ich bin, was ich tue!«, ist kurz gesagt sein Selbstgefühl. Produktivität ist dabei die »Fähigkeit des Menschen, seine Kräfte zu gebrauchen und die in ihm liegenden Möglichkeiten zu verwirklichen«. Gebrauch »seiner« Fähigkeiten bedeutet dabei, dass der Mensch »frei sein muss und von niemandem abhängen darf, der ihn und seine Kräfte beherrscht«. Es bedeutet weiters, dass der Mensch von Vernunft geleitet sein muss, weil er »seine« Kräfte nur dann gebrauchen kann, wenn er weiß, worin sie bestehen, wie sie gebraucht werden müssen und wofür sie dienen sollen. »Produktivität bedeutet, dass der Mensch sich selbst als Verkörperung seiner Kräfte und als Handelnder erlebt; dass er sich mit seinen Kräften eins fühlt und dass sie nicht vor ihm verborgen und ihm entfremdet sind.«[309]

»Alle Großen waren große Arbeiter«, hat *Nietzsche* einmal gemeint.[310] Und er hat recht: Ob wir nun Schriftsteller wie *Goethe* und *Hesse* betrachten oder Musiker wie *Haydn*, sie allen waren bis ins hohe Alter fleißige und pflichtgetreue Arbeiter. Sie alle beweisen, dass Aktivität, Tätigkeit und Arbeit und die Entfaltung der konkreten Kräfte wesentliche Faktoren für ein glückliches und langes Leben sind. Je mehr Vollkommenheit ein Ding hat, desto mehr ist es nach *Spinoza* tätig, und umgekehrt, »je mehr ein Ding tätig ist, desto vollkommener ist es«.[311] Ein tätiges Leben und Freude bei der Arbeit liefern einen wesentlichen Beitrag dazu, dass wir in unserem Leben Vollkommenheit erlangen und glücklich werden können.

Dabei spielt natürlich wiederum unsere Einstellung eine ganz wesentliche Rolle. Wir dürfen uns auch bei der Arbeit nicht unerfüllbare oder unerreichbare Ziele setzen. Denn Glück besteht nicht darin, dass wir tun können, was wir wollen, sondern darin, dass wir wollen, was wir können: »Da du nicht kannst, was du willst, so wolle, was du kannst!«, meint *Augustinus*.[312] Wir müssen unsere eigenen Kräfte gebrauchen und die in uns liegenden Möglichkeiten verwirklichen. Dazu müssen wir aber zunächst wissen, worin sie bestehen, wie sie gebraucht werden müssen und wofür sie dienen sollen. Das sagt uns wiederum die Vernunft. Es geht darum, dass wir in unserem Leben unsere konkreten Stärken, Fähigkeiten und Talente herausfinden und kennen lernen. Und genau diese Stärken müssen wir dann nutzen und fördern. Erfolg und Zufriedenheit entstehen immer nur durch das Nutzen und Entfalten von Stärken und nie durch das Beseitigen von Schwächen. Auch wenn wir noch so hart am Beseitigen unserer Schwächen arbeiten, werden wir dabei doch niemals an jene Menschen heranreichen, die darin ihre Stärken haben. Wir sollten unsere Kräfte entfalten, und zwar genau dort, wo wir sie haben.

Tätigkeit als Lebensinhalt bedeutet daher, dass wir in unserem Leben unsere ureigenen Fähigkeiten gebrauchen und unsere konkreten Kräfte und Stärken entfalten. Welche konkrete Tätigkeit der Mensch im Rahmen seines Lebens ausübt, ist dabei sekundär. Insbesondere ist es nicht wichtig, ob die Tätigkeit von höherem oder geringerem Wert ist. Ganz abgesehen davon, dass es fraglich ist, ob man eine derartige Differenzierung überhaupt vornehmen kann, ist es letztendlich völlig gleichgültig, wo wir im Berufsleben oder in unserem Tätigkeitsbereich stehen und was wir konkret tun und arbeiten. Wie *Frankl* bemerkt, kommt es vielmehr darauf an, wie der Mensch arbeitet, ob er also den »Platz, auf den er nun einmal gestellt ist, auch tatsächlich ausfüllt«. Es geht um die Haltung, in der er arbeitet, nicht um den Inhalt seiner Tätigkeit. Wichtig ist nicht, wie groß der Aktionsradius eines Menschen ist, sondern ob er seinen Aufgabenkreis erfüllt; allein darauf kommt es an. Es liegt nicht an unserem konkreten Beruf oder Tätigkeitsbereich als solchem, sondern jeweils an uns selbst, ob jenes »Persönliche und Spezifische, das die Einzigartigkeit unserer Existenz ausmacht, in der Arbeit zur Geltung kommt und so das Leben sinnvoll macht oder nicht«.[313]

In diesem Zusammenhang ist es wichtig, Tätigkeit nicht ausschließlich mit Beruf oder beruflicher Tätigkeit gleichzusetzen. Im Leben tätig zu sein, ist im weiteren Sinn zu verstehen. Gemeint ist damit jede schöpferische und schaffende Tätigkeit. Natürlich wird das für viele von uns in erster Linie die berufliche Tätigkeit sein, aber eben nicht nur diese. Wir sollten uns bewusst machen, dass die Fülle beruflicher Arbeit nicht mit der »Sinnfülle schöpferischen Lebens« identisch ist. Denn wie gefährlich eine ausschließliche Orientierung des Menschen am Berufsleben sein kann, hat *Frankl* durch seine Analyse der »Sonntagsneurose« gezeigt:[314]

Der neurotische Mensch versucht mitunter, wie *Frankl* meint, »vor dem Leben schlechthin, vor dem großen ganzen Leben ins Berufsleben zu flüchten. Die eigentliche Inhaltsleere und letztendliche Sinnarmut seines Daseins tritt dann zutage, sobald seine berufliche Betriebsamkeit für eine gewisse Zeitspanne zum Stehen gebracht wird: am Sonntag!« Wenn das Arbeitstempo der Arbeitswoche fortfällt, wird die »Sinnarmut großstädtischen Alltags bloßgelegt«. Am Sonntag steht die ganze »Ziellosigkeit, Inhaltslosigkeit und Sinnlosigkeit seiner Existenz« vor ihm und was unternimmt er nicht alles, um diesem Erlebnis zu entgehen. Bei all dem Tempo hat man, wie *Frankl* zum Ausdruck bringt, den »Eindruck als ob der Mensch, der um kein Ziel im Leben weiß, den Weg des Lebens deshalb mit höchstmöglicher Geschwindigkeit liefe, damit er die Ziellosigkeit nicht merke«.

Auch *Saint-Exupéry* berührt in bemerkenswerter Weise diesen wunden Punkt unserer heutigen Gesellschaft:[315]

> »Und du zerlegst das Leben in zwei unannehmbare
> Teile: eine Arbeit, die dir eine Last bedeutet, weil du
> ihr das Geschenk deiner Hingabe verweigerst, und
> eine Muße, die lediglich einen Mangel darstellt.«

Die berufliche Tätigkeit allein ist nicht alles entscheidend. Es geht vielmehr darum, im Leben im weiteren Sinn tätig zu sein und dabei die Kräfte und Fähigkeiten in jenen Bereichen zu entfalten, in die uns das Leben gestellt hat. Dazu zählt jede schöpferische und schaffende Tätigkeit, die im Nutzen der anderen steht. Leben bedeutet damit keinesfalls Nichtstun, Trägheit, Langeweile und Lethargie. Derartige Zustände sind nicht akzeptabel und stellen eine schwere Verletzung unserer Lebenspflichten dar. Der Mensch ist das, was er vollbringt, es gibt Wirklichkeit nur in der Tat. Eine Entschuldigung für Menschen, die im Nichts herumträumen, gibt es nicht. Denn sie fliehen nur vor sich selbst und vor ihrer Verantwortung. *Nietzsche* hat das in einer wunderbaren Spruchweisheit zum Ausdruck gebracht:[316]

>»Wer nichts zu tun hat,
>dem macht ein Nichts zu schaffen.«

Auch *Schopenhauer* hat bekanntlich nichts mehr als die Langeweile verurteilt. Schmerz und Langeweile waren für ihn die Feinde menschlichen Glücks: »Äußerlich nämlich gebiert die Not und Entbehrung den Schmerz; hingegen Sicherheit und Überfluss die Langeweile. Demgemäß sehen wir die niedere Volksklasse in einem beständigen Kampf gegen die Not, also den Schmerz; die reiche und vornehme Welt hingegen in einem anhaltenden, oft wirklich verzweifelten Kampf gegen die Langeweile.«[317]

Offensichtlich darf man allerdings die Langeweile nicht generell verteufeln. Denn wie *Frankl* zum Ausdruck bringt, hat Langeweile durchaus auch einen tieferen Sinn: »Die Langeweile ist ein ständiges Memento. Was führt zu Langeweile? Untätigkeit. Aber das Tun ist nicht etwa dazu da, dass wir der Langeweile entgehen; sondern die Langeweile ist dazu da, dass wir dem Nichtstun entgehen und dem Sinn unseres Lebens gerecht werden.« Der Lebenskampf hält uns also in »Spannung«, weil der Lebenssinn mit der Erfüllungsforderung von Aufgaben steht und fällt.[318]

Den Grundsatz des Tätigseins im Leben dürfen wir offenbar nicht übertreiben. Denn wir brauchen auch Zeit für Muße und zum Ausruhen, zum Ausspannen und Nachdenken. Aktivität und Arbeit müssen sich mit Ruhephasen abwechseln, damit wir unserem Körper und unserem Geist die notwendigen Erholungsphasen zur Regeneration gönnen. Es gehörte zur Lebensauffassung der Stoiker, bis zum Ende des Lebens tätig zu sein. Sie waren es, die keinem Alter Müßiggang zugestanden haben. Und doch hat *Seneca*, einer der bekanntesten Vertreter der Stoiker, die Ansicht vertreten, dass man sich trotz aller Pflicht zur Tätigkeit im Leben auch Zeit für Muße und Ruhe, also für die denkende Betrachtung (*contemplatio*), nehmen muss. Denn »auch eine denkende Betrachtung ist nicht ohne Tätigkeit möglich«.[319]

Seneca hat die Überlegung, wonach man sich Phasen der Erholung gönnen muss, entscheidend geprägt: »Man muss dem Geist Entspannung zugestehen. Mit frischer Kraft und Elan wird er sich erheben nach der Erholung. Wie man fruchtbare Felder nicht ausbeuten darf – rasch nämlich wird sie ununterbrochene Fruchtbarkeit erschöpfen –, ebenso wird dauernde Mühsal den Schwung des Geistes brechen. Ein wenig entlastet und entspannt wird der Geist seine Kraft erneuern.«[320] Und auch *Schopenhauer* meint, dass man den guten Gedanken Muße und zwischendurch ihren freien Lauf lassen solle, dann würden sie auch kommen: »Eben deshalb soll man auch nicht in jedem unbeschäftigten Augenblick sogleich nach einem Buche greifen, sondern lasse es doch einmal stille werden im Kopf: dann kann sich leicht etwas Gutes darin erheben.«[321]

Wir müssen unserem Geist Erholungsphasen und Muße gönnen, die ihm zur »Nahrung und Kräftigung« dienen, wie *Seneca* weiter bemerkt. Und mehr noch: »Manchmal soll man es auch fast bis zu einem Rausch kommen lassen, aber nicht so, dass er uns ertränke, sondern nur eintauche. Aber wie bei der Freiheit so ist beim Wein das rechte Maß gesund.«[322]

Das Wesentliche kurz: Tätigkeit ist Lebensinhalt, das ist eine der wichtigsten Erkenntnisse für einen positiven Lebensweg. Es gibt nichts Schlimmeres für einen Menschen, als untätig zu sein und sein Leben einfach so zwischen Vergnügen, Langeweile und Lethargie dahinplätschern zu lassen. »*Carpe diem!*«, nutze den Tag und jeden Augenblick davon. Im Leben tätig zu sein, seine Kräfte zu entfalten und den Augenblick zu nutzen, sind wesentliche Faktoren für ein glückliches und zufriedenes Leben. Tätigkeit steht auch im Vordergrund von *Fromms* »produktiver Charakterorientierung«: Produktivität ist dabei die Fähigkeit, unsere Kräfte zu gebrauchen und die in uns liegenden Möglichkeiten zu verwirklichen. Dazu müssen wir allerdings zunächst wissen, worin diese Kräfte bestehen, wie sie gebraucht werden müssen und wofür sie dienen sollen. Wir müssen in unserem Leben unsere konkreten Stärken, Fähigkeiten und Talente entdecken und genau diese Stärken dann nutzen und fördern. Denn Erfolg und Zufriedenheit entstehen immer nur durch das Nutzen und Entfalten von Stärken und nie durch das Arbeiten am Beseitigen von Schwächen. Auf die Art unserer Tätigkeit im Leben kommt es dabei nicht an. Entscheidend ist, wie wir arbeiten, ob wir also den Platz, auf den wir nun einmal gestellt sind, auch tatsächlich ausfüllen. Wie die »Sonntagsneurose« zeigt, ist Tätigkeit nicht ausschließlich mit Beruf oder beruflicher Tätigkeit gleichzusetzen. Im Leben tätig zu sein, ist im weiteren Sinn zu verstehen. Jede schöpferische und schaffende Tätigkeit im Dienst des Nächsten zählt dazu. Allerdings dürfen wir das Tätigsein im Leben wiederum nicht übertreiben. Wir brauchen zweifelsohne auch Zeit zum Ausruhen, Ausspannen und Nachdenken. Aktivität und Arbeit müssen sich mit Ruhephasen abwechseln, damit wir unserem Körper und unserem Geist die notwendigen Erholungsphasen zur Regeneration ermöglichen.

4.2 Zielgerichtetes Handeln und Streben – Beständigkeit und Veränderung

Um erfolgreich und zufrieden zu sein, müssen wir eine gewisse Beständigkeit in unser Leben bringen. Unser Handeln und Streben sollte zielgerichtet sein. Zu dieser Erkenntnis sind wir bereits im Zusammenhang mit der Sinnfindung im Leben gekommen. Denn die Ausrichtung unseres Lebens auf ein bestimmtes Ziel in der Zukunft ist wichtig. Aber inwieweit soll diese grundsätzliche Beständigkeit im Leben auch Veränderung zulassen? Sollten wir uns durch allzu große Angst vor Veränderung, die dem Menschen offenbar als zentrales Wesensmerkmal innewohnt, lähmen lassen? Das sind Themen, mit denen wir uns im Folgenden etwas näher beschäftigen wollen.

Gegen ein unbeständiges und flatterhaftes Wesen haben schon die Stoiker gewettert. *Seneca* bemerkt, dass es einen kranken Menschen verrät, »keinen Zustand lange ertragen zu können, sondern

Änderungen wie Heilmittel anzuwenden«. Wie er meint, unternehmen solche Menschen infolgedessen Reisen ohne Ziel: »Ziellos schweifen sie umher auf der Suche nach einem Betätigungsfeld: nicht, was sie sich zum Ziel gesetzt haben, tun sie, sondern, worauf sie gerade gestoßen sind. Unbedacht und ziellos ist ihr Kommen und Gehen, wie das bei Ameisen der Fall ist, wenn sie auf Ulmen klettern: geschäftig eilen sie ganz auf den Wipfel und von da zur Wurzel herab – ohne etwas auszurichten. Die meisten verbringen wie sie ein geschäftiges Leben. Nicht zu Unrecht hält ihnen gar mancher ihre unnütze Unruhe vor.«[323]

Wir sollten nicht Reisen ohne Ziel unternehmen und unbedacht und ziellos umherschweifen, wie Ameisen, ohne etwas auszurichten oder zu erreichen. Wesentlich ist vielmehr, dass wir unser Leben auf ein bestimmtes Ziel in der Zukunft ausrichten und dass unser Handeln und Streben im Leben zielgerichtet und beständig ist. Nur durch Beständigkeit, also wenn wir dran bleiben, können wir unsere Ziele erreichen und, wie wir zuvor festgestellt haben, die in uns liegenden Fähigkeiten und Kräfte in unserem Leben entfalten.

Beständigkeit erfordert von uns Kraft und Anstrengung. Mit Leichtigkeit und Bequemlichkeit können wir die Ziele, die wir uns vornehmen, sicherlich nicht erreichen. Und wir müssen auch bereit sein, genau diese Anstrengung auf uns zu nehmen. *Spinoza* hat das am Ende seiner Ethik in unvergleichlicher Art und Weise zusammengefasst:[324]

> »Wenn nun auch der von mir aufgezeigte Weg, der dahin führt, sehr schwierig erscheint, so kann er doch gefunden werden. Etwas, das so selten angetroffen wird, muss allerdings schwierig sein. Denn wenn das Heil so bequem wäre und ohne große Mühe gefunden werden könnte, wie wäre es dann möglich, dass es fast von jedermann vernachlässigt wird? Aber alle Herrlichkeit ist ebenso schwierig wie selten.«

Mit Schwierigkeiten auf unserem Weg müssen wir rechnen. Schwierigkeiten müssen wir überwinden. Denn der rechte Weg muss schwierig sein, sonst wäre es in der Tat für jeden nur allzu leicht, ihn zu finden und zu gehen. Auch *Schopenhauer* bemerkt mit einigem Humor: »So ist denn fast alles in der Welt hohle Nüsse zu nennen: der Kern ist an sich selten, und noch seltener steckt er in der Schale. Er ist ganz woanders zu suchen und wird meistens nur zufällig gefunden.«[325] Zum seltenen Kern sollten wir vordringen und der steckt eben nicht in der Schale. Und um letztendlich ins Innere vordringen zu können, müssen wir zielgerichtet und beständig Kraft und Anstrengung aufwenden.

Zielgerichtetes Streben und Beständigkeit helfen uns auf unserem Weg. Sie helfen uns, unsere Aufgaben zu erfüllen und unsere Ziele zu erreichen. Auch das hat *Goethe*, der uns nicht nur bei der Tätigkeit, sondern auch bei der Beständigkeit als Vorbild dient, sehr schön gesagt:[326]

> »Des Menschen größtes Verdienst bleibt wohl, wenn er die Umstände soviel als möglich bestimmt und sich so wenig als möglich von ihnen bestimmen lässt. Das ganze Weltwesen liegt vor uns, wie ein großer Steinbruch vor dem Baumeister, der nur dann den Namen verdient, wenn er aus diesen zufälligen Naturmassen ein in seinem Geiste entsprungenes Urbild mit der größten Ökonomie, Zweckmäßigkeit und Festigkeit zusammenstellt. Tief in uns liegt diese schöpferische Kraft, die das zu erschaffen vermag, was sein soll, und uns nicht ruhen und rasten lässt, bis wir es außer uns oder an uns, auf eine oder die andere Weise, dargestellt haben. Ich verehre den Menschen, der deutlich weiß, was er will, unablässig vorschreitet, die Mittel zu seinem Zwecke kennt und sie zu ergreifen und zu brauchen weiß. Der größte Teil des Unheils und dessen, was man bös in der Welt nennt, entsteht bloß,

weil die Menschen zu nachlässig sind, ihre Zwecke nicht kennenzulernen und, wenn sie solche kennen, ernsthaft darauf los zu arbeiten.«

Wir müssen unsere Vernunft einsetzen und unter Einsatz der Vernunft unsere Tätigkeiten und Aufgaben sehr genau planen und überlegen. Denn auch unsere Kräfte müssen im Leben gut eingeteilt sein, ansonsten bleiben wir auf halbem Weg oder bei den falschen Aufgaben liegen. Wir müssen unsere Kräfte zur Erreichung unserer Ziele bündeln, sie müssen zielgerichtet sein.

In seiner Abhandlung *Über die Ausgeglichenheit der Seele – De Tranquilitate animi* argumentiert *Seneca* in diesem Zusammenhang, dass es besonders wichtig ist, »die Aufgaben abzuschätzen, die wir in Angriff nehmen, und unsere Kräfte mit den Vorhaben, an die wir uns heranwagen wollen, in Vergleich zu setzen. Denn immer muss der Handelnde über mehr Kraft verfügen, als die Aufgabe abverlangt: Belastungen, die die Kraft des Ertragenden übersteigen, müssen ihn zerbrechen. Ferner sind einige Unternehmungen nicht so sehr groß als vielmehr folgenreich, dh sie ziehen viele Geschäfte als Folge nach sich. Es gilt, solche Aufgaben zu meiden, aus denen neuartige und vielfältige Inanspruchnahme erwächst. Zudem soll man nicht an Aufgaben herantreten, von denen sich zurückzuziehen nicht freisteht: An solche Aufgaben musst du Hand anlegen, deren Vollendung du entweder fertigbringen oder wenigstens erhoffen kannst. Besonders gilt es unter den Menschen auszuwählen danach, ob sie es verdienen, dass wir für sie einen Teil unseres Lebens aufwenden, ob sie die Aufopferung unserer Lebenszeit bemerken.«

Mit Vernunft müssen wir auch bei der Wahl unserer Ziele und Aufgaben vorgehen. Wie *Seneca* meint, sollten wir darauf bedacht sein, unsere »Mühe nicht für unnütze Ziele in unnützer Weise zu vergeuden, dh nicht auf Unerreichbares unser Streben zu richten oder erst im Erfolg die Bedeutungslosigkeit der erstrebten Gegenstände zu spät nach vielem Schweiß einsehen«. Unser Mühen soll weder in Erfolglosigkeit scheitern noch soll der Erfolg dem Aufwand unangemessen sein. Denn die Folge davon ist meist Enttäuschung, wenn Erfolg ganz ausbleibt oder hinter den Erwartungen zurückbleibt.[327]

Was uns die Beständigkeit im Leben noch lehrt, ist die Einsicht, dass jede noch so interessante und abwechslungsreiche Tätigkeit in unserem Leben auch ein gewisses Maß an Routine, Gleichmaß und Eintönigkeit mit sich bringt. Und genau um dieses manchmal vielleicht eintönige Gleichmaß zu überwinden, ist Beständigkeit so wichtig. Denn auch, wenn es einmal nicht so interessant und aufregend ist, müssen wir dabeibleiben und durchtauchen. Wie *Goethe* in *Wilhelm Meisters Lehrjahre* gesagt hat: »Seine große Übung half ihm durch; denn Übung und Gewohnheit müssen in jeder Kunst die Lücken ausfüllen, welche Genie und Laune so oft lassen würden.«[328]

Wenn zielgerichtetes Handeln und Streben im Leben so wichtig sind, stellt sich in einem weiteren Schritt die Frage, ob auch Glück erarbeitet werden kann und Ausdruck von beständiger Tätigkeit ist. Inwieweit sind wir im Leben bei der Erreichung unserer Ziele und bei der Erfüllung unserer Aufgaben vom Zufall abhängig?

Wir glauben nur allzu oft, dass wir hilflos dem Schicksal oder dem Zufall ausgeliefert sind und deshalb können wir dann leider dies oder jenes nicht verwirklichen. In Wahrheit sind das meistens Ausreden, denn das Feld des Zufalls ist eigentlich sehr klein. Für die Zielerreichung und damit für das Glück sind Beständigkeit und beständige Tätigkeit weitaus wichtiger als wir glauben. *Hesse* meint etwa, dass es Zufälle gar nicht gibt: »Wenn der, der etwas notwendig braucht, dies ihm Notwendige findet, so ist es nicht Zufall, der es ihm gibt, sondern er selbst, sein eigenes Verlangen und Müssen führt ihn hin.«[329]

Glück hat damit also durchaus Leistungscharakter. Wie *Fromm* meint, sind Glück, Erfolg und Freude eine »aus der inneren Produktivität des Menschen entstehende Leistung, kein Geschenk der Götter«. Schon *Epikur* hat diesen Aspekt betont und bemerkt, dass es sinnlos ist, »von den Göttern zu erbitten, was einer sich selbst zu verschaffen imstande ist«.[330] Glück und Freude sind die »Begleiterscheinung allen produktiven Tätigseins im Denken, Fühlen und Handeln«. Glück und Erfolg deuten darauf hin, dass der Mensch die »Lösung des Problems der menschlichen Existenz« gefunden hat, nämlich die »produktive Verwirklichung seiner Möglichkeiten und somit zugleich das Einssein mit der Welt und das Bewahren der Integrität seines Selbst.« Indem er seine Energie »produktiv« gebraucht, steigert er seine Kräfte: Er »brennt, ohne verzehrt zu werden«, wie *Fromm* in Anlehnung an eine Bibelstelle sagt. Glück ist damit »das Kriterium der Tüchtigkeit in der Kunst des Lebens«, also der wesentlichen Tugend im Sinn der humanistischen Ethik. Die humanistische Ethik nimmt Glück und Freude durchaus als wichtige Tugenden an. Aber, wie *Fromm* weiter richtig festhält, stellt sie damit »dem Menschen nicht die leichteste, sondern die schwerste Aufgabe: Sie fordert die volle Entfaltung seiner Produktivität«.[331]

In der Tat entstehen in unserem Leben Glück, Erfolg und Freude nicht durch bloßen Zufall, sondern in erster Linie durch Beständigkeit und zielgerichtetes Handeln und Streben, durch die beständige Verwirklichung der Möglichkeiten in unserem Leben. Beständigkeit und zielgerichtetes Handeln und Streben sollten damit auf unserem weiteren Weg zu einem wesentlichen Lebensprinzip werden.

Und die Veränderung? Hat sie überhaupt keine Bedeutung im Leben? Wir würden wohl die grundlegende Polarität des Lebens verneinen, wenn es keine Veränderung gäbe und wenn es nicht notwendig wäre, bei aller gebotenen grundsätzlichen Beständigkeit im Leben Veränderungen zuzulassen und den Mut zur Veränderung aufzubringen.

Das ist die wesentliche Erkenntnis der Lehre vom Fluss aller Dinge (griechisch: *panta rhei*), die auf den griechischen Philosophen *Heraklit* zurückgeht: »Alles fließt und nichts bleibt; es gibt nur ein ewiges Werden und Wandeln.« Der Fluss wird zum Symbol der grundsätzlichen Gegensätzlichkeit im Leben: »Denen, die in dieselben Flüsse hineinsteigen, strömen immer neue Gewässer zu. In dieselben Flüsse steigen wir und steigen wir nicht, wir sind und wir sind nicht.«[332] Nach der Flusslehre liegt die primäre Erfahrung der Welt und des Lebens in dem fortwährenden Stoff-

und Formwechsel. Das Sein ist das Werden des Ganzen. Das Sein ist nicht statisch, sondern als ewiger Wandel dynamisch zu erfassen. Doch hinter und zugleich in dem unaufhörlichen Fluss steht die Einheit: Einheit in der Vielheit und Vielheit in der Einheit. Dementsprechend spricht *Fromm* davon, dass die Philosophie des *Heraklit* ebenso wie das chinesische und indische Denken von der paradoxen Logik dominiert ist: Die Harmonie und Einheit besteht in der Einheit der in ihr enthaltenen Gegensätze.[333]

Goethe hat das Flussprinzip mit seinen Gegensätzen und der darin enthaltenen Einheit in seinem Gedicht *Eins und Alles* wunderbar beschrieben:[334]

> »Es soll sich regen, schaffend handeln,
> Erst sich gestalten, dann verwandeln;
> Nur scheinbar stehts Momente still.
> Das Ewige regt sich fort in allen:
> Denn alles muss in Nichts zerfallen,
> Wenn es im Sein beharren will.«

Der unaufhörliche Fluss, die Veränderung, bildet gleichzeitig auch die Einheit: ohne Veränderung keine Beständigkeit und ohne Beständigkeit auch keine Veränderung. Dauern oder sich wiederholen kann etwas nur, indem es sich verändert, und nichts beginnt, was nicht auch enden müsste. Die Veränderung wird damit zur Regel. Das Wirkliche ist von Augenblick zu Augenblick jedes Mal neu. Und dieses Neusein von allem für alles, das ist das Leben. *Hesse* hat diese Weisheit wunderbar in seinem Liebesmärchen *Piktors Verwandlungen* beschrieben, auf das wir bereits beim Polaritätsprinzip gestoßen sind und das wir nicht oft genug lesen können.[335]

Trotz aller Pflicht zur Beständigkeit wird damit die Veränderung wichtig und kann sogar zur Pflicht werden. Das trifft vor allem dann zu, wenn es darum geht, aus Fehlern der Vergangenheit zu lernen und sie in Zukunft zu vermeiden. Uns steht es frei, ob wir unserer Vergangenheit und den begangenen Fehlern resignierend begegnen oder aber dazulernen. Nach *Frankl* ist es zum Dazulernen nie zu spät, aber auch nie zu früh, also immer »höchste Zeit«. Denn wenngleich das Vergangene aufgrund seiner Unabänderlichkeit in gewissem Sinn zum Schicksalhaften gehört, also sich der Willensfreiheit des Menschen entzieht und nicht mehr in seiner Macht steht, ist der Mensch doch »auch noch gegenüber dem Vergangenen und insofern Schicksalhaften frei«. Zwar macht die »Vergangenheit die Gegenwart verständlich«, aber wir sind nicht berechtigt, auch die »Zukunft ausschließlich von ihr bestimmen zu lassen«.[336]

In unserem Leben haben wir ohne Zweifel die Möglichkeit zur Veränderung. Wir können die Zukunft verändern und gestalten und uns in dieser Hinsicht von der Vergangenheit, die unabänderlich sein mag, lösen. Wie wir bereits festgehalten haben, müssen wir keinen Fehler der Vergangenheit auch in der Zukunft wieder begehen, sondern wir haben es in der Hand, diesen Fehler zu vermeiden. Wir können uns durchaus aus eigener Kraft von anerzogenen Handlungsmustern lösen. Wir haben die Möglichkeit zur Veränderung, ja ich würde sogar sagen, wir haben in diesem Fall die Pflicht zur Veränderung. *Hesse* hat diese Pflicht zum Neubeginn in seinem *Siddhartha* beschrieben:[337]

> »Wie ist dies wunderlich! Jetzt, wo ich nicht mehr jung bin, wo meine Haare schon halb grau sind, wo die Kräfte nachlassen, jetzt fange ich wieder von vorn und beim Kinde an! Viele Jahre musste ich damit hinbringen, den Geist zu verlieren, das Denken wieder zu verlernen, die Einheit zu vergessen. Aber welch ein Weg war das! Ich habe durch so viel Dummheit, durch so viele Laster, durch so viel Irrtum, durch so viel Ekel und Enttäuschung und Jammer hindurchgehen müssen, bloß um wieder ein Kind zu werden und neu anfangen zu können.«

Es ist offenbar ein Wesensmerkmal des Menschen, dass er vor der Veränderung Angst hat. Wie *Fromm* meint, haben wir »Angst vor dem Schritt ins Ungewisse, ins Unsichere«, und deshalb vermeiden wir ihn. Es scheint, dass für den Menschen nur das »Alte, Erprobte« sicher ist, hingegen jede Veränderung und jeder neue Schritt die »Gefahr des Scheiterns« in sich birgt, was wiederum angsterregend ist.[338] Und genau diese Angst vor der Veränderung lässt viele Menschen oftmals in einer Situation verharren, die sie eigentlich ganz leicht ändern könnten, doch fehlt ihnen der Mut zu dieser Veränderung. Wie viele Menschen sind mit ihren Arbeitsbedingungen unzufrieden, aber es fehlt ihnen der Mut entweder diese zu ändern oder sich selbst zu verändern. Wie oft stecken Menschen in einer unglücklichen oder gar gewalterfüllten Beziehung, und doch wagen sie nicht die Veränderung, bringen nicht den Mut auf, sich von diesem Unglück zu lösen. Wir dürfen in unserem Leben keine Angst vor der Veränderung haben, wir müssen versuchen, diese Angst zu überwinden, nicht leichtfertig, aber doch beständig.

Das Wesentliche kurz: Um erfolgreich und zufrieden zu sein, müssen wir Beständigkeit in unser Leben bringen. Unser Handeln und Streben sollte zielgerichtet sein, denn die Ausrichtung unseres Lebens auf ein bestimmtes Ziel in der Zukunft ist wichtig. Beständigkeit erfordert von uns Kraft und Anstrengung. Mit Schwierigkeiten müssen wir rechnen, wir müssen sie überwinden, denn der rechte Weg muss schwierig sein, sonst wäre es für jeden nur allzu leicht ihn zu finden und zu gehen. Dabei müssen wir unsere Kräfte gut einteilen und zielgerichtet bündeln, ansonsten bleiben wir auf halbem Weg oder bei den falschen Aufgaben liegen. Was uns die Beständigkeit im Leben weiter lehrt, ist die Einsicht, dass jede noch so interessante Tätigkeit in unserem Leben auch ein gewisses eintöniges Gleichmaß bringt, das wir durch Beständigkeit überwinden müssen. Auch Glück ist im Leben durchaus Ausdruck von beständiger Tätigkeit und gewinnt damit Leistungscharakter. Denn das Feld des Zufalls ist in Wahrheit sehr klein. Glück, Erfolg und Freude entstehen in erster Linie durch unser eigenes beständiges Tun, durch die beständige Verwirklichung der Möglichkeiten in unserem Leben. Aber wir würden wohl die grundlegende Polarität des Lebens verneinen, wenn es keine Veränderung gäbe und wenn es nicht auch notwendig wäre, bei aller gebotenen grundsätzlichen Beständigkeit im Leben Veränderung zuzulassen und den Mut zur Veränderung aufzubringen. Das lehrt uns das Flussprinzip. Veränderung ist vor allem dann wichtig, wenn es darum geht, aus den Fehlern der Vergangenheit zu lernen und sie in der Zukunft zu vermeiden.

4.3 Leben und Pflichterfüllung

Wenn wir uns mit der Pflichterfüllung im Leben beschäftigen, so stehen dabei aus meiner Sicht drei Aspekte im Mittelpunkt: Zunächst die Pflicht, seine Talente und Fähigkeiten zum eigenen Nutzen sowie zum Vorteil anderer zu nutzen und nicht brach liegen zu lassen. Weiter, und das ist fast noch wichtiger, die grundsätzliche Lebenseinstellung, dass unser Leben Pflichterfüllung bedeutet und wir auch dazu da sind, anderen gegenüber, für die wir verantwortlich sind, unsere Pflicht zu erfüllen. Schließlich meint Pflichterfüllung, dass wir beim täglichen Handeln unsere ethische Pflicht erfüllen und in jedem Augenblick menschlich und tugendhaft handeln.

Zunächst zur Pflicht, dass wir unsere Talente, Fähigkeiten und Anlagen im Leben nutzen und nicht brachliegen lassen: Diese Überlegung wurzelt durchaus in Eigennützigkeit. Denn es wäre gegen die Vernunft, seine Anlagen und Fähigkeiten nicht zu nutzen, um daraus im Leben etwas zu machen und um es damit im Leben zu etwas zu bringen. Damit wir im Leben erfolgreich sind, ist es wichtig, unsere Anlagen und Fähigkeiten, also unsere Stärken zu nutzen. Wie wir bereits festgehalten haben, entsteht Erfolg in erster Linie durch das Nutzen von Stärken und nicht durch die Beseitigung von Fehlern und Schwächen. Denn selbst wenn wir noch so viel Zeit und Kraft aufwenden, unsere Schwächen zu beseitigen, würden wir dabei doch weit hinter jenen zurück bleiben, die im selben Bereich ihre Stärken haben.

Neben dieser Eigennützigkeit beruht die Pflicht zur Nutzung unserer Fähigkeiten auch auf Verantwortung unseren Mitmenschen gegenüber. Nach *Kant* ist es die allgemeine Pflicht des Menschen, »ein der Welt nützliches Glied zu sein«.[339] Indem wir unsere Anlagen und Fähigkeiten nutzen und zur Entfaltung bringen, kommen sie auch anderen Menschen zugute. Und das ist einer der Wege zu einem glücklichen Leben.[340] *Goethe* hat das in ein paar Zeilen sehr schön zum Ausdruck gebracht:[341]

»Wohl unglückselig ist der Mann,
Der unterlässt das, was er kann,
Und unterfängt sich, was er nicht versteht;
Kein Wunder, dass er zu Grunde geht.«

In einem zweiten Schritt wollen wir uns der grundsätzlichen Lebenseinstellung widmen, dass unser Leben Pflichterfüllung bedeutet und wir in unserem Leben verpflichtet sind, unseren Mitmenschen gegenüber unsere Pflicht zu erfüllen.

Das Leben besteht aus Pflichterfüllung. Damit meine ich nicht, dass man sich hinter der Pflichterfüllung verstecken soll, wie dies etwa Mitläufer in totalitären Regimen machen. Unter der Pflichterfüllungstheorie verstehe ich vielmehr die grundsätzliche Einsicht, dass wir nicht nur zum Vergnügen auf der Welt sind und die täglichen Anforderungen unsers Lebens nicht immer ein Spaß sind. Viele Dinge müssen tagtäglich einfach getan und erledigt werden, ohne dass wir murren oder darüber lamentieren, ob wir das nun gerade gerne tun oder nicht. Sie müssen aus Pflichterfüllung unseren Mitmenschen gegenüber getan werden. Es hat keinen Sinn, jemandem zu erklären, er soll beim Reinigen der Toiletten vor Erfüllung und Freude vergehen. Es ist schlichtweg eine notwendige Arbeit, eine für die Allgemeinheit nützliche Sache, und sie muss getan werden, ohne Wenn und Aber. Und das gilt für viele Bereiche des Lebens, sowohl im beruflichen als auch im privaten Umfeld, mit denen wir tagtäglich konfrontiert sind.

Wenn wir die Pflicht gegenüber unseren Mitmenschen ernst nehmen und in pflichtgemäßer Tätigkeit leben, werden wir dadurch auch uns selbst kennen lernen und den Weg der Selbsterkenntnis mehr und mehr bis zur Selbstveredelung vervollkommnen. Denn wie *Saint-Exupéry* richtig betont, besteht das Glück des Menschen nicht in der Freiheit, sondern in der »Hingabe an eine Pflicht«.[342] Es geht letztendlich darum, dass wir Pflicht- und Verantwortungsgefühl entwickeln und in unserem Leben der Pflicht und Verantwortung unseren Mitmenschen gegenüber nachkommen.

Dabei ist es wichtig, zu bedenken, dass im Begriff des Pflicht- und Verantwortungsgefühls auch (und vor allem) das Wort »Gefühl« steckt. Die »Pflicht« im zuvor dargestellten Sinn ist ganz wesentlich mit dem »Gefühl« verbunden. Wir sollen nicht als gefühlslose und gefühlskalte Vernunftmenschen handeln, wie dies vielleicht auch am Beginn des Zeitalters der Aufklärung missverstanden wurde, sondern wir müssen zu einem gefühlsbetonten und gefühlsbezogenen Handeln aus Pflichterfüllung finden. Wie wir schon zuvor festgehalten haben, sind Denken, Handeln und Fühlen in uns untrennbar vereint und weder das Denken noch das Handeln ist ohne das Fühlen möglich. Wir können uns nicht oft genug *Saint-Exupérys* Weisheit in Erinnerung rufen, dass man nur mit dem Herzen gut sieht.

Es scheint, dass die Auseinandersetzung mit der Pflichterfüllung anderen Menschen gegenüber nur für den westlichen Kulturkreis typisch ist. Denn interessanterweise findet sich in fernöstlichen Kulturen durchwegs eine andere Vorstellung vom eigenen Interesse und von der Beziehung zwischen eigenen und fremden Interessen oder den Interessen der Allgemeinheit: Die Befriedigung des Einzelnen findet sich nur in der Zuwendung an die Gruppe. So entspricht es etwa dem buddhistischen Denken, dass der Einzelne seine persönliche Erfüllung in Pflichtergebenheit und einer so weitreichenden Entwicklung der Selbstdisziplin findet, dass der Konflikt seiner Wünsche mit dem Wohl des Größeren, für das er sich einsetzt, überwunden wird.[343]

Pflichterfüllung meint schließlich, und das ist wahrscheinlich der wichtigste Aspekt, dass wir beim täglichen Handeln unsere ethische Pflicht erfüllen und in jedem Augenblick unseres Daseins auch menschlich, tugendhaft und ethisch handeln. Denn die größte moralische Vollkommenheit des Menschen besteht darin, seine Pflicht zu tun und zwar aus Pflicht. Tugend ist nach *Kant* »die moralische Stärke des Wirkens eines Menschen in Befolgung seiner Pflicht«.[344] Wir sollen in jedem Augenblick unseres Lebens das Gute und Menschliche tun, wie wir das bereits als wesentlichen Grundsatz festgestellt haben. Denn solange der Mensch bei Bewusstsein ist, trägt er nach *Frankl* Verantwortung gegenüber Werten. Solange der Mensch bei Bewusstsein ist, hat er Verantwortlichkeit: »Mensch-Sein« heißt »Bewusst-Sein« und »Verantwortlich-Sein«, nämlich insbesondere Verantwortlichsein für die Verwirklichung von Werten.[345] Oder um wieder einmal *Goethes* Worte zu gebrauchen:[346]

> »Wie kann man sich selbst kennen lernen? Durch Betrachten niemals, wohl aber durch Handeln. Versuche deine Pflicht zu tun und du weißt gleich was an dir ist. Was aber ist deine Pflicht? Die Forderung des Tages.«

Wie wir bereits im Zusammenhang mit dem Sinn des Lebens festgehalten haben, ist für jeden Menschen das Bewusstsein von entscheidender Bedeutung, im Leben eine Aufgabe zu haben. »Wer ein ›Warum‹ zu leben hat, erträgt fast jedes ›Wie‹«, meint *Frankl* in Anlehnung an *Nietzsche*. Tatsächlich hat das Wissen um eine Lebensaufgabe einen wesentlichen Wert. Die Einsicht in diesen Aufgabencharakter des Lebens zeigt uns, dass das »Wie« des Lebens, also irgendwelche misslichen Begleitumstände, in dem Augenblick und in dem Maß in den Hintergrund tritt, wenn das »Warum«, also die in die Zukunft ausgerichtete Lebensaufgabe, in den Vordergrund rückt. Und je mehr ein Mensch diesen »Aufgabencharakter des Lebens« erfasst, umso sinnvoller wird ihm letztendlich sein eigenes Leben erscheinen.[347]

Ziel ist es, wie es *Goethe* formuliert hat, dass wir täglich mehr Leichtigkeit fühlen, das zu tun, was wir für richtig halten.[348]

Das Wesentliche kurz: Wenn wir uns mit unserem Leben und der Pflichterfüllung beschäftigen, denken wir zunächst an die Pflicht, unsere Talente, Fähigkeiten und Anlagen im Leben zu nutzen und nicht brachliegen zu lassen, und zwar nicht nur aus Eigennützigkeit, was nahe liegt, sondern auch aus Verantwortung unseren Mitmenschen gegenüber. Wie *Kant* meint, ist es allgemeine Pflicht des Menschen, »ein der Welt nützliches Glied zu sein«. Unser Leben besteht aus Pflichterfüllung und die täglichen Anforderungen unseres Lebens sind nicht immer ein Vergnügen. Viele Dinge müssen tagtäglich einfach getan und erledigt werden, ohne Murren oder Jammern. Es geht darum, Pflicht- und Verantwortungsgefühl unseren Mitmenschen gegenüber zu entwickeln und der Pflicht und Verantwortung unseren Mitmenschen gegenüber nachzukommen. Wobei hier durchaus die Betonung auf dem Wort »Gefühl« liegt, denn Denken, Handeln und Fühlen sind in uns vereint und ohne einander nicht denkbar. Pflichterfüllung meint schließlich, und das ist wahrscheinlich der wichtigste Aspekt, dass wir beim täglichen Handeln unsere ethische Pflicht erfüllen und in jedem Augenblick unseres Daseins menschlich, tugendhaft und ethisch handeln, also in unserem Leben Werte verwirklichen. Ziel ist dabei, wie es *Goethe* formuliert hat, täglich mehr Leichtigkeit zu fühlen, das zu tun, was wir für richtig halten.

4.4 Selbsterziehung und Selbstbeherrschung

In *Goethes Wilhelm Meisters Lehrjahre* schreibt Wilhelm seinem Freund Werner in einem Brief: »Dass ich Dir's mit einem Worte sage: mich selbst, ganz wie ich da bin, auszubilden, das war dunkel von Jugend auf mein Wunsch und meine Absicht.«[349] Er spricht damit jenes Ideal an, das sich durch *Goethes* ganzen Bildungsroman zieht: die Selbsterziehung, die selbstbestimmte Erziehung und Bildung der eigenen Person.

Die Tugenden und ein menschliches Leben sind uns nicht schon mit der Natur mitgegeben und angeboren. Tugendhaft und menschlich müssen wir erst im Lauf unseres Lebens werden. Wie *Kant* bemerkt, kommt es nicht darauf an, was die Natur aus dem Menschen, sondern was dieser letztendlich aus sich selbst macht.[350] Und schon vor ihm hat *Aristoteles* erkannt, dass Vorzüge des Charakters oder ethische Vorzüge nicht angeboren, sondern ein Ergebnis der Gewöhnung sind. Daher kommt auch ihr Name, nämlich vom griechischen *ethos*, das Gewöhnung und Gewohnheit bedeutet. Sittliche Vorzüge oder Tugenden entstehen »in uns weder mit Naturzwang noch gegen die Natur, sondern es ist unsere Natur, fähig zu sein sie aufzunehmen, und dem vollkommenen Zustand nähern wir uns dann durch Gewöhnung. Die sittlichen Werte gewinnen wir erst, indem wir uns tätig bemühen. Bei Kunst und Handwerk ist es genauso. Denn was man erst lernen muss, bevor man es ausführen kann, das lernt man, indem man es ausführt: Baumeister wird man, indem man baut. So werden wir auch gerecht, indem wir gerecht handeln, besonnen, indem wir besonnen, und tapfer, indem wir tapfer handeln.«[351] So wie jede andere Fertigkeit erwerben wir Tugenden nur durch Gewöhnung und Übung, also durch den Weg der Selbsterziehung.

»Was der Mensch im moralischen Sinn ist, oder werden soll, gut oder böse«, dazu muss er sich nach *Kant* »selbst machen, oder gemacht haben«.[352] Und genau daran arbeitet die Selbsterziehung. Dabei leitet uns auch hier das biblische Gleichnis vom guten Baum, der gute Früchte trägt, und vom schlechten Baum, der schlechte Früchte trägt. Welche Früchte wir tragen, gute oder böse, entscheiden wir durch unsere Selbsterziehung. Natürlich gilt auch bei der Selbsterziehung, dass sie, wie das Wort »Selbst«-Erziehung schon sagt, eine Erziehung von uns selbst, also Arbeit an uns ist, nicht an den anderen. Auch die Selbsterziehung steht ganz im Sinn der ebenfalls bereits erwähnten Bibelstelle, die uns mahnt, nicht auf den Splitter im Auge des anderen zu achten, sondern den Balken in unserem eigenen Auge zu sehen.

»Wir müssen nichts sein, sondern alles werden wollen«,

formuliert *Goethe* seine zentrale Aufforderung zur Selbsterziehung.[353] Das humanistische »Werde, was du bist!« ist eine zentrale Aufforderung zur Selbsterziehung. Nach *Fromm* besteht die wichtigste Lebensaufgabe des Menschen darin, »sich selbst zur Geburt zu verhelfen und das zu werden, was er potentiell ist«, nämlich Mensch. Das funktioniert nur, wenn wir die Lösungen und Antworten unseres Lebens in uns selbst suchen und uns durch Selbsterziehung dorthin bringen. Denn »wenn der Mensch lebendig ist«, so *Fromm* weiter, dann »weiß er, was erlaubt ist«. Lebendig sein heißt, »produktiv« zu sein und die Kräfte nicht für einen transzendentalen Zweck, sondern für sich selbst einzusetzen, dem Dasein einen Sinn zu geben, also Mensch zu sein. »Solange jemand glaubt, sein Ideal und sein Daseinszweck liege außerhalb seiner selbst, sei es über den Wolken, in der Vergangenheit oder in der Zukunft, lebt er außerhalb seiner selbst und wird dort Erfüllung suchen, wo sie nie gefunden werden kann. Er wird überall Lösungen und Antworten suchen, nur nicht dort, wo sie gefunden werden können – in ihm selbst«.[354]

Das hat auch *Schopenhauer* erkannt, der in seinen *Aphorismen zur Lebensweisheit* gleich am Beginn eine wunderschöne Spruchweisheit von *Chamfort* zitiert:[355]

> »Das Glück ist keine leichte Sache:
> es ist sehr schwer, es in uns,
> und unmöglich, es anderswo zu finden.«

Die Lösungen und Antworten unseres Lebens können wir nur in uns selbst suchen und finden. Das ist zweifelsohne nicht leicht, aber die Selbsterziehung hilft uns, dorthin zu kommen und das Glück in uns zu finden. In der Einleitung zu seinem *Demian* drückt *Hesse* das durch ein paar Worte aus: »Einen Wissenden darf ich mich nicht nennen. Ich war ein Suchender und bin es noch, aber ich suche nicht mehr auf den Sternen und in den Büchern, ich beginne die Lehren zu hören, die mein Blut in mir rauscht.«[356]

Im Leben sind wir nur allzu oft geneigt, unsere Willensfreiheit hinter unserer angeblichen Willensschwäche zu verstecken.

Da erfinden wir Hunderte Ausreden, warum wir aufgrund der Erziehung und aufgrund des Milieus, in dem wir aufgewachsen sind, leider so sind, wie wir sind, und warum wir eben nicht anders können. Wir fliehen nur allzu gern vor der Verantwortung und nehmen unsere Schwächen als gegeben hin, statt in ihnen eine Aufgabe der Selbsterziehung zu sehen. Dabei steht es uns frei, aus unserer Vergangenheit und den begangenen Fehlern zu lernen. Erziehungsfehler sind keine Entschuldigung, sondern durch Selbsterziehung auszugleichen, wie *Frankl* richtig bemerkt. Zum Dazulernen und zur Selbsterziehung ist es nie zu spät, aber auch nie zu früh, also immer »höchste Zeit«.[357]

Neben der Selbsterziehung, der erzieherischen und bildenden Arbeit an uns selbst, ist auch die Selbstbeherrschung für ein tugendhaftes Leben von entscheidender Bedeutung. Sie ist deshalb so nahe mit der Selbsterziehung verwandt, weil auch sie eine Arbeit an uns selbst darstellt und weil sie ähnlich schwierig zu erreichen ist wie die Selbsterziehung. Deshalb wollen wir uns im Folgenden kurz mit der Aufforderung zum »Beherrsche dich selbst!« beschäftigen:

Selbstbeherrschung ist die Fähigkeit, unsere Gefühle durch den Willen zu steuern und ihnen nicht ungezügelten Lauf zu lassen. Es ist die Kunst, unter Einsatz der Vernunft unsere eigenen Wünsche auf die Wünsche der anderen abzustimmen, also die Anstrengung, unsere eigenen Bedürfnisse und Handlungen zugunsten unserer Mitmenschen und ethischer Grundsätze zurückzustellen. Das wird durch *Platons* Zauberwort *sophrosyne* vermittelt, das nur sehr schwer zu übersetzen ist: Selbstbeherrschung, Maß halten, rechtes Maß, nichts zu sehr, Besonnenheit, rechter Sinn, gesunder Verstand. Es ist die Fähigkeit zur Mäßigung von Begierde und Leidenschaft.

Daran erkennen wir sofort, was an der Selbstbeherrschung so schwierig ist: Es ist die Kraft und Anstrengung, die nötig ist, um nur annähernd in ihre Nähe zu gelangen. Denn das Ideal der Selbstbeherrschung ist etwas, das nur äußerst schwierig gelingt und das uns immer wieder Kraft und Anstrengung abverlangt. Davon geht auch *Goethe* aus, wenn er schreibt: »Sollte es also wohl eine unvermeidliche Schwäche der Menschheit sein? Müssen wir uns nun gefallen lassen, dass wir irgendeinmal die Herrschaft unserer Neigung empfinden, und bleibt uns bei dem besten Willen nichts andres übrig, als den Fall, den wir getan, zu verabscheuen und bei einer ähnlichen Gelegenheit wieder zu fallen?«[358]

Andere zu beherrschen erfordert Kraft, sich selbst zu beherrschen, erfordert hingegen Stärke, hat *Lao-tse* gelehrt.[359] Oder wie *Gandhi* gemeint hat: »Der Mensch ist nur dann wahrhaft Mensch, wenn er der Selbstbeherrschung fähig ist und selbst dann nur, wenn er sie ausübt.«[360] Wir müssen in unserem Leben mit aller Kraft und Anstrengung an dem Ideal der Selbstbeherrschung arbeiten, an uns selbst arbeiten, damit wir einigermaßen in die Nähe dieses Ziels kommen. So wie die Arbeit der Selbsterkenntnis wird uns die Arbeit der Selbstbeherrschung ein Leben lang begleiten, weil wir sie in unserem Leben letztendlich nie vollenden können.

Wie können wir nun den Weg der Selbsterziehung und Selbstbeherrschung in unserem täglichen Leben finden?

Der Stoiker *Seneca* hat in seinem Dialog *De tranquilitate animi – Über die Ausgeglichenheit der Seele* den grundlegenden Gedanken geprägt, dass sich Selbsterziehung und Selbstbeherrschung in einer, wie er bemerkt, »Ausgeglichenheit der Seele« verwirklichen. Mit dieser *tranquilitas animi* beruft sich *Seneca* auf die *euthymia* der Griechen, also auf eine ruhige Gesetztheit und einen Gleichgewichtszustand der Seele, auf die Heiterkeit des Gemüts, vergleichbar der Stille des Meeres, also auf eine Form des inneren Friedens. Die Ausgeglichenheit der Seele *Senecas* zeigt sich in einer Widerstandsfähigkeit gegen die Gefühle und Affekte, einer inneren Übereinstimmung und Harmonie aller Handlungen, einer aus dem Inneren kommenden Festigkeit des Charakters, des Urteilens und der Selbstbeurteilung:[361]

> »Unsere Frage richtet sich also darauf, wie der Geist immer in gleichmäßiger und glücklicher Bewegung verbleibe, mit sich in segensreicher Übereinstimmung

stehe, sein eigenes Tun freudig betrachte und diese Freude nicht unterbreche, vielmehr in einem Zustand der Ruhe verharre, ohne je überheblich oder niedergeschlagen zu sein. Dieser Zustand wird die Ausgeglichenheit der Seele sein.«

Dem Zustand der Ausgeglichenheit der Seele, in dem unsere Seele ruht und in dem wir uns im ruhigen Gleichgewicht befinden, können wir durch Selbsterziehung und Selbstbeherrschung näher kommen. Und auch das ist ein Weg, der uns zum Glück und zum Glücklichsein hinführt. *Hesse* hat diese Weisheit in seinem unvergleichlich schönen Gedicht *Glück* zum Ausdruck gebracht:[362]

»Solange du nach dem Glücke jagst,
Bist du nicht reif zum Glücklichsein,
Und wäre alles Liebste dein.

Solange du um Verlornes klagst
Und Ziele hast und rastlos bist,
Weißt du noch nicht, was Friede ist.

Erst wenn du jedem Wunsch entsagst,
Nicht Ziel mehr noch Begehren kennst,
Das Glück nicht mehr mit Namen nennst,

Dann reicht dir des Geschehens Flut
Nicht mehr ans Herz, und deine Seele ruht.«

Im *Demian* beschreibt *Hesse* den Individuationsprozess des jungen, christlich geprägten Emil Sinclair, der an seiner Erziehung sowie der Autorität von Kirche und Vaterland zu zweifeln beginnt und mit Hilfe seines Freundes Demian einen ungewöhnlichen Emanzipationsprozess durchläuft. Doch Demian, der in der Erzählung als ein etwas älterer Mitschüler dargestellt wird, ist in Wirklichkeit gar keine andere Person, sondern eine Gegensteuerung und Stimme aus Sinclairs Unbewusstem, die der Erzähler dank der Psychoanalyse zu beachten gelernt hat: »Sprach da nicht eine Stimme, die nur aus mir selber kommen konnte? Die alles wusste? Die alles besser, klarer wusste als ich selber? Es ist so gut, das zu wissen: dass in uns drinnen einer ist, der alles weiß, alles will, alles besser macht als wir selber.«[363]

Wir sollten mehr auf unsere innere Stimme achten, auf denjenigen in uns, der uns sagt, wie wir alles besser machen können, unser inneres Bewusstsein, jene letzte Instanz in uns, in der Denken, Handeln und Fühlen in wunderbarer Weise miteinander verbunden sind. Es ist unser eigenes inneres Bewusstsein, das uns leitet und sagt, was wir tun müssen, wie wir uns verhalten müssen und wie wir auf dem Weg der Selbsterziehung und der Selbstbeherrschung Schritt für Schritt in unserem Leben vorankommen.

Das Wesentliche kurz: Selbsterziehung und Selbstbeherrschung sind Ideale, die für ein tugendhaftes und menschliches Leben von entscheidender Bedeutung sind. Tugendhaft und menschlich werden wir nicht geboren, sondern müssen wir im Lauf unseres Lebens erst werden. So wie jede andere Fertigkeit erwerben wir Tugenden nur durch Gewöhnung und Übung, also durch Selbsterziehung: Nach *Aristoteles* werden wir gerecht, indem wir gerecht handeln, besonnen, indem wir besonnen handeln. Es ist Arbeit an uns selbst. Unsere Lebensaufgabe besteht darin, uns selbst zur Geburt zu verhelfen und das zu werden, was wir potentiell sind, nämlich Mensch. Und das ist nur möglich, wenn wir die Lösungen und Antworten unseres Lebens in uns selbst suchen und uns durch Selbsterziehung dorthin bringen. Nur allzu gern fliehen wir vor der Verantwortung und nehmen unsere Schwächen als gegeben hin, statt in ihnen eine Aufgabe der Selbsterziehung zu sehen. Erziehungsfehler sind keine Entschuldigung, sondern, wie *Frankl* meint, durch Selbsterziehung auszugleichen. Mit der Selbsterziehung nahe verwandt ist die Selbstbeherrschung, und zwar insoweit, als sie eine Arbeit an uns selbst darstellt und ähnlich schwierig zu erreichen ist. Selbstbeherrschung ist die Fähigkeit, unsere Gefühle zu steuern und ihnen nicht ungehindert freien Lauf zu lassen, unter Einsatz der Vernunft unsere eigenen Wünsche auf die Wünsche der anderen abzustimmen und unsere eigenen Bedürfnisse und Handlungen zugunsten unserer Mitmenschen und ethischer Grundsätze zurückzustellen. Selbsterziehung und Selbstbeherrschung erfordern Kraft und Anstrengung und verwirklichen sich letztendlich im Zustand der »Ausgeglichenheit der Seele«.

4.5 Edles Handeln – Die Handlungstugenden

Edles Handeln im Leben erfordert, dass wir uns wichtige Handlungstugenden bewusst machen, von denen wir uns auf dem Weg eines menschlichen Lebens leiten lassen sollten: Einfachheit, Bescheidenheit, Zufriedenheit, Ehrfurcht, Freigebigkeit und Dankbarkeit. Ich nenne sie Handlungstugenden, weil bei all diesen ethischen Werten von uns ein Handeln und Tätigsein gefordert wird, um sie zu erreichen oder ihnen zumindest näher zu kommen. Beginnen wir daher die Wanderschaft durch diese einzelnen Tugenden und versuchen wir zu erkennen, welchen Wert sie für uns auf unserem weiteren Lebensweg haben können.

Die Einfachheit ist eine Tugend, die wir in unserer modernen und fortschrittlichen Welt von heute schon vergessen haben. Sie ist das Gegenteil von Doppeldeutigkeit, Kompliziertheit, Überheblichkeit und Eigenliebe. Nach *Comte-Sponville* stellt sich »der einfache Mensch nicht so viele Fragen über sich selbst. Er nimmt sich nicht an und lehnt sich nicht ab. Er fragt sich nicht, betrachtet sich nicht, beachtet sich nicht. Er lobt sich nicht und verachtet sich nicht. Er ist, was er ist, ohne Wenn und Aber, er tut, was er tut, wie jeder von uns, er findet das aber nicht der Rede wert, er denkt nicht einmal darüber nach.« Der einfache Mensch ist jemand, der nichts vorgibt, der nicht auf etwas bedacht ist, der es nicht auf etwas abgesehen hat und der ohne Hintergedanken ist.[364]

In unserer komplizierten und technisierten Welt wird Einfachheit wieder zu einer Tugend: Sie vermittelt Simplizität in der Lebensführung im Sinn von »weniger ist mehr« und versteht sich bewusst als Gegensatz zum zwischenzeitig oft als unübersichtlich und komplex empfundenen modernen Alltags- und Berufsleben. Durch die Einfachheit sollten wir uns wieder darauf besinnen, dass wir auch mit wenigen einfachen Mitteln viel erreichen können. Es muss nicht immer alles aufwendig, komplex und pompös sein. Die Einfachheit erinnert uns daran, Abstand zu nehmen, loszulassen und die Dinge so zu nehmen, wie sie sind. Wir sollten nicht alles festhalten, behalten und besitzen wollen.

Bescheidenheit ist eine Tugend, mit der wir uns bereits an mehreren Stellen beschäftigt haben. Diese Überlegungen haben uns gezeigt, dass jedes Übermaß im Leben schädlich ist. Bescheidenheit im Sinn von Selbstgenügsamkeit ist beherrscht vom Grundsatz »Nichts zu viel!«. Die Bescheidenheit soll uns helfen, im Leben immer das richtige und rechte Maß zwischen dem Zuviel und dem Zuwenig zu finden.

Es gibt aber auch noch eine andere wichtige Bedeutung der Bescheidenheit: In *Goethes Wilhelm Meisters Lehrjahre* heißt es: »Man kann die Erfahrung nicht früh genug machen, wie entbehrlich man in der Welt ist. Welch wichtige Personen glauben wir zu sein! Wir denken allein den Kreis zu beleben, in welchem wir wirken; in unserer Abwesenheit muss, bilden wir uns ein, Leben, Nahrung und Atem stocken, und die Lücke, die entsteht, wird kaum bemerkt, sie füllt sich so geschwind wieder aus«, ja sie wird oft nur der Platz, wo vielleicht nicht etwas Besseres, so doch etwas Angenehmeres entsteht.[365] *Schopenhauer* hat in aller Bescheidenheit bemerkt, dass sein ganzes Werk fremder Stoff ist, aus dem höchstens der Rock gemacht ist, den er eine Weile getragen und dann gegen einen anderen abgelegt hat.[366]

Das bringt eigentlich sehr gut die Bedeutung der menschlichen Tugend der Bescheidenheit zum Ausdruck: Wir sollten uns vor Augen halten, dass wir nur ein winziges Sandkörnchen sind, dem im Universum keinerlei Bedeutung zukommt. Wir wälzen den Stein des *Sisyphos*, den schon Menschen vor uns gewälzt haben und den auch Menschen nach uns weiterwälzen werden, nur ein Stück des Weges weiter. Jede Arbeit, die wir verrichten, ist nur ein Schlag auf Eisen, das ein anderer vor uns geglüht hat und mit dem nach uns ein anderer arbeiten wird. Die Bescheidenheit lehrt uns, uns selbst und die Bedeutung unseres eigenen Lebens nicht allzu wichtig zu nehmen.

Eine weitere Handlungstugend ist die Zufriedenheit: In *Goethes Wilhelm Meisters Lehrjahre* kommt Wilhelm zur Erkenntnis, dass der Mensch selten mit dem Zustand zufrieden ist, in dem er sich befindet. Er wünscht sich immer den seines Nächsten, aus welchem sich dieser wiederum selbst heraussehnt.[367] Warum ist es für uns so schwierig, mit den gegebenen Verhältnissen einverstanden zu sein und daran nichts auszusetzen? Warum sehnen wir uns immer nach dem, was wir gerade nicht haben? Warum ist Zufriedenheit so schwierig?

»Man ist nie zufrieden dort, wo man ist«, sagt der Weichensteller zum kleinen Prinzen. Und darauf entgegnet ihm der kleine Prinz: »Nur die Kinder wissen, wohin sie wollen.«[368] Vielleicht ist genau das das Geheimnis der Zufriedenheit. Haben Sie schon einmal ein Baby oder kleines Kind beobachtet, wenn es nach der Mutterbrust völlig entspannt, erschöpft von der Nahrungsaufnahme und zufrieden in den Schlaf versinkt? Nichts kann diese Zufriedenheit überbieten. Wir sollten uns von den Kindern dieses Geheimnis der Zufriedenheit wieder aneignen. Denn nichts macht das Leben einfacher, als mit dem, was wir haben und wo wir sind, zufrieden zu sein. Und Zufriedenheit ist letztendlich auch Dankbarkeit für das, was wir haben und bereits erreicht haben.

Zufriedenheit bedeutet dabei gleichzeitig Selbstzufriedenheit: »Selbstzufriedenheit kann aus der Vernunft entspringen, und nur diese aus der Vernunft entspringende Zufriedenheit ist die höchste, die es geben kann«, hat *Spinoza* gemeint. Selbstzufriedenheit (*acquiescentia*) leitet sich vom lateinischen *acquiescere* ab, das zur Ruhe kommen und Ruhe finden bedeutet. Die Zufriedenheit lehrt uns, Abstand zu nehmen, zur Ruhe zu kommen, Ruhe zu finden und mit uns selbst zufrieden und im Einklang zu sein. Selbstzufriedenheit ist nach *Spinoza* »in Wahrheit das Höchste, was wir hoffen können«.[369]

Die Ehrfrucht wollen wir bewusst nicht im religiösen Sinn als Gottesehrfurcht verstehen, sondern allgemein als Ehrfurcht gegenüber der Natur, den Tieren, unserer Umwelt und den Mitmenschen. Wir vergessen nur allzu oft, wie wunderbar die Natur und die Welt rund um uns sind. Vor all diesen Dingen sollten wir Ehrfurcht und Respekt haben. Ja, ich glaube, Ehrfurcht ist sogar das richtige Wort, »Ehrfurcht vor dem Leben« ganz allgemein, wie sie als wesentliches Grundprinzip von *Albert Schweitzer* geprägt wurde.[370] Wenn wir unsere Augen für die Natur und unsere Umwelt öffnen, werden wir erkennen, welche Vielfalt und welcher Artenreichtum rund um uns bestehen. Wie wunderbar ist doch all das! Vieles davon können wir mit all unserem Wissen und unseren Wissenschaften auch heute noch immer nicht fassen. All das wertzuschätzen, das ist die Tugend der Ehrfurcht.

Rainer Maria Rilke hat das Wesen der Ehrfurcht in einem wunderbaren Gedicht zum Ausdruck gebracht. Mehr ist dem wohl nicht hinzuzufügen:[371]

»Ich fürchte mich so vor der Menschen Wort.
Sie sprechen alles so deutlich aus:
Und dieses heißt Hund und jenes heißt Haus,
und hier ist Beginn und das Ende ist dort.

Mich bangt auch ihr Sinn, ihr Spiel mit dem Spott,
sie wissen alles, was wird und war;
kein Berg ist ihnen mehr wunderbar;
ihr Garten und Gut grenzt grade an Gott.

Ich will immer warnen und wehren: Bleibt fern.
Die Dinge singen hör ich so gern.
Ihr rührt sie an: sie sind starr und stumm.
Ihr bringt mir alle die Dinge um.«

Auch die Tugend der Freigebigkeit ist in unserer Gesellschaft schon etwas aus der Mode gekommen. Man könnte sie, so wie früher eher üblich, auch Großzügigkeit oder Barmherzigkeit nennen, wobei die Bedeutung der Barmherzigkeit vor allem in der christlichen Tradition eher im Sinn von Verzeihen und göttlicher Gnade oder göttlichem Erbarmen liegt. Die Barmherzigkeit im Sinn von Geben von Almosen findet sich als Haupttugend und wesentliche Pflicht nicht nur in allen drei monotheistischen Religionen, sondern auch im Buddhismus und Taoismus.

Was macht die Bedeutung der Barmherzigkeit aus? Ein barmherziger oder freigebiger Mensch öffnet sein Herz fremder Not, er ist wohltätig, er gibt freiwillig und mit Freude, ohne irgendeine Aussicht auf eine Gegenleistung oder einen bestimmten Vorteil. Großzügigkeit ist Bewusstsein der eigenen Freiheit und die Entschlossenheit, sie zum Guten zu nutzen, den anderen zu beschenken. Die Freigebigkeit oder Großherzigkeit hebt uns zu den anderen empor und sie hebt uns auch zu uns selbst empor, weil sie uns von unserem kleinen Ich, von unserem eigenen Egoismus befreit.[372] Und dabei bereichern wir uns gleichzeitig auch selbst, denn was wir in Wirklichkeit geben, macht uns nicht ärmer, sondern vermehrt im Gegenteil die Schätze, die wir austeilen können.[373]

Wir sollten uns die Tugend der Freigebigkeit oder Großherzigkeit wieder mehr zu Herzen nehmen und seltener Ausreden für unsere mangelnde Barmherzigkeit suchen. Denn auch bei der Freigebigkeit kommt es auf den Augenblick an. Doppelt gibt, wer gleich gibt – »*Bis dat, qui cito dat*«, haben die Römer und auch *Goethe* gemeint.[374] Letzterer hat die Bedeutung der Großherzigkeit in einer wunderbaren Spruchweisheit zusammengefasst:[375]

»Sage nicht, dass du geben willst, sondern gib.
Die Hoffnung befriedigst du nie.«

Nicht morgen, sondern jetzt sollen wir geben. Der Bettler, der uns auf der Straße begegnet, braucht jetzt unsere Hilfe, nicht die karitative Organisation, der wir vielleicht im Advent wieder ein bisschen zur Gewissensberuhigung spenden. Und vergessen Sie Argumente wie: er ist doch ein Berufsbettler, er ist selbst schuld an seiner Situation, er verbraucht doch ohnehin das ganze erbettelte Geld für Alkohol. Wir sollten nicht lange überlegen und nach Ausreden suchen, sondern im Hier und Jetzt geben. Geben sollen wir vor allem auch, weil es uns gut geht, also aus Dankbarkeit dafür, dass wir selbst nicht in der Situation des Bettlers sind.

Und das leitet über zur letzten Handlungstugend, mit der wir uns hier beschäftigen wollen, zur Dankbarkeit und zum Dank:

Sich bei jemandem zu bedanken, der uns Gutes getan hat, gilt praktisch in jedem Kulturkreis als Pflicht. Alle großen Philosophen, wie *Aristoteles*, *Cicero* und *Kant* haben betont, dass es zum pflichtgemäßen Handeln gehört, demjenigen Wohlwollen zukommen zu lassen, von dem wir eine Wohltat empfangen haben.[376] Dankbarkeit ist Pflicht, und zwar, wie es im Altertum vertreten wurde, »erste Pflicht«. Und diese Dankbarkeitspflicht bringt uns letztendlich dazu, Gutes mit Gutem zu vergelten. »Wer sich vorstellt, dass er von jemanden geliebt wird, ohne dass er ihm einen Grund zur Liebe gegeben zu haben glaubt, der wird diesen wiederlieben«, meint *Spinoza* und bringt damit das Wesen der Dankbarkeit zum Ausdruck. Folglich sind Menschen, die nach dem Grundsatz der Vernunft leben, »gegeneinander höchst dankbar«. Denn sie streben mit gleichem Eifer der Liebe zu, einander wohlzutun.[377]

Dankbarkeit ist aber nicht nur Pflicht. Nach *André Comte-Sponville* bedeutet Dankbarkeit auch geben und schenken, mit dem anderen die Freude und das Glück teilen: »Danke heißt geben; sich bedanken heißt, mit jemandem teilen. Dieses Vergnügen, das ich dir schulde, ist nicht für mich allein. Diese Freude gehört uns. Dieses Glück gehört uns.« Schon in der Bibel heißt es, dass geben seliger als nehmen ist.[378] Liegt es also, wenn wir es so oft an Dankbarkeit fehlen lassen, nicht daran, dass für uns geben eben nicht seliger ist als nehmen, das heißt mehr am Egoismus als an Gefühllosigkeit? »Undankbarkeit ist nicht die Unfähigkeit zu empfangen, sondern die Unfähigkeit, etwas von der empfangenen oder empfundenen Freude zurückzugeben, sei es als Freude oder als Liebe. Undankbarkeit ist darum so häufig. Wir verschlucken die Freude wie andere das Licht: schwarzes Loch des Egoismus.«[379]

Unser liebes Ich, der unbändige Egoismus ist die Ursache dafür, dass wir die Tugend der Dankbarkeit verlernt haben.[380] Wir glauben, dass alles nur auf unserem lieben »Ich« beruht, dabei ist es auch Geschenk und Gnade, die wir empfangen, unser Leben, die Liebe, das Glück. Dafür sollten wir dankbar sein und das lehrt uns die Tugend der Dankbarkeit. Sie ist das wunderbare Gefühl, in dem Geben und Empfangen miteinander im ruhigen Gleichgewicht sind.

Das Wesentliche kurz: Edles Handeln im Leben bedeutet, dass wir uns wichtige Handlungstugenden bewusst machen, die von uns ein Handeln und Tätigsein fordern, um sie zu erreichen oder ihnen zumindest näher zu kommen. Wichtig ist dabei zunächst die Einfachheit. Sie vermittelt Simplizität in der Lebensführung im Sinn von »weniger ist mehr« und erinnert uns daran, Abstand zu nehmen, los zu lassen und die Dinge so zu nehmen, wie sie sind. Wir sollten nicht alles festhalten, behalten und besitzen wollen. Bescheidenheit ist eine Tugend, die sich nicht nur gegen jedes Übermaß im Leben richtet, sondern die uns auch ermahnt, uns selbst und die Bedeutung unseres eigenen Lebens nicht allzu wichtig zu nehmen. Die Zufriedenheit ist besonders schwierig, und doch macht nichts das Leben einfacher, als mit dem, was wir haben und wo wir sind, schlicht und einfach zufrieden zu sein. Zufriedenheit findet letztendlich in der Selbstzufriedenheit, also darin, zur Ruhe zu kommen, ihre höchste Ausprägung. Die Ehrfrucht gegenüber der Natur, unserer Umwelt und den Mitmenschen lehrt uns, all das wertzuschätzen. Die etwas aus der Mode gekommene Tugend der Freigebigkeit oder Barmherzigkeit öffnet unser Herz fremder Not, macht uns wohltätig, damit wir freiwillig und mit Freude ohne Aussicht auf einen bestimmten Vorteil jenen geben, die es gerade jetzt brauchen. Schließlich steht vor uns die Dankbarkeit als »erste Pflicht«, wie es im Altertum hieß. Dankbarkeit bedeutet geben und schenken, mit dem anderen die Freude und das Glück teilen. Allzu oft glauben wir, dass alles nur auf unserem lieben »Ich« beruht, dabei ist es auch Geschenk und Gnade, die wir empfangen, unser Leben, die Liebe, das Glück. Und genau dafür sollten wir dankbar sein.

4.6 Das Schwert – Bewahrung des kämpferischen Geistes

Was hat in diesem Buch über das Gute und das tugendhafte Leben das Schwert zu suchen, werden Sie sich jetzt fragen. Das Schwert ist eine Waffe, steht für Krieg, Gewalt, Verletzung und Tötung und kann wohl unmöglich dem Guten dienen!

Sie haben durchaus Recht, wenn Sie das einwenden. Aber das Schwert steht nicht nur für Krieg und Gewalt, sondern ist auch Symbol für einen kämpferischen Geist, den wir uns in unserem Leben bewahren oder erwerben müssen. Denn das Gute ist auch in Gefahr und, wenn es notwendig ist, müssen wir es mit all unserer Kraft verteidigen. Das Schwert steht also einerseits als Symbol für die scharfe Waffe des Geistes und andererseits als Symbol für die Tugend des Mutes oder, wie es heute moderner heißt, für Zivilcourage, schließlich aber auch für die Bereitschaft zur Hilfe für den Mitmenschen. Beim Schwert beschäftigen wir uns also mit drei Aspekten, die für unser Tätigsein im Leben sehr wichtig sind.

Wir haben bereits festgestellt, dass sich unser Leben nach dem Polaritätsprinzip bewegt. Hell und dunkel, Licht und Finsternis, weiß und schwarz wechseln sich ab und bestehen nebeneinander. Das Gute existiert nicht ohne das Böse und damit ist das Gute gleichzeitig auch permanent der Gefahr des Bösen ausgesetzt. In Anbetracht dieser Bedrohung müssen wir lernen, das Schwert zu führen.

In seinem *Märchen* gibt uns *Goethe* einen Hinweis, wie das zu verstehen ist: Als der Mann mit der Lampe den Jüngling nach dem Beginn der neuen Zeit in den Tempel führt, gibt der eherne König dem Jüngling ein Schwert in eherner Scheide mit den Worten: »Das Schwert an der Linken, die Rechte frei!«[381] Damit bringt er zum Ausdruck, dass das Schwert nicht dem Angriff, sondern dem Schutz dienen soll, und zwar dem Schutz des Guten und Menschlichen. Letztendlich soll mit dem Schwert Harmonie herbeigeführt werden, nicht der Streit.

Wenn wir somit gezwungen sind, das Schwert zu führen, dann nicht als rohes Werkzeug des Krieges und der Gewalt, sondern als scharfe Waffe des Geistes, die sich gegen alles Falsche und Lebensfeindliche richtet. In Anlehnung an die Ideale der Aufklärung sollen wir Kämpfer für Licht, Wahrheit und Gerechtigkeit sowie für die geistige Freiheit der Menschheit sein. Wir müssen die Ideale des Guten vor Unverständnis und Feindseligkeit schützen. Die Waffe des Geistes wurzelt letztendlich in unseren eigenen Überzeugungen, die wir gegen jedes Unverständnis und gegen jede Feindseligkeit vertreten müssen. Dabei muss uns allerdings immer bewusst sein, dass wir selbst unser schlimmster Feind sind, jeder für sich. Das Schwert, die Waffe des Geistes, ist vor allem in unserem eigenen Haus gefragt, das dürfen wir nie vergessen. Denn letztendlich kann uns niemand daran hindern, unser Bestes zu geben, außer wir selbst.

Das Schwert steht auch für Mut und Zivilcourage. Mut heißt nicht, dass wir keine Angst haben, denn Angst hat jeder Mensch auf unterschiedlichem Niveau. Mut bedeutet vielmehr, dass wir unsere Angst mit Willensstärke überwinden, dass wir diese Angst meistern. Mut ist die Fähigkeit, die Angst, wenn sie da ist, mit einem Willen zu überwinden, der stärker und selbstloser ist als die Angst.[382]

Der Mut ist das gewisse Etwas, ohne das wohl jegliche Moral und Tugend unmöglich und wirkungslos wäre. Denn wenn wir uns ganz und gar der Angst überließen, welchen Raum könnten wir dann noch unseren Pflichten einräumen? Ähnlich wie bei der Vernunft ist im gewissen Sinn auch der Mut die Vorbedingung für jegliche Tugend. Diese Bedeutung des Mutes hat auch *Wilhelm Busch* in einer kurzen Reimweisheit festgehalten:[383]

»Zwischen Bös und Gut
Hat sich ein Streit erhoben.
Gut hat keinen Mut,
Bös bleibt oben.«

Mut ist manchmal auch erforderlich, wenn es darum geht, in unserem Leben menschlich und tugendhaft zu handeln. Denn im Leben gut und tugendhaft zu handeln, ist nicht immer einfach und erfordert von uns nur allzu oft Mut und Entschlossenheit. Dabei kann uns Tamino aus *Mozarts Zauberflöte* ein Vorbild sein, wenn er am Beginn der Prüfungen durch die Elemente Feuer, Wasser, Luft und Erde singt: »Mich schreckt kein Tod, als Mann zu handeln, den Weg der Tugend fortzuwandeln! Schließt mir des Schreckens Pforten auf – Ich wage froh den kühnen Lauf.« Zuvor hatten die drei Knaben Tamino auf seinem Weg noch gemahnt, dass er »standhaft, duldsam und verschwiegen« sein solle.[384] Gerade menschliches und tugendhaftes Handeln erfordert von uns oft Mut im Leben. *Hesse*, der sich zeit seines Lebens für Menschlichkeit und Humanität eingesetzt hat, meinte dementsprechend vor dem Hintergrund der Wirrnisse des Ersten Weltkrieges, dass »nicht selten mehr Mut dazu gehört, unheroisch und einfach menschlich statt heldisch zu sein«.[385]

Gerade beim Mut und bei der Zivilcourage kommt es auf die Situation des Augenblicks an. Nicht morgen oder das nächste Mal sollen wir mutig und entschlossen sein, sondern in der anhängigen Situation. Im Moment des Augenblicks müssen wir den Mut fassen und für Gerechtigkeit, Fairness und Toleranz eintreten.

Auch wenn von uns im Leben eine kämpferische Einstellung verlangt wird, so müssen Kampf und Gewalt doch immer letztes Mittel bleiben. Denn viele uns zunächst unlösbar erscheinende Situationen lassen sich in den meisten Fällen weit besser durch Liebe und Verständnis als durch Gewalt lösen. Aber das erfordert von uns weit mehr, als man mit Gewalt erreichen kann, nämlich eine nicht unbeträchtliche Überwindung, und zwar Selbstüberwindung. Dieses Ziel der Selbstüberwindung verwirklicht sich sehr schön in *Goethes Novelle*, wo der entflohene Löwe als Symbol für das Unbändige und Unüberwindliche letztendlich nicht vom Ritter mit Waffengewalt, sondern vom Flöten spielenden Kind mit Liebe, Güte und Musik überwältigt wird.[386]

Wir haben zuvor festgehalten, dass das Schwert schließlich auch als Symbol für unsere Bereitschaft zur Hilfe für den Mitmenschen steht. Denn vom gesellschaftlichen Standpunkt aus wird Mut zwar immer positiv bewertet, doch moralisch wertvoll wird er erst, wenn der Mut – zumindest teilweise – im Dienst des anderen aufgebracht wird und nicht in erster Linie von Eigennützigkeit bestimmt ist. Zur Tugend wird der Mut erst, wenn er dem Nächsten oder dem Gemeinwohl dient. Als Tugend setzt er immer eine Form von Uneigennützigkeit, Altruismus oder Selbstlosigkeit voraus.[387]

Genau dieser Mut, der dem Nächsten dient, diese Bereitschaft dem Mitmenschen zu helfen, ist gemeint, wenn wir versuchen, den scheinbaren Widerspruch in der Bibel aufzulösen. Denn einerseits sagt *Jesus* ganz im Sinn der Nächstenliebe: »Leistet dem, der euch etwas Böses antut, keinen Widerstand, sondern wenn dich einer auf die rechte Wange schlägt, dann halt ihm auch die andere hin.« Demgegenüber ist sich *Jesus* durchaus bewusst, dass Mut und Entschlossenheit wichtig sind. Denn an anderer Stelle sagt er: »Denkt nicht, ich sei gekommen, um Frieden auf die Erde zu bringen. Ich bin nicht gekommen, um Frieden zu bringen, sondern das Schwert.«[388] Auch die Bibel verwendet hier das Schwert als Symbol für einen kämpferischen Geist, den wir uns in unserem Leben bewahren oder erwerben müssen. Es ist dieser Mut und diese Entschlossenheit, mit der wir im Sinn der Nächstenliebe für den anderen in der entscheidenden Situation eintreten sollen. *Lessing* hat das richtig auf den Punkt gebracht:[389]

»Wer über gewisse Dinge den Verstand nicht verliert,
der hat keinen zu verlieren.«

Das Wesentliche kurz: Das Schwert dient uns als Symbol für einen kämpferischen Geist, den wir uns in unserem Leben bewahren oder erwerben müssen. Denn das Gute und Menschliche ist auch in Gefahr und, wenn es notwendig ist, müssen wir es mit all unserer Kraft verteidigen. Das Schwert steht dabei zunächst als Symbol für die scharfe Waffe des Geistes, die sich gegen alles Falsche und Lebensfeindliche richtet. Im Sinn der Aufklärung sollen wir Kämpfer für Licht, Wahrheit und Gerechtigkeit sowie für die geistige Freiheit der Menschheit sein. Das Schwert steht auch für die Tugend des Mutes und der Zivilcourage. Mut bedeutet dabei nicht Freiheit von Angst, sondern Überwindung unserer Angst mit Willensstärke. Dabei kommt es gerade beim Mut und bei der Zivilcourage auf die Situation des Augenblicks an: Nicht morgen oder das nächste Mal sollen wir mutig und entschlossen sein, sondern im Hier und Jetzt müssen wir den Mut fassen und für Gerechtigkeit, Fairness und Toleranz eintreten. Schließlich steht das Schwert für die Bereitschaft zur Hilfe für den Mitmenschen. Denn moralisch wertvoll wird der Mut erst, wenn er zumindest teilweise dem Nächsten oder dem Gemeinwohl dient und nicht in erster Linie von Eigennützigkeit bestimmt wird.

4.7 Die Kleinigkeiten und die Größe bei den kleinen Dingen des Lebens

Wie oft wimmeln wir andere Menschen mit dem Vorwand ab, dass wir uns mit »wichtigeren Dingen« beschäftigen müssen. Es sind aber gerade die Kleinigkeiten, die wichtig sind. Das ist vor allem bei Kindern so, aber auch in einer Beziehung oder in einer größeren Gemeinschaft. Zu Recht müssen auch wir uns wohl nur allzu oft den empörten Vorwurf des kleinen Prinzen gefallen lassen, der dem Piloten bei seiner Ausrede, er habe gerade keine Zeit, weil er sich mit wichtigeren Dingen beschäftigen müsse, entgegnet: »Mit wichtigeren Dingen? Du verwechselst alles, du bringst alles durcheinander!«[390]

In der Tat sind es die Kleinigkeiten, welche die Menschen bewegen, nicht die großen Dinge. Wie oft entstehen Streit und Auseinandersetzung unter den Menschen aus der Missachtung von Kleinigkeiten. Und auch *Frankl* erzählt in seinen Berichten davon, dass die Häftlinge aus der geistigen Inhaltsarmut des Daseins im Konzentrationslager typischerweise in die Vergangenheit flüchteten. Die Phantasie beschäftigte sich dabei immer wieder mit verflossenen Erlebnissen, aber interessanterweise gerade nicht mit den großen Erlebnissen, sondern mit den alltäglichen Begebenheiten und den nichtigsten Dingen oder Geschehnissen des früheren Lebens.[391]

All das zeigt uns, wie wichtig die Kleinigkeiten des Lebens sind oder werden können und wie wichtig die Menschen Kleinigkeiten nehmen. Wenn wir in unserem Leben handeln und tätig sind, sollten wir den Kleinigkeiten mehr Beachtung schenken. Und das hat durchaus einen eigennützigen Aspekt, denn diese Überlegung hilft uns selbst: Denn auch bei unseren eigenen Vorhaben und Plänen scheitern wir nie an den großen Hürden, sondern in der Regel immer an den Kleinigkeiten, die wir vernachlässigen. Die Menschen stolpern nicht über Berge, sondern über Maulwurfhügel, hat *Konfuzius* gemeint. Wenn wir bei den kleinen Dingen nicht umsichtig und geduldig sind, bringen wir die großen Vorhaben zum Scheitern.[392] *Goethe* hat das wunderbar festgehalten:[393]

> »Wer geringe Ding wenig acht',
> Sich um geringere Mühe macht.«

Das Prinzip der Achtung der Kleinigkeiten gilt auch für unser Streben nach Glück. *Wilhelm Busch* hat dazu bemerkt, dass Glück oft durch Aufmerksamkeit in kleinen Dingen, Unglück hingegen oft durch Vernachlässigung kleiner Dinge entsteht.[394] Sehr oft ist es die Vernachlässigung von Kleinigkeiten, die verheerende Folgen mit sich bringt. Zwischenmenschliche Beziehungen scheitern nur selten an den großen Dingen, sondern an den kleinen. Jahrelang wird kein einziges liebes und nettes Wort mehr gewechselt und keine kleine Liebesgeste gesetzt. Und wie sehr freut sich ein Mensch doch, wenn wir ihm mit einer gar nicht erwähnenswerten »Kleinigkeit« eine Freude machen: ein überraschender Blumenstrauß, ein paar aufmunternde Worte, eine liebe Geste zwischendurch. Überlegen Sie, wie viel Freude das bringt und wie sehr es sich dabei doch nur um »Kleinigkeiten« handelt, die wir so leicht und ohne viel Mühe geben können.[395]

Das gilt auch bei den geistigen Dingen. Große Gedanken, Werke und Ideen entstehen nicht – oder wirklich nur ganz selten – durch einen großen Wurf, durch einen einmaligen großen Gedanken, sondern dadurch, dass wir uns beständig mit einer Vielzahl von – für sich betrachtet – gar nicht so wesentlichen Gedanken und Ideen anderer Menschen beschäftigen und diese in uns aufnehmen und »selbst denken« oder »weiter denken«. Nach *Nietzsche* ist »kein Strom durch sich selber groß und reich: sondern dass er so viele Nebenflüsse aufnimmt und fortführt, das macht ihn dazu. So steht es auch mit allen Größen des Geistes«.[396]

Letztendlich können wir in unserem Leben erst dann wahrhafter menschlicher Größe und Weisheit näher kommen, wenn wir uns mehr mit den Kleinigkeiten beschäftigen, wenn wir uns im Leben mehr um die Kleinigkeiten kümmern und wenn wir bereits in jeder noch so kleinen Situation gut und tugendhaft handeln. *Lao-tse* hat diesen Gedanken in seinem *Tao-Tê-King* zusammengefasst:[397]

>»Schwieriges planen, solang es leicht;
>Großes tun, solang es klein:
>Die schwierigsten Werke der Welt
>Sind sicher aus Leichtem gemacht;
>Die größten Werke der Welt
>Sind sicher aus Kleinstem gemacht.
>Deshalb der Heilige Mensch:
>Bis ans Ende tut er nichts Großes.
>Darum kann er vollenden seine Größe.«

Wir sollten Größe bei den kleinen Dingen des Lebens beweisen. Denn der Charakter offenbart sich nicht an großen Taten, sondern an den kleinen. Wer sich bemüht, selbst in kleinen Dingen sorgfältig zu sein, wird sich genau so bei großen Dingen verhalten.[398]

Das Wesentliche eines guten Charakters liegt nach *Schopenhauer* darin, dass dieser »weniger als die Übrigen einen Unterschied zwischen sich und andern macht«.[399] Wir sollten die strengen ethischen Maßstäbe, die wir von anderen verlangen, an uns selbst anlegen und selbst einhalten, und zwar gerade bei den Kleinigkeiten. Darin liegt wahrhafte menschliche Größe.

Das Wesentliche kurz: Es sind gerade die Kleinigkeiten, die im Leben wichtig sind und die Menschen bewegen. Wenn wir in unserem Leben handeln und tätig sind, sollten wir den Kleinigkeiten mehr Beachtung schenken. Und das hat durchaus einen eigennützigen Aspekt, denn auch bei unseren eigenen Vorhaben und Plänen scheitern wir nie an den großen Hürden, sondern in der Regel immer an Kleinigkeiten, die wir vernachlässigen. Wir stolpern nie über Berge, sondern über Maulwurfhügel. Das ist auch bei unserem Streben nach Glück so. Wie sehr freut sich doch ein Mensch, wenn wir ihm mit einer »Kleinigkeit« eine Freude machen, die eigentlich gar nicht erwähnenswert ist: ein überraschender Blumenstrauß, ein paar aufmunternde Worte, eine liebe Geste zwischendurch. Letztendlich können wir in unserem Leben erst dann wahrhafter menschlicher Größe und Weisheit näher kommen, wenn wir uns im Leben mehr um die Kleinigkeiten kümmern und bereits in jeder noch so kleinen Situation gut und tugendhaft handeln. Denn der Charakter offenbart sich nicht an großen Taten, sondern an den kleinen. Wir sollten die strengen ethischen Maßstäbe an uns selbst anlegen und selbst einhalten, und zwar gerade bei den Kleinigkeiten. Darin liegt wahrhafte menschliche Größe.

5 PARTNERSCHAFT UND FAMILIE

Die Werte und Ideale rund um Partnerschaft und Familie bilden den Kern des fünften Kapitels dieses Buches. Auch für Partnerschaft und Familie gelten natürlich die allgemeinen Grundregeln für das Zusammenleben, mit denen wir uns im sechsten Kapitel näher beschäftigen werden. Doch hier möchte ich zunächst jene Aspekte voranstellen, die sich nur auf diesen engsten Kreis unserer Mitmenschen beziehen. Und dabei steht die Liebe an erster Stelle, denn sie ist geradezu die verinnerlichte und intuitive Verkörperung aller Tugenden selbst. Unabhängig davon, ob es sich um Liebe zwischen Partnern oder um Liebe in der Familie handelt, besteht echte und wahrhafte Liebe in freundschaftlicher Liebe (*philia*) oder in »produktiver Liebe«, wie *Fromm* sie nennt. Sie ist immer durch Achtung, Fürsorge und Verantwortungsgefühl für den geliebten Menschen gekennzeichnet. Wir werden uns damit beschäftigen, wie wichtig der körperliche und sexuelle Aspekt bei dieser Form der Liebe zwischen Partnern ist und was Liebe uns eigentlich abverlangt, nämlich aktives Tun, Arbeit und Einsatz. Im zweiten Teil dieses Kapitels werden wir uns dem Thema Ehe und Partnerschaft widmen, wobei sich hier die Bedeutung der freundschaftlichen Liebe für eine gute Partnerschaft erst wirklich zeigt, aber auch die Bedeutung des Gesprächs, der Verantwortung und der Achtung. Schließlich folgt die Tugend der Treue im Spannungsfeld zwischen *Frankls* »Frei-Sein« und »Verantwortlich-Sein«. Nach der Betrachtung von Egoismus und Eifersucht und der Strategien zur Vermeidung dieser negativen Themen, die wir im dritten Teil ansprechen, werden wir uns im vierten Teil dem Wesen der Familie annehmen. Dabei stehen die Mutterliebe, dargestellt am wunderbaren Gleichnis des salomonischen Urteils aus dem Alten Testament, sowie Sinn und Schmerz des Loslösungskampfes unserer Kinder im Vordergrund. Im fünften und sechsten Teil dieses Kapitels wenden wir uns der Erziehung unserer Kinder zu. Wir werden erkennen, dass Erziehung in erster Linie »Imitationslernen« ist und unsere eigene Vorbildfunktion dabei alles entscheidend ist. Einen ganz wesentlichen Themenkreis sprechen wir dann im siebenten Teil mit der Bedeutung von Freiheit im Spannungsfeld mit dem Ordnungsprinzip an: Wir werden sehen, dass die Freiheit des Menschen nicht grenzenlos sein kann, und zwar auch oder gerade im partnerschaftlichen und familiären Zusammenleben. Wir stoßen wieder auf *Frankls* Überlegungen, wonach Freisein Verantwortlichsein bedeutet: Unsere Willensfreiheit ist in ein Gefüge von Verantwortung und Verantwortungsbewusstsein eingebettet. Und das bedeutet letztendlich, dass wir in unserem Leben nicht einfach tun und lassen können, was wir im Moment gerade wollen, sondern aus den uns zur Verfügung stehenden Möglichkeiten immer jene wählen müssen, mit denen wir genau dieser Verantwortung gerecht werden.

5.1 Liebe

Die Liebe ist wohl das Wunderbarste, das uns in unserem Leben begegnen kann. Sie ist ein unbeschreibliches Wunder, ein unergründliches Geheimnis. Und doch ist sie für viele von uns so schwer zu fassen, bringt so vieles durcheinander, ist so unbeständig, bringt Leid und Verzweiflung. »Himmelhoch jauchzend, zum Tode betrübt – Glücklich allein ist die Seele, die liebt«, so beschreibt *Goethe* diesen Zustand.[400] Herz und Schmerz liegen so nahe neben einander. Das zeigen uns unzählige Werke der Literatur und Musik.

Warum ist »das mit der Liebe« bei uns Menschen so schwierig? Warum entstehen gerade bei der Liebe so viele Verwicklungen? Warum macht sie uns so oft zu schaffen und macht uns das Leben scheinbar schwieriger anstatt es zu erleichtern? Vielleicht liegt es daran, dass wir uns zu wenig damit beschäftigen, was echte und wahrhafte Liebe wirklich ist, weil wir Liebe mit

Begehren, Lust und sexuellem Verlangen verwechseln. Und warum beschäftigen wir uns eigentlich hier mit der Liebe, wo es doch um Tugenden und ethische Pflichten geht?

Mit Pflicht hat Liebe wahrlich nichts zu tun, denn Liebe lässt sich nicht erzwingen. Wie *Kant* richtig bemerkt hat, kann Liebe keine Pflicht sein.[401] Und auch der französische Philosoph *Comte-Sponville* betont, dass die Liebe schon gar keine Tugend mehr ist. Wir brauchen Tugend und Moral letztendlich nur in Ermangelung der Liebe, weil es an der Liebe fehlt.[402] »Was aus Liebe getan wird, geschieht immer jenseits von Gut und Böse«, meint *Nietzsche*.[403] Und wie recht er doch hat: Vom Bösen ist die Liebe so weit wie nur irgendetwas entfernt. Und auch wenn die Liebe gut ist, so geht sie doch weit über das Gute hinaus. Sie ist Transzendenz, nähert uns dem Göttlichen und wird deshalb wohl unfassbar.[404]

Und dennoch, ein Buch, das sich mit Tugenden und ethischen Werten beschäftigt, muss die Liebe mit einschließen, alles andere wäre undenkbar: Denn Liebe ist das Ideal der Tugenden und der Menschlichkeit. Sie steht an erster Stelle und ist geradezu die verinnerlichte und intuitive Verkörperung aller Tugenden selbst: Liebe ist wohlwollend, gerecht, großherzig, mitleidvoll, barmherzig, dankbar, demütig, einfach, tolerant, rein, sanftmütig, aufrichtig, treu und unendlich. Ohne Liebe wären die Tugenden nichts. Alle Tugenden finden sich in der Liebe. Sie ist Anfang und Ende der Tugenden und Verkörperung der Menschlichkeit. Im Verhältnis mit einem geliebten Partner findet sie ihren ganz besonderen Ausdruck. Dabei hängt sie, wie *Comte-Sponville* richtig bemerkt, nicht von uns allein ab und wird damit zum größten Geheimnis, wodurch sie außerhalb der Tugenden steht, wodurch sie Geschenk und reine Gnade ist, und zwar die einzige.[405]

Können wir versuchen, wahrhafte Liebe zu beschreiben? Eigentlich nicht, denn die Liebe ist der Vernunft unzugänglich, wie *Saint-Exupéry* richtig bemerkt: »Die Liebe denkt man nicht, die Liebe ist.«[406] Wenn jemand liebt, braucht er nicht zu erklären, was Liebe ist, denn er fühlt sie und vermittelt sie dem anderen durch sein Gefühl. Dennoch wollen wir im Folgenden versuchen, dem Wesen echter und wahrhafter Liebe etwas näher zu kommen.

Comte-Sponville spricht im Zusammenhang mit der Liebe von *eros*, *philia* und *agape*. Er folgt dabei der griechischen Terminologie, die für das Wort »Liebe« diese drei Begriffe kennt, die eine unterschiedliche Bedeutung haben: *eros* ist das Begehren oder die Leidenschaft der Liebe, *philia* die freundschaftliche Liebe und *agape* die selbstlose Liebe zum Nächsten.

Mit *agape* oder der Nächstenliebe werden wir uns noch an anderer Stelle intensiv befassen. Hier wollen wir uns zunächst der freundschaftlichen Liebe oder *philia* widmen, also jener Liebe, die zwischen Menschen aufkommt, und zwar »ungeachtet der Formen, die sie annimmt, und solange sie nicht auf Entbehrung oder Leidenschaft (*eros*) beschränkt ist«. Vorbild dieser freundschaftlichen Liebe ist die Liebe, wie wir sie in der Mutterliebe, der Liebe von Eltern, Geschwistern und Kindern und schließlich in der Liebe zwischen zwei Partnern, die sich nicht nur in *eros* erschöpft, finden. Es ist die »Liebe als Freude, insofern sie wechselseitig ist oder sein kann, die Freude zu lieben und geliebt zu werden, die gegenseitige, sich zur Gegenseitigkeit hin entwickelnde Wohlgesinntheit, das Zusammenleben, die verbindliche Wahl, das beiderseitige Vergnügen und Vertrauen«.[407]

Im Rahmen seiner humanistischen Ethik bezeichnet *Fromm* diese freundschaftliche Liebe als »produktive Liebe«: Echte Liebe, in all den zuvor beschrieben Formen, wurzelt in »Produktivität«. Gewisse Grundelemente sind für alle diese Formen produktiver Liebe charakteristisch, nämlich »Fürsorge, Verantwortungsgefühl, Achtung und Erkenntnis«. Einen Menschen produktiv lieben heißt, dass »man für ihn sorgt und sich für sein Leben verantwortlich fühlt, nicht nur für seine physische Existenz, sondern für das Reifen und Wachsen all seiner menschlichen Kräfte«. Produktive Liebe schließt nach *Fromm* »Arbeit, Fürsorge und Verantwortungsgefühl für sein Wachstum ein«. Einen Menschen produktiv lieben heißt, »mit seinem menschlichen Kern in Beziehung zu stehen«. Produktive Liebe ist »das engste Verhältnis zwischen zwei Menschen, in dem zugleich die Integrität jedes einzelnen gewahrt wird«. Die Fähigkeit dazu ist ein »Zeugnis menschlicher Reife. Freude und Glück sind Begleiterscheinungen der produktiven Liebe.«[408]

Auch *Frankl* betont bei der Liebe drei Aspekte, die das Wesen der Liebe beschreiben: Liebe im Sinn von *eros* eröffnet zunächst jenes Feld, in dem Erlebniswerte oder schöpferische Werte in einer ganz besonderen Art und Weise realisierbar sind, nämlich »das Erleben des anderen Menschen in dessen ganzer Einzigartigkeit und Einmaligkeit«.

Liebe ist aber auch »Gnade«, und zwar über den Weg des »Geliebt-werdens«: Ohne eigenes Hinzutun, ohne eigenes »Verdienst«, gleichsam im Gnadenweg, wird dem Menschen durch die Liebe »jene Erfüllung zuteil, die in der Realisierung seiner Einzigartigkeit und Einmaligkeit gelegen ist«. In der Liebe wird der geliebte Mensch als »das in seinem Da-sein einmalige und in seinem So-sein einzigartige Wesen« erfasst, das er ist; er wird als »Du« erfasst und als solches in ein anderes »Ich« aufgenommen. »Als menschliche Gestalt wird er für den ihn Liebenden unvertretbar und unersetzlich, ohne etwas dazu oder dafür geleistet zu haben.«

Schließlich ist Liebe nicht nur Gnade, sondern auch »Zauber« und »Wunder«: Denn die »Liebe erhöht beim Liebenden die menschliche Resonanz für die Fülle der Werte. Sie schließt ihn auf für die Welt in deren Wertfülle«. So erfährt der Liebende in seiner Hingegebenheit an ein »Du« eine innere Bereicherung, die über dieses »Du« hinausgeht: »Der ganze Kosmos wird für ihn weiter und tiefer an Werten und Werthaftigkeit«. Das ist nach *Frankl* das Besondere an der Liebe, das Wunder der Liebe.[409]

Auch wenn wir dieses Wunder der Liebe eigentlich gar nicht beschreiben können, so können wir aus den zuvor gemachten Ausführungen doch ihr wahres Wesen erahnen: Echte und wahrhafte Liebe ist die freundschaftliche Liebe oder *philia*, die ihr Vorbild in der Mutterliebe findet. Unabhängig davon, welche Formen sie annimmt – also auch bei der Liebe zwischen zwei Partnern, solange sie sich nicht auf Begehren und Leidenschaft beschränkt –, ist sie ganz wesentlich durch Achtung vor dem anderen sowie Fürsorge und Verantwortungsgefühl für den geliebten Menschen gekennzeichnet, und zwar Verantwortung und Fürsorge für das gesamte Leben des geliebten Menschen, also auch für das Reifen und Wachsen seiner Person und seiner menschlichen Kräfte. Das ist gleichzeitig das Geheimnis und Wunder der Liebe. Denn die Liebe erhöht bei uns selbst die menschliche Resonanz für die Fülle der Werte und bereichert uns damit selbst. Und genau deshalb ist Liebe auch Geschenk und Gnade.

Wenn wir uns hier mit dem Wesen wahrhafter Liebe beschäftigen, dann stellt sich die Frage, wie wichtig bei der Liebe der *eros*, die Körperlichkeit und der sexuelle Aspekt, ist. Hat das Begehren oder die Leidenschaft der Liebe jenen Stellenwert, der ihr, und zwar oft als alleinige oder doch wesentliche Bedeutung, zugeschrieben wird? Oder ist es nicht vielmehr so, dass das Begehren den Ausgangspunkt der Liebe bilden kann und letztendlich eine Begleiterscheinung der echten und wahrhaften Liebe zwischen zwei verliebten Partnern ist?

Das sexuelle Verlangen ist Ausdruck des menschlichen Bedürfnisses nach Einheit, das Verlangen nach einer Vereinigung des männlichen und des weiblichen Pols. Nach *Fromm* beruht dieser Gedanke der Vereinigung der beiden Pole auf dem Mythos, dass Mann und Frau ursprünglich eins waren, auseinandergeteilt wurden, und seitdem jeder Mensch seine verlorene andersgeschlechtliche Hälfte sucht, um sich aufs Neue mit ihr zu vereinigen. Dieser Mythos, wenngleich in einem heute überkommenen patriarchalischen Sinn, wird auch in der Schöpfungsgeschichte des Alten Testaments angesprochen, wonach die Frau aus der Rippe des Mannes geschaffen wurde. Und weil die Frau vom Mann genommen wurde, so heißt es in der Schöpfungsgeschichte weiter, verlässt der Mann später Vater und Mutter und bindet sich mit der Frau, um mit ihr wieder zu »einem Fleisch« zu werden.[410] Die körperliche Polarisierung veranlasst den Menschen, die Einheit mit dem jeweils anderen Geschlecht zu suchen. In ihr liegt, wie *Fromm* richtig bemerkt, das tiefe Bedürfnis des Menschen, seine Abgetrenntheit zu überwinden und zur Vereinigung zu gelangen und sein Einswerden wieder zu erreichen.[411]

Gerade im sexuellen Verlangen kommt dieses Bedürfnis nach Vereinigung und Einssein zum Ausdruck. Und damit Sexualität das sein kann, was sie ist, müssen die beiden liebenden Partner diese mythische Vereinigung auch anstreben. Erst dann kann sich Sexualität richtig entfalten und führt zu wahrer Erkenntnis. Eine Sexualität ohne dieses Bedürfnis nach Vereinigung ist ein Mangel und entwertet sich letztendlich irgendwann selbst. *Hesse* hat diesen Wunsch nach Vereinigung und Einssein wunderbar in seinem Liebensmärchen *Piktors Verwandlungen* beschrieben: Das junge Mädchen, das ins Paradies kam und sich unter den einsamen und traurigen Baum Piktor, der seine Verwandlungsfähigkeit verloren hatte, setzte, spürte das Verlangen »hinüber zu schmelzen zu Ihm, in Ihn, den schönen Einsamen«. Und erst als die Schöne eins wurde mit dem Baum »war alles gut, nun erst war das Paradies gefunden«. Piktor war kein alter bekümmerter Baum mehr, er war verwandelt und hatte die ewige Verwandlung erreicht, »weil er aus einem Halben ein Ganzes geworden war«.[412]

Mag auch das sexuelle Verlangen dem Grundbedürfnis des Menschen nach Vereinigung entspringen, so scheint doch dieses Bedürfnis für das Verständnis echter und wahrhafter Liebe nicht primär entscheidend zu sein. Denn aus *Frankls* Berichten über sein Leben im Konzentrationslager zeigt sich, dass bei den Häftlingen im Lager der Sexualtrieb im Allgemeinen schwieg und auch in den Träumen sexuelle Inhalte nur sehr selten auftauchten. Hingegen kamen die Liebessehnsucht des Häftlings und seine Liebesregungen im Traum sehr wohl deutlich zum Vorschein. Was also in dieser Hölle dem Menschen offenbar noch blieb und in Unvergänglichkeit Bestand hatte, war nicht das sexuelle Bedürfnis, sondern die Liebe und das Gefühl der Liebe.

Frankl erzählt dabei auch von den Gedanken an seine Frau und den Gesprächen, die er mit ihr in seinen Gedanken geführt hat:[413]

> »Da fällt mir etwas auf: ich weiß ja gar nicht, ob meine Frau noch lebt! Da weiß ich eines – jetzt habe ich es gelernt: So wenig meint Liebe die körperliche Existenz eines Menschen, so sehr meint

> sie zutiefst das geistige Wesen des geliebten Menschen, sein ›So-sein‹, dass sein ›Dasein‹, sein Hierbei-mir-sein, ja seine körperliche Existenz überhaupt, sein Am-Leben-sein, irgendwie gar nicht mehr zur Diskussion steht.«

Wir neigen manchmal dazu, in der Beziehung zu einem geliebten Menschen das körperliche Verlangen und die Sexualität über zu bewerten. Dabei vergessen wir, dass das Einzige, was in Wahrheit wirklich zählt und Bestand hat, die wahrhafte Liebe zu diesem Menschen ist, die freundschaftliche Liebe, die ihren Ausdruck in Fürsorge, Verantwortungsgefühl und Achtung für diesen geliebten Menschen findet und die uns für sein gesamtes Leben, nicht nur für seine physische Existenz, sondern auch für das Reifen und Wachsen all seiner menschlichen Kräfte verantwortlich werden lässt. In Wahrheit ist gerade das in einer Beziehung von verliebten Partnern der Weg zu wahrem Glück. Denn wer lediglich auf überbewertete Erotik und bloße Sexualität fixiert ist, versucht letztendlich nur krampfhaft »jene Tür zum Glück« aufzudrücken, von der wir bereits wissen, dass sie nach außen aufgeht.

Das bedeutet natürlich nicht, dass sich Liebe nicht »verkörpern« will. Und gerade bei der Liebe zwischen zwei Partnern ist der sexuelle Aspekt ein ganz wesentlicher Bestandteil einer guten Partnerschaft. Aber Liebe ist insofern unabhängig von Körperlichkeit, als sie auf diese nicht allein angewiesen ist. Selbst für die Liebe zwischen zwei Partnern ist das Körperliche, das Sexuelle, nicht das Primäre, kein Selbstzweck, sondern Ausdrucksmittel. Auch ohne körperlichen Aspekt kann diese Liebe prinzipiell bestehen, wie *Frankl* betont:[414]

> »Wo es möglich ist, wird sie es wollen und suchen; wo aber Verzicht notwendig sein sollte, wird sie an ihm nicht erkalten oder sterben müssen. Geistiges gelangt zum Ausdruck – und verlangt nach Ausdruck – im Körperlichen und Seelischen. So wird

die körperliche Erscheinung des geliebten Menschen für den Liebenden zum Symbol für etwas, was dahinter steht und sich im Äußeren kundgibt, aber nicht erschöpft. Echte Liebe an und für sich bedarf des Körperlichen weder zu ihrer Erweckung noch zu ihrer Erfüllung; aber sie bedient sich des Körperlichen in Hinsicht auf beides.«

Eros, die leidenschaftliche Liebe, wäre unmöglich, oder jedenfalls wäre nichts Erotisches an ihr, ohne die freundschaftliche Liebe *philia*. Und wie *Comte-Sponville* bemerkt, ist wahrscheinlich auch das Umgekehrte wahr: »Was wüssten wir von der Liebe ohne das Begehren? Und was wäre das Begehren ohne die Liebe? Ohne *eros* keine *philia* und keine *agape*. Aber ohne *philia* und *agape* auch ein wertloser *eros*.«[415] Die leidenschaftliche Liebe und das Begehren mag zunächst Ausgangspunkt einer Liebesbeziehung zwischen zwei Menschen sein, aber Erfüllung findet leidenschaftliche Liebe nur, wenn sie sich zur freundschaftlichen Liebe, zur produktiven Liebe, also zu Fürsorge, Verantwortung und Achtung für den geliebten Menschen weiterentwickelt. Die körperliche Liebe, die Leidenschaft, mag Begleiterscheinung der freundschaftlichen Liebe sein, sie mag ihr Ausdrucksmittel sein, denn Geistiges gelangt zum Ausdruck und verlangt nach Ausdruck im Körperlichen und Seelischen. Aber auch ohne diese leidenschaftliche Liebe wird sie bestehen können, wenn die Liebe wahrhaft ist.

Die bloße Befriedigung des sexuellen Triebs bietet Lust, die Erotik der Verliebten bietet Freude, die wahrhafte Liebe hingegen bietet Glück: »Lust ist nur ein zuständliches Gefühl; Freude jedoch ist intentional, also auf etwas gerichtet. Glück aber hat seine bestimmte Richtung – auf die Erfüllung«, meint *Frankl*.[416] Und dazu müssen wir aktiv etwas tun und beitragen. Denn wie wir bereits zuvor festgehalten haben, ist Glück nicht nur ein Geschenk des Zufalls, sondern Ergebnis von Arbeit und Anstrengung. So gewinnt Glück und letztendlich auch die Liebe einen gewissen Leistungscharakter. Wie *Spinoza* richtig meint, ist »Glückseligkeit nicht der Lohn der Tugend, sondern die Tugend selbst« (»*Beatitudo ipsa virtus*«).⁴¹⁷ Das, was wir wollen, wird uns nur als Geschenk und Gnade zuteil, und doch verlangt es von uns Arbeit und Einsatz. Glück ist nicht nur intentional sondern »produktiv«. Nur so ist es zu verstehen, dass ein Mensch in der Liebe und in seinem Glück »sich erfüllen« kann. Und genau aus diesem Grund spricht *Fromm* davon, dass nicht nur das Leben eine Kunst ist, sondern auch das Lieben. Wir müssen aktiv etwas tun, wenn wir lernen wollen zu lieben.⁴¹⁸ Liebe hat einen aktiven Charakter. Liebe ist eine Handlung, nicht ein Zustand.⁴¹⁹ Und wenngleich auch das Empfangenkönnen wichtig ist, ist Liebe doch in erster Linie ein Geben und nicht ein Empfangen.

Eine der schönsten Lobpreisungen der Liebe enthält das Hohelied der Liebe im ersten Brief von Paulus an die Korinther.⁴²⁰ Ich habe lange überlegt, ob wir es eher der Nächstenliebe *agape* oder der freundschaftlichen Liebe *philia* zuordnen sollen. Aber im Sinn der zuvor gemachten Ausführungen muss es wohl hier sein und ich glaube Sie werden dem zustimmen:

»Wenn ich in den Sprachen der Menschen und Engel redete,
hätte aber die Liebe nicht,
wäre ich dröhnendes Erz oder eine lärmende Pauke.

Und wenn ich prophetisch reden könnte
und alle Geheimnisse wüsste
und alle Erkenntnisse hätte;
wenn ich alle Glaubenskraft besäße
und Berge damit versetzen könnte,
hätte aber die Liebe nicht,
wäre ich nichts.

Und wenn ich meine ganze Habe verschenkte
und wenn ich meinen Leib dem Feuer übergäbe,
hätte aber die Liebe nicht,
nützte es mir nichts.

> Die Liebe ist langmütig,
> die Liebe ist gütig.
> sie ereifert sich nicht,
> sie prahlt nicht,
> sie bläht sich nicht auf.
>
> Sie handelt nicht ungehörig,
> sucht nicht ihren Vorteil,
> lässt sich nicht zum Zorn reizen,
> trägt das Böse nicht nach.
>
> Sie freut sich nicht über das Unrecht,
> sondern freut sich an der Wahrheit.
>
> Sie erträgt alles,
> glaubt alles,
> hofft alles,
> hält allem stand.
>
> Die Liebe hört niemals auf.
> Prophetisches Reden hat ein Ende,
> Zungenrede verstummt,
> Erkenntnis vergeht.
>
> Für jetzt bleiben Glaube, Hoffnung, Liebe, diese drei;
> Doch am größten unter ihnen ist die Liebe.«

Die Liebe ist in der Tat das Größte. Denn die Liebe allein besitzt das Geheimnis, andere zu beschenken und dabei selbst reich zu werden. Was *Rilke* bemerkt hat, ist richtig: »Je mehr Liebe man gibt, desto mehr besitzt man davon.«[421] Und genau das ist auch ihr Geheimnis, das Wunder der Liebe: Je mehr wir lieben, desto mehr Wertfülle und innere Bereicherung werden wir selbst erfahren. Liebe ist wahrlich Geschenk und Gnade.

»Und doch, welch Glück, geliebt zu werden!
Und lieben, Götter, welch ein Glück!«[422]

Das Wesentliche kurz: Die Liebe ist wohl das Wunderbarste, das uns in unserem Leben begegnen kann. Wenngleich Liebe keine tugendhafte »Pflicht« sein kann, ist sie doch das Ideal der Tugenden und der Menschlichkeit. Sie ist geradezu die verinnerlichte und intuitive Verkörperung aller Tugenden selbst. Ohne Liebe wären die Tugenden nichts und doch finden sich alle Tugenden in der Liebe. Ihr Vorbild finden wir in der Mutterliebe. Im Verhältnis mit einem geliebten Partner findet sie ihren ganz besonderen Ausdruck. Unabhängig davon, welche Formen sie annimmt, besteht echte und wahrhafte Liebe in freundschaftlicher Liebe (*philia*) oder in »produktiver Liebe«, wie *Fromm* sie nennt. Sie ist ganz wesentlich durch Achtung vor dem anderen sowie Fürsorge und Verantwortungsgefühl für den geliebten Menschen gekennzeichnet. Sie findet ihren Ausdruck in Verantwortung für das gesamte Leben des geliebten Menschen, nicht nur für seine physische Existenz, sondern auch für das Reifen und Wachsen seiner Person und seiner menschlichen Kräfte. Und das ist gleichzeitig das Geheimnis und Wunder der Liebe, weil sie damit bei uns selbst die menschliche Resonanz für die Fülle der Werte erhöht und uns innerlich bereichert. Und genau deshalb ist Liebe Geschenk und Gnade. In der Beziehung zu einem geliebten Menschen sollten wir den körperlichen Aspekt und die Sexualität nicht überbewerten. Die leidenschaftliche Liebe und das Begehren mag zunächst Ausgangspunkt einer Liebesbeziehung sein, aber Erfüllung findet diese leidenschaftliche Liebe nur, wenn sie sich zur freundschaftlichen Liebe weiter entwickelt. Die körperliche Liebe mag Begleiterscheinung der freundschaftlichen Liebe zwischen zwei Partnern sein, sie mag ihr Ausdrucksmittel sein. Aber auch ohne diese leidenschaftliche Liebe wird sie bestehen können. Um in der Liebe glücklich zu werden, müssen wir aktiv etwas tun und beitragen. Denn Glück ist nicht nur ein Geschenk des Zufalls, sondern verlangt von uns Arbeit und Einsatz, und zwar gerade auch bei der Liebe. Wie das Hohelied der Liebe in der Bibel zeigt, ist die Liebe das Größte. Sie allein besitzt das Geheimnis, andere zu beschenken und dabei selbst reich zu werden. Und genau das ist auch ihr Geheimnis, das Wunder der Liebe: Je mehr wir lieben, desto mehr Wertfülle und innere Bereicherung werden wir erfahren. Liebe ist wahrlich Geschenk und Gnade.

5.2 Ehe und Partnerschaft – Die Treue

Die Liebe ist ein nicht ganz einfach zu fassendes Thema. Das haben wir im vorhergehenden Teil dieses Kapitels bereits erfahren. Entsprechendes gilt für Ehe und Partnerschaft. Was ist das Geheimnis einer erfolgreichen und glücklichen Partnerschaft? Wie viele Bücher und Ratgeber wurden darüber nicht schon geschrieben. Und dann die resignierende Frage, die sich viele Menschen nach dem Scheitern einer Beziehung stellen: Gibt es das überhaupt, eine glückliche Beziehung? Und selbst wenn man diese Grundsatzfrage bejaht: Wie lässt sich das Geheimnis einer glücklichen Partnerschaft enthüllen? Wie finden wir mit unserem Partner zu einer glücklichen Beziehung?

Eines gleich vorweg: Die glückliche Partnerschaft gibt es. Und ihr wesentliches Merkmal ist die freundschaftliche Liebe. In einer glücklichen Ehe oder Partnerschaft verwirklicht sich jene Liebe, die wir zuvor als *philia*, als freundschaftliche Liebe oder als produktive Liebe beschrieben haben, jene Liebe, die sich nicht nur in leidenschaftlicher Liebe und Erotik erschöpft. Es ist die Liebe, die in Fürsorge, Verantwortung und Achtung für den Partner aufgeht und die uns für das gesamte Leben des geliebten Partners, nicht nur für seine physische Existenz, sondern auch für das Reifen und Wachsen all seiner menschlichen Kräfte verantwortlich werden lässt. Es ist die Liebe als wechselseitige Freude, die Freude zu lieben und geliebt zu werden, die gegenseitige und sich zur Gegenseitigkeit hin entwickelnde Wohlgesinntheit, das Zusammenleben, die verbindliche Wahl im beiderseitigen Vertrauen.

Wie bereits das Wort »freundschaftliche Liebe« zum Ausdruck bringt, hat eine gute Partnerschaft mehr mit »Freundschaft« im wahrsten Sinn des Wortes zu tun, als wir vielleicht vermuten würden. Freundschaft ist ein ganz wesentliches Merkmal einer glücklichen Beziehung:

Schon die alten Römer haben gesagt, dass Liebe Freundschaft nach sich zieht – »*Amicitiam trahit amor*«. Und auch *Nietzsche* meinte, dass der beste Freund wahrscheinlich die beste Gattin bekommen wird, »weil die gute Ehe auf dem Talent zur Freundschaft beruht«.[423] *Aristoteles* brachte zum Ausdruck, dass die Liebe zwischen Mann und Frau eine Form der Freundschaft ist, wahrscheinlich sogar die wichtigste. Aus gegenseitigem Nutzen verbinden sich Mann und Frau zu einer freundschaftlichen Gemeinschaft, in der jeder Partner bestimmte ihm zugeteilte Aufgaben erfüllt.[424] Und auch *Spinoza* vertrat die Ansicht, dass Menschen in einer Gemeinschaft weit mehr Vorteile als Nachteile haben. Denn durch wechselseitige Hilfe können sie ihre Bedürfnisse viel leichter befriedigen und mit vereinten Kräften Gefahren, von denen sie bedroht werden, leichter vermeiden. Und dabei geschieht etwas Wunderbares: Wenn sich zwei Individuen von ganz gleicher Natur miteinander verbinden, »so bilden sie ein Individuum, das zweimal soviel vermag, wie das einzelne Individuum. Es ist daher dem Menschen nichts nützlicher als der Mensch«.[425]

Diese Feststellungen haben bemerkenswerte Aktualität, und zwar gerade für die freundschaftliche Gemeinschaft zwischen zwei Partnern. Wichtig ist, dass diese freundschaftliche Gemeinschaft auch zum wechselseitigen Nutzen der beiden Partner geschlossen wird, also um sich gegenseitig zu helfen und die Bedürfnisse des täglichen Lebens gemeinsam besser befriedigen zu können. Jeder Partner trägt dabei durch die Erfüllung seiner jeweiligen Aufgaben seinen Beitrag zum Erhalt und zur Förderung dieser Gemeinschaft bei, wobei diese Förderung ganz bewusst auch, oder besser gesagt, vor allem das Geistige mit einschließt. Wie die Aufgaben konkret verteilt sind, ist dabei nicht relevant. Das kommt ganz individuell auf die beteiligten Partner an. Von Bedeutung ist dabei nur, dass sich die beiden Partner zu einer Gemeinschaft mit einem gemeinsamen Ziel verbinden und beide Partner dabei dieses gemeinsame Ziel durch die Erfüllung ihrer jeweiligen Aufgaben verfolgen.[426]

In der Freundschaft zwischen zwei Partnern als ideale Partnerschaft finden sich wechselseitige Freude und wechselseitiger Nutzen der beiden Partner. Und was noch wichtiger ist: Beide Partner freuen sich an den menschlichen und geistigen Werten, die sie in diese Partnerschaft einbringen, und bereichern sich dadurch wechselseitig. Ähnlich wie *Aristoteles* und *Spinoza* spricht deshalb auch *Frankl* vom Wunder der Liebe: Die Liebe erhöht bei den Liebenden die menschliche und geistige Resonanz für die Fülle der Werte, sie öffnen sich wechselseitig für die Fülle der Werte und erfahren so in ihrer wechselseitigen Hingabe eine innere Bereicherung. Eine gute Partnerschaft führt zu wechselseitiger innerer und menschlicher Bereicherung beider Partner.

Das ist also eines der Geheimnisse einer glücklichen Partnerschaft, eines glücklichen Paares: Sie vereinen sich zu einer freundschaftlichen Gemeinschaft, die zum gegenseitigen Nutzen und zur gegenseitigen Freude geschlossen wird und in der sich die beiden Partner wechselseitig unterstützen und bereichern, und zwar gerade auch oder vor allem in geistiger und menschlicher Hinsicht. Dabei verbinden sich fast immer die leidenschaftliche Liebe *eros* und die freundschaftliche Liebe *philia*, wie *Comte-Sponville* betont: »Nur dass sich *eros* in dem Maß abnutzt, wie er befriedigt wird, oder vielmehr nur zu neuem Leben erwacht, um wieder zu sterben, wieder zu erwachen und wieder zu sterben, allerdings immer weniger stürmisch, immer weniger leidenschaftlich, immer weniger entbehrend, wohingegen *philia* bei einem glücklichen Paar immer stärker und immer tiefer wird, sich immer mehr entfaltet.« In einer guten und glücklichen Partnerschaft gewinnt der freundschaftliche Liebesaspekt im Lauf der Zeit immer mehr an Bedeutung, mag auch der körperliche Liebesaspekt an Bedeutung verlieren, was aber natürlich nicht sein muss. Wie uns ein altes Sprichwort sagt, ist ein guter Partner wie ein alter Wein, denn er wird mit den Jahren immer besser. Durch Freude, Freundschaft und Wohlwollen gelangen wir so immer mehr von der körperlichen Liebe zur geistigen Liebe, von der nehmenden und verzehrenden Liebe zur gebenden Liebe, vom Begehren zum Wohlwollen, vom Entbehren zur Freude, von der stürmischen Liebe zur Sanftmut – von *eros* zu *philia*.[427]

Aus diesem Grund ist es auch leichter, Liebhaber als Ehemann zu sein, weil es schwieriger ist, alle Tage Geist zu haben, als von Zeit zu Zeit eine hübsche Bemerkung zu machen. In *Wilhelm Meisters Lehrjahre* betont *Goethe*, wie wichtig es ist, dass aus einem Liebhaber ein Bräutigam wird, und zwar selbst dann, wenn auf dieses Verhältnis keine formelle Ehe folgen sollte: Denn »die Liebe zwischen beiden Personen nimmt dadurch nicht ab, aber sie wird vernünftiger«.[428] All das bringt zum Ausdruck, dass in einer guten und glücklichen Partnerschaft die freundschaftliche und verantwortliche Liebe das wesentliche Element ist. Nicht dass die Leidenschaft und das Begehren unwichtig wären. Denn, wie wir bereits erfahren haben, ist der sexuelle Aspekt der Liebe, der in der Überwindung des Getrenntseins und im Eins-werden auch in körperlicher Hinsicht ein Urbedürfnis des Menschen zum Ausdruck bringt, ein wesentlicher Bestandteil einer guten Partnerschaft. Doch der körperliche Aspekt ist nicht alles entscheidend. Mag auch die leidenschaftliche Liebe mit der Zeit abnehmen, so bleibt doch die freundschaftliche Liebe erhalten und wird mit zunehmender Dauer der Partnerschaft immer stärker und intensiver, wenn sie von beiden Partnern ehrlich gelebt und verwirklicht wird.

Eine ähnlich wichtige Bedeutung für eine glückliche Partnerschaft wie die Freundschaft und die freundschaftliche Liebe hat das Gespräch: Wir werden uns noch bei den Grundregeln für das Zusammenleben mit der allgemeinen Bedeutung des Gesprächs befassen. Hier sei aber bereits vorweggenommen, dass das gemeinsame Gespräch für eine gute Partnerschaft oder Ehe besonders wichtig ist. *Nietzsche* hat argumentiert, dass man sich beim Eingehen einer Ehe die folgende Frage stellen sollte: »Glaubst du, dich mit dieser Frau bis ins Alter hinein gut zu unterhalten? Alles andere in der Ehe ist transitorisch, aber die meiste Zeit des Verkehrs gehört dem Gespräche an.«[429]

Die Bedeutung des gemeinsamen Gesprächs für eine gute Partnerschaft können wir gar nicht hoch genug einschätzen. Es gibt Untersuchungen, dass Ehepartner im Schnitt nur ein paar Minuten pro Tag miteinander sprechen und kommunizieren und dabei geht es in erster Linie um rein organisatorische Dinge. Beziehungen scheitern in der Regel daran, dass sich die beiden Partner keine Zeit für das gemeinsame Gespräch nehmen und einfach nicht miteinander kommunizieren. Oft hat der Gesprächskontakt zwischen den Partnern schon lange aufgehört, bevor in der Beziehung die intimen Kontakte und Zärtlichkeiten abnehmen. Wie wollen wir wissen, wie es dem anderen geht, wenn wir nicht mit ihm reden? Wie soll der andere wissen, wie es uns geht, wenn wir es ihm gar nicht mitteilen? »Warum sprach er nicht mit mir?«, fragte Pamina verzweifelt die drei Knaben in der *Zauberflöte*, nachdem ihr Tamino zuvor schweigend gegenübertrat.[430] Warum sprechen die Menschen nicht miteinander, warum sprechen vor allem Partner in einer Beziehung nicht mehr miteinander?

Ohne gemeinsames Gespräch ist es unmöglich, eine glückliche Beziehung zu führen. Die wechselseitige Mitteilung von Erlebnissen, Unsicherheiten, Sorgen und Ängsten, aber auch von Gefühlen, Hoffnungen und Erwartungen ist wichtig. All das müssen wir unserem Partner mitteilen, mit ihm austauschen und mit ihm teilen, und das erfolgt in erster Linie durch das Gespräch. Vor allem ist es ohne Gespräch nicht möglich, das wesentliche Ziel einer guten Partnerschaft zu erreichen, nämlich sich wechselseitig in geistiger und menschlicher Hinsicht zu bereichern. Denn um das zu erreichen, müssen wir unsere Gedanken, Wertvorstellungen und Gefühle dem anderen mitteilen und ihm Gelegenheit geben, sich von ihnen bereichern zu lassen. Und umgekehrt erfahren auch wir selbst erst dann diese innere Bereicherung, wenn wir die Gedanken und Wertvorstellungen unseres Partners im gemeinsamen Gespräch aufnehmen.

Das Gespräch gewinnt damit eine zentrale Bedeutung für eine gute und glückliche Beziehung. Wir sollten uns die Wichtigkeit des Gesprächs deutlicher vor Augen führen, mehr miteinander reden und uns mit unserem Partner bewusst Zeit für das gemeinsame Gespräch nehmen. Wir sollten öfter »Gesprächstöter«, wie etwa den Fernseher, meiden und stattdessen mit unserem Partner bei einem Glas Wein gemütlich zur Ruhe kommen und mit ihm reden. Wir müssen das gemeinsame Gespräch kultivieren und pflegen und unserem Partner auch im Gespräch jene Aufmerksamkeit schenken, die er verdient hat.

Neben Fürsorge und wechselseitigem Verantwortungsgefühl ist wesentlicher Bestandteil der freundschaftlichen Liebe und damit einer guten Partnerschaft die Achtung des Partners. Übertrefft euch in gegenseitiger Achtung, heißt es schon in der Bibel.[431] Die aufrichtige Achtung des Partners und die wechselseitige Achtung der Partner sind ganz entscheidende Faktoren für eine glückliche Beziehung. Nach *Kant* ist Freundschaft in ihrer Vollkommenheit betrachtet die Vereinigung zweier Personen nicht nur durch gleiche wechselseitige Liebe, sondern auch durch wechselseitige Achtung.[432] Und wie wir zuvor bereits festgestellt haben, beruht eine gute Partnerschaft gerade auf der Tugend der Freundschaft.

Eine gute Partnerschaft zeichnet sich weiter durch Verantwortung für den anderen Partner und durch wechselseitiges Verantwortungsgefühl aus. Wir haben bereits festgestellt, dass Verantwortungsgefühl ganz allgemein ein wesentliches Kennzeichen der freundschaftlichen Liebe oder, wie sie *Fromm* nennt, »produktiven Liebe« ist. Charakteristisch für diese Liebe ist Fürsorge, Verantwortungsgefühl und Achtung. Gerade Fürsorge und Verantwortung für den Partner gewinnen dabei wesentliche Bedeutung. Denn wenn wir eine Partnerschaft mit einem geliebten Menschen eingehen, dann wird es unsere Verantwortung, uns um ihn zu kümmern und für ihn zu sorgen, dann werden wir für sein gesamtes Leben verantwortlich, und zwar nicht nur für seine physische Existenz, sondern auch für das Reifen und Wachsen all seiner menschlichen Kräfte, also für sein gesamtes Leben:

»Hier mein Geheimnis. Es ist ganz einfach«, sagte der Fuchs zum kleinen Prinzen. »Man sieht nur mit dem Herzen gut. Das Wesentliche ist für die Augen unsichtbar. Die Zeit, die du für deine Rose verloren hast, sie macht deine Rose so wichtig. Die

Menschen haben diese Wahrheit vergessen«, sagte der Fuchs. »Aber du darfst sie nicht vergessen. Du bist zeitlebens für das verantwortlich, was du dir vertraut gemacht hast. Du bist für deine Rose verantwortlich«, mahnte der Fuchs. »Ich bin für meine Rose verantwortlich«, wiederholte der kleine Prinz, um es sich zu merken.[433]

Es ist eine wunderbare Weisheit, die der Fuchs dem kleinen Prinzen hier anvertraut. Er spricht damit jene Wahrheit an, die wir nicht vergessen dürfen: Wenn wir uns für eine Partnerschaft mit einem Menschen entschieden haben und uns diesen Menschen »vertraut gemacht« haben, dann sind wir für diesen Menschen verantwortlich, wie der kleine Prinz für seine Rose, und zwar nicht nur für seine physische Existenz, sondern für sein gesamtes Leben. Wir haben für ihn Verantwortung übernommen und das nimmt uns in die Pflicht. Unser Partner verlässt sich auf uns, er baut auf uns. Wir sind dafür verantwortlich, dass auch unser Partner, so wie wir selbst, seine Möglichkeiten verwirklichen und mit unserer Hilfe seine Kräfte in seinem Leben entfalten kann. Und damit verwirklichen letztendlich beide Partner wechselseitig ihre gemeinsamen Möglichkeiten und entfalten ihre Kräfte in einem gemeinsamen Leben und können so gemeinsam stärker werden.

Das bringt uns schließlich zu einem weiteren wesentlichen Geheimnis einer glücklichen Partnerschaft, nämlich zur Treue: Die Treue ist nicht ein Wert unter anderen, eine Tugend unter anderen, sondern sie ist das, wodurch und weswegen es Werte und Tugenden gibt.[434] »Nur die Treue macht stark«, meint *Saint-Exupéry*, »und es gibt nicht Treue nur auf einem Gebiet und nicht zugleich auf einem anderen. Einer der treu ist, ist immer treu.«[435] Doch bedauerlicherweise ist die Treue jener tugendhafte Aspekt einer guten Partnerschaft, welcher in der heutigen Zeit der missverstandenen »Freiheit« und »freien Wahl« viel zu sehr in Vergessenheit geraten ist oder, sagen wir vielleicht besser, von vielen zugunsten der kurzfristigen Lust und Erotik verdrängt wird.[436]

Auch die Tugend der Treue hat mit Verantwortung und Verantwortungsgefühl zu tun: Treue ist die verantwortungsvolle und verantwortungsbewusste Wahl für ein gemeinsames Leben mit einem bestimmten Menschen, für den wir uns aus freundschaftlicher Liebe bewusst entschieden haben. »Frei-Sein« bedeutet nach *Frankl* »Verantwortlich-Sein«. Der Mensch mag zwar frei sein, »aber er ist nicht gleichsam frei schwebend im luftleeren Raum, sondern findet sich inmitten einer Fülle von Bindungen. Diese Bindungen sind jedoch die Angriffspunkte für seine Freiheit. Freiheit setzt Bindungen voraus, ist auf Bindungen angewiesen«.[437] Das bringt das Wesen der Treue wunderbar zum Ausdruck: Unsere Freiheit bedeutet nicht, dass wir in einer Partnerschaft einfach tun und lassen können, was wir wollen, dass wir tun können, wozu wir im Moment gerade Lust und Laune haben. Freiheit bedeutet vielmehr, dass wir für unseren Partner Verantwortung übernommen haben und aus dieser Verantwortung unserem Partner gegenüber Bindungen unterliegen, die in der Treue zu diesem Partner zum Ausdruck kommen.

Treue ist die aus Freiheit im Sinn dieses Verantwortungsbewusstseins eingegangene Bindung zu unserem geliebten Partner. Wenn wir einmal im Lauf einer Partnerschaft unsere Treue als Belastung empfinden sollten, dann müssen wir uns diesen Aspekt des »Verantwortlich-Seins« unseres »Frei-Seins« bewusst machen. Wir sollten uns vor Augen führen, dass Freiheit letztendlich Verantwortung bedeutet und Verantwortung mit sich bringt, dass wir die Bindung zu unserem Partner aus Freiheit und freiwillig eingegangen sind und genau diese Bindung zu unserem Partner wiederum Grundlage unserer eigenen Freiheit ist: Treue ist die aus Freiheit eingegangene Bindung zu unserem geliebten Partner. *Saint-Exupéry* hat das in bemerkenswerter Weise festgehalten:

> »Ich aber möchte der Liebe Dauer verleihen. Nur dort gibt es Liebe, wo die Wahl unwiderruflich ist, denn man muss Grenzen haben, um *werden* zu können.«[438]

Die Ideale der Liebe, der Treue und des Vertrauens in einer Partnerschaft verwirklichen sich wunderbar in *Mozarts Zauberflöte*:

Tamino und Pamina widerstehen den symbolischen Prüfungen durch die vier Elemente Feuer, Wasser, Luft und Erde. Als schließlich Pamina die Prüfungen mit ihm besteht, singt Tamino: »Wohl mir, nun kann sie mit mir gehen! Nun trennet uns kein Schicksal mehr, wenn auch der Tod beschieden wär!« Und Pamina daraufhin: »Ich werde aller Orten an deiner Seite sein. Ich selbsten führe dich – die Liebe leite mich! Sie mag den Weg mit Rosen streun, weil Rosen stets bei Dornen sein. Spiel du die Zauberflöte an, sie schütze uns auf unsrer Bahn. Nun komm und spiel die Flöte an! Sie leite uns auf grauser Bahn.«[439]

Mozart und *Schikaneder* beschreiben hier Liebe, Treue, Vertrauen und Zusammenhalt als das Wesen einer guten und glücklichen Partnerschaft. Im Zusammenhalten, in dem beide gemeinsam mehr sind als die Summe der einzelnen Teile, können Pamina und Tamino die schwierigen Prüfungen unbeschadet bestehen. Gleichzeitig kommt ganz selbstverständlich zum Ausdruck, dass dieser gemeinsame Weg der Partnerschaft nicht immer leicht ist, denn der Weg ist mit Dornen gesäumt. Aber wo Dornen sind, gibt es auch Rosen: Denn die Liebe leitet den schwierigen Weg über die Dornen. Und damit wir dabei nicht verzweifeln oder uns verlieren, ist diese wunderbare Zauberflöte hilfreich. Sie dient uns in einer Partnerschaft als Symbol für den gemeinsamen Glauben und die gemeinsame Hoffnung, zusammengehalten und beschützt zu werden und uns auf dem weiteren gemeinsamen Weg der Partnerschaft nicht zu verlieren.

Das Wesentliche kurz: Das wesentliche Merkmal einer glücklichen Partnerschaft ist die freundschaftliche Liebe oder produktive Liebe, die in Fürsorge, Verantwortung und Achtung für den Partner aufgeht und die uns für das gesamte Leben des geliebten Partners, nicht nur für seine physische Existenz, sondern auch für das Reifen und Wachsen all seiner menschlichen Kräfte verantwortlich werden lässt. Eine gute Partnerschaft ist »Freundschaft« im wahrsten Sinn des Wortes. Sie ist die wichtigste Form der Freundschaft: Beide Partner vereinen sich zu einer freundschaftlichen Gemeinschaft, die zum gegenseitigen Nutzen und zur gegenseitigen Freude geschlossen wird. In dieser freundschaftlichen Gemeinschaft unterstützen und bereichern sich beide Partner wechselseitig, und zwar gerade auch oder vor allem in geistiger und menschlicher Hinsicht. In einer guten und glücklichen Partnerschaft gewinnt der freundschaftliche Liebesaspekt im Lauf der Zeit immer mehr an Bedeutung, mag auch die körperliche Liebe an Bedeutung verlieren, was aber nicht sein muss. Eine wichtige Bedeutung für eine glückliche Partnerschaft hat das gemeinsame Gespräch, die Kommunikation zwischen den Partnern. Ähnlich wichtig sind auch Verantwortung für den anderen Partner und wechselseitiges Verantwortungsgefühl. Wenn wir eine Partnerschaft mit einem geliebten Menschen eingehen, dann sind wir für sein gesamtes Leben verantwortlich, so wie der kleine Prinz für seine Rose verantwortlich ist. Erst durch diese wechselseitige Verantwortung können beide Partner ihre gemeinsamen Möglichkeiten verwirklichen und ihre Kräfte in einem gemeinsamen Leben entfalten. Schließlich ist die Tugend der Treue ein wichtiges Geheimnis einer glücklichen Partnerschaft. Die Treue ist nicht eine Tugend unter anderen, sondern sie ist das, wodurch und weswegen es Werte und Tugenden gibt. Auch die Treue hat mit Verantwortung zu tun: Treue ist die verantwortungsvolle und verantwortungsbewusste Wahl für ein gemeinsames Leben mit unserem Partner.

5.3 Egoismus, Eifersucht und deren Vermeidung

Wir haben bereits im Zusammenhang mit dem Selbstwertgefühl festgestellt, dass wir den Grundsatz »Liebe deinen Nächsten wie dich selbst« nur verwirklichen können, wenn wir auch uns selbst lieben und ein gesundes und natürliches Selbstwertgefühl entwickeln. Diese natürliche Selbstliebe (»Selbstliebe des Wohlwollens« wie *Kant* sie nannte oder *amour de soi-même* wie *Rousseau* sie bezeichnete) haben wir bewusst vom Egoismus und von der schädlichen Eigenliebe (bei *Kant* »Selbstliebe des Wohlgefallens« oder *amour propre* bei *Rousseau*) unterschieden, weil der Egoismus nach *Kant* die »Quelle alles Bösen« ist.[440]

Die Unterscheidung zwischen natürlicher Selbstliebe und egoistischer Eigenliebe hat bereits *Aristoteles* getroffen und dabei die Selbstliebe als positiv hervorgehoben: »Der ethisch hochstehende Mensch soll sich selbst lieben – denn von seinem edlen Handeln wird er selbst Gewinn haben und auch die anderen fördern.«[441] In diesem Sinn sah auch *Spinoza* die Selbstliebe positiv. Selbstinteresse war für ihn identisch mit Tugend: »Je mehr irgend jemand danach strebt und dazu imstande ist, das ihm Nützliche zu suchen, das heißt sein Sein zu erhalten, desto mehr ist er mit Tugend ausgestattet; und umgekehrt, sofern jemand es unterlässt, das ihm Nützliche, das heißt sein Sein, zu erhalten, insofern ist er untüchtig.«[442]

Hesse hat argumentiert, dass es sich beim Grundsatz »Liebe deinen Nächsten!« eigentlich um einen falschen Ansatz handelt. Denn es wäre richtiger zu sagen: »Liebe dich selbst so wie deinen Nächsten!« Seiner Ansicht nach war es wahrscheinlich der Urfehler, dass man immer beim Nächsten anfangen wollte und nicht bei sich selbst.[443] Und auch *Fromm* betont, dass der biblische Grundsatz »Liebe deinen Nächsten wie dich selbst« nichts anderes bedeutet, als dass »Achtung vor der eigenen Integrität und Einmaligkeit, Liebe zu sich selbst und ein Begreifen der eigenen Person nicht trennbar sind von der Achtung vor dem anderen, der Liebe zum anderen und dem Begreifen des anderen. Zwischen der Einstellung zu uns selbst und der Einstellung anderer gegenüber besteht kein Widerspruch, sondern ein fundamentaler Zusammenhang.« Im Prinzip ist nach *Fromm* Liebe unteilbar, soweit es den Zusammenhang zwischen anderen und dem eigenen »Ich« betrifft. »Echte Liebe ist Ausdruck von Produktivität und bedeutet Fürsorge, Achtung, Verantwortungsgefühl und Erkenntnis. Liebe ist kein ›Affekt‹ in dem Sinn, dass man von jemandem ›angetan‹ ist. Sie ist ein tätiges Streben, das in der eigenen Liebesfähigkeit wurzelt und auf die Entfaltung und das Glück der geliebten Person bedacht ist.« *Fromm* hat das wunderbar in einem Satz zusammengefasst:

»Liebe ist Ausdruck der eigenen Liebesfähigkeit.«

Ich selbst muss prinzipiell ebenso Objekt meiner Liebe sein wie ein anderer Mensch. Die Bejahung des eigenen Lebens, des Glückes, des Wachstums und der Freiheit wurzelt in meiner eigenen Liebesfähigkeit, in meiner Fürsorge, meiner Achtung, meinem Verantwortungsgefühl und meiner Erkenntnis. Ein Mensch, der produktiv lieben kann, liebt auch sich selbst. Ähnlich wie *Spinoza* sieht *Fromm* daher das Selbstinteresse grundsätzlich positiv. Unser Problem mit dem Selbstinteresse liegt nach *Fromm* nicht im Individualismus und auch nicht im Glauben, dass moralische Tugend und das Verfolgen des Selbstinteresses identisch sind, sondern in der »Entstellung dessen, was Selbstinteresse bedeutet«. Die Menschen beschäftigen sich nicht zu sehr mit ihren Selbstinteressen, sondern nicht genug mit den »Interessen ihres wahren Ichs«. Das Problem liegt nicht darin, dass die Menschen zu selbstsüchtig sind, sondern darin dass »sie sich selbst nicht genug lieben«.[444]

Die natürliche Selbstliebe, sich selbst ehrlich anzuerkennen und sich mit den Interessen des wahren »Ichs« zu beschäftigen, ist wichtig und grundsätzlich positiv. Und genau das ist auch der wesentliche Unterschied zum Egoismus: Denn bei der schädlichen oder egoistischen Eigenliebe besteht das Böse nicht darin, dass wir uns selbst lieben, sondern darin dass wir ausschließlich uns selbst lieben, dass wir gleichgültig sind gegenüber dem Leid des anderen, gegenüber seinen Wünschen, seiner Freiheit, dass wir bereit sind, ihm aus Eigennutz zu schaden, ihn zu demütigen und dabei Lust zu empfinden, dass wir ihn haben wollen, statt ihn zu lieben, dass wir ihn als unseren Besitz betrachten, statt unsere Freude an ihm zu haben. Egoismus ist die »Hauptunreinheit, und vielleicht die einzige«, hat *Comte-Sponville* gemeint: Es ist »nicht exzessive Liebe», sondern in Wahrheit »mangelnde Liebe«.

Wie *Comte-Sponville* weiter argumentiert, ist es »kein Zufall und auch nicht der Prüderie zuzuschreiben, dass die Sexualität geradezu als Hort dieser Art von Unreinheit gegolten hat. Hier herrscht gebieterisch das, was die Scholastiker die begehrliche Liebe nannten (den anderen zum eigenen Wohl lieben), der sie die wohlwollende oder freundschaftliche Liebe entgegensetzten (den anderen zu seinem Wohl lieben). Den anderen als Objekt lieben, ihn besitzen, genießen, verzehren wollen wie ein Stück Fleisch oder ein Glas Wein, ihn nur für sich selbst lieben: Das ist *eros*, die nehmende und verzehrende Liebe, und *eros* ist ein egoistischer Gott.« Aber den anderen wirklich lieben, als Person, ihn achten, für ihn sorgen und verantwortlich sein, »das ist *philia*, die gebende und schützende Liebe, die freundschaftliche und wohlwollende Liebe«.[445]

In der Tat ist es der Egoismus, der die Quelle alles Bösen ist. Der Egoismus und unser liebes »Ich«, kommen uns nur allzu oft in die Quere und entfernen uns von der freundschaftlichen Liebe. Denn bis auf wenige Ausnahmen tut kein Mensch das Böse um des Bösen willen. Es ist der Egoismus, der uns treibt, das Böse tun lässt und uns im Leben und in der Partnerschaft die wahrhafte und reine Liebe verlieren lässt. Die freundschaftliche und verantwortungsvolle Liebe ist hingegen eine selbstlose Liebe, eine Liebe, die dem »Ich« entkommt und frei von Egoismus ist.

Gerade die Eifersucht zeigt uns dabei, was an Hass und Neid, vor allem aber an Egoismus im Zustand der Verliebtheit stecken kann. *Spinoza* hat bemerkt, dass Eifersucht das Gefühl des Hasses gegen einen geliebten Gegenstand ist, der mit Neid verbunden ist. Eifersucht ist »nichts anderes als ein Schwanken des Gemüts, entsprungen aus Liebe und Hass zugleich, verbunden mit der Idee eines anderen, den man beneidet«. Und bereits *Spinoza* hat völlig richtig festgestellt, dass bei der Eifersucht der Hass umso stärker sein wird, je stärker das Liebesgefühl des Eifersüchtigen zuvor war.[446]

Die Eifersucht bringt typischerweise einen »erotischen Materialismus« zum Ausdruck: denn nach *Frankl* liegt der Eifersucht die Einstellung zum Liebenden als »Objekt«, als einem Besitz oder Eigentum zugrunde. »Der Eifersüchtige behandelt den Menschen, den er zu lieben vorgibt, so, als ob dieser Mensch sein Besitztum wäre; er degradiert ihn dazu.« Er will ihn »nur für sich haben«. Bei der echten Liebesbeziehung jedoch würde Eifersucht keinen Platz haben. Denn Eifersucht ist dabei insofern »prinzipiell unbegründet, als echte Liebe voraussetzt, dass der Mensch in seiner Einmaligkeit und Einzigartigkeit erfasst wird, also in seiner grundsätzlichen Unvergleichbarkeit mit anderen Menschen«.

Frankl hat nachgewiesen, dass auch eine Eifersucht existiert, die sich auf die Vergangenheit des Partners erstreckt, nämlich die Eifersucht auf die »Vorgänger«. Von solcher Eifersucht geplagte Menschen wollen jeweils die »Ersten« sein. Wie *Frankl* mit einigem Humor bemerkt, ist jener Typus bescheidener, der sich damit begnügt, der »Letzte« zu bleiben. Und im gewissen Sinn ist er nicht nur »der Bescheidenere, sondern auch der Anspruchsvollere«. Denn ihm geht es nicht um »Priorität«, sondern um »Superiorität«. Menschen mit einem Vorgängerproblem übersehen den Tatbestand der grundsätzlichen »Unvergleichbarkeit« jedes Menschen: »Wer sich mit einem anderen vergleicht, tut entweder diesem anderen oder sich selber unrecht.«[447]

Schließlich birgt die Eifersucht nach *Frankl* eine gefährliche Dynamik in sich: Der Eifersüchtige erzeugt nämlich genau das, was er eigentlich fürchtet, nämlich Liebesentzug: »So wie der Glaube nicht nur von innerer Stärke herrührt, sondern auch zu größerer Stärke führt, so entsteht der Zweifel an sich selbst aus Misserfolgen, trägt aber dem Zweifler immer mehr Misserfolge ein.« Der Eifersüchtige zweifelt daran, den Partner »halten« zu können. Er kann ihn auch tatsächlich verlieren, nämlich dadurch, dass er den Menschen, an dessen Treue er zweifelt, letztendlich in die Untreue hineindrängt: Er treibt ihn geradezu in die Arme eines Dritten. »So macht er wahr, woran er glaubt.« Dabei vergisst der Eifersüchtige in der Regel, dass Treue zwar Bestandteil und Aufgabe der Liebe ist, sie allerdings jeweils nur als »Aufgabe für den Liebenden selbst möglich« ist, nicht hingegen als »Forderung« an den Partner.[448]

»Wer etwas festhält, verliert es«, hat *Lao-tse* im *Tao-Tê-King* bemerkt. Und mehr noch: »Wer nicht genug vertraut, dem ist man nicht treu.«[449] Wahrhafte Liebe lebt vom Vertrauen, vom Vertrauen in die Liebe und Treue des Partners, Vertrauen in eine Treue, die man allerdings in erster Linie selbst zu geben bereit sein muss. Wenn wir Vertrauen in unseren Partner haben, dann wird das auch unser Partner in uns haben. Eifersucht ist letztendlich das Eingeständnis der mangelnden Treuefähigkeit, und zwar der eigenen mangelnden Treuefähigkeit.

In einer guten Partnerschaft gibt es weder Egoismus noch Eifersucht, denn es verwirklicht sich das Ideal der bildenden Liebe, wie es *Goethe* in seinem *Märchen* beschreibt: Als der alte Mann mit der Lampe den Prinzen am Beginn einer neuen Zeit an den drei heiligen Bildsäulen der Weisheit, Stärke und Schönheit vorbeiführt, erinnert der Prinz an eine vierte Kraft, »die noch früher, allgemeiner, gewisser die Welt beherrscht, die Kraft der Liebe«. Worauf der Alte lächelnd sagt: »Die Liebe herrscht nicht, aber sie bildet, und das ist mehr.« In der Tat bildet die Liebe, weil sie uns für die Wertfülle offen macht und innerlich bereichert. In diesem Ideal der bildenden Liebe beherrscht weder die Liebe die Liebenden und führt somit nicht zur Eifersucht und tödlichen Leidenschaft, noch lässt sie die Liebenden einander beherrschen und zerstört sich dadurch nicht selbst.[450]

Das Wesentliche kurz: Natürliche Selbstliebe und Selbstinteresse sind grundsätzlich positiv. Achtung vor der eigenen Integrität, Liebe zu sich selbst und ein Begreifen der eigenen Person sind nicht trennbar von der Achtung vor dem anderen, der Liebe zum anderen und dem Begreifen des anderen. Zwischen der Einstellung zu uns selbst und der Einstellung anderen gegenüber besteht kein Widerspruch, sondern ein fundamentaler Zusammenhang. Unser Problem mit dem Selbstinteresse liegt in Wahrheit in der Entstellung dessen, was Selbstinteresse bedeutet. Wir beschäftigen uns nicht genug mit den Interessen unseres wahren »Ichs«. Und genau das ist der wesentliche Unterschied zum Egoismus: Denn bei der schädlichen oder egoistischen Eigenliebe besteht das Böse nicht darin, dass wir uns selbst lieben, sondern darin dass wir ausschließlich uns selbst lieben. Es ist der Egoismus, der die Quelle alles Bösen ist, und uns von der freundschaftlichen Liebe entfernt. Gerade die Eifersucht zeigt uns dabei, was an Egoismus im Zustand der Verliebtheit stecken kann. Denn der Eifersucht liegt typischerweise die Einstellung zum Partner als »Objekt« zugrunde, sie degradiert ihn zu einem Besitz oder Eigentum. Bei der echten Liebesbeziehung hingegen findet Eifersucht keinen Platz, denn sie setzt voraus, dass wir unseren Partner als Mensch in seiner Einmaligkeit und Einzigartigkeit erfassen, also in seiner grundsätzlichen »Unvergleichbarkeit« mit anderen Menschen. In einer guten Partnerschaft beherrscht weder die Liebe die Liebenden und führt somit nicht zur Eifersucht und tödlichen Leidenschaft, noch lässt sie die Liebenden einander beherrschen und zerstört sich dadurch nicht selbst.

5.4 Familie – Unsere Herkunftsfamilie und unsere Kinder

Die Familie ist nicht nur fast immer die Zukunft einer Partnerschaft, sondern in der Regel auch ihr Anfang. In der Familie haben wir, oder doch zumindest die meisten von uns, jene Liebe empfangen, die wir in einer Partnerschaft überhaupt erst weitergeben können. Die Gnade, geliebt zu werden, kommt vor der Gnade, selbst zu lieben, und bereitet auch der eigenen Liebe den Weg. Diese Vorbereitung ist – wie *Comte-Sponville* richtig betont – trotz aller Fehlschläge die Familie, der Liebe größter Erfolg.[451]

Im heute so viel zitierten Zeitalter des Egoismus ist die Bereitschaft der Eltern, die Interessen ihrer Kinder über ihre eigenen zu stellen, ein schlagendes Gegenbeispiel zu der allgemeinen Behauptung, die Menschen seien nur egoistisch. Eltern reagieren bei ihren Kindern unmittelbar aus Liebe und Mitgefühl heraus. Das ist der erste Schritt über den Egoismus hinaus. Die Familie wird damit nach *Singer* zur »Schule der Sympathie, der Zärtlichkeit, des liebevollsten Selbstvergessens«.[452]

Vorbild für die Familie und die Liebe in der Familie ist die Mutterliebe, jene Liebe, die auch Ausgangspunkt der freundschaftliche Liebe (*philia*) ist. Sie ist der Anfang aller Liebe, eine Liebe, die schon im Bauch der Mutter beginnt. Das Kind erfährt diese bedingungslose Liebe vor seiner Geburt, die Gefühle der Hoffnung und Erwartung der Mutter, ihre Fürsorge und Verantwortung für das noch ungeborene Leben. Sie setzt sich auch nach der Geburt fort und ist für das Kleinkind in den ersten Jahren seiner Entwicklung entscheidend und unerlässlich. Gerade in den ersten Jahren müssen Kinder ihr Urvertrauen erwerben, was eine wesentliche Voraussetzung für eine gesunde psychische Entwicklung darstellt.

In ihrer Einzigartigkeit können wir Mutterliebe eigentlich gar nicht beschreiben. Es gibt allerdings ein wunderbares Gleichnis, das von der echten Mutterliebe handelt, und das uns zeigt, was Mutterliebe in Wahrheit bedeutet, nämlich das salomonische Urteil aus dem Alten Testament:[453]

Zwei Frauen, die im gleichen Haus wohnten, bekamen ein Kind. Eines der Kinder starb nach der Geburt und da tauschte die eine Frau das tote Kind in der Nacht heimlich gegen das Kind der anderen Frau aus. Am nächsten Tag stritten sie und traten vor König Salomo. Die eine Frau sagte, mein Kind lebt und dein Kind ist tot; die andere erwiderte hingegen, nein dein Kind ist tot und mein Kind lebt. Da sagte König Salomo, der für seine Weisheit bekannt war: »Holt mir ein Schwert! Man brachte es vor den König. Nun entschied er: Schneidet das lebende Kind entzwei und gebt eine Hälfte der einen und eine Hälfte der anderen! Doch nun bat die Mutter des lebenden Kindes den König – es regte sich nämlich in ihr die mütterliche Liebe zu ihrem Kind: Bitte, Herr, gebt ihr das lebende Kind und tötet es nicht! Doch die andere rief: Es soll weder mir noch dir gehören. Zerteilt es! Da befahl der König: Gebt jener das lebende Kind und tötet es nicht; denn sie ist seine Mutter.«

Das ist Mutterliebe, jene Liebe, die aus uneingeschränkter Zuwendung, tätiger Fürsorge und inniger Verantwortung für das Leben des Kindes lieber das Kind an eine andere verliert als Schaden und Nachteil für das Kind zu riskieren. Es ist genau diese Mutterliebe, oder ganz allgemein die Liebe in unserer Herkunftsfamilie, die wir von unseren Eltern und in der Familie empfangen haben und die wir später in einer Partnerschaft weitergeben können. Damit wird uns bewusst, welche Verantwortung die Familie gewinnt, und zwar sowohl die Herkunftsfamilie, in der wir die freundschaftliche Liebe erstmals selbst erfahren, als auch unsere eigene Familie, in der wir sie wiederum an unsere eigenen Kinder weitergeben. Was einst Herkunftsfamilie war, wird zur eigenen Familie. Wir sind zunächst Teil der Herkunftsfamilie und plötzlich sind wir mitten in der eigenen Familie.

Das salomonische Urteil der Bibel zeigt uns aber auch sehr deutlich, dass es wahre Liebe der Eltern ist, wenn sie aus Fürsorge und Verantwortungsgefühl bereit sind, das Kind loszulassen und »einer anderen« oder »einem anderen« zu überlassen und das Kind in seine eigene Familie zu entlassen. Wir können und dürfen unsere Kinder nicht aus falsch verstandener Liebe – richtiger wäre es, zu sagen: aus Egoismus – festhalten. Dieses Loslassen unserer Kinder führt uns nicht nur unsere eigene Verantwortung dramatisch vor Augen, sondern macht uns umgekehrt auch bewusst, wie schwer für uns dieser Loslösungs- und Lernprozess ist.[454]

Denn wie beim Fluss wiederholt sich alles, kommt alles zurück: »Hatte nicht auch sein Vater um ihn dasselbe Leid gelitten, wie er nun um seinen Sohn litt?«, dachte Siddhartha. »Der Fluss lachte. Ja, es war so, es kam alles wieder, was nicht bis zu Ende gelitten und gelöst ward, es wurden immer dieselben Leiden gelitten.«[455] Ganz offenbar ist es das Gesetz der Familie und die goldene Regel der Liebe: »Du wirst Vater und Mutter verlassen.« Man setzt keine Kinder in die Welt, um sie zu besitzen, um sie zu behalten. Man setzt sie in die Welt, damit sie fortgehen, damit sie uns verlassen, damit sie an anderen Orten und auf andere Weise lieben, damit sie Kinder in die Welt setzen, die sie ihrerseits verlassen, damit alles stirbt, damit alles lebt, damit alles weitergeht.[456]

Es ist wahrscheinlich eine der schwierigsten Wahrheiten, die wir als Eltern lernen müssen und dabei haben wir vielleicht vor nicht allzu langer Zeit unseren eigenen Eltern genau diesen Lernprozess auch bereitet. Da sind wir noch selbst mitten in unserer Herkunftsfamilie und gehen fort, um unser eigenes Leben zu leben, unsere eigene Familie zu gründen, und plötzlich ist der Augenblick da, in dem wir erkennen müssen, dass wir dort stehen, wo unsere Eltern einst auch standen. Am Scheideweg des Flusses, an dem wir das kleine Borkenbötchen loslassen und in den Stromschnellen seinen eigenen Weg finden lassen müssen. Wir können noch da und dort versuchen, es zu schützen, die allzu wilden Stromschnellen abzulenken, aber irgendwann wird es sich wacker selbst im Fluss behaupten müssen. Es ist dies wohl eine der schmerzvollsten und zugleich wunderbarsten Erfahrungen im Leben, weil es »Loslassen« im wahrsten Sinn des Wortes erfordert, weil es Vertrauen erfordert, und zwar Vertrauen in uns selbst, dass wir den Weg bestmöglich vorbereitet haben, und Vertrauen in unsere Kinder, dass sie es auch ohne uns schaffen werden.

Dabei ist es so schwierig, wenn wir zusehen müssen, wie unsere Kinder dieselben »Fehler« machen wie wir oder doch von denselben Gefahren bedroht sind, denen wir selbst ausgesetzt waren oder die wir jetzt im höheren Alter ernstlich zu überwinden versuchen. Aber auch das ist eine der Wahrheiten, die wir vom »Fluss« des Lebens lernen müssen: Wir können unseren Kindern manche Erfahrungen einfach nicht ersparen. Wir können sie nicht vor allem bewahren und beschützen. Manche Erfahrungen müssen sie einfach selbst machen und durchmachen, auch wenn es weh tut, ihnen und uns selbst. Sie müssen ihren eigenen Weg finden und ihren eigenen Weg selbständig gehen.

Es ist genau diese Weisheit, die der Fährmann Vasudeva Siddhartha mitteilt, als dieser um die Loslösung seines Sohnes ringt:[457]

> »Glaubst du denn wirklich, dass du deine Torheiten begangen habest, um sie dem Sohn zu ersparen? Welcher Vater, welcher Lehrer hat ihn davor schützen können, selbst das Leben zu leben, selbst sich mit dem Leben zu beschmutzen, selbst Schuld auf sich zu laden, selbst den bittern Trank zu trinken, selber seinen Weg zu finden? Glaubst du denn, Lieber, dieser Weg bleibe irgend jemandem erspart? Vielleicht deinem Söhnchen, weil du es liebst, weil du ihm gern Leid und Schmerz und Enttäuschung

ersparen möchtest? Aber auch wenn du zehnmal für ihn stürbest, würdest du ihm nicht den kleinsten Teil seines Schicksals damit abnehmen können.«

Diese Erfahrung ist schmerzvoll und doch notwendig, ja sogar Sinn und Zweck des Lebens. Denn Ziel unseres Elternseins ist gerade, unseren Kindern zu ermöglichen, dass sie ihren eigenen Weg finden und selbständig gehen. Genau darauf arbeiten wir als Eltern hin. Und dennoch, wenn der Zeitpunkt gekommen ist, wenn die Loslösungsphase wirklich beginnt und sich vollendet, fordert uns das Einiges ab und erfordert von uns gehörige Selbstüberwindung. Es ist schwer, das Borkenbötchen loszulassen, denn es könnte ja in den Stromschnellen des Flusses untergehen. Doch es wird die Stromschnellen besser und geschickter meistern, als wir es taten, das ist nicht nur unsere Hoffnung, sondern das sollte auch unsere feste positive Überzeugung sein.

Wenn Sie selbst Kinder haben, werden sie die Überlegungen in diesem Kapitel wahrscheinlich sehr gut nachfühlen können. Oder Sie werden es doch dann mehr oder weniger schmerzlich nachvollziehen können, wenn der Loslösungsprozess Ihrer Kinder einmal begonnen hat. Aber unabhängig davon, ob wir nun Kinder haben oder nicht, stellt sich die Frage: Macht es Sinn, sich fortzupflanzen und Kinder zu haben? Oder vielleicht etwas anders formuliert: Liegt der Sinn des Lebens in der Nachkommenschaft, ist also das Leben nur dann sinnvoll, wenn man sich fortpflanzt und Kinder hat?

Frankl hat darauf eine klare Antwort gegeben: »Entweder das Leben hat einen Sinn, dann behält es ihn auch unabhängig davon, ob es lang oder kurz ist, ob es sich fortpflanzt oder nicht; oder das Leben hat keinen Sinn, dann erhält es auch keinen, wenn es noch so lange dauert oder sich unbegrenzt fortpflanzen könnte.« Denn ein an sich Sinnloses wird nicht bloß schon dadurch sinnvoll, dass es sich verewigt. Leben kann niemals Selbstzweck sein. Allein seine Fortpflanzung kann niemals sein eigener Sinn sein.[458]

Das Wesentliche kurz: Die Familie ist nicht nur fast immer die Zukunft einer Partnerschaft, sondern in der Regel auch ihr Anfang. In der Familie haben wir jene Liebe empfangen, die wir in einer Partnerschaft überhaupt erst weitergeben können. Die Gnade, geliebt zu werden, kommt vor der Gnade, selbst zu lieben, und bereitet auch der eigenen Liebe den Weg. Vorbild für die Familie und die Liebe in der Familie ist die Mutterliebe, jene Liebe, die auch Ausgangspunkt der freundschaftliche Liebe (*philia*) ist. Was Mutterliebe in Wahrheit ist, zeigt uns das salomonische Urteil aus dem Alten Testament. Es ist jene Liebe, die aus tätiger Fürsorge und inniger Verantwortung für das Leben des Kindes lieber das Kind an eine andere verliert, als Schaden und Nachteil für das Kind zu riskieren. Gerade bei unseren Kindern zeigt uns der »Fluss« des Lebens, dass sich alles wiederholt, dass alles zurückkommt: Denn einerseits setzen wir Kinder nicht in die Welt, um sie zu besitzen, um sie zu behalten, sondern damit sie fortgehen, damit sie uns verlassen, damit sie an anderen Orten und auf andere Weise lieben, damit sie Kinder in die Welt setzen, die sie ihrerseits verlassen, damit alles stirbt, damit alles lebt, damit alles weitergeht. Andererseits ist es schwierig, wenn wir zusehen müssen, wie unsere Kinder dieselben Fehler machen wie wir oder doch von denselben Gefahren bedroht sind, denen wir selbst ausgesetzt waren oder die wir jetzt im höheren Alter ernstlich zu überwinden versuchen. Aber manche Erfahrungen können wir unseren Kindern schlichtweg nicht ersparen, sie müssen sie selbst machen; sie müssen ihren eigenen Weg finden und ihren eigenen Weg selbständig gehen. Auch das ist eine Wahrheit des ewigen »Flusses« des Lebens.

5.5 Erziehung zu einem menschlichen Leben

Die Erziehung unserer Kinder ist wohl eine der wichtigsten und gleichzeitig schwierigsten Aufgaben in unserem Leben überhaupt. Im Rahmen der Kindeserziehung übernehmen wir eine verantwortungsvolle Aufgabe. Deshalb möchte ich im Folgenden näher auf dieses Thema eingehen. Dabei steht zunächst die Erziehung zu einem menschlichen und tugendhaften Leben im Vordergrund. Erst in einem zweiten Schritt werden wir auf die Erziehung unserer Kinder im pädagogischen Sinn eingehen, die natürlich an Bedeutung der Ersteren um nichts nachsteht.

Wenn wir uns gemeinsam erinnern, haben wir einleitend festgestellt, dass wir uns auf den Weg zu einem menschlichen und tugendhaften Leben aufmachen wollen, indem wir menschlich und gut handeln. Dabei reicht es aber nicht aus, über das Gute und die Tugenden zu reden oder nachzudenken, sondern wir müssen das Gute auch tun und im Leben durch Taten umsetzen. Nun, wir wissen, dass das bereits bei uns selbst ein schwieriges Unterfangen ist. Aber wie können wir diese Ideale auch an unsere Kinder weitergeben? Wie können wir unsere Kinder zu guten und tugendhaften Menschen erziehen? Wie können wir ihnen ein menschliches Leben beibringen oder doch zumindest näherbringen?

Wir haben bereits im Zusammenhang mit der Selbsterziehung darüber gesprochen, dass die Tugenden und ein menschliches Leben uns nicht schon mit der Natur mitgegeben wurden und angeboren sind. Tugendhaft und menschlich müssen wir erst im Lauf unseres Lebens durch Selbsterziehung und Gewöhnung werden, das haben uns *Aristoteles* und auch *Kant* deutlich vor Augen geführt. Und was für die Selbsterziehung gültig ist, gilt natürlich umso mehr für die Erziehung unserer Kinder. Auch unsere Kinder müssen wir an das gute Handeln und an ein tugendhaftes Leben gewöhnen und heranführen. Unsere Kinder werden gerecht, indem wir gerecht handeln und auch sie gerecht behandeln. Sie werden besonnen und vernünftig, indem wir ihnen Besonnenheit und Vernunft unmittelbar vorleben.

Alles entscheidend ist bei der Erziehung unserer Kinder unsere eigene Vorbildfunktion: Erziehung ist »Imitationslernen«! Was wir unseren Kindern vorleben, bestimmt ganz wesentlich ihre eigene Entwicklung. Wenn wir wollen, dass unsere Kinder menschlich und tugendhaft sind, müssen wir selbst es sein oder doch zumindest einmal werden und ihnen als gutes Beispiel und Vorbild vorangehen. Kritik üben ist gut, Vorbild sein ist besser, sagt ein altes Sprichwort und das kann gerade bei der Kindeserziehung den Punkt nicht besser treffen. Erziehung ist letztendlich Beispiel und Liebe – sonst nichts.

Auch Gefühle wie Liebe, Wärme, Zärtlichkeit und Fürsorge sind weitgehend anerzogen und müssen letztendlich erst gelernt werden. Denn auch bei Gefühlen gilt, dass Erziehung »Imitationslernen« ist und Vorbildfunktion hat. Durch liebevolle Zuwendung der Eltern lernen Kinder Liebe, Zärtlichkeit und Zuwendung spielerisch. Ein Kind, das diese Zuwendung der Eltern nicht erfährt, kann später selbst auch keine Wärme und keine Gefühle entwickeln oder wird sich damit zumindest sehr schwer tun. Denn der Mensch ist nirgends seinem Kindsein später ähnlicher als in der Liebe.

Neben dieser Vorbildfunktion und dem Vorbildleben ist ein wesentlicher Bestandteil der Erziehung unserer Kinder zu einem menschlichen Leben die Höflichkeit und die Erziehung zur Höflichkeit. In der Bedeutung für die Kindeserziehung wird die Höflichkeit heute etwas unterschätzt, vielleicht weil sie in früheren Zeiten im Sinn von Dressur und Unterwerfung missverstanden wurde. Dabei stellt gerade die Höflichkeit den entscheidenden Beginn der Erziehung zu einem tugendhaften Leben dar. Sie führt unsere Kinder langsam an die Tugenden und ein menschliches Leben heran.

Schon *Kant* hat die Ansicht vertreten, dass es eine Eigenart des Menschen ist, schlechte Eigenschaften zu verdecken und stattdessen tugendhafte Eigenschaften »zur Schau zu tragen«. Durch diese Neigung haben sich die Menschen aber nicht nur zivilisiert, sondern auch »nach und nach, in gewissem Maße, moralisiert. Allein diese Anlage, sich besser zu stellen, als man ist, und

Gesinnungen zu äußern, die man nicht hat, dient nur gleichsam provisorisch dazu, um den Menschen aus der Rohigkeit zu bringen, und ihn zuerst wenigstens die Manier des Guten, das er kennt, annehmen zu lassen«.[459]

Genau durch dieses Zur-Schau-Tragen von Tugenden lernt der Mensch tugendhaft zu sein. Deshalb ist die Höflichkeit so wichtig: »Die guten Manieren kommen von den guten Taten und führen zu ihnen«, meint *Comte-Sponville*. Tugend und Moral fangen ganz unten an, nämlich bei der Höflichkeit, die eigentlich selbst noch gar keine Tugend ist. Höflichkeit, das ist letztendlich ein Zur-Schau-Tragen von Tugend, aus dem die Tugenden überhaupt erst entstehen können. Sie schafft die Vorbedingungen für das Entstehen und für die Entfaltung der Tugenden. Und deshalb ist die Erziehung der Kinder zu Höflichkeit so wichtig, denn wir schaffen damit bei unseren Kindern die Voraussetzung für ein menschliches und tugendhaftes Leben.

Wohlerzogen heißt auch höflich. Die Achtung vor dem Mitmenschen beginnt bei der Höflichkeit, indem man seinen Kindern tausendmal beibringt, »Bitte«, »Danke« und »Entschuldigung« zu sagen. Liebe ist sicherlich die wichtigste Voraussetzung für eine gute Erziehung, »aber Liebe allein genügt nicht, um Kinder zu erziehen, auch nicht um sie zu liebenswerten und liebenden Menschen zu machen.« Natürlich genügt auch Höflichkeit nicht allein. Deshalb braucht es beides: Liebe und Höflichkeit. *Comte-Sponville* meint, dass sich die ganze häusliche Erziehung letztendlich zwischen diesen beiden Tugenden, der Höflichkeit und der Liebe, abspielt: »der kleinsten, die noch keine Moral ist, und der größten, die schon keine mehr ist«.[460]

Nach *Gandhi* ist »wirkliche Erziehung die des Herzens«.[461] Er hat natürlich recht. Ohne Liebe ist Erziehung nicht möglich. Aber wenngleich Liebe eine der wichtigsten Voraussetzungen für eine gute Erziehung unserer Kinder ist, kann Liebe allein wiederum nicht ausreichen. Auch und gerade hier gilt, dass der Einsatz von Vernunft entscheidend ist. Klugheit, Umsicht und Vorsicht sind gerade bei der Erziehung wichtig. Wer seine Kinder liebt und ihr Bestes will, ist nicht schon allein deshalb ein guter Vater oder eine gute Mutter. Eltern, die es ihren Kindern gegenüber im Rahmen der Erziehung an der Tugend der Klugheit und Vorsicht mangeln lassen, mögen sie zwar lieben und ihr Bestes wollen, doch fehlt ihrer elterlichen Tugend etwas ganz Wesentliches und letztendlich wohl auch ihrer elterlichen Liebe. Denn erste elterliche Pflicht ist es, von Kindern Schaden abzuwenden und sie zu beschützen.[462]

Und dennoch müssen wir immer daran denken, dass Liebe und die Erziehung des Herzens einer der wichtigsten Bestandteile der Erziehung unserer Kinder ist. Denn in der Liebe verkörpern sich letztendlich alle Tugenden. Deshalb ist die Liebe für die Erziehung zu einem menschlichen und tugendhaften Leben von zentraler Bedeutung. Und weil sich in ihr nicht nur die Liebe, sondern vor allem auch die Schönheit finden und in wunderbarer Weise vereinen, ist es eine unserer wichtigsten Aufgaben, unseren Kindern Kunst und Musik und die Bedeutung ihrer Schönheit zu vermitteln. Das Wahre, Gute und Schöne kommt gerade in der Musik in wunderbarer Weise zum Ausdruck und fließt in ihr in einzigartiger Weise zusammen. Mit Hilfe der Musik können wir vieles meistern. Das zeigt uns auch das schöne Symbol der wunderbaren Flöte in *Mozarts Zauberflöte*.[463]

Das Wesentliche kurz: Die Erziehung unserer Kinder gehört zu den wichtigsten und gleichzeitig schwierigsten Aufgaben in unserem Leben. Menschlich und tugendhaft müssen wir erst im Lauf unseres Lebens werden. Was für die Selbsterziehung gültig ist, gilt natürlich umso mehr für die Erziehung unserer Kinder. Erziehung ist »Imitationslernen«! Alles entscheidend ist unsere eigene Vorbildfunktion. Unsere Kinder werden gerecht, indem wir gerecht handeln und auch sie gerecht behandeln. Sie werden besonnen und vernünftig, indem wir ihnen Besonnenheit und Vernunft unmittelbar vorleben. Wesentlich ist zunächst die Erziehung zur Höflichkeit, denn sie stellt den Beginn der Erziehung zu einem menschlichen Leben dar. Die Höflichkeit führt unsere Kinder langsam an die Tugenden heran. Durch das Zur-Schau-Tragen von Tugend in der Höflichkeit können die Tugenden überhaupt erst entstehen. Die ganze häusliche Erziehung spielt sich letztendlich zwischen den beiden Tugenden der Höflichkeit und der Liebe ab. Und wenngleich Liebe eine der wichtigsten Voraussetzung für eine gute Erziehung unserer Kinder ist, kann Liebe allein nicht ausreichen. Klugheit, Umsicht und Vorsicht der Eltern sind gerade auch bei der Kindeserziehung wichtig. Denn wer seine Kinder liebt und ihr Bestes will, ist nicht schon allein deshalb ein guter Vater oder eine gute Mutter.

5.6 Erziehung im pädagogischen Sinn

Erziehung ist keine leichte Sache. Viele werden *Wilhelm Busch* beipflichten: »Vater werden ist nicht schwer, Vater sein dagegen sehr.«[464] Dabei ist die Erziehung unserer Kinder so wichtig. Doch wie bei so vielen anderen Dingen bildet uns bei dieser Sache leider niemand aus. Wir lernen die richtige Erziehung nicht. Wir sind dabei völlig auf uns allein gestellt. Vorbelastet mit allfälligen negativen Erfahrungen aus der eigenen Kindheit müssen wir selbst Erziehung erst durch *learning by doing* erlernen. Und das Bedauerliche daran ist: Wenn wir einigermaßen wissen, wie es richtig geht, kommt die Einsicht für unsere Kinder meist schon zu spät.

Was ist das Wesentliche bei der Kindeserziehung und wie können wir sie bestmöglich verwirklichen? Das sind die Fragen, denen wir nach unseren Überlegungen über die Erziehung unserer Kinder zu einem menschlichen und tugendhaften Leben hier etwas weiter auf den Grund gehen wollen.

Erziehung bedeutet in erster Linie, unseren Kindern eine Hilfestellung zu bieten, damit sie ihre konkreten Möglichkeiten in ihrem eigenen Leben verwirklichen und auch ihre Kräfte in ihrem Leben entfalten können. Das wird auch durch das lateinische Wort *educatio*, das von *e-ducere* kommt, deutlich: »herausführen« oder »hervorbringen«, von etwas, was potentiell bereits vorhanden ist. Erziehung soll die im Kind bereits vorhandenen Potentiale wecken und hervorbringen. Erziehung in diesem Sinn führt zu *Existenz*, das von *ex-sistere* kommt und wörtlich »herausstehen« oder »hervorkommen« heißt, mit anderen Worten, sich aus dem Stadium der bloßen Möglichkeiten in das Stadium der offenkundigen Wirklichkeit erheben.[465] Erziehung soll dem Kind in erster Linie zur Geburt seines eigenen Wesens verhelfen.[466]

Ebenso wie bei der Selbsterziehung ist wesentliches Ziel der Kindeserziehung, unseren Kindern den Gebrauch der Vernunft beizubringen und sie zur Selbständigkeit und zum Selbst-Denken hinzuführen. Dafür ist wiederum eine möglichst breite Wissensbasis erforderlich, weil es erst dann möglich ist, vom Bekannten auszugehen, um dem Unbekannten näher zu kommen, wie dies dem denkerischen Fundamentalansatz von *Schopenhauer* entspricht.[467] Wie *Goethe* in seinem Lehrbrief wunderbar meint, lernt der echte Schüler aus dem Bekannten das Unbekannte entwickeln und nähert sich dadurch dem Meister.[468]

Und genau dafür ist es notwendig, dass unsere Kinder Selbst-Denken lernen. Das ist aus meiner Sicht eine ganz wesentliche Aufgabe der Kindeserziehung. Im Rahmen dieses Selbst-Denkens müssen Kinder durchaus den gewohnten Pfad verlassen und Neues ausprobieren. Das müssen wir zulassen und dabei müssen wir ihnen auch das notwendige Vertrauen schenken. Vertrauen ist immer mit einem gewissen Risiko verbunden, denn wenn wir Vertrauen schenken, riskieren wir auch, dass es missbraucht oder enttäuscht wird.

Erziehung zum Selbst-Denken bedeutet vor allem, dass Kinder selbständig denken lernen, dass sie nicht »Gedanken«, sondern »Denken« lernen. »Im Viel-Denken, nicht im Viel-Wissen« soll man sich nach *Demokrit* üben.[469] Im Sinn von *Kant* sollen wir unsere Kinder nicht »tragen«, sondern »leiten«, wenn wir wollen, dass sie in Zukunft »von selbst gehen« können.[470] Diesen Gedanken hat auch *Goethe* geprägt: »Nicht vom Irrtum zu bewahren, ist die Pflicht des Menschenerziehers, sondern den Irrenden zu leiten, ja ihn seinen Irrtum aus vollen Bechern ausschlürfen zu lassen, das ist Weisheit der Lehrer.«[471]

Unsere Kinder leiten, bedeutet aber nicht, sie auch zu beherrschen. Das ist ein wesentlicher Aspekt, der bei der Erziehung nur allzu oft übersehen wird. Den Grundsatz »leiten, doch nicht beherrschen«, bringt *Lao-tse* im *Tao-Tê-King*[472] des Öfteren zum Ausdruck und er ist gerade bei der Erziehung wichtig. Es geschieht manchmal, vielleicht sogar häufiger als man glaubt, dass sich Eltern auch zurückziehen, dass sie zurückweichen, dass sie nicht den gesamten verfügbaren Raum besetzen, dass sie nicht all ihre Macht ausüben, über die sie verfügen. Warum? »Aus Liebe: Um ihren Kindern mehr Raum, mehr Macht, mehr Freiheit zu lassen, weil ihre Kinder schwächer, schutzloser, zerbrechlicher sind, um sie nicht daran zu hindern zu existieren, um sie nicht mit der eigenen Gegenwart, der eigenen Macht, der eigenen Liebe zu erdrücken.«[473]

Ein behutsamer Umgang der Eltern mit ihrer elterlichen Autorität ist besonders wichtig. *Fromm* hat nachgewiesen, dass in der Psychotherapie die nicht nachvollziehbare »irrationale elterliche Autorität« und die Art und Weise, in der die Kinder mit ihr fertig werden, ein wesentliches Problem der Neurose ist. Die Folge sind Schuldgefühle der Kinder, die typischerweise im schlechten Gewissen zum Ausdruck kommen. Diese Schuldgefühle sind allerdings »nicht nur eine Folge der Abhängigkeit von einer irrationalen Autorität und von dem Pflichtgefühl, dieser Autorität zu gefallen, sondern das Schuldgefühl verstärkt auch seinerseits wiederum die Abhängigkeit«. Diese Abhängigkeit von der irrationalen Autorität führt wiederum zur Schwächung des Willens beim abhängigen Kind. Und was den Willen schwächt, steigert zugleich die Abhängigkeit. Auf diese Weise bildet sich ein Teufelskreis.

Dieses Problem hat sich auch in der heutigen Zeit kaum entschärft. Zwar ist gerade in der modernen oder städtischen Familie die »offene Autorität« eher selten zu finden, allerdings findet sich eine »anonyme Autorität«, die sich zwar nicht in ausdrücklichen Befehlen äußert, sondern in »stark gefühlsbetonten Erwartungen«. Außerdem empfinden die Eltern sich selbst nicht als Autorität. Dennoch repräsentieren sie den Kindern gegenüber die »anonyme Autorität des Marktes«. Die Eltern erwarten, und zwar oft stillschweigend, dass ihre Kinder sich »gewissen Anforderungen anpassen, denen sich beide – Eltern und Kinder – unterwerfen«. *Fromm* argumentiert, dass »in Wirklichkeit diese anonyme Autorität in mancherlei Hinsicht einen weitaus stärkeren Druck ausüben dürfte als die offene. Das Kind merkt nicht, dass es geleitet wird (und die Eltern nicht, dass sie befehlen); es kann nicht zurückschlagen und dadurch ein Gefühl der Unabhängigkeit entwickeln.«

»Ist der Wille des Kindes erst einmal gebrochen, so wird sein Schuldgefühl noch auf andere Weise verstärkt: Dunkel wird es sich seiner Unterwerfung und Niederlage bewusst und muss nun einen Sinn darin suchen. Es braucht eine Erklärung, weil es sich mit dieser verwirrenden und schmerzlichen Erfahrung nicht abfinden kann. Die natürliche Reaktion des Kindes auf den Druck der elterlichen Autorität ist die Rebellion, die das Kernproblem von *Freuds* ›Ödipuskomplex‹ bildet.« Sofern gesellschaftliche und elterliche Autorität versuchen, »den Willen, die Spontaneität und das Unabhängigkeitsbestreben des Kindes zu brechen, wird sich das Kind gegen die durch seine Eltern repräsentierte Autorität zur Wehr setzen. Denn es ist nicht auf die Welt gekommen, um sich brechen zu lassen. Es kämpft nicht nur um seine Befreiung vom Druck, sondern auch für seine Freiheit, es selbst zu sein.«[474]

Permanente Kritik und Herumnörgeln, ein dauerndes Infragestellen seiner Person, kann später bei einem Kind zu mangelndem Selbstwertgefühl und zur Selbstverleugnung führen, wodurch wiederum ein verinnerlichtes negatives Selbstbild entsteht. Das kann allerdings auch durch jede Übertreibung in die andere Richtung entstehen, etwa durch allzu übertriebenes Lob, übermäßiges Verwöhnen oder eine überbehütete Kindheit, die das Kind vom realen Leben praktisch völlig fernhält. Insofern stellt im Rahmen der Erziehung unserer Kinder der behutsame Umgang mit der elterlichen Autorität einen ganz entscheidenden Faktor für die gesunde Entwicklung unserer Kinder dar. Und wie *Nietzsche* nachgewiesen hat, müssen wir uns dabei auch bewusst von den Erlebnissen unserer eigenen Kindheit lösen:[475]

> »An euren Kindern sollt ihr gut machen,
> dass ihr eurer Väter Kinder seid:
> Alles Vergangene sollt ihr so erlösen!
> Diese neue Tafel stelle ich über euch!«

Mit dem behutsamen Umgang elterlicher Autorität eng verbunden ist der Aspekt, dass wir als Eltern bei der Erziehung lernen müssen, Widerspruch unserer Kinder zu ertragen. Das ist eine nicht ganz leichte Aufgabe, was unsere eigene Selbstbeherrschung und Selbstüberwindung betrifft. Dementsprechend hat *Nietzsche* gemeint, dass »Widerspruch-vertragen-können ein hohes Zeichen von Kultur« ist.[476] Es sollte nicht das Ziel der Erziehung unserer Kinder sein, aus einer falsch verstandenen elterlichen Autorität jeglichen Widerspruch des Kindes im Keim zu ersticken. Wir müssen uns vielmehr mit dem Widerspruch unserer Kinder kritisch auseinandersetzen und dabei in erster Linie den positiven Aspekt sehen, nämlich dass unsere Kinder mit dem Widerspruch bei der Aufgabe des Selbst-Denkens am richtigen Weg und erfolgreich sind.

Neben dem Selbst-Denken müssen Kinder Fragen stellen und lernen, Fragen zu stellen. »Man muss immer fragen, man muss immer zweifeln«, meinte *Hesse* im *Demian*.[477] Kinder müssen fragen, zweifeln und dem »Warum?« auf den Grund gehen. Dazu müssen wir ihnen Gelegenheit geben und sie auch animieren. Denn nach *Schopenhauer* ist das »Warum die Mutter aller Wissenschaften«.[478]

Noch wichtiger ist es sicherlich, zu lernen, die »richtigen Fragen« zu stellen. Denn wenn man die richtigen Fragen stellt, ist das Finden der Lösung meist schon recht einfach, oder zumindest ist damit bereits ein wesentlicher Schritt zur Lösung getan. Nach *Kant* ist es »schon ein großer und nötiger Beweis der Klugheit oder Einsicht, zu wissen, was man vernünftiger Weise fragen solle«.[479] Aber die Kunst, die richtigen Fragen zu stellen, muss erst erlernt werden. Das ist eine wichtige Aufgabe im Rahmen der Erziehung unserer Kinder. Dabei sollte uns natürlich bewusst sein, dass die Kunst, Fragen – und zwar die richtigen Fragen – zu stellen, eine Fähigkeit ist, die wir bei unserer eigenen Selbsterziehung lernen sollten und nie verlernen dürfen.

Eine ganz wesentliche Aufgabe im Rahmen der Erziehung unserer Kinder ist Konsequenz. Ein »Ja« muss ein »Ja« bleiben und ein »Nein« muss ein »Nein« bleiben. Wie überall gibt es dabei Ausnahmen, welche die Vernunft gebietet. Aber grundsätzlich gibt es nichts Schlimmeres für die Kindererziehung, als wenn ein Elternteil aus seinem »Nein« nach langer »Bearbeitung« durch das Kind dann doch ein »Ja« macht. Noch schlimmer ist Uneinigkeit der Eltern vor den Kindern, also wenn ein Elternteil »Nein« sagt und der andere ihm offen widerspricht und »Ja« sagt oder das »Nein« irgendwie anders aufweicht. Konsequenz in der Erziehung der Kinder beizubehalten, ist wahrscheinlich eine der schwierigsten Aufgaben überhaupt. Das gilt im Übrigen auch für die Selbsterziehung. Konsequenz ist nach *Kant* »eine der größten Obliegenheiten, und wird doch am seltensten angetroffen«.[480]

Und dann ist da noch ein Aspekt bei der Erziehung unserer Kinder, der in der heutigen Spaß-, Vergnügungs- und Konsumwelt nur allzu oft übersehen wird: Kinder müssen auch arbeiten lernen. Ich meine damit, dass sie schon möglichst früh lernen, im Leben einer Tätigkeit nachzugehen und diese Tätigkeit mit Konsequenz, Pflichtgefühl und Verantwortungsbewusstsein auszuüben. Auch das hat bereits *Kant* betont: »Es ist von größter Wichtigkeit, dass Kinder arbeiten lernen.« Denn es »ist äußerst schädlich, wenn man das Kind dazu gewöhnt, alles als Spiel zu betrachten«. Das Kind »muss Zeit haben, sich zu erholen, aber es muss auch eine Zeit für dasselbe sein, in der es arbeitet«.[481] Spiel und Erholung von den Anstrengungen der Schule sind durchaus in Ordnung. Doch Kinder müssen langsam auch in Pflichtgefühl, Verantwortung und Tätigsein eingeführt werden. Auch hier gilt der Grundsatz, dass Erziehung »Imitationslernen« ist und wir beim Arbeiten und Tätigsein unseren Kindern ein Vorbild sein müssen.

»Kinder aufzuziehen ist eine zweischneidige Angelegenheit«, hat der griechische Philosoph *Demokrit* gemeint: »Gelang es, so war es um den Preis ungeheurer Anstrengung und Sorge; misslang es, so ist der Schmerz darüber keinem anderen vergleichbar.«[482] Es ist mit der Erziehung unserer Kinder nicht immer leicht. *Saint-Exupéry* hat völlig recht, wenn er meint:[483]

»Kinder müssen mit großen Leuten viel Nachsicht haben.«

Das Wesentliche kurz: Erziehung bedeutet in erster Linie, dass wir unseren Kindern eine Hilfestellung bieten, damit sie ihre konkreten Möglichkeiten in ihrem eigenen Leben verwirklichen und auch ihre Kräfte entfalten können. Erziehung soll die im Kind bereits vorhandenen Potentiale wecken und hervorbringen. Wesentliches Ziel der Kindeserziehung ist es, unseren Kindern den Gebrauch der Vernunft beizubringen und sie zur Selbständigkeit und zum Selbst-Denken hinzuführen. Erziehung zum Selbst-Denken bedeutet, unseren Kindern selbständiges Denken beizubringen, ihnen nicht »Gedanken«, sondern »Denken« beizubringen, sie nicht zu »tragen«, sondern nur zu »leiten«, damit sie in Zukunft »von selbst gehen« können. Leiten bedeutet dabei allerdings nicht beherrschen. Ein behutsamer Umgang der Eltern mit der elterlichen Autorität ist entscheidend, weil gerade ein Missbrauch dieser Autorität später Ursache für psychische Probleme des Kindes sein kann. Unter dem Aspekt unserer eigenen Selbstbeherrschung und Selbstüberwindung erfordert die Erziehung von uns, Widerspruch unserer Kinder zu ertragen. Das ist nicht leicht, aber, wie *Nietzsche* meint, ein hohes Zeichen von Kultur. Neben dem Selbst-Denken müssen Kinder Fragen stellen und lernen, Fragen zu stellen, und zwar die »richtigen Fragen«. Eine wesentliche Aufgabe bei der Erziehung ist Konsequenz. Ein »Ja« muss ein »Ja« bleiben und ein »Nein« muss ein »Nein« bleiben, zumindest bis auf gerechtfertigte Ausnahmen. Kinder müssen schließlich arbeiten und tätig sein lernen und dabei langsam in Pflichtgefühl, Verantwortung und Tätigsein hineinwachsen.

5.7 Freiheit und Ordnungsprinzip

Die Freiheit des Menschen, nicht nur seine physische Freiheit, sondern vor allem seine Denk- und Willensfreiheit, ist eine Errungenschaft, die sich ausgehend vom Zeitalter der Aufklärung heute zumindest in der westlichen Welt zu einem allgemeinen Grund- und Menschenrecht entwickelt hat, das wir selbstverständlich in Anspruch nehmen. Wir leben in einem Land, das so frei ist, dass wir denken dürfen, was wir wollen, und sagen dürfen, was wir denken. Wir sollten öfter dankbar dafür sein. Und wir sollten uns auch dafür einsetzen, dass dieses Privileg möglichst bald allen Menschen dieser Erde zukommt.

Freiheit ist wichtig, aber sie ist natürlich nicht grenzenlos. Das kann sie nicht sein, denn sie muss auf die Freiheit anderer Menschen Rücksicht nehmen. Sie muss in ein gewisses Ordnungssystem eingegliedert sein. Die Äußerung der eigenen Freiheit muss letztendlich mit dem legitimen Freiheitsanspruch meiner Mitmenschen vereinbar sein, das ist nach dem kategorischen Imperativ von *Kant* das wesentliche Kriterium einer moralischen Handlung. Damit stehen Freiheit und Ordnung in einer sehr engen Wechselbeziehung zueinander, hängen voneinander ab und ermöglichen sich auch wechselseitig. Auch *Saint-Exupéry* bestätigt dies, wenn er meint: »So wie Freiheit nicht Zügellosigkeit ist, ist auch die Ordnung nicht Mangel an Freiheit.«[484]

Die Wechselwirkung von Freiheit und Ordnung ist uns für den Bereich der größeren Gemeinschaft und Öffentlichkeit durchwegs bewusst: Das Eigentumsrecht an unserem Grund und Haus muss im Interesse der Sicherheit und des Brandschutzes gewisse Grenzen haben. Die Rede- und Meinungsfreiheit kann uns dann nicht mehr zustehen, wenn der andere beleidigt und verletzt wird. So weit, so gut. Aber ist uns auch bewusst, dass unsere Freiheit im Leben grundsätzlich, insbesondere im partnerschaftlichen und familiären Zusammenleben, Grenzen hat und auch Grenzen braucht? Auch hier gilt für unsere Freiheit das Ordnungsprinzip, das durch Verantwortung und Verantwortungsbewusstsein zum Ausdruck kommt.

Das Ordnungsprinzip hat eine lange geschichtliche Tradition. In der Schöpfungsgeschichte der Bibel, im Buch Genesis, wird die Erde als Chaos beschrieben, bevor Gott durch die Erschaffung der Welt bis zum siebten Tag Ordnung in dieses Chaos brachte: »Im Anfang schuf Gott Himmel und Erde; die Erde war wüst und wirr, Finsternis lag über der Urflut und Gottes Geist schwebte über dem Wasser« heißt es in der Schöpfungsgeschichte.[485] Vollendet wird die Schaffung der neuen Ordnung dann durch Gottes Verkündung der zehn Gebote an Moses am Berg Sinai.[486] Die zehn Gebote symbolisieren letztendlich ein Urbedürfnis des Menschen: Sie stehen für das geschaffene Ordnungsprinzip, das nicht nur das Chaos auf Erden endgültig beseitigt, sondern auch im Interesse der Freiheit anderer die Freiheit des Einzelnen durch die Handlungsregeln der zehn Gebote begrenzt.

Heute finden wir eine Vielzahl von rechtlichen Normen und Vorschriften, die unser Leben in der staatlichen Gemeinschaft regeln und unsere Freiheit im Interesse eines gedeihlichen und funktionierenden Zusammenlebens mit den anderen Menschen beschränken. Mit vielen dieser Normen mögen wir vielleicht im Detail nicht einverstanden sein, aber wir dürfen dabei nie vergessen, dass diese Normen und Regeln der Preis dafür sind, überhaupt in Freiheit leben und unsere Freiheit auch entfalten zu können.[487]

Das Verständnis von Freiheit und Ordnung müssen wir im Lauf unseres Lebens erst langsam entwickeln, so wie auch die Schöpfungsgeschichte bis zur Erlassung der zehn Gebote ein längerer Entwicklungsprozess war. Auch in der Erziehung unserer Kinder, mit der wir uns zuvor beschäftigt haben, wird deutlich, dass die Freiheit unserer Kinder keine unbegrenzte sein kann. Kinder müssen lernen, dass ihre eigene Freiheit Grenzen hat und nicht alles erlaubt ist. Kinder müssen diese Grenzen erst erfahren und lernen. Sie brauchen diese Grenzen auch. Wer das im Rahmen der Kindeserziehung missversteht, hat das Wesen der Erziehung nicht begriffen: Denn damit Kinder ein Gefühl der Eigen- und Selbstverantwortung entwickeln können, müssen sie erfahren und lernen, dass ihre eigene Willensfreiheit im Interesse anderer und aus Verantwortung anderen gegenüber begrenzt ist. Das ist ein oft schmerzvoller, aber doch notwendiger Lernprozess.

Wir dürfen allerdings nicht glauben, dass dieser Grundsatz nur für unsere Kinder gilt: Auch unsere eigene Willensfreiheit, sei es im partnerschaftlichen, familiären oder sonstigen Zusammenleben, ist in ein Ordnungssystem eingegliedert, nämlich in ein Gefüge aus Verantwortung und Verantwortungsbewusstsein:

Ausgehend von unserer umfassenden Freiheit haben wir in unserem Leben zwar eine Fülle von Entscheidungs- und Handlungsmöglichkeiten. Aber in der Wahl dieser Handlungsmöglichkeiten sind wir letztendlich nicht frei. Wir können nicht völlig willkürlich handeln und einfach tun und lassen, was wir wollen und wozu wir im Moment gerade Lust und Laune haben. Wir sind vielmehr aufgerufen, in jeder Lebenslage unter der Vielzahl der uns zur Verfügung stehenden verschiedenen Möglichkeiten eine verantwortliche und verantwortungsbewusste Entscheidung zu treffen. Diesem Zwang zur verantwortlichen Wahl unter den Möglichkeiten entgehen wir in keinem Augenblick unseres Lebens.

Wir haben uns bereits damit auseinandergesetzt, dass nach *Frankl* »Frei-Sein« in Wahrheit »Verantwortlich-Sein« bedeutet: Das menschliche Dasein ist ein Sein, das jeweils erst noch entscheidet, was es ist: es ist ein »entscheidendes Sein«: »Wohl ist der Mensch frei, aber er ist nicht gleichsam freischwebend im luftleeren Raum, sondern findet sich inmitten einer Fülle von Bindungen. Diese Bindungen sind jedoch die Angriffspunkte für seine Freiheit. Freiheit setzt Bindungen voraus, ist auf Bindungen angewiesen.«[488] Grenzen geben also letztendlich auch Halt und Sicherheit.

Es ist jene wesentliche Wahrheit, mit der wir uns schon im Zusammenhang mit Ehe und Partnerschaft beschäftigt haben. Unsere Freiheit verpflichtet uns, in jeder Lebenslage eine gegenüber unseren Mitmenschen verantwortungsbewusste Entscheidung zu treffen und unter den uns zur Verfügung stehenden Mitteln und Möglichkeiten eine verantwortliche und verantwortungsbewusste Wahl zu treffen. Seine Möglichkeiten im Leben zu verwirklichen und seine Kräfte im Leben zu entfalten, bedeutet, dass wir in jeder Lage unseres Lebens Verantwortung für uns und unsere Mitmenschen übernehmen und aus den uns zur Verfügung stehenden Möglichkeiten jene wählen, mit denen wir genau dieser Verantwortung gerecht werden. Das gilt vor allem für unser Leben in einer Partnerschaft und die Tugend der Treue aber auch für die Rücksichtnahme auf die Interessen unserer Kinder, Eltern und aller anderen Mitmenschen, mit denen wir leben und arbeiten. Im Zusammenleben mit anderen ist unsere Freiheit in ein Ordnungssystem der Verantwortung und des Verantwortungsbewusstseins eingebettet.

Im Wechselspiel zwischen Freiheit und Ordnungsprinzip gewinnt damit der Begriff der Verantwortung immer mehr an Bedeutung. Und mit diesem Verantwortungsbegriff rücken in der heutigen Zeit auch immer stärker die Pflichten eines Menschen (im Sinn von Verantwortung), und nicht so sehr seine Rechte (im Sinn von Freiheiten) in den Vordergrund. Die *Allgemeine Erklärung der Menschenpflichten (A Universal Declaration of Human Responsibilities)*, die das *InterAction Council* im Jahr 1997 formuliert hat[489], spricht in ihren Vorbemerkungen diese entscheidende Verbindung von Freiheit bzw Menschenrechten einerseits und Verantwortung bzw Menschenpflichten andererseits an:

»Der Begriff der Menschenpflichten dient auch zum Ausbalancieren der Begriffe Freiheit und Verantwortung: Während Rechte mehr auf Freiheit bezogen sind, sind Pflichten mit Verantwortung verbunden. Trotz dieser Unterscheidung sind Freiheit und Verantwortung gegenseitig von einander abhängig. Verantwortung, als eine ethische Qualität, dient als ein natürlicher, freiwilliger Test für Freiheit. In jeder Gesellschaft kann Freiheit nie ohne Grenzen ausgeübt werden. Deshalb: Je größerer Freiheit wir uns erfreuen, desto mehr Verantwortung haben wir zu tragen, anderen wie uns selber gegenüber. Je mehr Talente wir besitzen, desto größer ist die Verantwortung, die wir haben, sie voll und ganz zu entwickeln. Wir müssen uns wegbewegen von der Freiheit der Indifferenz hin zur Freiheit des Engagements.«

Auch auf völkerrechtlicher Ebene wird der jahrhunderte lange, zweifelsohne wichtige, Kampf um Menschenrechte heute von einem stärkeren Bemühen um Menschenpflichten abgelöst. Wir sollen nicht fragen, welche Rechte wir haben und auf welche Rechte wir pochen können, sondern welche Pflichten wir als »Mensch« im wahrsten Sinn des Wortes und im Sinn der Humanität haben. Und dabei gewinnen Verantwortung und Verantwortungsbewusstsein, und zwar in einem umfassenden Sinn, also nicht nur gegenüber Menschen, sondern auch gegenüber Tieren und unserer Umwelt, eine zentrale Bedeutung.

Im Rahmen unserer so verstandenen Freiheit sind wir damit aufgerufen, im Leben nicht einfach das zu tun, was wir gerade wollen, worauf wir gerade Lust haben und wozu uns die Umstände im Augenblick einladen: Freiheit und Frei-Sein bedeutet nicht, die Treuepflicht dem Partner gegenüber zu verletzen, weil es der Trieb momentan verlangt und sich auf der Weihnachtsfeier die Gelegenheit dazu ergibt. Freiheit bedeutet nicht, Kinder mit elterlicher Autorität zu konfrontieren, weil man selbst im Moment wegen anderer Dinge entnervt ist und die Beherrschung verloren hat. Frei-Sein bedeutet nicht, den Geschäftspartner durch Verheimlichung oder Nichtaufklärung von wesentlichen Umständen über den Tisch zu ziehen, weil der wirtschaftliche Vorteil lockt und sich im Augenblick die Gelegenheit dazu bietet.

Nach einem langen Weg der Bildung und Erkenntnis kam *Goethes* Wilhelm Meister zur Überzeugung, dass »das unschätzbare Glück der Freiheit nicht darin besteht, dass man alles tut, was man tun mag und wozu uns die Umstände einladen, sondern dass man das ohne Hindernis und Rückhalt auf dem geraden Weg tun kann, was man für recht und schicklich hält«.[490] Wie *Jean-Jacques Rousseau* richtig bemerkt, ist Freiheit letztendlich »Gehorsam gegen das selbstgegebene Gesetz«.[491]

Freiheit bedeutet in Wahrheit, dass wir in jeder Lebenslage die Möglichkeit haben, das zu tun, was gut, menschlich und tugendhaft ist, was unser inneres Bewusstsein, in dem Denken, Handeln und Fühlen in wunderbarer Weise vereint sind, von uns verlangt. Damit sind wir aufgerufen, in jeder Lebenssituation eine verantwortungsbewusste und verantwortungsvolle Wahl unter den uns zur Verfügung stehenden Handlungsmöglichkeiten zu treffen und uns im Rahmen dieser Wahl für das Gute, Menschliche und Tugendhafte zu entscheiden.

Unsere Freiheit braucht Grenzen, die ihr durch unsere Menschenpflichten auferlegt werden. Ohne Ordnungsprinzip und Grenzen gäbe es keinen Halt, keine Bindungen, keine verantwortungsbewusste Wahl, kein bedingungsloses Ja ohne Wenn und Aber, keine Eigen- und Selbstverantwortung. Wir brauchen in der Tat Grenzen, wenn wir verstehen wollen, was Freiheit in Wahrheit bedeutet.

Das Wesentliche kurz: Die Freiheit des Menschen ist nicht grenzenlos. Das kann sie nicht sein, denn sie muss auf die Freiheit anderer Menschen Rücksicht nehmen und in ein gewisses Ordnungssystem eingegliedert sein. Dieses Verständnis für Freiheit und Ordnung müssen wir im Lauf unseres Lebens langsam lernen. Kinder müssen lernen, dass ihre Freiheit Grenzen hat und nicht alles erlaubt ist. Sie brauchen diese Grenzen auch, denn erst dadurch können sie ein Gefühl der Eigen- und Selbstverantwortung entwickeln. Auch unsere eigene Willensfreiheit, sei es im partnerschaftlichen, familiären oder sonstigen Zusammenleben, ist in ein Ordnungssystem eingegliedert, nämlich in ein Gefüge aus Verantwortung und Verantwortungsbewusstsein. Wie *Frankl* betont, bedeutet »Frei-Sein« in Wahrheit »Verantwortlich-Sein«. Unsere Freiheit verpflichtet uns in jeder Lebenslage eine gegenüber unseren Mitmenschen verantwortungsbewusste und verantwortungsvolle Entscheidung zu treffen. Seine Möglichkeiten im Leben zu verwirklichen und seine Kräfte im Leben zu entfalten, bedeutet, dass wir in jeder Lage unseres Lebens Verantwortung für uns und unsere Mitmenschen übernehmen und aus den uns zur Verfügung stehenden Handlungsmöglichkeiten jene wählen, mit denen wir genau dieser Verantwortung gerecht werden. Unsere so verstandene menschliche Freiheit gibt uns letztendlich die Möglichkeit, in jeder Lebenslage unsere Menschenpflichten zu erfüllen und das zu tun, was gut, menschlich und tugendhaft ist.

6 GRUNDREGELN FÜR DAS ZUSAMMENLEBEN

Im sechsten Kapitel wenden wir uns den allgemeinen Grundregeln für ein gedeihliches Zusammenleben zu. Gemeint ist hier ein Zusammenleben in einer größeren Gemeinschaft als Partnerschaft und Familie, für welche die hier dargestellten Regeln natürlich ebenso Bedeutung haben. Im Vordergrund steht auch hier die Liebe, allerdings in Form der Nächstenliebe oder *agape*, wie sie sich als Kern des Neuen Testaments und des Liebesgebotes von *Augustinus* erweist. Wir werden uns dabei auch mit kritischen Stimmen zu diesem »Ideal der Heiligkeit«, wie es *Kant* nennt, auseinandersetzen. Doch *Spinoza* hat nachgewiesen, dass nicht nur die aufopfernde Liebe *Jesu*, sondern auch die Vernunft die Einhaltung des Grundsatzes der Nächstenliebe gebietet: Denn wer Hass mit Gegenhass erwidert, verbittert sein eigenes Leben, wer jedoch Hass durch Gegenliebe erwidert, kämpft unstreitig mit Freude und Zuversicht. Der zweite Teil dieses Kapitels setzt sich mit weiteren Eigenschaften auseinander, die für ein Zusammenleben in der Gemeinschaft wichtig sind, nämlich Mitleid, Mitgefühl und Einfühlungsvermögen einerseits und Rücksicht und Rücksichtnahme andererseits. Eine zentrale Stelle nimmt dann im dritten Teil die Tugend der Aufrichtigkeit und Ehrlichkeit ein. Wir werden sehen, dass die Liebe zur Wahrheit eine wesentliche Voraussetzung für ein gutes Zusammenleben bildet und die Tugend der Aufrichtigkeit von rigoroser Strenge geprägt ist: Mag es auch Situationen im Leben geben, in denen einen Lüge unvermeidlich wird, so können wir dafür doch kein moralisches Recht beanspruchen. Geduld und Selbstbeherrschung beleuchten wir dann im vierten Teil dieses Kapitels, wobei uns bewusst werden wird, wie schwierig diese beiden Tugenden zu erlangen sind, denn sie erfordern von uns Kraft und Anstrengung. Dabei werden wir uns auch mit einer weiteren Bedeutung der Geduld auseinandersetzen: Wir sollen nachdenken, in uns gehen, nichts krampfhaft erzwingen und übereilen, sondern ruhig und beherrscht abwarten. Im Zusammenhang mit dem Verzeihen und Vergessen wird uns im fünften Teil das wunderbare Gleichnis mit der Ehebrecherin aus dem Neuen Testament in Erinnerung gerufen, in dem uns das Wesen der bedingungslosen Vergebung aus Liebe vor Augen geführt wird. Nachdem wir uns im sechsten Teil mit dem Wesen der Kritik und dem Gebot der Vermeidung von Kritik auseinandergesetzt haben, werden wir im siebten Teil dieses Kapitels einen krönenden Abschluss finden, der uns in die Geheimnisse des Gesprächs, des Zuhörens und des Schweigens einführt.

6.1 Nächstenliebe und Wohlwollen

Für ein gutes und funktionierendes Zusammenleben in der Gemeinschaft ist der Grundsatz der Nächstenliebe unentbehrlich. Nächstenliebe, das ist *agape*, die selbstlose Liebe zum Nächsten, die Liebe des Wohlwollens, das Wohlwollen. Da es sich bei der Nächstenliebe um einen zentralen Bestandteil des christlichen Liebesgebotes im Neuen Testament handelt, wollen wir uns zunächst einmal kurz die Grundlagen dieses wesentlichen Prinzips ansehen:[492]

Vor dem letzten Abendmahl wird im Johannes-Evangelium die Fußwaschung beschrieben. *Jesus* begann, seinen Jüngern die Füße zu waschen. Als er zu Petrus kam, sagte dieser zu ihm: »Du, Herr willst mir die Füße waschen? Jesus antwortete ihm: Was ich tue, verstehst du jetzt noch nicht; doch später wirst du es begreifen.« *Jesus* fährt dann fort: »Wenn nun ich, der Herr und Meister, euch die Füße gewaschen habe, dann müsst auch ihr einander die Füße waschen. Ich habe euch ein Beispiel gegeben, damit auch ihr so handelt, wie ich an euch gehandelt habe.« Die Bedeutung dieser Worte wird erst später klar, als *Jesus* sein Liebesgebot formuliert und seine Jünger auffordert, einander zu lieben, so wie er sie geliebt hat: »Wie mich der Vater geliebt hat, so habe auch ich euch geliebt. Bleibt in meiner Liebe! Wenn ihr meine Gebote haltet, werdet ihr in meiner Liebe bleiben, so wie ich die Gebote meines Vaters gehalten habe und in seiner Liebe bleibe. Das ist mein Gebot: Liebt einander, so wie ich euch geliebt habe. Es gibt keine größere Liebe, als wenn einer sein Leben für seine Freunde hingibt.«

Dieses Liebesgebot wird in Anlehnung an weitere Stellen im Neuen Testament im Gebot der Nächstenliebe zum Ausdruck gebracht, in dem, wie es ausdrücklich heißt, alle bisherigen Gebote in einem Satz zusammengefasst sind:[493]

»Du sollst deinen Nächsten lieben wie dich selbst!«

In Anlehnung daran hat der große Kirchenvater *Augustinus* sein umfassendes Liebesgebot formuliert: »Liebe und was du willst, das tu!« – »*Dilige, et quod vis fac.*« Wenn Liebe die Wurzel des Handelns ist, dann kann aus dieser Wurzel nichts anderes als Gutes wachsen.[494] Diese Worte von *Augustinus* betonen die Strenge, ja Härte und Forderung der Liebe, die nach der lateinischen Bedeutung der Begriffe *diligo, caritas* oder *agape* Hochschätzung und Wertschätzung des anderen zum Inhalt hat. Im Sinn dieser Hochschätzung und Wertschätzung zeigt sich wahre Liebe in Ernsthaftigkeit und Verantwortungsgefühl für den Mitmenschen; aber nicht nur für den Mitmenschen, sondern generell auch für die Gesellschaft, die Natur, die Pflanzen und Tiere, den Kosmos; und zwar nicht aus Mitleid, sondern aus dem Wissen um deren Wert, der Teil unserer eigenen Existenz ist.

Sein Liebesgebot erweitert *Augustinus* im Sinn eines allgemeinen Wohlwollens (*voluntas*) gegenüber den Mitmenschen: »Das Gute, das man sich wünscht, soll man auch dem anderen wünschen, und das Böse, das man von sich fernhalten möchte, soll man auch vom Nächsten fernzuhalten suchen. Dieses Wohlwollen soll man gegen alle Menschen hegen.«[495] Auch *Thomas von Aquin* hat die Nächstenliebe als die Liebe des Wohlwollens bezeichnet, die über die Freundschaft im eigentlichen Sinn hinausgeht und ihre Grenzen überschreitet. Das der Nächstenliebe entspringende Wohlwollen hat zuvor schon *Aristoteles* betont. Wohlwollen liegt seiner Auffassung nach dann vor, wenn jemand dem anderen Menschen das Gute um seiner Person willen wünscht. Und wenn dieses Wohlwollen gegenseitig ist und zwei Menschen Wohlwollen füreinander empfinden, also sich gegenseitig das Gute aus diesem Grund wünschen, dann spricht man von Freundschaft. *Aristoteles* hat das Wohlwollen als mögliches Verhalten gegenüber jedem Menschen bewusst von der eigentlichen Freundschaft und der Liebe abgegrenzt.[496]

Auch *Spinoza* beschäftigt sich in seiner Ethik mit dem Prinzip des Wohlwollens, das dem Gebot der Nächstenliebe entspringt: »Das Gute, das jeder, der den Weg der Tugend geht, für sich begehrt, wünscht er auch den übrigen Menschen.« Dabei betont *Spinoza*, dass dieses Prinzip der Vernunft entspringt und dass demgemäß Menschen, die nach der Leitung der Vernunft leben, »nichts für sich verlangen, was sie nicht auch für andere Menschen begehren«.[497] Und auch *Kant* betont, dass Wohlwollen immer Pflicht bleibt: »Anderen Menschen nach unserem Vermögen wohl zu tun, ist Pflicht, man mag sie lieben oder nicht«.[498]

Das christliche Liebesgebot und das Gebot der Nächstenliebe werden allerdings mitunter auch kritisiert: Ein Liebesgefühl könne nicht durch Aufforderung erzeugt werden, könne nicht Pflicht sein.[499]

Diese Argumentation geht auf die Ethik von *Kant* zurück, welcher die Moralität einer Handlung nur auf die »Disziplin der Vernunft« gründet. Eine moralische Handlung ist seiner Ansicht nach nur eine solche Handlung, die »aus Pflicht« erfolgt, wobei Pflicht als »die Notwendigkeit einer Handlung aus Achtung fürs Gesetz« definiert wird. An diesem Handeln aus Pflicht hält *Kant* auch bei seinen Überlegungen zum Gebot der Nächstenliebe fest: Denn so hoch man seiner Auffassung nach dieses Liebesgebot auch schätzen mag, so kann doch Liebe nicht geboten werden, »denn es steht in keines Menschen Vermögen, jemanden bloß auf Befehl zu lieben«. Ein Gebot, dass man etwas »gerne tun soll«, ist in sich widersprechend. Denn kein vernünftiges Geschöpf kann jemals dahin kommen, alle moralischen Gesetze immer gerne zu tun, so ganz ohne Selbstzwang. Den Nächsten lieben heißt nach *Kant* vielmehr, alle Pflichten, die man dem Nächsten gegenüber hat, ihm gegenüber »gerne auszuüben«. Oder anders gesagt: Das Gebot der Nächstenliebe verpflichtet uns, nach pflichtgemäßen Handlungen dem Nächsten gegenüber »zu streben« oder, wie bereits zuvor erwähnt, dem Nächsten gegenüber Wohlwollen zu üben. Als solches Gebot des Strebens bleibt das Gebot der Nächstenliebe aber, wie alle anderen moralischen Vorschriften des Evangeliums ein »Ideal der Heiligkeit«, das letztendlich von niemandem wirklich erreicht werden kann, sondern dem wir uns nur nähern können und nach dem wir in unserem Leben streben sollen.[500]

Das Gebot der Nächstenliebe in unserem engsten Familien- und Freundeskreis umzusetzen, wird uns allen wahrscheinlich noch relativ leicht fallen, aber wie steht es mit den anderen Menschen? Wie weit geht in der Tat das Gebot der Nächstenliebe? Können wir dieses »Ideal der Heiligkeit«, wie es *Kant* nennt, überhaupt erreichen? Denn in der Humanität *Jesu* geht das christliche Gebot der Nächstenliebe weit über das hinaus, was für viele von uns noch akzeptabel erscheinen mag, nämlich Liebe und Wohlwollen gegenüber unserem engsten Kreis und denjenigen zu üben, die uns nahe sind und die uns gegenüber wohlwollend eingestellt sind:[501] »Liebt eure Feinde und betet für die, die euch verfolgen«, heißt es da im Matthäus-Evangelium und: »Wenn dich einer auf die rechte Wange schlägt, dann halt ihm auch die andere hin«.[502] Nächstenliebe also auch gegenüber unseren Feinden und gegenüber Menschen, die uns hassen?

Die Antwort darauf lautet Ja. Denn *Spinoza* hat nachgewiesen, dass nicht nur die aufopfernde Liebe *Jesu*, sondern auch die Vernunft die Einhaltung dieses Grundsatzes gebietet: »Wer nach der Leitung der Vernunft lebt«, so argumentiert *Spinoza*, »strebt, soviel er kann, den Hass, den Zorn, die Verachtung, usw anderer ihm gegenüber durch Liebe oder Edelmut zu vergelten.«

Er begründet diesen Lehrsatz damit, dass der Hass durch Gegenhass vermehrt wird, aber durch Gegenliebe getilgt werden kann, so dass der Hass in Liebe übergeht. Aus diesem Grund muss ein

Mensch – und zwar gerade unter dem Gesichtspunkt der Vernunft – bestrebt sein, den Hass eines anderen durch Liebe zu vergelten. Denn wer Beleidigungen mit Hass erwidert und sich am Beleidiger rächen will, verbittert sein eigenes Leben. Wer dagegen bemüht ist, den Hass durch Liebe zu bekämpfen, der kämpft unstreitig mit Freude und Zuversicht.[503] Auch *Kant* räumt in seiner Tugendlehre ein, dass Wohlwollen immer Pflicht bleibt, und zwar »selbst gegen den Menschenhasser, den man freilich nicht lieben, aber ihm doch Gutes erweisen kann«.[504] In eine ähnliche Richtung geht *Schopenhauer*: »Der Großmütige, welcher dem Feinde verzeiht und das Böse mit Gutem erwidert, ist erhaben und erhält das höchste Lob; weil er sein selbst-eigenes Wesen auch da noch erkannte, wo es sich entschieden verleugnete.«[505]

Aber eine Ethik, die gebietet, die andere Wange hinzuhalten, ist wenig attraktiv, argumentiert der australische Philosoph *Peter Singer*. Denn die andere Wange hinzuhalten bedeutet, möglichen Betrügern zu vermitteln, dass sich Betrügen auszahlt. *Singer* empfiehlt stattdessen die Strategie »Wie du mir, so ich dir«, die sich beim Gegenüber für sein jeweiliges Verhalten revanchiert: Wenn mein Gegenüber freundlich und kooperativ ist, folgt auch von mir eine freundliche Reaktion. Ist mein Gegenüber hingegen egoistisch und unkooperativ, dann ist die eigene Reaktion das nächste Mal ebenfalls unkooperativ und egoistisch. Es handelt sich dabei um eine grundsätzlich freundliche Strategie, denn sie versucht nie, als erste unkooperativ zu sein. Eine eigene unkooperative Handlung erfolgt immer nur als Reaktion auf eine unfreundliche Verhaltensweise eines anderen. Nach *Singer* lässt sich »Wie du mir, so ich dir« einfach begründen: »Wer freundlich zu jemanden ist, der die Freundlichkeit nicht erwidert, ist schließlich der Betrogene. Wo Individuen dumm genug sind, sich ausnutzen zu lassen, geht es Betrügern gut. Umgekehrt gilt aber auch, dass es Betrügern schlecht geht, wo sich niemand betrügen lässt.«[506]

Betrachtet man *Singers* Überlegungen vor dem Hintergrund der Humanität *Jesu* aber auch vor *Spinozas* Vernunftüberlegungen, dann ist »Wie du mir so ich dir« eigentlich ein klarer Rückschritt, weil dieser Grundsatz zum alttestamentarischen Prinzip

»Auge für Auge, Zahn für Zahn« zurückkehrt.[507] Gerade diese Regel scheint aber durch die humanitäre Weiterentwicklung des Grundsatzes der Nächstenliebe im Neuen Testament überwunden zu sein: Denn war schon der Grundsatz des Alten Testaments für die menschliche Entwicklung ein Fortschritt (wenn einer jemanden von deiner Sippe erschlägt, dann erschlage bitte auch nur einen und nicht seine gesamte Sippe), so verlangte die neuzeitliche Entwicklung eine humanitätsnahe Haltung (jemanden, der einen von deiner Sippe erschlägt, also deinen Feind, sollst du nicht erschlagen, sondern du sollst auch ihn lieben oder doch danach streben ihn zu lieben).

Hier stellt sich natürlich, ähnlich wie bei der Toleranz, das Problem des Paradoxon: Eine unendliche Nächstenliebe ohne jegliche Grenzen würde letztendlich zu ihrer Vernichtung führen. Außerdem finden sich im Neuen Testament durchaus auch Anhaltspunkte für eine kämpferische Haltung von *Jesus*. So steht im Matthäus-Evangelium sehr deutlich: »Denkt nicht, ich sei gekommen, um Frieden auf die Erde zu bringen. Ich bin nicht gekommen, um Frieden zu bringen, sondern das Schwert.«[508]

Mit dem Gegenseitigkeitsgrundsatz »Wie du mir, so ich dir« geht es uns nach *Singers* Überlegung beim Zusammenleben in einer Gemeinschaft besser, so zumindest scheint es. Oder, wenn man so will, ist das zumindest ein akzeptables Übergangsstadium, bis wir in der Lage sind, den Grundsatz der Nächstenliebe, also echte wohlwollende Liebe gegenüber allen anderen Menschen in der Tat zu verwirklichen. Denn *Singer* selbst räumt ein, dass zwischen Liebenden, in einer Familie oder zwischen engen persönlichen Freunden, wo es jedem wirklich um das Wohl des anderen geht, die Frage der Gegenseitigkeit kaum auftritt. Echtes Interesse für andere ist nach *Singers* Meinung die vollständige Auflösung des Dilemmas. »Es ist gut, wenn wir versuchen, dieses echte Interesse über die Familie und den engen persönlichen Freundeskreis hinaus auszudehnen, wo immer es möglich ist. Wenn das Mitgefühl stark genug ist, dann ist kein ›Wie du mir, so ich dir‹ nötig.«[509]

Also letztendlich doch, wie uns das Neue Testament lehrt und wie auch *Spinoza* empfiehlt, echte Nächstenliebe, selbstlose Liebe zum Nächsten, wahrhafte Liebe des Wohlwollens, *agape*, und zwar auch gegenüber denjenigen, die uns nicht wohl gesonnen sind. Mag es auch wie *Kant* meint, ein »Ideal der Heiligkeit« sein. Zumindest wollen wir nach diesem Ideal streben, wollen wir all unseren Mitmenschen echtes Wohlwollen entgegenbringen und uns ehrlich um ihr Wohl und ihr Wohlergehen bemühen. Denn auch hier gilt: Es geht in unserem Leben nicht darum, das Ideal oder Ziel auch tatsächlich zu erreichen, sondern entscheidend ist der Weg dorthin: Der Weg ist das Ziel! Wichtig ist, wie wir den Weg gehen. Und auf diesem Weg sollen wir unseren Mitmenschen so viel Wohlwollen wie möglich entgegenbringen und auch ihr Wohl fördern.

Der gute Charakter lebt in einer seinem Wesen homogenen Außenwelt: Die anderen sind ihm kein »Nicht-Ich«, sondern »Ich noch einmal«, hat *Schopenhauer* einmal bemerkt. Daher ist sein ursprüngliches Verhältnis zu jedem ein befreundetes: Er fühlt sich allen Wesen im Inneren verwandt, nimmt unmittelbar teil an ihrem Wohl und Leid und setzt mit Zuversicht dieselbe Teilnahme bei ihnen voraus. »Hieraus erwächst der tiefe Friede seines Innern und jene getroste, beruhigte, zufriedene Stimmung, vermöge welcher in seiner Nähe jedem wohl wird.«[510] Auf unserem weiteren Lebensweg sollten wir versuchen, anderen Menschen gegenüber Wohlwollen zu üben. Es sollte unser Ziel sein, dass anderen Menschen in unserer Nähe wohl wird.

Das Wesentliche kurz: Für ein gutes und funktionierendes Zusammenleben in der Gemeinschaft ist der Grundsatz der Nächstenliebe entscheidend. Nächstenliebe, das ist *agape*, die selbstlose Liebe zum Nächsten, die Liebe des Wohlwollens, das Wohlwollen: »Du sollst deinen Nächsten lieben wie dich selbst!« *Augustinus* hat in Anlehnung an das Gebot der Nächstenliebe sein umfassendes Liebesgebot formuliert und dieses im Sinn eines allgemeinen Wohlwollens gegenüber allen Mitmenschen erweitert. Das Gute, das man sich wünscht, soll man auch dem anderen wünschen, und das Böse, das man von sich fernhalten möchte, soll man auch vom Nächsten fernzuhalten versuchen. Dieses Wohlwollen sollen wir allen Menschen entgegenbringen. Nicht nur die aufopfernde Liebe *Jesu*, sondern auch die Vernunft gebietet die Einhaltung des Grundsatzes der Nächstenliebe, wie *Spinoza* nachgewiesen hat. Denn wer Hass mit Gegenhass erwidert, verbittert sein eigenes Leben, doch wer Hass durch Gegenliebe erwidert, kämpft unstreitig mit Freude und Zuversicht. Also echte Nächstenliebe, selbstlose Liebe zum Nächsten, wahrhafte Liebe des Wohlwollens und zwar auch gegenüber denjenigen, die uns nicht wohl gesonnen sind, mag es auch, wie *Kant* meint, ein »Ideal der Heiligkeit« sein. Zumindest wollen wir nach diesem Ideal streben, all unseren Mitmenschen echtes Wohlwollen entgegenbringen und uns ehrlich um ihr Wohl und ihr Wohlergehen bemühen. Denn auch hier gilt: Es geht in unserem Leben nicht darum, das Ideal oder Ziel tatsächlich zu erreichen, sondern entscheidend ist der Weg dorthin, denn der Weg ist das Ziel. Und auf diesem Weg sollen wir gegenüber unseren Mitmenschen so viel Wohlwollen wie möglich üben und auch ihr Wohl fördern.

6.2 Mitleid, Mitgefühl, Einfühlungsvermögen und Rücksichtnahme

Wie schwer es manchmal mit dem Einfühlungsvermögen sein kann, zeigt uns *Saint-Exupérys* kleiner Prinz: Hinter den vorwurfsvollen Worten seiner geliebten Blume auf seinem Planeten erkennt er nicht ihre Zärtlichkeit. Ihm ist nicht bewusst, dass sie trotz ihrer Vorwürfe, die sie ihm vordergründig macht, eigentlich nur für ihn duftet und glüht. Erst später, als der kleine Prinz dem Piloten von der Blume erzählt, wird ihm bewusst, dass er sie falsch eingeschätzt hat: »Ich hätte sie nach ihrem Tun und nicht nach ihren Worten beurteilen sollen.«[511]

Mitleid, Mitgefühl und Einfühlungsvermögen sind ganz wesentliche Empfindungen für ein gutes Zusammenleben in der Gemeinschaft. Wie viele Missverständnisse entstehen doch unter den Menschen, weil sie zu diesen Gefühlen nicht fähig sind oder weil sie nicht fähig sind, diesen Gefühlen anderen gegenüber Ausdruck zu verleihen.

Aber was beschreiben Gefühle wie Mitleid, Mitgefühl und Einfühlungsvermögen eigentlich genau? Mit Überlegungen dazu wollen wir uns im Folgenden etwas näher beschäftigen.

Unter Mitleid verstehen wir das menschliche Gefühl der inneren Anteilnahme am Leid oder an der Not eines anderen Menschen. *Spinoza* hat in seiner *Ethik* Mitleid als eine Traurigkeit oder Betrübtheit bezeichnet, die von der Vorstellung eines Übels, das einem anderen Menschen begegnet, begleitet ist.[512] Mitleid ist Anteilnahme am Leid des anderen. Egal welches Leid, auch wenn es selbstverschuldet ist, jedes Leid verdient Mitleid. Denn das Wesentliche am Mitleid ist, dass es dem anderen Menschen hilft, sein eigenes Leid besser zu ertragen. Das lehrt uns das alte Sprichwort: »Geteiltes Leid ist halbes Leid«.

Mitgefühl geht dabei noch weiter als Mitleid, denn es schließt neben dem Mitleid auch die Mitfreude ein: Mitgefühl ist nach *Spinoza* Liebe, sofern sie den Menschen bestimmt, sich über das Glück eines anderen zu freuen und sich dagegen über das Unglück eines anderen zu betrüben.[513] Beide Empfindungen sind eng miteinander verbunden. Mit dem Mitleiden ist nach *Albert Schweitzer* zugleich die Fähigkeit des Mitfreuens gegeben. Denn mit der Abstumpfung gegen das Mitleiden verliert man zugleich das Miterleben des Glücks des anderen. Und letztendlich ist das »Miterleben des Glücks um uns herum mit dem Guten, das wir selbst schaffen können, das einzige Glück, welches uns das Leben erträglich macht.«[514]

Wir könnten die Gefühle Mitleid und Mitgefühl allgemeiner auch als Einfühlungsvermögen bezeichnen, also als die menschliche Fähigkeit, sich ganz allgemein in einen anderen Menschen oder in seine Lage und seinen Zustand hineinzuversetzen und diesen Zustand innerlich ehrlich nachzuvollziehen und nachzuempfinden. Und dabei geschieht beim Mitgefühl und Einfühlungsvermögen etwas Wunderbares: Unser Leiden mit dem Leid eines anderen Menschen vermindert sein Leid und unsere Freude mit dem Glück dieses Menschen vermehrt auch sein Glück.

Es ist wahres Interesse für den Mitmenschen, ehrliche Anteilnahme und Teilnahme, die wir geben und die zu uns als Geschenk zurückkommt.

Empfindungen wie Mitleid, Mitgefühl und Einfühlungsvermögen äußern sich in Sympathie, denn die Worte gehen auf das griechische *sympatheia* zurück. Sympathie bedeutet Mitfühlen, emotionale Anteilnahme an den Gefühlen des anderen, eine positive gefühlsmäßige Einstellung zum anderen. Dabei ist Sympathie eine einzigartige Mischung: Denn sie umschreibt einerseits eine Eigenschaft, wenn man also Sympathie erweckt, wenn man selbst sympathisch ist, und andererseits ein Gefühl, wenn man selbst Sympathie empfindet, wenn man Sympathie hat. Und da sich diese Eigenschaft und dieses Gefühl entsprechen, ist Sympathie zwischen zwei Menschen eine Art glückliche Fügung. Ein Lächeln des Lebens, gleichsam ein Geschenk des Zufalls. In Sympathie sein heißt, gemeinsam zu fühlen oder zu empfinden, entweder auf gleiche Weise, oder der eine durch den anderen. Sympathie umschreibt auch die angenehme Empfindung oder Anziehung, die daraus entsteht.[515]

In der modernen Einsamkeitsforschung hat man herausgefunden, dass einsame Menschen darunter leiden, dass keiner oder nur sehr wenige Menschen sich für sie interessieren und niemand mit ihnen mitfühlt. Aber noch frustrierender als mangelndes Mitgefühl, das andere einem Menschen entgegenbringen, ist der Mangel an Mitgefühl, das man selbst anderen Menschen geben kann. Viel schlimmer, als nicht geliebt zu werden, ist, wenn man niemanden hat, den man selbst lieben und mit dem man selbst mitfühlen kann. Dies erklärt auch, warum bei älteren Menschen, die unter Einsamkeit leiden, ein Haustier so wichtig ist und oft zum Ersatz des verstorbenen Lebenspartners wird.[516]

Mitleid, Mitgefühl und Einfühlungsvermögen sollten in unserem Leben zu einer gefestigten Grundhaltung werden, die sich durch unser ganzes Leben zieht. Das ehrliche und aufrichtige Nachvollziehen von Gefühlen unserer Mitmenschen ist eine wichtige Eigenschaft, die wir in uns entwickeln und pflegen müssen. Diese Eigenschaften sind für ein gutes Zusammenleben in der

Gemeinschaft unentbehrlich und wir sollten ihnen auf unserem weiteren Lebensweg jene Bedeutung geben, die sie bei uns noch als Kind hatten, als wir weinten, wenn sich unser Spielgefährte weh tat oder die Katze gestorben ist. Mitgefühl oder das Nachvollziehen der Gefühle anderer Menschen ist dabei sehr stark von der eigenen Empfindungsfähigkeit abhängig. Wer sensibel gegenüber sich selbst ist, kann eher sensibel gegenüber anderen sein. Es ist wie bei der Liebe. Auch sie setzt voraus, dass man zunächst sich selbst liebt, um überhaupt einen anderen Menschen lieben zu können. Und Einfühlungsvermögen ist letztendlich nichts anderes als eine Form der Liebe.

Gefühle wie Mitgefühl und Mitleid sind gewissermaßen auch Vorstufen zur Tugend der Nächstenliebe. Die Nächstenliebe wäre zweifelsohne besser als das bloße Mitgefühl oder Mitleid, meint der französische Philosoph *Comte-Sponville*, wenn wir immer dazu fähig wären. Leichter erreichbar ist allerdings das Mitleid und Mitgefühl, das der Nächstenliebe ähnlich ist – und zwar durch die Sanftheit – und das uns zur echten Nächstenliebe führen kann.[517] Realistischer und eher erreichbar als die hohe Tugend der Nächstenliebe ist die Tugend des Mitgefühls und des Mitleids. Damit ist das Einfühlungsvermögen zumindest ein erster Schritt auf dem Weg zur echten Nächstenliebe, die zwar erstrebenswert aber als »Ideal der Heiligkeit« für uns eben nur sehr schwer erreichbar ist.

Auch Rücksicht und Rücksichtnahme sind Eigenschaften, die eine wesentliche Voraussetzung für ein gutes Zusammenleben bilden. Rücksicht nehmen bedeutet, dass wir bei unseren Handlungen im Leben die besonderen Gefühle, Interessen und Bedürfnisse der anderen Menschen sowie ihre jeweilige besondere Situation berücksichtigen. Das Wort Rücksicht leitet sich vom lateinischen *respectus* oder *respicere* ab, das »zurückblicken« und »zurückschauen« bedeutet. Rücksichtnahme hat die gleiche Wurzel wie das Wort Respekt und bringt damit eine auf echter Anerkennung und Bewunderung beruhende Achtung zum Ausdruck; sie bedeutet Respekt und Achtung vor anderen Menschen.

Nach *Epikur* hat das glückselige Wesen weder selbst Sorgen, noch bereitet es einem anderen Sorgen.[518] Das bringt das Wesen der Rücksichtnahme sehr schön zum Ausdruck: Wenn wir unser eigenes Leben gestalten, sollten wir dabei unseren Mitmenschen möglichst wenig Sorgen, Schaden und Nachteile bereiten. Rücksichtnahme ist somit nicht nur dort notwendig, wo sie ohnehin selbstverständlich ist, also etwa gegenüber alten, kranken und gebrechlichen Menschen. Dass man in einem öffentlichen Verkehrsmittel einem älteren Menschen seinen Sitzplatz anbietet, ist eigentlich selbstverständlich. Die Idee, Rücksicht zu nehmen, geht entschieden weiter: sie berührt alle Bereiche unseres Lebens und hat keine Grenzen. Im Leben Rücksicht zu nehmen bedeutet, dass wir anderen Menschen, aber auch unserer Umwelt keine Sorgen bereiten, dass wir im Straßenverkehr andere Fahrer nicht unnötig ausbremsen und nötigen, sondern sanft und rücksichtsvoll fahren, dass wir den Mist nicht einfach weg –, sondern in den nächsten Mistkübel werfen, dass wir die Lifttür nicht schnell zumachen, sondern den anderen noch einsteigen lassen. Es gibt Hunderte Beispiele für Rücksichtnahme, und allen ist gemeinsam, dass sie sich auf die kleinsten Bereiche unseres Lebens erstrecken.

Auf andere Rücksicht zu nehmen, ist somit ganz im Sinn der alten Spruchweisheit »Leben und leben lassen«.[519]

Das Wesentliche kurz: Mitleid, Mitgefühl und Einfühlungsvermögen sind ganz wesentliche Empfindungen, die wir für ein gutes Zusammenleben in der Gemeinschaft brauchen. Mitleid ist Anteilnahme am Leid des anderen. Jedes Leid, auch selbstverschuldetes, verdient Mitleid. Mitgefühl schließt neben dem Mitleid auch die Mitfreude ein, wenn wir uns über das Glück eines anderen Menschen freuen und umgekehrt über sein Unglück betrübt sind. Beide Gefühle können wir allgemeiner auch als Einfühlungsvermögen bezeichnen, also die Fähigkeit, sich ganz allgemein in einen Menschen oder in seine Lage und seinen Zustand hineinzuversetzen und diesen Zustand innerlich ehrlich nachzuvollziehen und nachzuempfinden. Und dabei geschieht etwas Wunderbares: Unser Leiden mit dem Leid eines anderen Menschen vermindert sein Leid und unsere Freude mit dem Glück dieses Menschen vermehrt auch sein Glück. Es ist wahres Interesse für den Mitmenschen, ehrliche Anteilnahme und Teilnahme, die wir geben und die zu uns als Geschenk zurückkommt. Mitgefühl ist dabei sehr stark von der eigenen Empfindungsfähigkeit abhängig. Wer sensibel gegenüber sich selbst ist, kann eher sensibel gegenüber anderen sein. Es ist wie bei der Liebe. Auch sie setzt voraus, dass man zunächst sich selbst liebt, um überhaupt einen anderen Menschen lieben zu können. Auch Rücksicht und Rücksichtnahme sind Eigenschaften, die eine wesentliche Voraussetzung für ein funktionierendes Zusammenleben bilden. Rücksicht nehmen bedeutet, dass wir bei unseren Handlungen im Leben die besonderen Gefühle, Interessen und Bedürfnisse der anderen Menschen sowie ihre besondere Situation berücksichtigen. Das hat auch mit Respekt und Achtung zu tun. Wenn wir unser eigenes Leben gestalten, sollen wir unseren Mitmenschen aber auch ganz allgemein unserer Umwelt möglichst wenig Sorgen, Schaden und Nachteile bereiten, und zwar in jeder Lebenssituation.

6.3 Aufrichtigkeit, Ehrlichkeit und Wahrheit

Aufrichtigkeit und Ehrlichkeit sind Tugenden, die für ein gutes und funktionierendes Zusammenleben unerlässlich sind. Der Mensch kann einfach nicht in einer Gemeinschaft mit anderen leben, wenn er sich auf die anderen nicht verlassen kann und permanent Gefahr läuft, von ihnen belogen und betrogen zu werden. Ehrlichkeit und Aufrichtigkeit sind wichtige Tugenden. Aber was bedeuten diese Tugenden genau? Und wie weit geht die Pflicht? Darf man nie lügen? Muss man immer und in jeder Situation ohne Ausnahme aufrichtig und ehrlich sein?

Aufrichtigkeit ist weder Wissen oder Gewissheit noch Wahrheit, denn die Tugend der Aufrichtigkeit schließt nach *Comte-*

Sponville zwar die Lüge aus, allerdings nicht den Irrtum. Der Wert der Aufrichtigkeit liegt vielmehr darin, dass der ehrliche und aufrichtige Mensch »sagt, was er glaubt, auch wenn er sich irren mag, und glaubt, was er sagt«. Aufrichtig sein bedeutet nicht, »immer die Wahrheit zu sagen, denn man kann sich auch irren«. Doch Aufrichtigkeit bedeutet, zumindest die »Wahrheit über das zu sagen, was man glaubt«, und zwar selbst dann, wenn der eigene Standpunkt objektiv unrichtig ist. Denn auch dann ist diese Wahrheit deshalb nicht weniger wahr. Aufrichtig sein ist etwas mehr als bloß wahrheitsgemäß sein, also andere nicht zu belügen. Aufrichtig sein bedeutet, »weder andere noch sich selbst zu belügen«.[520] Und gerade dieser Aspekt, nämlich auch sich selbst nicht zu belügen, ist bei der Aufrichtigkeit besonders wichtig.

Die Liebe freut sich an der Wahrheit, heißt es in der Bibel im Hohelied der Liebe.[521] Die Wahrheit zu verteidigen und überzeugt vorzubringen, ist eine anspruchsvolle und unersetzliche Form der Liebe. Bereits *Aristoteles* hat die Aufrichtigkeit und Wahrhaftigkeit sehr hoch geschätzt. Der aufrichtige Mensch steht für *Aristoteles* in der Mitte zwischen dem Aufschneider und dem hintergründig Bescheidenen. Er ist ein Mensch, der die Dinge beim richtigen Namen nennt und sich schlicht zu dem bekennt, was an ihm ist, nicht mehr und nicht weniger. Dieser Mensch verdient unser Lob, wie *Aristoteles* sagt. Einen Menschen, »der sich da, wo nichts dergleichen hereinspielt, in Wort und Werk aufrichtig zeigt, weil es einfach seiner Grundhaltung entspricht«, dürfen wir als einen redlichen Charakter bezeichnen. Denn »wer die Aufrichtigkeit liebt und in Lagen aufrichtig ist, wo eigentlich nichts darauf ankäme, der wird erst recht aufrichtig sein, wenn etwas darauf ankommt«.[522]

Aufrichtigkeit und Ehrlichkeit werden damit für uns auf unserem weiteren Lebensweg zu einer prinzipiellen Grundhaltung und zu einer Tugend für jede Lebenslage, und sei sie auch noch so unbedeutend. Mehr noch: Gerade wenn wir uns in jeder noch so unbedeutenden Situation aufrichtig und ehrlich verhalten, werden wir es auch in den bedeutenden Lebenslagen sein, also dort, wo es wirklich darauf ankommt. Und erst dann werden wir uns diese wichtige Grundhaltung der Ehrlichkeit und Aufrichtigkeit im Leben aneignen können, und zwar aus Liebe zur Wahrheit und Ehrlichkeit. Denn die Tugend selbst ist ihr Lohn, wie wir bereits gehört haben. Unser eigenes inneres Bewusstsein, in dem Denken, Handeln und Fühlen so wunderbar vereint sind, verlangt das von uns.

Wie weit geht nun die Pflicht der Aufrichtigkeit und Ehrlichkeit? Gibt es keinerlei Ausnahme? Dürfen wir niemals unehrlich sein oder lügen?

Die großen Denker der neueren Zeit waren bedingungslose Verfechter der Aufrichtigkeit und Wahrhaftigkeit.[523] In seiner *Ethik* prägte *Spinoza* den kompromisslosen Lehrsatz zur Aufrichtigkeit:

> »Der freie Mensch handelt niemals arglistig,
> sondern stets aufrichtig.«

Dies gebietet nach *Spinoza* die Vernunft, denn nur insofern ist der Mensch frei, als er nach dem Gebot der Vernunft handelt, denn aus Tugend handeln ist nichts anderes als nach der Leitung der Vernunft handeln. Wenn nun der freie, also nach der Vernunft handelnde Mensch etwas arglistig tun würde, folgert *Spinoza*, so würde er es nach dem Gebot der Vernunft tun. Dann wäre aber arglistiges Handeln eine Tugend. Folglich wäre es für jeden ratsamer, um der Erhaltung seines Seins willen arglistig zu handeln, das heißt die Vernunft würde dann den Menschen raten, sich zu belügen, nur arglistig Verträge zu schließen usw. Das wäre aber widersinnig und somit kann der nach dem Grundsatz der Vernunft handelnde Mensch nur aufrichtig sein, und zwar in jeder Lebenslage.[524]

Auch *Kant* war bei der Aufrichtigkeit mehr als streng:

> »Die größte Verletzung der Pflicht
> des Menschen gegen sich selbst
> ist das Widerspiel der Wahrhaftigkeit: die Lüge.«

Kant war bei der Wahrheitsliebe in der Tat kompromisslos und verurteilte die Lüge ohne Ausnahme. Ganz im Sinn seines kategorischen Imperativs, bei dem er keine Ausnahme zuließ, sah er dies bei der Lüge: Würde ich sie für irgendeine Situation zulassen, und sei sie noch so verzweifelt, müsste ich sie für alle Situationen zulassen können. Dann aber könnte man niemandem mehr vertrauen, und jegliche Kommunikation wäre unmöglich. Mag man sich auch in bestimmten Situationen gezwungen sehen zu lügen, so kann man dafür nach *Kant* doch kein moralisches Recht beanspruchen.[525]

Auch im Rahmen der modernen Humanitätsüberlegungen wird heute ein sehr strenges Lügenverbot vertreten: Die *Allgemeine Erklärung der Menschenpflichten* (*A Universal Declaration of Human Responsibilities*) des *InterAction Council* aus dem Jahr 1997[526] bestimmt in Artikel 8, dass jede Person die Pflicht hat, »sich integer, ehrlich und fair zu verhalten«. Und nach Artikel 12 hat jeder Mensch die ausdrückliche Pflicht, »wahrhaftig zu reden und zu handeln. Niemand, wie hoch oder mächtig auch immer, darf lügen.«

Diese rigorose Strenge bei der Ehrlichkeit und Aufrichtigkeit, wie sie *Kant* und *Spinoza* sowie moderne Humanitätsüberlegungen vertreten, werden wir im täglichen Leben möglicherweise nur sehr schwer einhalten können. Selbst *Kant* war sich bewusst, dass es Situationen gibt, in denen eine Lüge unvermeidlich sein wird. Aber wir können dafür grundsätzlich kein moralisches Recht beanspruchen, dabei hat *Kant* sicherlich recht. Und natürlich wird man die Lüge auch in Situationen akzeptieren können, in denen sie aus Gründen höherer menschlicher Pflicht, wie Humanität oder Barmherzigkeit, erfolgt und dann mitunter sogar geboten ist. Doch grundsätzlich bleibt die Lüge untugendhaft und das sollten wir immer bedenken, wenn wir vor der Entscheidung stehen, ob wir in einer bestimmten Situation ehrlich sein sollen oder glauben, lügen zu dürfen.

Eine zentrale und wunderbare Bedeutung erhält die Tugend der Wahrheitsliebe in *Mozarts Zauberflöte*. Nachdem sich Papageno gegenüber Tamino am Beginn der Oper damit rühmte, dass er die böse Schlage getötet hat, hängt eine der drei Damen Papageno ein Schloss vor den Mund, und zwar mit den Worten: »Statt der süßen Feigen hab ich die Ehre, dir dies goldene Schloss vor den Mund zu schlagen. Damit du künftig nie mehr Fremde belügst.« Das Schloss diente seit jeher als Symbol für das Schweigen und die Verschwiegenheit. Nach der Begnadigung durch die Königin und vor Überreichung der Flöte und des Glockenspiels nimmt die erste Dame Papageno im zwölften Auftritt das Schloss wieder vom Mund:

»Papageno: Nun plaudert Papageno wieder!
Zweite Dame: Ja, plaudre – lüge nur nicht wieder!
Papageno: Ich lüge nimmer mehr, nein, nein!
Die drei Damen: Dies Schloss soll deine Warnung sein!
Alle: Bekämen doch die Lügner alle
Ein solches Schloss vor ihren Mund:
Statt Hass, Verleumdung, schwarzer Galle,
Bestünde Lieb und Bruderbund.«

Unvergleichlich schön ist in der *Zauberflöte* dann die Stelle, als Papageno Pamina retten will, beide allerdings vom bösen Monostatos erwischt werden. Kurz vor der Ankunft Sarastros bekommt es Papageno mit der Angst zu tun und fragt Pamina verzweifelt: »Mein Kind, was werden wir nun sprechen?« Daraufhin antwortet ihm Pamina, die neben Tamino den weiblichen Teil des Ideals der Tugenden verkörpert, entschlossen:[527]

»Die Wahrheit – die Wahrheit! Sei sie auch Verbrechen!«

Pamina symbolisiert damit die Wahrheit als absolute Tugend ohne Ausnahme. Aufrichtigkeit ist eine der wichtigsten Tugenden und in unserem Leben sollten wir dieser menschlichen Pflicht und Tugend soweit wie möglich treu bleiben.

Das Gebot, nicht zu lügen, müssen wir allerdings von der Frage abgrenzen, ob man immer alles sagen muss. Denn das können wir gar nicht und das hat auch nichts mit Unaufrichtigkeit zu tun. Immer alles zu sagen, dafür fehlt nicht nur die Zeit, sondern Anstand und Sanftmut verbieten uns das sogar. »Ehrlichkeit ist nicht Exhibitionismus«, hat *Comte-Sponville* gemeint. Ebenso ist Ehrlichkeit nicht Grobheit, Unhöflichkeit oder Gefühllosigkeit. Man hat das Recht, zu schweigen, und sehr oft ist es auch geboten, zu schweigen. Die Aufrichtigkeit verbietet nicht zu schweigen, sondern nur zu lügen bzw zu schweigen nur dann, wenn dies wiederum verlogen wäre. Man muss nicht alles sagen, aber die Tugend der Aufrichtigkeit verpflichtet uns – außer in Fällen höherer Pflicht, wie auch *Comte-Sponville* betont –, nur das Wahre zu sagen oder zumindest das, was wir dafür ehrlicherweise halten.[528]

Unsere Überlegungen zur Tugend der Aufrichtigkeit und Ehrlichkeit führen uns damit zu einem wesentlichen Lebensgrundsatz: Nicht nur was wir tun, sondern alles, was wir sagen, sollte aus Überzeugung und Gewissenhaftigkeit kommen und darf nie dazu dienen, andere Menschen zu verletzen. Wir sollen nicht nur wahrhaft denken und handeln, sondern auch wahrhaft sprechen und reden. *Augustinus* hat das wunderbar zusammengefasst:[529]

»Das glückselige Leben ist Freude an der Wahrheit.«

Das Wesentliche kurz: Aufrichtigkeit und Ehrlichkeit sind Tugenden, die für ein gutes und funktionierendes Zusammenleben unerlässlich sind. Die Tugend der Aufrichtigkeit ist weder Wissen oder Gewissheit noch Wahrheit, denn sie schließt zwar die Lüge aus, allerdings nicht den Irrtum. Der Wert der Aufrichtigkeit liegt vielmehr darin, dass der ehrliche und aufrichtige Mensch sagt, was er glaubt, auch wenn er sich irren mag, aber dennoch glaubt, was er sagt. Aufrichtig sein bedeutet, dass wir weder andere noch uns selbst belügen. Ehrlichkeit ist eine Tugend für jede Lebenslage, und sei sie auch noch so unbedeutend. Und auch wenn es im Leben Situationen gibt, in denen eine Lüge vielleicht unvermeidlich scheint, so können wir dafür – außer in Fällen höherer menschlicher Pflicht – doch kein moralisches Recht beanspruchen. Die Lüge bleibt grundsätzlich untugendhaft, und das sollten wir immer bedenken, wenn wir vor der Entscheidung stehen, ob wir in einer bestimmten Situation ehrlich sein sollen oder glauben, lügen zu dürfen. Das Gebot, nicht zu lügen, müssen wir allerdings von der Frage abgrenzen, ob man immer alles sagen muss. Denn das können wir gar nicht. Anstand und Sanftmut verbieten es manchmal sogar. Ehrlichkeit ist nicht Grobheit, Unhöflichkeit oder Gefühllosigkeit. Die Aufrichtigkeit verbietet nicht zu schweigen, sondern nur zu lügen bzw zu schweigen nur dann, wenn dies wiederum verlogen wäre. Das führt zum wesentlichen Lebensgrundsatz, dass wir nicht nur wahrhaft denken und handeln sollen, sondern auch wahrhaft sprechen und reden. Denn das glückselige Leben ist Freude an der Wahrheit.

6.4 Geduld und Selbstbeherrschung

Herr, gib mir Geduld, aber sofort! Das werden Sie vielleicht auch schon des Öfteren zu sich selbst gesagt haben. Dabei bringt dieser Spruch sehr gut das Dilemma mit der lieben Geduld zum Ausdruck: Die Menschen wünschen sich Geduld und suchen sie mit Ungeduld. Daran muss man natürlich scheitern, das ist klar. Geduld zu erwerben, ist schwierig, das hat schon *Hesse* zum Ausdruck gebracht: »Geduld ist schwer. Geduld ist für den Geist das Schwerste.«[530] Und was das Schwierigste daran ist: Es braucht viel Geduld, um Geduld zu bekommen.

Geduld ist wahrlich eine menschliche Tugend, denn sie ist die Fähigkeit, warten zu können. Geduld bedeutet lateinisch *patientia* oder englisch *patience*, das auch Ertragen und vor allem Ausdauer bedeutet. Die Geduld vermittelt Ausdauer im ruhigen und beherrschten Abwarten. Geduldig ist, wer bereit ist, mit seinen unerfüllten Sehnsüchten und Wünschen zu leben oder sie doch zumindest eine Zeit lang bewusst zurückzustellen. Damit ist diese Fähigkeit auch sehr eng mit der Hoffnung verbunden, die neben Glaube und Liebe eine der drei christlichen Tugenden ist, wie wir das aus dem Hohelied der Liebe bereits wissen.

Die Fähigkeit, etwas in Ruhe und Gelassenheit abwarten zu können, ist damit wohl der wichtigste Aspekt bei der Tugend der Geduld. Sie fordert uns zur Verlangsamung auf: Wir sollen reflektieren, nachdenken und in uns gehen. Wir sollten all diese Fähigkeiten rund um das geduldige Abwarten in uns kultivieren, weil sie nicht nur für ein geordnetes Zusammenleben wichtig, sondern auch eigennützig sind und uns beim Erreichen unserer eigenen Ziele weiterhelfen. »Eile langsam!« oder »Eile mit Weile!« – »*Festina lente!*« haben die Römer gesagt. Oder wie ein chinesisches Sprichwort meint: »Wenn du bald ankommen willst, musst du langsam gehen.«[531]

Als in *Hesses* Märchen *Piktors Verwandlungen* im Paradies die Schlange Piktor ins Ohr zischte, dass er dem wunderbaren funkelnden Stein doch schnell sagen soll, was er will, »ehe es zu spät ist«, erschrak Piktor und »fürchtete, sein Glück zu versäumen«. Daraufhin sagte er rasch das Wort und verwandelte sich in einen Baum und verlor damit die wunderbare Kunst der weiteren Verwandlung im Leben. Wie sollte er diese rasch und unüberlegt getroffene Entscheidung später bereuen! »O wie blind, o wie töricht war er gewesen! Hatte er denn so gar nichts gewusst, war er dem Geheimnis des Lebens so fremd gewesen?«[532]

Wir sollten in unserem Leben nichts übereilen und erzwingen, was wir nur als Geschenk erhalten können. Wenn wir handeln, sollen wir geduldig, bedacht und überlegt handeln, immer auch die Auswirkungen unseres Handelns in unsere Überlegung mit einbeziehen, wie wir das bereits im Zusammenhang mit dem Denken und Handeln festgehalten haben. Denn jedes Hasten und Übereilen, das krampfhafte Erzwingen von Dingen, die von selbst kommen, all das bringt nicht nur anderen Menschen rund um uns, sondern letztendlich auch uns selbst Nachteile.

Es ist die Weisheit, die wir schon im Zusammenhang mit dem Streben nach dem Glück gehört haben: Glück ist auch Geschenk, lässt sich nicht erzwingen und erfordert wahrlich oft Geduld, Ausdauer und die Fähigkeit, abwarten zu können. Damit wird die Tugend des geduldigen Abwartens zu einem ganz wesentlichen Lebensprinzip, das *Hesse* an anderer Stelle anspricht:[533]

> »Alle Natur, alles Wachstum, aller Friede, alles Gedeihen und Schöne in der Welt beruht auf Geduld, braucht Zeit, braucht Stille, braucht Vertrauen, braucht den Glauben an langfristige Dinge und Prozesse von viel längerer Dauer als ein einzelnes Leben dauert, Glauben an Zusammenhänge und Dinge, die keiner Einsicht eines Einzelnen zugänglich sind. ›Geduld‹ sage ich, und könnte ebenso gut sagen Glauben, Gottvertrauen, Weisheit, Kindlichkeit, Einfalt.«

Die Tugend der Geduld meint allerdings nicht nur das geduldige Abwarten, sondern auch das ruhige, beherrschte und nachsichtige Ertragen eines auch unangenehmen Zustandes. Geduldig ist vor allem, wer Schwierigkeiten und Leiden mit Gelassenheit und Standhaftigkeit erträgt. In diesem Sinn lehrt uns die Geduld, den Schwankungen des Lebens gegenüber eine gleichmäßige Grundhaltung einzunehmen und sie gelassen zu ertragen. Wir sollen beides, Glück und Leid, hinnehmen, so wie es kommt.

In ihren beiden zentralen Bedeutungen, nämlich in der Ausdauer im ruhigen und beherrschten Abwarten und im beherrschten und nachsichtigen Ertragen, ist die Geduld auch verwandt mit – oder man könnte fast sagen Teil – der Selbstbeherrschung, mit der wir uns bereits im Rahmen der Selbsterziehung beschäftigt haben. Dabei geht natürlich die Selbstbeherrschung weit über die Geduld hinaus. Wie wir bereits festgehalten haben, ist Selbstbeherrschung die Fähigkeit, unsere Gefühle durch den Willen zu steuern und ihnen nicht ungezügelten Lauf zu lassen. Sie ist die Kunst, unter Einsatz der Vernunft unsere eigenen Wünsche auf die Wünsche der anderen abzustimmen, die Anstrengung, unsere eigenen Bedürfnisse und Handlungen zugunsten unserer Mitmenschen und ethischer Grundsätze zurückzustellen.

Die Tugend der Selbstbeherrschung ist jene Tugend, die nach der Selbsterkenntnis kommt und damit auch viel schwieriger zu erlangen ist als jene, weil sie über die Erkenntnis der eigenen Fehler und Unzulänglichkeiten hinausführt und uns aufträgt, uns selbst und damit auch unsere Handlungen und Taten im Leben zu beherrschen und zu leiten, also gut und tugendhaft zu sein. Das erfordert wahrlich nicht nur Kraft, sondern auch Stärke. Deshalb symbolisiert Stärke die Selbstbeherrschung. Die Verbindung der Geduld mit der Stärke führt uns nach der Selbsterkenntnis zum zweiten Grad der Tugend der Selbstbeherrschung.

Das Wesentliche kurz: Geduld zu erwerben, ist schwierig, denn es braucht viel Geduld, um sie zu bekommen. Geduld ist wahrlich eine menschliche Tugend, denn sie ist die Fähigkeit, warten zu können. Sie bedeutet Ertragen und Ausdauer. Geduldig ist, wer bereit ist, mit seinen unerfüllten Sehnsüchten und Wünschen zu leben oder sie doch zumindest eine Zeit lang bewusst zurückzustellen. Die Geduld fordert uns zur Verlangsamung auf: Wir sollen reflektieren, nachdenken und in uns gehen. Wir sollen nichts erzwingen, was wir nur als Geschenk erhalten können. Denn jedes Hasten, Übereilen und nicht Abwarten können, das krampfhafte Erzwingen von Dingen, die von selbst kommen, all das bringt nicht nur anderen Menschen, sondern auch uns selbst Nachteile. Glück ist auch Geschenk, lässt sich nicht erzwingen, erfordert Geduld, Ausdauer und die Fähigkeit, abwarten zu können. Geduldig ist aber auch, wer Schwierigkeiten und Leiden mit Gelassenheit und Standhaftigkeit erträgt. Wir sollen den Schwankungen des Lebens gegenüber eine gleichmäßige Grundhaltung einnehmen und sie gelassen ertragen. Geduld wird damit Teil der Selbstbeherrschung, das ist jene Tugend, die nach der Selbsterkenntnis kommt und damit auch viel schwieriger zu erlangen ist als jene, weil sie über die Erkenntnis der eigenen Fehler und Unzulänglichkeiten hinausführt und uns aufträgt, uns selbst und damit unsere Handlungen und Taten im Leben zu beherrschen und zu leiten, also gut und tugendhaft zu sein.

6.5 Verzeihen und Vergessen

Verzeihen und vergeben sind menschliche Pflichten, die wohl nicht gerade zu den leichtesten im Leben gehören. Die Vergangenheit ist unwiderruflich: Wenn etwas Böses oder Schlechtes geschehen ist, können wir es nicht mehr ungeschehen machen, auch wenn wir es uns noch so sehr wünschen. Die Missetat bleibt und lässt sich nicht mehr beseitigen.

Was wir aber tun können ist verzeihen und vergeben. Man nennt das auch die Tugend der Barmherzigkeit. Vergeben heißt, »aufhören zu hassen«. Barmherzigkeit ist nach *Comte-Sponville* die »Tugend, welche den Groll und den berechtigten Hass überwindet, welche die Rachsucht und den Vergeltungsdrang besiegt«. Sie ist jene »Tugend, die vergibt, nicht indem sie die Verfehlung oder Beleidigung ungeschehen macht, was nicht möglich ist, sondern indem sie aufhört, dem Menschen, der uns beleidigt oder geschädigt hat, böse zu sein«.[534]

Verzeihen ist nicht leicht. Aber wir müssen bedenken, dass auch wir selbst nur allzu oft Verzeihung und Vergebung durch andere nötig haben. Außerdem steht es uns nicht zu, andere zu verurteilen. Wenn wir uns unsicher sind, ob wir jemandem verzeihen sollen oder können, sollten wir uns vielleicht öfter das wunderbare biblische Gleichnis von der Ehebrecherin in Erinnerung rufen:[535]

Als die Schriftgelehrten und Pharisäer dem alten Gesetz entsprechend eine Ehebrecherin steinigen wollten, sagte *Jesus* zu ihnen: »Wer von euch ohne Sünde ist, werfe als Erster einen Stein auf sie.« Und einer nach dem anderen ging fort, ohne die Frau zu verurteilen. *Jesus* fragte daraufhin die Ehebrecherin: »Frau, wo sind sie geblieben? Hat dich keiner verurteilt? Sie antwortete: Keiner, Herr. Da sagte Jesus zu ihr: Auch ich verurteile dich nicht. Geh und sündige von jetzt an nicht mehr!«

Die höchste Form der menschlichen Tugend des Verzeihens liegt sicherlich im Verzeihen aus Liebe, Mitleid und Mitgefühl. Ein großes Vorbild bleibt dabei wiederum *Jesus*, der noch bei der Kreuzigung um Vergebung für seine Peiniger gebeten hat: »Vater, vergib ihnen, denn sie wissen nicht was sie tun.«[536] Nicht nur *Jesus* selbst hat seinen Peinigern vergeben: Er hat darüber hinaus auch seinen himmlischen Vater gebeten, ihnen zu verzeihen. Er hat uns diese beispiellose und bedingungslose Vergebung vorgelebt, diese Vergebung, die nicht wartet, bis der Böse weniger böse ist, bevor sie ihm vergibt, diese Vergebung, die wirklich ein Geschenk ist und kein Tauschhandel. Insofern ist Gottes Barmherzigkeit wirklich unendlich. Sie ist die Wahrheit selbst, die nicht urteilt.

Aber wie *Kant* richtig meint, ist das ein unerreichbares »Ideal der Heiligkeit«. In diesen Gefilden, denen sich Weise, Mystiker und Heilige nähern, kann sich niemand von uns normal Sterblichen ständig aufhalten. Doch die Barmherzigkeit, die Tugend des Verzeihens und der Vergebung, weist dorthin und zeigt uns den Weg in diese Richtung.[537] »Alles verstehen, heißt alles verzeihen«, sagt uns ein altes Sprichwort. Vergeben und verzeihen sind in der Tat wichtige Tugenden, die wir für unser Zusammenleben in einer Gemeinschaft brauchen.

Ist es immer ausreichend, zu verzeihen, oder wäre es manchmal nicht besser, zu vergessen? Erinnerungen verschönern das Leben, aber das Vergessen macht das Leben oft erst erträglich. Welche Bedeutung sollte das Vergessen für unser Leben haben?

Comte-Sponville meint, dass wir Missetaten keinesfalls vergessen sollen. Denn das wäre zunächst oft ein Verstoß gegen die Treue, nämlich den Opfern gegenüber: Wir sollen Auschwitz nicht vergessen! Zum anderen wäre Vergessen natürlich auch eine Dummheit und insofern ein Verstoß gegen die Tugend der Klugheit: Denn wenn mich ein Händler betrügt, wäre es unklug, bei ihm weiterhin einzukaufen. Wer es dennoch tut, ist wohl ziemlich naiv.[538] Ein Kind, das auf die Herdplatte greift, sollte diese Erfahrung nicht vergessen, denn sonst passiert es wieder. In diesem Sinn hat auch *Schopenhauer* gemahnt: »Vergeben und Vergessen heißt gemachte kostbare Erfahrungen zum Fenster hinauswerfen.«[539]

Nun, beide haben durchaus recht, wenn es darum geht, aus Klugheit nicht zu vergessen, um uns selbst oder unsere Mitmenschen vor künftigem Schaden zu bewahren. Aber ist es wirklich vernünftig, in keiner Situation des Lebens zu vergessen? Ist es wirklich immer ausreichend, nur zu verzeihen und zu vergeben, aber nicht zu vergessen? Oder wäre es manchmal nicht doch besser, das Geschehene überhaupt und ein für allemal zu vergessen, um so in Frieden weiterleben zu können?

Ich glaube, dass wir ohne Vergessen eigentlich überhaupt nicht leben können. Ein lateinisches Sprichwort mahnt uns, Dinge, die ruhen, auf sich beruhen zu lassen – »*Quieta non movere!*« Und auch *Nietzsche* meint, dass zu allem Handeln Vergessen gehört: »Es ist möglich, fast ohne Erinnerung zu leben, ja glücklich zu leben, es ist aber ganz und gar unmöglich, ohne Vergessen überhaupt zu leben.« Über viele Dinge kommt man gar nicht anders hinweg, als dass man nicht mehr daran rührt. Oder wie wiederum *Nietzsche* kurz und bündig meinte: »Man bleibt nur gut, wenn man vergisst.«[540]

»Wie der Schlaf die Sorgen und Bekümmernisse des Tages in ein Nichts verschwinden lässt«, so breitet nach *Rudolf Steiner* »Vergessen einen Schleier über die schlimmen Erfahrungen des Lebens und löscht dadurch einen Teil der Vergangenheit aus«. Und wie der Schlaf notwendig ist, damit die erschöpften Lebenskräfte neu erwachen, so muss der Mensch gewisse Teile seiner Vergangenheit durch Vergessen aus der Erinnerung tilgen, wenn er neuen Erlebnissen frei und unbefangen gegenüberstehen soll. Denn »gerade aus dem Vergessen erwächst ihm Stärkung für die Wahrnehmung des Neuen«.[541]

Es ist gut, wenn wir in der Lage sind, bestimmte Dinge im Leben nicht nur zu vergeben und zu verzeihen, sondern auch zu vergessen. Das gilt vor allem für den zwischenmenschlichen Bereich: Eine Verletzung der Tugend der Treue ist sicherlich eines der schlimmsten Vergehen in einer Beziehung. Und ich bin der letzte, der die Bedeutung dieser Tugend herunterspielen möchte. Aber, wenn der Partner, der die Treuepflicht verletzt hat, diese Pflichtverletzung ehrlich und aufrichtig bereut, reicht es dann wirklich, ihm nur zu verzeihen – das ist natürlich ohnehin die Grundvoraussetzung –, oder wäre es nicht doch besser, die ganze Sache einfach zu vergessen, überhaupt nicht mehr daran zu rühren? Denn wenn man nicht vergisst, wird die Enttäuschung über die Verletzung immer wieder von Neuem aufkeimen. Wenn Menschen in endlose Streitigkeiten und Auseinandersetzungen verwickelt sind und schon gar nicht mehr wissen, warum sie eigentlich streiten, wäre es da nicht besser, einfach einen Schnitt zu machen und zu vergessen, keine Argumente für und wider mehr zuzulassen, die Dinge nicht wieder von Neuem aufzuwärmen, sondern einfach zu vergessen und neu zu beginnen?

In all diesen Bereichen muss wahrlich die Tugend über das bloße Verzeihen und Vergeben hinausgehen und das Vergessen mit einschließen. Andernfalls ist es wahrscheinlich wirklich nicht möglich, weiterzuleben, oder das Leben wird zur Hölle und beginnt sich in einer Endlosschleife der Verzweiflung zu nähern. Das steht aber nicht dafür, und zwar weil jeder Mensch Fehler machen kann, die sich nicht ungeschehen machen lassen, die wir aber mit Vergessen aus der Welt schaffen können. Und damit helfen wir auch demjenigen, der diesen Fehler begangen hat und daran möglicherweise selbst ein Leben lang denken muss. Das Vergessen wird damit in so manchen Bereichen eine Tugend, die uns letztendlich am Leben erhält.

Das Wesentliche kurz: Verzeihen und vergeben sind wichtige menschliche Pflichten. Die Vergangenheit ist unwiderruflich, eine Missetat bleibt und lässt sich nicht mehr beseitigen. Was wir aber tun können ist verzeihen und vergeben. Man nennt das auch die Tugend der Barmherzigkeit, die bedeutet, dass man aufhört zu hassen. Die Tugend, die vergibt, nicht indem sie die Verfehlung oder Beleidigung ungeschehen macht, sondern indem sie uns einfach aufhören lässt, dem Menschen, der uns beleidigt oder geschädigt hat, böse zu sein. Daran erinnert uns das biblische Gleichnis von der Ehebrecherin: In seiner Liebe hat uns *Jesus* diese beispiellose und bedingungslose Vergebung vorgelebt. Eine Vergebung, die nicht wartet, bis der Böse weniger böse ist, bevor sie ihm vergibt, diese Vergebung, die wirklich ein Geschenk ist. Wie schon *Kant* meint, ist das zwar ein unerreichbares »Ideal der Heiligkeit«, aber die Barmherzigkeit, die Tugend des Verzeihens und der Vergebung, weist dorthin und zeigt uns den Weg in diese Richtung. Auch Vergessen kann eine Tugend sein. Vergessen ist zwar dort nicht ratsam, wo es darum geht, aus Klugheit nicht zu vergessen, um uns selbst oder unsere Mitmenschen vor künftigem Schaden zu bewahren. Aber manchmal sollten wir das Geschehene überhaupt vergessen, um so in Frieden weiterleben zu können und uns nicht in einer Endlosschleife der Verzweiflung zu nähern.

6.6 Kritik und deren Vermeidung

Mit der Kritik ist das so eine Sache. Wie oft kritisieren wir andere Menschen in schonungsloser Art, vermitteln ihnen so klar und deutlich wie nur irgend möglich, was sie nicht alles in der einen oder anderen Situation falsch gemacht haben. Denken wir einmal ehrlich und in Ruhe darüber nach, wie oft wir an anderen herumnörgeln, an unserem Partner – er bekommt wahrscheinlich am meisten ab –, an unseren Kindern und am Arbeitsplatz. Und um welche Kleinigkeiten es dabei geht, das ist manchmal schon abenteuerlich: Da steht die Kaffeetasse nicht an ihrem üblichen Platz, da liegen Spielsachen im Kinderzimmer herum, da schlüpft der Sohn in seine Schuhe, ohne vorher die Schuhbänder zu öffnen, da hat die Assistentin wieder einmal einen Rechtschreibfehler im Brief gemacht oder die Putzfrau im Büro etwas umgeräumt. Und postwendend folgt von uns Kritik und Nörgelei.

Dabei gibt es einen wesentlichen Grundsatz, der für ein gutes Zusammenleben unter Menschen wahrscheinlich fast unerlässlich ist: Wir sollen Kritik vermeiden! Denn wie uns ein altes Sprichwort lehrt, sind Kritik und Vorwürfe wie Tauben, sie kehren immer wieder in den eigenen Schlag zurück. Wenn wir andere kritisieren und über sie negativ denken, fällt das letztendlich auf uns selbst zurück. Vor allem steht es uns aber nicht zu, andere zu verurteilen. »Richtet nicht, damit ihr nicht gerichtet werdet!« heißt es im Matthäus-Evangelium. »Denn wie ihr richtet, so werdet ihr gerichtet werden, und nach dem Maß, mit dem ihr messt und zuteilt, wird euch zugeteilt werden.«[542]

Es ist aber nicht nur ungerecht, sondern auch unvernünftig, andere Menschen zu kritisieren. Denn Kritik drängt den anderen Menschen meistens in die Defensive und verletzt seinen Stolz und sein Selbstwertgefühl. Und trotz all dieser negativen Folgen ändert die geäußerte Kritik letztendlich doch sehr oft nichts an der Situation, die beanstandet wird. Denn die wenigsten Menschen sind in der Lage, sich selbst wirklich kritisch bzw adäquat zu betrachten und ehrlich zu erkennen, dass sie im Unrecht sind. Gewöhnlich ist die Reaktion eines Menschen auf Kritik, dass er beginnt, sich zu rechtfertigen und Erklärungen und Ausreden für sein Verhalten zu suchen. Es folgt dann oft eine Diskussion, die weder dem einen noch dem anderen etwas bringt: Derjenige, der kritisiert, hat damit doch keine nachhaltige Besserung beim anderen erzeugt, und der Kritisierte selbst ist ohnehin der Meinung, dass er alles richtig gemacht hat.

Und was noch schlimmer ist: Der Kritisierte wird seinerseits infolge der geübten Kritik wiederum negative Gefühle und Ablehnung gegen seinen »Peiniger« entwickeln. Denn »wer sich vorstellt, dass er von jemandem gehasst wird, ohne dass er ihm einen Grund zum Hass gegeben zu haben glaubt, der wird diesen seinerseits hassen«, beschreibt *Spinoza* die menschliche Natur im Rahmen seiner *Ethik* zutreffend.[543] Wenngleich natürlich Kritik nicht mit Hass gleichzusetzen ist, so laufen doch auch bei der Kritik ähnliche Mechanismen ab. Wenn wir einen anderen Menschen kritisieren, wird er – mangels ehrlicher Einsicht – in Folge der geübten Kritik sehr oft eine ablehnende Haltung oder doch zumindest negative Gefühle uns gegenüber entwickeln.

Wenn Kritik ungerecht und unvernünftig und damit jedenfalls zu vermeiden ist, wie können wir Kritik in der anhängigen Situation vermeiden? Wie entkommen wir dieser Spirale des Nutzlosen bei der Kritik und wie gehen wir am besten damit um, wenn wir einen anderen dazu bewegen wollen, etwas, was wir nicht für richtig halten, anders zu machen?

Die Fähigkeit, Kritik zu vermeiden, hat zunächst sehr viel mit den Tugenden der Selbsterkenntnis und Selbstbeherrschung zu tun, die wir bereits kennen gelernt haben: Mit Selbsterkenntnis zunächst deshalb, weil wir uns in einem ersten Schritt bewusst machen müssen, dass wir selbst nicht fehlerlos sind. Dabei sollte uns die Bibelstelle vom Richter leiten, wo uns aufgezeigt wird, dass wir zwar den Splitter im Auge des anderen bemerken, aber den Balken in unserem eigenen Auge nicht.[544] Der weit wichtigere Aspekt bei der Kunst, Kritik zu vermeiden, ist allerdings die Selbstbeherrschung: Denn um Verständnis zu zeigen und zu verzeihen, dazu braucht es wahrlich charakterliche Stärke und Selbstbeherrschung. Das veranschaulicht sehr gut ein Beispiel, das ich schon vor längerer Zeit einmal aufgeschnappt habe:[545]

Ein berühmter Testpilot und Flugakrobat musste einmal mit viel Mühe und Not eine Bruchlandung vermeiden. Es stellte sich heraus, dass der verantwortliche Mechaniker die Maschine falsch getankt und dadurch den Vorfall verursacht hatte. Als der Mechaniker dies erkannte, war er über seinen schweren Fehler verzweifelt. Der Testpilot hätte allen Grund gehabt, wütend zu sein. Aber statt den Mechaniker zu kritisieren und fertigzumachen, ging der Testpilot zu ihm hin, legte seinen Arm um dessen Schulter und sagte: Damit Sie sehen, dass ich weiß, dass Ihnen so etwas nie mehr passieren wird, möchte ich Sie bitten, morgen mein Flugzeug wieder aufzutanken.

Es ist diese menschliche Größe, die in Verbindung mit Liebe und Verständnis aus der Tugend der Selbsterkenntnis und der Selbstbeherrschung entspringt und uns zeigt, wie wir mit Kritik umgehen, wie wir sie vermeiden: indem wir Verständnis zeigen und verzeihen und indem wir selbst es besser machen und den anderen ein Vorbild sind. Denn wie *Rudolf Steiner* richtig meint, kann man nicht durch die Verurteilung eines Fehlers lernen, sondern nur durch dessen Verstehen.[546] Und dabei kann uns auch der Weg einer positiven Kritik oder einer Kritik durch positive Auslese helfen, den uns *Hesse* mit wunderbarem Beispiel vorgelebt hat: Er hat bis ins hohe Alter zahlreiche Buchbesprechungen geschrieben. Doch seine Methode im Rahmen der Kritik von

Büchern anderer Autoren war nicht streitbare Auseinandersetzung und Polemik, sondern seine Zensur war die positive Auswahl: Bücher, die *Hesse* ablehnte oder die ihm nicht entsprachen, hat er in der Regel überhaupt nicht rezensiert.[547]

Um die Fähigkeit der Vermeidung von Kritik zu erwerben, ist aber auch die Tugend der Bescheidenheit wichtig. Und zwar Bescheidenheit in dem Sinn, dass wir erkennen, dass die Werke, die uns selbst gelingen, oft auch durch das Scheitern anderer bedingt sind. Denn wie *Saint-Exupéry* richtig argumentiert, besteht »die Tat, die gelingt, aus all den Taten, die ihr Ziel verfehlen«.[548]

Kritik wird schließlich von vornherein vermeidbar, wenn wir unsere Vernunft einschalten: Denn die Vernunft gebietet uns, von unseren Mitmenschen von vornherein nicht Dinge zu verlangen, die sie gar nicht erfüllen können, weil sie dazu schlichtweg nicht in der Lage sind. »Man muss von jedem fordern, was er leisten kann«, antwortet der König dem kleinen Prinzen, als dieser richtig erkennt, dass der König im Unrecht wäre und unvernünftig handeln würde, wenn er von seinem General verlangen würde, wie ein Schmetterling von einer Blume zur anderen zu fliegen, eine Tragödie zu schreiben oder sich in einen Seevogel zu verwandeln. Denn »die Autorität beruht vor allem auf der Vernunft«, sagt der König weiter. Also muss man seinen Mitmenschen auch vernünftige Dinge zumuten oder mit Vernunft die Dinge zumuten, zu denen sie in der Lage sind, dann ist es nicht notwendig, im Fall des Misserfolgs Kritik zu üben. Denn dann tritt der Misserfolg von vornherein gar nicht ein und es gelingen die Dinge einfach.

Als der König den kleinen Prinzen etwas später zum Justizminister auf seinem Planten machen will, ist der kleine Prinz verwundert, weil doch auf dem einsamen kleinen Planeten niemand ist, über den er richten könnte. »Du wirst also über dich selbst richten«, antwortet ihm daraufhin der König: »Das ist das Schwerste. Es ist viel schwerer, sich selbst zu verurteilen, als über andere zu richten. Wenn es dir gelingt, über dich selbst gut zu Gericht zu sitzen, dann bist du ein wirklicher Weiser.«[549]

Genau das ist es, was uns helfen kann, Kritik bei anderen Menschen zu vermeiden: Wir sollen nicht über andere urteilen, sondern über uns selbst, wir sollen verzeihen und selbst es einfach besser machen. Wenn uns das gelingt, sind wir schon wieder einen Schritt auf unserem Weg weitergekommen. Und dieser Weg wird uns dazu bringen, unsere Mitmenschen mit anderen Augen zu betrachten und in ihnen die Fähigkeiten und Potentiale zu erkennen. Denn wenn wir die Menschen so nehmen, wie sie sind, dann machen wir sie eigentlich schlechter; wenn wir sie aber so nehmen, wie sie sein sollten, dann machen wir sie zu dem, was sie sein können.[550]

Es sollte unser Ziel sein, andere Menschen nicht zu kritisieren, sondern in ihnen ihre Potentiale und Fähigkeiten zu wecken, sie dort hinzubringen, wo sie sein können. Wir müssen ihnen die Chance geben, ihre jeweiligen Möglichkeiten in ihrem eigenen Leben zu verwirklichen und ihre jeweiligen Kräfte in ihrem Leben zu entfalten.

Das Wesentliche kurz: Es gibt einen wesentlichen Grundsatz, der für ein gutes Zusammenleben unter Menschen unerlässlich ist: Wir sollen Kritik vermeiden! Es ist nicht nur ungerecht, sondern auch unvernünftig, andere Menschen zu kritisieren, denn Kritik drängt den anderen Menschen sehr oft in die Defensive und verletzt seinen Stolz sowie sein Selbstwertgefühl. Und trotz all dieser negativen Folgen ändert die geäußerte Kritik letztendlich doch nichts an der Situation, die beanstandet wird. Die Fähigkeit, Kritik zu vermeiden, hat sehr viel mit Verständnis und Liebe sowie den beiden Tugenden der Selbsterkenntnis und Selbstbeherrschung zu tun: Mit Selbsterkenntnis deshalb, weil wir uns in einem ersten Schritt bewusst machen müssen, dass wir selbst nicht fehlerlos sind. Um in einem weiteren Schritt aber auch Verständnis zu zeigen und zu verzeihen, dazu braucht es charakterliche Stärke und Selbstbeherrschung, wie uns das Beispiel mit dem Testpiloten und dem Mechaniker zeigt. Kritik vermeiden wir, indem wir selbst es besser machen und anderen ein Vorbild sind. Wir müssen unseren Mitmenschen vernünftige Dinge oder mit Vernunft jene Dinge zumuten, zu denen sie in der Lage sind; dann ist es von vornherein gar nicht notwendig, im Fall des Misserfolgs Kritik zu üben, weil die Dinge gelingen. Unser Ziel sollte es sein, in unseren Mitmenschen ihre Potentiale und Fähigkeiten zu wecken, sie dort hinzubringen, wo sie sein können, ihnen die Chance zu geben, ihre jeweiligen Möglichkeiten im Leben zu verwirklichen und ihre Kräfte in ihrem Leben zu entfalten.

6.7 Das Gespräch, Zuhören und Schweigen

Zu den Grundvoraussetzungen für ein funktionierendes menschliches Zusammenleben gehört das Gespräch. Bereits im Zusammenhang mit der Ehe und Partnerschaft haben wir uns damit beschäftigt, dass das Gespräch und die Kommunikation zwischen den Partnern für eine glückliche Beziehung von entscheidender Bedeutung sind. Aber nicht nur in der Partnerschaft hat das Gespräch diese Bedeutung, sondern ganz allgemein im Zusammenleben mit unseren Mitmenschen.

In *Goethes Märchen* wird uns die zentrale Bedeutung des Gesprächs und der Kommunikation mit unseren Mitmenschen in wunderbarer Form vor Augen geführt:[551]

> »Kaum hatte die Schlange dieses ehrwürdige Bildnis angeblickt, als der König zu reden anfing und fragte: Wo kommst du her? – Aus den Klüften, versetzte die Schlange, in denen das Gold wohnt. – Was ist herrlicher als Gold? fragte der König. – Das Licht, antwortete die Schlange. – Was ist erquicklicher als Licht? fragte jener. – Das Gespräch, antwortete diese.«

Reichtum und Erkenntnis (Gold und Licht) allein reichen nicht, es ist das Gespräch, das die Erkenntnis und unseren Wissendrang bei weitem überstrahlt. Erst wenn wir unsere Gedanken mit anderen Menschen austauschen und diese mit ihnen im Gespräch teilen, erlangen sie ihre wahre Kraft. Wenn sie jeder nur für sich behält, veröden sie und verlieren ihren Wert. Und genau diese wechselseitige Verbindung findet im Gespräch statt, in dem Geben und Empfangen sich abwechseln und beide Gesprächspartner sich wechselseitig innerlich und menschlich bereichern. Es ist wahrscheinlich einer der Gründe, warum sich in der Evolution des Menschen die Sprache entwickelt hat, nämlich um die Verbindung der Menschen durch das Gespräch zu ermöglichen.

»Trifft man einen, mit dem zu reden es sich lohnte, und redet nicht mit ihm, so hat man einen Menschen verloren. Trifft man einen, mit dem zu reden sich nicht lohnt, und redet doch mit ihm, so hat man seine Worte verloren.« Nach *Konfuzius* verliert »der Weise weder Menschen noch seine Worte«.[552] Auf unserem weiteren Lebensweg sollten wir diesen Rat befolgen und versuchen, weder Menschen noch Worte zu verlieren.

Zum Gespräch gehört auch das Zuhören. Einem anderen Menschen die Aufmerksamkeit zu widmen und ihm in Ruhe zuzuhören, gehört neben der Kunst des Gesprächs heute wohl zu den größten Tugenden. In unserer schnelllebigen Zeit, in der immer schnellere Kommunikationsmittel immer mehr Druck auf die Menschen erzeugen, wird das ruhige und gelassene Zuhören zur Tugend. Wir müssen in uns selbst die Bereitschaft entwickeln, einem anderen Menschen Gehör zu schenken, und uns dafür auch die Zeit nehmen. »Als Kinder lernen wir sprechen, als Erwachsene sollten wir lernen zuzuhören«, sagt ein Sprichwort. In der Tat müssen wir das Zuhören erst wieder Schritt für Schritt erlernen.

Allerdings ist es nicht nur die hektische Zeit, die das Zuhören verhindert, sondern auch die allzu große und egoistische Selbstbezogenheit: Die meisten Menschen glauben, sie müssten pausenlos selbst sprechen und permanent nur über sich selbst reden. Dabei vergessen sie, dass es viel wichtiger ist, dem anderen zuzuhören. Wir sollten den anderen einmal sprechen lassen und nicht dauernd uns selbst in den Vordergrund drängen. Insofern hat Zuhören auch mit der Tugend der Bescheidenheit zu tun.

Als Siddhartha beim Fährmann Vasudeva lebte, lernte er vom Fluss das ruhige und gelassene Zuhören, ein »Lauschen mit stillem Herzen, mit wartender, geöffneter Seele, ohne Leidenschaft, ohne Wunsch, ohne Urteil, ohne Meinung«. Dieses ruhige und gelassene Lauschen beschreibt die Tugend des Zuhörens wohl am besten: Eine Aufmerksamkeit mit der Ausschließlichkeit und Hingabe, mit der man sich in einer Meditation konzentriert, mit reinem und herzlichem Wohlwollen.[553] Dabei geht es nicht nur darum, anderen Menschen zuzuhören, sondern wir sollten die Fähigkeit entwickeln, der Natur um uns zu lauschen und sie ruhig zu beobachten. Auch das lehrt uns der »Fluss« des Lebens.

Wenn schon das Zuhören eine Tugend ist, dann mehr noch das Schweigen. Wie *Nietzsche* richtig sagt, ist »es schwer, mit Menschen zu leben, weil Schweigen so schwer ist«.[554] Schweigen ist wahrlich eine Kunst. Denn man muss und soll nicht immer reden oder etwas sagen. Ein Sprichwort sagt, dass Reden von der Natur und Schweigen vom Verstand kommt. Eine ähnliche Weisheit findet sich im *Tao-Tê-King*:[555]

> »Ein Wissender redet nicht;
> Ein Redender weiß nicht.«

Schweigen gebietet die Vernunft. Allerdings ist das nicht im Sinn von *Wittgenstein* gemeint, der im Rahmen seines ursprünglichen Traums von einer Präzisionssprache alle sinnlosen Sätze und alle unsinnigen Sätze abschaffen wollte und meinte: »Was sich überhaupt sagen lässt, lässt sich klar sagen, und wovon man nicht sprechen kann, darüber muss man schweigen.«[556] Nein, wir wollen uns an dieser Stelle etwas näher mit dem heilsamen Schweigen beschäftigen, mit dem Schweigen, das wahrlich eine menschliche Tugend ist.

Sie erinnern sich wahrscheinlich an das altbekannte Sprichwort: »Reden ist Silber, Schweigen ist Gold.« Schon in der Bibel wurde die Bedeutung des Schweigens im Sinn einer Tugend hervorgehoben und ausgesprochen, dass der Weise »bis zur rechten Zeit« schweigt.[557] Im *Tao-Tê-King* lehrt uns *Lao-tse*: »Viele Worte – manch Verlust. Am besten, man bewahrt sie in der Brust!«[558] Und auch *Gandhi* hat gemeint: »Wie gut schweigen doch tut. Wie gut wäre es, wenn jeder täglich eine Zeitlang schwiege!«[559] Es scheint wirklich so zu sein, wie *Schopenhauer* meint, dass die »Schweigsamkeit von sämtlichen Lehrern der Weltklugheit auf das dringendste und mit den mannigfaltigsten Argumenten anempfohlen worden« ist.[560]

Auch Tamino und Papageno wird in *Mozarts Zauberflöte* auf dem Weg zur Tugend und während ihrer Prüfungen ein »heilsames Stillschweigen« auferlegt. Dabei heißt es: »Ohne dieses seid ihr beide verloren. Noch einmal, vergesst das Wort nicht: Schweigen.«[561] Und bei den beiden unterschiedlichen Charakteren zeigt sich wunderschön, dass die Befolgung dieser menschlichen Pflicht gar nicht so leicht ist: Denn während Tamino, der als Symbol für die Reinheit und Stärke (also als Symbol für das letztendlich nie erreichbare Ideal) steht, das auferlegte Schweigen pflichtbewusst befolgt, hat der »einfache« Mensch Papageno damit so seine Probleme, weil er immer wieder zu reden beginnt und mehrere Anläufe braucht. Aber trotz der Unzulänglichkeiten schafft es Papageno dann irgendwie doch, die Prüfungen des Lebens zu bestehen und in den Bund der Eingeweihten des Lichts aufgenommen zu werden. Wahrscheinlich ist das eine der wichtigsten Botschaften, die die *Zauberflöte* vermittelt: Selbst bei uns »einfachen« Menschen ist die Hoffnung nicht ganz verloren. Auch wir können zum Ziel kommen, können uns dem Ziel und dem Ideal zumindest nähern.

Interessanterweise kann Tamino nach einigen gescheiterten Versuchen und nach langem Zureden Papageno überzeugen, dass es auch für ihn besser ist, das Schweigegelübde zu befolgen. Denn beide singen dann stolz: »Vom festen Geiste ist ein Mann, er denket, was er sprechen kann!« Und damit eröffnet sich für uns eine weitere wunderbare Bedeutung des Schweigens: Wir sollen denken, bevor wir reden und mangels Denken eher schweigen als reden. Nicht nur denken und handeln, wie wir einleitend festgestellt haben, sondern auch denken und sprechen, und zwar auch hier genau in dieser Reihenfolge: Zuerst denken und dann reden.

Wenn wir diesen Grundsatz beachten, wird uns bewusst werden, dass es öfter als wir glauben weiser ist, zu schweigen als zu reden.

Aus der Betonung des Schweigens und des Schweigegelübdes in *Mozarts Zauberflöte* ergibt sich auch ein weiterer Aspekt: Schweigen stellt unsere Selbstbeherrschung und Selbstüberwindung auf die Probe. Denn Schweigen ist Teil der Tugend der Selbstbeherrschung, und deshalb ist es auch so schwierig, diese Tugend zu erlernen. Dabei ist Schweigen gerade in jenen Momenten wichtig, wo wir selbst unsere eigene Beherrschung verloren haben, das werden Sie möglicherweise auch schon des Öfteren bei sich selbst erlebt haben. Weitere Wortgefechte haben noch nie dazu beigetragen, einen Streit zu schlichten, das ist in einer zwischenmenschlichen Beziehung so, aber auch im Zusammenleben mit Menschen in einer größeren Gemeinschaft, bei Vertragsverhandlungen im Wirtschaftsleben und bei vielen anderen Dingen. Deshalb empfiehlt uns *Gandhi*: »Wenn ein Mensch seine Geduld verloren hat, sollte er Schweigen üben und erst dann wieder sprechen, wenn er sich beruhigt hat.«[562]

Schweigen hat schließlich eine Bedeutung, die über das bloße »Nicht-Sprechen« hinausgeht. Schweigen symbolisiert auch die Kunst der Besinnung, also die Fähigkeit, in sich zu gehen, nachzudenken und mit sich selbst allein sein zu können. Diese Bedeutung des Schweigens findet heute viel zu wenig Beachtung und bereitet den meisten Menschen in unserer westlichen Kultur Schwierigkeiten.

Nach *Schopenhauer* sollte es ein Hauptstudium der Jugend sein, »die Einsamkeit ertragen zu lernen; weil sie eine Quelle des Glückes und der Gemütsruhe ist.« Er selbst war, so könnte man sagen, ein Liebhaber der Einsamkeit, das zeigen seine folgenden Worte, wobei *Schopenhauer* mit dem Begriff der »Einsamkeit« an sich »mit sich allein sein können« meint. Und auch wenn die Textstelle vielleicht eine gewisse »Schrulligkeit« *Schopenhauers* zeigt, ist doch die Kernaussage bemerkenswert:[563]

»Der geistreiche Mensch wird vor allem nach Schmerzlosigkeit, Ungehudeltsein, Ruhe und Muße streben, folglich ein stilles, bescheidenes, aber möglichst unangefochtenes Leben suchen und demgemäß, nach einiger Bekanntschaft mit den sogenannten Menschen, die Zurückgezogenheit und, bei großem Geiste, sogar die Einsamkeit wählen. Denn je mehr einer an sich selber hat, desto weniger bedarf er von außen und desto weniger auch können die übrigen ihm sein. Denn die Einsamkeit, also wo jeder auf sich selbst zurückgewiesen ist, da zeigt sich was er an sich selber hat: da seufzt der Tropf im Purpur unter der unabwälzbaren Last seiner armseligen Individualität; während der Hochbegabte die ödeste Umgebung mit seinen Gedanken bevölkert und belebt.«

In der Tat ist die Fähigkeit, »mit sich allein sein zu können« oder dieses »Alleinsein ertragen zu können«, eine Kunst, die in der heutigen Zeit selten geworden ist. Wie *Fromm* richtig bemerkt, haben wir offenbar eine »Angst vor dem Alleinsein« entwickelt. »Die trivialste, ja anstößigste Gesellschaft und die sinnlosesten Beschäftigungen ziehen wir dem Alleinsein vor; der Gedanke, uns selbst ins Gesicht sehen zu müssen, scheint uns Schrecken einzujagen.« Dabei ist es so wichtig, mit sich allein sein zu können, weil wir nur so lernen, auf die Stimme unseres inneren Bewusstseins zu hören, auf uns selbst zu hören.[564] Denn nach *Hesses* Siddhartha ist in dir drinnen »eine Stille und Zuflucht, in welche du zu jeder Stunde eingehen und bei dir daheim sein kannst.«[565] Oder wie *Nietzsche* wunderbar meint:[566]

»Die größten Ereignisse –
das sind nicht unsre lautesten, sondern unsre stillsten Stunden.«

Das Wesentliche kurz: Zu den Grundvoraussetzungen für ein funktionierendes menschliches Zusammenleben gehört das Gespräch. Erst wenn wir unsere Gedanken mit anderen austauschen und sie mit ihnen im Gespräch teilen, erlangen sie ihre wahre Kraft. Im Gespräch findet die wechselseitige Verbindung dieser Gedanken statt, wechseln sich Geben und Empfangen ab. Erst durch das Gespräch können wir uns wechselseitig innerlich und menschlich bereichern. Wir sollten uns die Bedeutung des Gesprächs mehr vor Augen führen, ebenso die Kunst des Zuhörens: Einem anderen Menschen die Aufmerksamkeit zu widmen und ihm in Ruhe und Gelassenheit zuzuhören, gehört neben der Kunst des Gesprächs zu den größten menschlichen Tugenden. Leider verhindert unsere schnelllebige und hektische Zeit und unsere egoistische Selbstbezogenheit nur allzu oft das Zuhören. Wir sollten dem anderen zuhören und nicht dauernd uns selbst in den Vordergrund drängen, das fordert von uns auch die Tugend der Bescheidenheit. Wenn schon das Zuhören eine Tugend ist, dann mehr noch das Schweigen. Schweigen gebietet der Verstand. Schweigen ist Teil der Tugend der Selbstbeherrschung, und deshalb ist es so schwierig, diese Tugend zu erlernen. Schweigen bedeutet aber nicht nur »Nicht-Sprechen«, sondern symbolisiert auch die Kunst der Besinnung, also die Fähigkeit, in sich zu gehen, nachzudenken, mit sich selbst allein sein zu können, Alleinsein ertragen zu können. Das ist deshalb so wichtig, weil wir nur so lernen können, auf die Stimme unseres inneren Bewusstseins und auf uns selbst zu hören.

7 GESUNDHEIT, UMWELT UND WIRTSCHAFT

Die Überschrift zum siebten Kapitel dieses Buches verrät bereits, dass sich darin eine Vielzahl von Themen verbirgt, die augenscheinlich nichts miteinander zu tun haben. Und doch ist diesen Themen eines gemeinsam: Sie stehen irgendwie außerhalb der klassischen Tugendlehre und leiten unsere bisherigen Überlegungen für ein menschliches und tugendhaftes Leben in unser modernes Zeitalter über. Sie versuchen eine Versöhnung der veraltet und antiquiert wirkenden Tugendüberlegungen mit den Erfordernissen und Anforderungen unserer modernen Zeit. Und weil gerade der Raubbau an der eigenen Gesundheit ein Wesensmerkmal der heutigen westlichen Konsumgesellschaft ist, beschäftigen sich die ersten drei Teile dieses Kapitels mit der körperlichen Gesundheit. Nach der Einordnung der körperlichen Gesundheit als wertvolles Gut, das wir nicht leichtfertig für irgendwelche andere Zwecke opfern dürfen, sondern bestmöglich erhalten müssen, werden wir uns im zweiten Teil den Maßnahmen zur Erhaltung und Förderung der körperlichen Gesundheit widmen. Im Zentrum steht dabei das positive Phänomen der Gesundheit im dritten Teil dieses Kapitels und das interessante moderne Gesundheitskonzept der »Salutogenese« von *Antonovsky*, das jeden Menschen auf einem natürlichen Gesundheits-Krankheits-Kontinuum als mehr oder weniger gesund und gleichzeitig mehr oder weniger krank betrachtet. Dabei setzen wir uns mit der Frage auseinander, welche Faktoren dafür verantwortlich sind, dass wir eher gesund bleiben oder werden. Im vierten Teil werden wir unsere konkrete Verantwortung gegenüber Natur und Umwelt genauer betrachten. Dabei kommen wir zu der Erkenntnis, dass wir unserem Verhalten eine grundsätzliche Wende geben müssen und ethisches und tugendhaftes Handeln nicht nur gegenüber unseren Mitmenschen, sondern auch gegenüber der Natur und unserer Umwelt geboten ist: Gütigkeit und Wohlwollen, Achtung und Schützenwollen auch gegenüber Natur und Umwelt. Die Verbindung zwischen Ethik und Wirtschaft werden wir im fünften Teil dieses Kapitels herstellen, und zwar indem wir ethisches und tugendhaftes Verhalten als einen festen und integrierenden Wesensbestandteil auch unserer wirtschaftlichen Tätigkeit und unserer Arbeit betrachten. Denn auch dort ist es immer der konkrete Mensch, der die Mittel für das Gute oder für das Schlechte einsetzt, es ist seine konkrete Verantwortung. Der sechste Teil beschäftigt sich mit Themen rund um Nachhaltigkeit und unternehmerische Sozialverantwortung. Wir graben dabei das alte Leitbild des »ehrbaren Kaufmanns« aus und versuchen, dieses Leitbild für unsere moderne Zeit wieder nutzbar zu machen. Schließlich werden wir im siebten Teil dieses Kapitels versuchen, unsere Gedanken zu den Perspektiven für ein modernes ethisches Leben zu sammeln, ausklingen zu lassen und in unser tägliches Leben auf dem Weg zum wahrhaft menschlichen Sein mitzunehmen.

7.1 Die Bedeutung der körperlichen Gesundheit

Wir haben uns bis hierher sehr intensiv mit geistigen Themen beschäftigt. Diesen Bereich wollen wir nun verlassen, oder vielleicht wäre es besser, zu sagen, wir wollen ihn ergänzen und erweitern, indem wir uns auch mit unserem Körper und unserer körperlichen Gesundheit beschäftigen. Warum ist mir das an dieser Stelle so wichtig? Weil wir nur allzu oft vergessen, dass unser Verstand und unser Geist ihre Funktion lediglich dann erfüllen können, wenn auch unser Körper gesund und in der Lage ist, unserem Verstand die Entfaltung zu ermöglichen.

»Gesundheit ist nicht alles,
aber ohne Gesundheit ist alles nichts«,

sagt ein Sprichwort. Unsere körperliche Gesundheit ist ein wertvolles Gut, das wir nicht leichtfertig für irgendwelche andere Zwecke aufopfern dürfen, sondern bestmöglich erhalten müssen. Das ist eine unserer wesentlichen Lebenspflichten, die wir nicht vergessen dürfen.

In diesem Zusammenhang sollten wir vermeiden, davon zu sprechen, unser Körper müsse zur Entfaltung des Verstandes und Geistes »funktionieren«, denn das würde ihn zu einer reinen Hilfsfunktion degradieren. Wir müssen uns vielmehr bewusst machen, dass auch unsere körperliche Gesundheit volle Aufmerksamkeit verlangt. Wie oft hören wir tragische Geschichten, etwa dass ein hochbegabter Mensch Mitte dreißig an einem Herzinfarkt oder Schlaganfall verstorben ist. Natürlich spielen hier oft erbliche Veranlagungen eine große Rolle. Aber meistens ist es der rücksichtslose Raubbau am Körper, das schonungslose Unterordnen und Indienststellen für andere vermeintlich höherwertige Interessen, etwa schnelles Geldverdienen, die zu einem körperlichen Zusammenbruch führen oder diesen zumindest fördern. Es ist wie mit einer Fackel, die man an beiden Enden anzündet. Sie brennt doppelt so schnell ab, und zwar mit einem ebenso schonungslosen Ergebnis, nämlich ihrem eigenen Verzehren.

Die Bedeutung der körperlichen Gesundheit für das menschliche Leben wird uns durch den Ausspruch des römischen Dichters *Juvenal*, der wahrscheinlich fast allen von uns geläufig ist, bewusst:[567]

»Mens sana in corpore sano.«
»Ein gesunder Geist sei in einem gesunden Körper.«

Das Originalzitat lautet eigentlich, es wäre zu wünschen, dass in einem gesunden Körper auch ein gesunder Geist steckt. Und das bringt die Idee, die hinter diesem Grundsatz steckt, schon viel besser zum Ausdruck: Wir sollen Körper und Geist in gleichem Maß bilden und fördern. Also nicht den Körper allein betrachten und trainieren und dabei auf den Geist vergessen. Aber auch nicht nur den Geist allein fördern und auf den Körper völlig vergessen, wie uns das so mancher »Schwamm«, der mit seinem Schreibtisch verwachsen ist, oder auch *Churchill* mit seinem berühmten Ausspruch *no sports*, verdeutlicht. Beide Extreme sollten wir vermeiden und stattdessen eine Ausgeglichenheit in Körper und Geist bringen und Körper und Geist gleichermaßen fördern.

Die körperliche Gesundheit beginnt im Kopf, also bei unserer Vernunft: »Wenn der Geist gründlich gereinigt ist«, wird nach *Gandhi* »der Körper auch gesund sein«.[568] Vernunft ist nicht nur bei unserem Denken und bei unserem geistigen Leben angesagt. Auch wenn es um unsere körperliche Gesundheit geht, ist der Einsatz von Vernunft von zentraler Bedeutung und kann sogar – im wahrsten Sinn des Wortes – von lebensentscheidender Bedeutung sein. Der bedeutendste und gescheiteste Geist kann sich nicht mehr entfalten, wenn der Körper am Ende ist. Also auch bei der körperlichen Gesundheit ist die im spinozischen Grundsatz »*Caute!*« – »Sei auf der Hut!« verkörperte Maxime der Klugheit und Vorsicht wichtig. Und gerade hier gilt, dass nur die Vernünftigen und Vorsichtigen am Leben sind oder bleiben.[569]

Die eigene körperliche Gesundheit ist ein Gut, auf das wir gut aufpassen und das wir bewusst erhalten müssen, das gebietet uns die Vernunft. Dabei geht es auch darum, auf unseren Körper und unsere körpereigenen Signale zu hören. Nur allzu oft ignorieren wir körperliche Alarmsignale, die bei frühzeitiger entsprechender Reaktion einen gröberen gesundheitlichen Schaden verhindern könnten. Auch in körperlicher Hinsicht gilt *Goethes* Grundsatz aus dem Lehrbrief: »Niemand weiß, was er tut, wenn er recht handelt; aber des Unrechten sind wir uns immer bewusst.« Wir wissen zwar nicht genau, was wir tun müssen, um gesund zu bleiben. Allerdings wissen wir sehr wohl, was unserer Gesundheit schadet, wie etwa Rauchen, zu wenig oder gar keine Bewegung und übermäßiges Essen.

Große Denker und Philosophen haben immer wieder bewiesen, dass sie diesen Grundsatz beherzigen und auf ihre körperliche Verfassung entsprechend Rücksicht nehmen, um so ihre körperliche Gesundheit zu erhalten. Ein typisches Beispiel dafür war *Kant*: Sein Körper war von Natur aus schwächlich. Wegen seiner flachen und nicht sehr ausgedehnten Brust litt er regelmäßig unter Herzbeklemmungen. Und dennoch oder gerade deshalb unterwarf er diesen schwächlichen Körper seiner Beobachtungs- und Willenskraft. Nachdem er eingesehen hatte, dass gewisse Beschwerden durch seine körperliche Konstitution bedingt waren und es dafür keinerlei Heilmethoden gab, behandelte er seine Leiden psychologisch, indem er sie als zu seiner Person gehörig betrachtete, aufmerksam studierte und doch zugleich verdrängte, wenn es darum ging, seine gesammelte Aufmerksamkeit der Arbeit zuzuwenden. Sein Leben und seinen Tagesablauf unterwarf er zahlreichen Gesundheitsregeln, wie etwa strenger Diät, fester Dauer des Schlafes und streng eingeteilten Spaziergängen. Diese Gesundheitsregeln, denen er sich willig fügte, waren stets sinnvoll auf die Schwäche seines Körpers abgestellt und letztendlich durchaus erfolgreich.[570]

Wenngleich *Kant* – der zeit seines Lebens praktisch nicht aus seinem Heimatort Königsberg herauskam – nicht als Musterbeispiel eines Abwechslung suchenden und lebenslustigen Menschen dienen mag, so zeigt seine Disziplin beim Umgang mit seinen eigenen körperlichen Schwächen doch, dass mit Vernunft und Konsequenz selbst bei körperlichen Schwächen ein langes und erfülltes Leben möglich ist. Immerhin wurde *Kant* 80 Jahre alt und zählt zu den größten Philosophen des deutschen Sprachraumes.

Jener Philosoph, der die körperliche Gesundheit in seinen Werken am meisten propagierte, war zweifelsohne *Schopenhauer*: Gesundheit und ein guter Gesundheitszustand waren für ihn »die Hauptsache zum menschlichen Glück«. Aus diesem Grund vertrat er auch die Ansicht, dass es die »größte aller Torheiten ist, seine Gesundheit aufzuopfern, für was es auch sei, für Erwerb, für Beförderung, für Gelehrsamkeit, für Ruhm, geschweige für Wollust und flüchtige Genüsse«.[571]

Das Wesentliche kurz: Unser Verstand und unser Geist können ihre Funktion nur erfüllen, wenn unser Körper gesund und in der Lage ist, unserem Verstand die Entfaltung zu ermöglichen. Unsere körperliche Gesundheit stellt ein wertvolles Gut dar, das wir nicht leichtfertig für irgendwelche andere Zwecke opfern dürfen, sondern bestmöglich erhalten müssen. Das gebietet die Vernunft und ist eine der wesentlichen Lebenspflichten. »*Mens sana in corpore sano*«, lehrt uns der römische Dichter *Juvenal* und bringt damit zum Ausdruck, dass wir Körper und Geist in gleichem Maß bilden und fördern und nicht eines vor das andere stellen sollen. Dabei haben uns große Denker und Philosophen immer wieder vor Augen geführt, wie wichtig es ist, auf die eigene körperliche Verfassung und Gesundheit Rücksicht zu nehmen, um so die körperliche Gesundheit zu erhalten. Gesundheit ist ein wesentlicher Schlüssel zum Glück. *Schopenhauer* hat recht, wenn er meint, wir sollten unsere Gesundheit nicht opfern, egal wofür, für Erwerb, für Beförderung, für Gelehrsamkeit, für Ruhm, und schon gar nicht für Wollust und flüchtige Genüsse.

7.2 Maßnahmen zur Erhaltung und Förderung der körperlichen Gesundheit

Wenn wir uns die Bedeutung der körperlichen Gesundheit für unser Leben bewusst gemacht haben, dann ist es in einem weiteren Schritt wichtig, zu erkennen, welche konkreten Maßnahmen und Handlungen die körperliche Gesundheit erhalten und fördern. Dabei kommt es mir hier auf zwei wesentliche Bereiche an, nämlich einerseits die Bedeutung der körperlichen und sportlichen Betätigung und andererseits die Bedeutung der Enthaltsamkeit und Mäßigung bei den Genüssen, vor allem beim Alkoholtrinken und Essen. Die Bedeutung beider Bereiche gehört heute eigentlich zum Allgemeinwissen und doch werden sie von vielen Menschen immer wieder gröblichst vernachlässigt. Und genau das führt zu gesundheitlichen Problemen, die vielfach an sich vermeidbar wären.

Die Bedeutung der körperlichen Ertüchtigung einerseits sowie der Enthaltsamkeit und Mäßigung andererseits, hat schon *Schopenhauer* erkannt, für den, wie bereits erwähnt, Gesundheit der wesentliche Schlüssel zum Glück war. Er hatte auch zahlreiche Ratschläge parat, die genau um diese beiden Bereiche kreisen. Nach *Schopenhauers* Ansicht sind die Mittel zur Erhaltung der Gesundheit: »Vermeidung aller Exzesse und Ausschweifungen, aller heftigen und unangenehmen Gemütsbewegungen, auch aller zu großen oder zu anhaltenden Geistesanstrengungen, täglich zwei Stunden rascher Bewegung in freier Luft, viel kaltes Baden und ähnliche diätische Maßregeln.« Und wie er weiter meint, kann man ohne tägliche gehörige Bewegung nicht gesund bleiben. *Schopenhauer* vertrat die Ansicht, dass man den Körper durchaus nicht schonen soll, zumindest solange man gesund ist und nicht bereits an einer Krankheit leidet: »Man härte sich dadurch ab, dass man dem Körper, sowohl im ganzen, wie in jedem Teile, solange man gesund ist, recht viel Anstrengung und Beschwerde auflege und sich gewöhne, widrigen Einflüssen jeder Art zu widerstehn.«[572]

Ausgehend von diesen grundsätzlichen Überlegungen wollen wir uns zunächst kurz der Bedeutung der körperlichen und sportlichen Betätigung für unser Leben zuwenden:

Schon die alten Römer haben gesagt, dass das Leben des Menschen wie Eisen ist: »Benutzt man es, nutzt es sich ab, benutzt man es nicht, verzehrt es der Rost. Ebenso sehen wir, dass die Menschen sich durch körperliche Betätigung abnutzen; wenn du dich aber nicht körperlich betätigst, richten Nichtstun und Trägheit mehr Schaden an als Anstrengung.«[573] Dieser Vergleich mit dem Eisen bringt eigentlich sehr gut zum Ausdruck, welche Bedeutung sportliche Betätigung und körperliche Ertüchtigung für unser Leben haben: Wir sollten nicht durch Nichtstun und Untätigkeit verrosten, sondern unseren Körper in Bewegung und Aktivität halten. Tätigkeit im Leben also nicht nur im geistigen Sinn, sondern auch in körperlicher Hinsicht. Im Rahmen unserer körperlichen und sportlichen Aktivität sollte die Bewegung an frischer Luft im Vordergrund stehen und wir sollten nach Möglichkeit unseren Körper durch Beweglichkeit, Ausdauer und Kräftigung fördern.

Die körperliche und sportliche Betätigung erfüllt nicht nur eine wichtige gesundheitsfördernde Funktion, sondern auch eine geistige, asketische Form, indem wir uns damit in den Zustand eines Verzichtes setzen, der in unserem Leben eine gesunde Spannung aufrechterhält. Denn wir brauchen in unserem Leben nicht einen Zustand ohne jede Spannung, sondern vielmehr eine gewisse, gesunde Dosis davon. Wie *Frankl* meint, kommt in unserer heutigen Wohlstandsgesellschaft zu wenig »Spannung« auf. »Dem Menschen von heute bleibt im Vergleich zu früheren Zeiten viel Not und Spannung erspart, so dass er schließlich verlernt hat, beides zu ertragen. Seine Frustrationstoleranz ist herabgesetzt, er hat verlernt zu verzichten.« Deshalb ist es wichtig, dass der Mensch diese Spannung, die er braucht, künstlich schafft, indem er sich eine »Leistung abfordert«, und zwar vor allem durch das »Leisten« von Verzicht. Und genau diese Funktion einer »modernen, säkularen Askese« erfüllt nach *Frankl* der Sport.[574]

Die chronischen Krankheiten der Seele entstehen nach *Nietzsche* »wie die des Leibes« sehr selten nur durch einmalige grobe Vergehen gegen die Vernunft von Leib und Seele, sondern gewöhnlich durch zahllose unbemerkte kleine Nachlässigkeiten. Wer seine Seele heilen will, sollte über Veränderungen der kleinsten Gewohnheiten nachdenken.[575] Er hat damit vollkommen recht. Und was für die Seele gilt, gilt natürlich auch für unseren Körper. Gesundheitliche Probleme entstehen meistens nicht durch einmalige Sünden, sondern durch eine Vielzahl von dauerhaften Nachlässigkeiten: Über viele Jahre hindurch Übergewicht, Rauchen, zu wenig Bewegung und beruflichen Stress kann unser Körper nicht auf Dauer aushalten.

Gerade beim Essen und Trinken ist *Nietzsches* Überlegung von ganz besonderer Bedeutung. Wenn wir ab und zu einmal zu viel essen oder trinken und ordentlich »sündigen«, ist das nicht weiter problematisch. Aber permanent deutlich mehr zu essen und mehr zu trinken, als unserem Körper gut tut, verursacht genau jene Probleme, welche die heutige Überfluss- und Wohlstandsgesellschaft plagen, nämlich Übergewicht, bis hin zur Fettleibigkeit und Trägheit. Und Übergewicht ist wiederum die Ursache für eine Vielzahl von Folgeerkrankungen wie etwa Gelenkprobleme, Rückenprobleme oder Herz- und Kreislauferkrankungen.

Schon in der Bibel findet sich der Hinweis, dass es der unmäßige Mensch ist, der die Hilfe des Arztes in Anspruch nehmen muss.[576] Aber irgendwie scheint die Vernunft dieses Thema für die meisten Menschen nach wie vor noch nicht verständlich gemacht zu haben. Es ist so, wie *Demokrit* meint, dass »das tierische Geschöpf weiß, wie viel es braucht; das menschliche erkennt dies nicht«.[577] Dabei müsste uns doch die Vernunft zur Vermeidung des Übermaßes leiten. Wir müssen uns einfach nur vorstellen, was es bedeutet, wenn wir tagein tagaus einen Zementsack (bei manchen Menschen sind es vielleicht auch zwei) mit uns herumschleppen. Diese Vorstellung sollte uns eigentlich sehr deutlich vor Augen führen, welche Auswirkung das auf Gelenke und Rücken, aber vor allem auch auf Herz und Kreislauf hat. Dass dabei der Körper früher oder später zusammenbrechen muss, kann wohl niemanden wirklich überraschen.

Damit ist die wesentliche Bedeutung der Enthaltsamkeit und Mäßigung bei den Genüssen, vor allem beim Essen und beim Alkoholkonsum, für den Erhalt unserer körperlichen Gesundheit angesprochen. Mit der Tugend der Mäßigung und Selbstgenügsamkeit haben wir uns bereits sehr ausführlich im Zusammenhang mit dem Glück beschäftigt. Wir haben festgehalten, dass diese Tugend der Selbstbeherrschung entspringt und genau deshalb auch so schwierig ist, weil sie von uns Stärke erfordert. Es kommt darauf an, dass wir durch die Mäßigung das richtige Maß (*modus*) finden, also die rechte Mitte zwischen dem Zuviel und dem Zuwenig. Wir müssen im Sinn der Selbstgenügsamkeit lernen, mit wenig zufrieden sein zu können.

Es geht dabei nicht darum, überhaupt nicht zu genießen oder sich zu kasteien, sondern Maß und Ziel walten zu lassen, um Schaden von unserer Gesundheit abzuwenden. Der griechische Philosoph *Epikur*, der die Tugend der Selbstgenügsamkeit ganz entscheidend geprägt hat, meinte dazu: »Keine Lust ist an sich ein Übel. Aber das, was bestimmte Lustempfindungen verschafft, führt Störungen herbei, die um vieles stärker sind als die Lustempfindungen.«[578] Und auch *Demokrit* hat bemerkt: »Wenn einer das rechte Maß überschreitet, kann ihm das Erfreulichste zum Unerfreulichsten werden.«[579]

Nehmen wir uns daher im Interesse unserer Gesundheit beim Essen und Trinken die Tugend der Mäßigung und Selbstgenügsamkeit wieder mehr zu Herzen. Versuchen wir einfach etwas weniger zu essen, als wir zum wirklich Satt Werden brauchen. Es ist eigentlich gar nicht so schwer, es erfordert nur, dass wir uns die Bedeutung der Tugend der Mäßigung und Selbstgenügsamkeit bewusst machen und unsere zahllosen, unbemerkten, kleinen Nachlässigkeiten gegen unseren Körper und unsere Gesundheit, wie *Nietzsche* geraten hat, durch eine Veränderung unserer Gewohnheiten beseitigen. Das geht nicht von heute auf morgen, aber Schritt für Schritt und erfordert Konsequenz. Wie gesagt ist Selbstbeherrschung nur durch Stärke zu erreichen, das gilt gerade für die Enthaltsamkeit beim Essen.

Dabei darf uns nicht nur die Überlegung leiten, dass übermäßiges Essen für unsere eigene Gesundheit und für unseren eigenen Körper schlecht ist. Auch unser Verantwortungsbewusstsein gegenüber unserer Umwelt und jenen Menschen, die hungern müssen und nicht einmal genug zum Überleben haben, verlangt von uns die Einhaltung der Tugend der Mäßigung und Enthaltsamkeit beim Essen. Denn zu viel zu essen ist auch eine unnötige Ressourcenverschwendung, und zwar eine Verschwendung von Ressourcen, die andere Menschen dringend brauchen. Und wenn uns schon nicht die Schädigung des eigenen Körpers vom Überkonsum abhalten kann, dann vielleicht dieses so verstandene Verantwortungsgefühl gegenüber der Umwelt und unseren Mitmenschen.

Das Wesentliche kurz: Zu den Maßnahmen und Handlungen, die unsere körperliche Gesundheit erhalten und fördern, gehören ganz wesentlich die körperliche und sportliche Betätigung. Wir sollten uns nicht durch Nichtstun und Untätigkeit vom Rost verzehren lassen, sondern unseren Körper in Bewegung und Aktivität halten: Tätigkeit im Leben, also nicht nur im geistigen Sinn, sondern auch in körperlicher Hinsicht. Andererseits hat hier die Enthaltsamkeit und Mäßigung bei den Genüssen, vor allem beim Essen und Alkoholkonsum, eine ganz wesentliche Bedeutung. Denn permanent mehr zu essen und zu trinken, als unserem Körper guttut, verursacht genau jene Probleme, welche die heutige Überfluss- und Wohlstandsgesellschaft plagen, nämlich Übergewicht, Fettleibigkeit und Trägheit, die wiederum Ursache für eine Vielzahl von Folgeerkrankungen sind. Es kommt darauf an, dass wir durch Mäßigung das richtige Maß finden, also die rechte Mitte zwischen dem Zuviel und dem Zuwenig, und im Sinn der Selbstgenügsamkeit lernen, mit wenig zufrieden sein zu können. Es geht dabei nicht darum, überhaupt nicht zu genießen oder sich zu kasteien, sondern Maß und Ziel walten zu lassen, um Schaden von unserer Gesundheit abzuwenden. Das erfordert Konsequenz, denn Selbstbeherrschung ist nur durch Stärke zu erreichen. Letztendlich verlangt auch unser Verantwortungsbewusstsein gegenüber unserer Umwelt und jenen Menschen, die hungern müssen, die Einhaltung dieser Tugenden.

7.3 Gesundheit und Krankheit – Gesundheitsfördernde Faktoren

Erich Fromm hat gemeint, man solle sich weniger darüber wundern, dass es so viele neurotische Menschen gibt, als über die Tatsache, dass die meisten Menschen trotz ungünstiger Einflüsse eigentlich relativ gesund sind.[580] Das bringt das zentrale Thema, mit dem wir uns im Folgenden beschäftigen wollen, auf den Punkt: Unsere Wissenschaft und wir selbst beschäftigen uns viel zu sehr mit dem »Problem« der Krankheit und viel zu wenig mit dem positiven Phänomen der Gesundheit: Warum ist der Mensch gesund? Woran liegt es, dass er gesund ist und bleibt? Was fördert die Gesundheit des Menschen?

Wenn wir uns mit dem Thema Gesundheit sowie den gesundheitsfördernden Faktoren beschäftigen, führt uns das unweigerlich zu dem modernen Gesundheitskonzept der »Salutogenese« von *Aaron Antonovsky*.[581] Ausgangspunkt der Forschungen von *Antonovsky* waren Untersuchungen über die Anpassung von

Frauen an das Klimakterium. Dabei fand er eigentlich eher beiläufig heraus, dass etwa ein Drittel der Frauen, die das Konzentrationslager überlebt hatten, über eine insgesamt recht gute emotionale Gesundheit verfügten. Diese Untersuchungen veranlassten ihn, den Fragen näher nachzugehen, warum Menschen trotz vieler potentiell gesundheitsgefährdender Einflüsse gesund bleiben, warum sie es schaffen, sich von Erkrankungen wieder zu erholen und was das Besondere an Menschen ist, die trotz extremster Belastungen nicht krank werden.

Antonovsky stellt dabei der klassischen pathologischen Orientierung, die sich mit der Entstehung und Behandlung von Krankheiten beschäftigt, seine sogenannte »salutogenetische Orientierung« gegenüber, die jeden Menschen auf einem natürlichen Gesundheits-Krankheits-Kontinuum als mehr oder weniger gesund und gleichzeitig mehr oder weniger krank betrachtet. Die radikal andere Frage lautet dabei: Warum ist ein Mensch mehr gesund und weniger krank? Warum befinden sich Menschen auf der positiven Seite dieses Gesundheits-Krankheits-Kontinuums oder warum bewegen sie sich auf den positiven Pol zu?

Um seinen Ansatz zu verdeutlichen, gebraucht *Antonovsky* eine Metapher: Während die zeitgenössische westliche Medizin mit einem ungeheuren hochentwickelten technischen Aufwand den ertrinkenden Menschen aus einem Fluss bergen will, ohne sich zu kümmern, was stromaufwärts passiert, macht sich die Salutogenese Gedanken darüber, wie die Menschen in den Fluss geraten sind und wie sie besser schwimmen lernen können, um im Fluss nicht zu ertrinken. Die fundamentale philosophische Annahme von *Antonovsky* ist dabei, wie er selbst sagt,[582]

> »dass der Fluss der Strom des Lebens ist. Niemand geht sicher am Ufer entlang. Darüber hinaus ist für mich klar, dass ein Großteil des Flusses sowohl im wörtlichen wie auch im übertragenen Sinn verschmutzt ist. Es gibt Gabelungen im Fluss, die zu leichten Strömungen oder in gefährliche Stromschnellen und Strudeln führen. Meine Arbeit ist

der Auseinandersetzung mit folgender Frage gewidmet: Wie wird man, wo immer man sich im Fluss befindet, dessen Natur von historischen, soziokulturellen und physikalischen Umweltbedingungen bestimmt wird, ein guter Schwimmer?«

Die Art, wie man gut schwimmt, wird zwar nicht ausschließlich, aber doch zu einem wesentlichen Teil durch das sogenannte »Kohärenzgefühl« (*sense of coherence*) determiniert. Den Begriff Kohärenzgefühl leitet *Antonovsky* vom lateinischen Wort *cohaerere* ab, das zusammenhalten, Halt haben oder zusammenhängen bedeutet. Das Kohärenzgefühl definiert er als[583]

»eine globale Orientierung, die ausdrückt, in welchem Ausmaß man ein durchdringendes, andauerndes und dennoch dynamisches Gefühl des Vertrauens hat, dass
1. die Stimuli, die sich im Verlauf des Lebens aus der inneren und äußeren Umgebung ergeben, strukturiert, vorhersehbar und erklärbar sind;
2. einem die Ressourcen zur Verfügung stehen, um den Anforderungen, die diese Stimuli stellen, zu begegnen; und
3. diese Anforderungen Herausforderungen sind, die Anstrengung und Engagement lohnen.«

Beim Kohärenzgefühl ist daher eine mentale Einflussgröße entscheidend, nämlich die geistige Grundhaltung des Menschen gegenüber der Welt und seinem eigenen Leben. Von dieser geistigen Grundhaltung hängt es maßgeblich ab, wie gut ein Mensch in der Lage ist, vorhandene Ressourcen zum Erhalt seiner Gesundheit und seines Wohlbefindens zu nutzen. Je ausgeprägter das Kohärenzgefühl eines Menschen ist, desto gesünder ist er, bzw desto schneller wird er gesund und bleibt es auch. Ein stark ausgeprägtes Kohärenzgefühl führt dazu, dass ein Mensch flexibel auf Anforderungen reagieren kann.

Im Sinn der Salutogenese gesundheitsfördernd sind daher menschliche Einstellungsmuster, wie wir sie bereits im Zusammenhang mit unseren Überlegungen zum Selbstvertrauen und zum Vertrauen in die Zukunft kennen gelernt haben. Dazu gehören: Die Grundstimmung oder Grundsicherheit eines Menschen innerlich zusammengehalten zu werden, nicht zu zerbrechen und gleichzeitig auch in äußeren Anbindungen erforderliche Unterstützung und Halt zu finden. Die eigene Überzeugung, die Probleme selbst lösen zu können, also die Einstellung: »Ich schaffe das schon!«. Und schließlich die Überzeugung, wichtige Ereignisse im Leben selbst beeinflussen zu können und nicht äußeren Kräften oder anderen Menschen hilflos ausgeliefert zu sein.

Die Idee der Salutogenese mit dem Gesundheits-Krankheits-Kontinuum ist eigentlich nichts Neues. Schon die alten Griechen haben im Sinn des Polaritätsprinzips Krankheit als Alleinherrschaft einer der einander entgegengesetzten Kräfte gesehen. Gesundheitsbewahrend sind danach die Gleichberechtigung und Harmonie der Kräfte des Feuchten/Trockenen, des Kalten/Warmen, des Bitteren/Süßen, usw. Die Alleinherrschaft dieser Kräfte ist hingegen krankheitserregend, denn die Alleinherrschaft eines Gegensatzes wirkt verderblich. Die Gesundheit dagegen beruht auf der gleichmäßigen Mischung, dem rechten Maß der Qualitäten und ihrer Harmonie.[584]

Wie wichtig die geistige Einstellung oder die »Trotzmacht des Geistes« für die Gesundheit ist, hat auch *Frankl* dargestellt: Untersuchungen auf der Wiener Nervenklinik haben gezeigt, dass freudige und traurige Ereignisse ganz wesentlichen Einfluss auf die Resistenz gegen Typhusbazillen, also auf die körperliche Widerstandsfähigkeit, haben. Die Untersuchungen bestätigen die Erfahrungen, die man nur allzu oft hört: Bei hypochondrischen, ängstlichen Menschen ist auch die Widerstandskraft des Organismus gegen Infektionen verringert. Und von ihrer sittlichen Pflicht erfüllte Krankenschwestern, die in Epidemiespitälern oder auf Leprastationen arbeiten, bleiben wie durch ein Wunder von Infektionen verschont.[585]

Die körperliche Resistenz und Widerstandskraft unsers Körpers gegen Krankheitserreger können wir durch unsere eigene geistige Einstellung beeinflussen. Wenn wir gut und positiv denken, zufrieden sind, nicht zu viel vom Leben verlangen, auf ein Ziel in der Zukunft ausgerichtet sind und Vertrauen in unsere eigenen Kräfte und in die Zukunft ganz allgemein haben, werden wir auch eher körperlich gesund bleiben.

All diese Überlegungen sollen allerdings nicht dahingehend missverstanden werden, dass der klassischen pathologischen Orientierung keine Bedeutung zukommt. Denn wenn man einmal krank wird oder krank ist, dann hilft nur eines: Man muss zum Arzt gehen. Das sollte nach Möglichkeit ein Arzt des Vertrauens sein, dem man sich offen und ehrlich anvertrauen kann und der die eigene Lebens- und Krankheitsgeschichte kennt. Wichtig ist dabei, dass man nicht zaudert und zögert und die »unangenehme Geschichte«, zum Arzt zu gehen, auf die lange Bank schiebt. Das gilt auch heute noch vor allem für Männer, die den Arztbesuch durchwegs immer noch als Schwächezeichen werten. Nach dem Motto: Nur die Harten kommen durch! Es ist ja nur eine Kleinigkeit, das vergeht schon wieder, das wird schon wieder usw. Nun, oft wird es nicht mehr, sondern die Krankheit breitet sich aus und verschlimmert sich. Nur allzu oft ignorieren Menschen Schmerzen als Alarmsignale ihres eigenen Körpers und geben damit einer Krankheit die Möglichkeit, sich auszubreiten und zu verschlimmern, und zwar so lange, bis eine Heilung aufgrund des zu weit fortgeschrittenen Stadiums der Krankheit überhaupt nicht mehr oder nur mehr sehr schwer möglich ist. Auch bei Krankheiten sind letztendlich die eigene Empfindungsfähigkeit und der Einsatz von Vernunft entscheidend.

Wenngleich die Behandlung einer Krankheit nicht hinausgeschoben werden soll, so ist es umgekehrt wiederum wichtig, nicht jede Kleinigkeit zu dramatisieren. Denn auch Einbildung kann zur Krankheit führen und das ist dann mindestens ebenso schlimm wie das Hinausschieben des Arztbesuches bei wirklich kritischen Symptomen. Und ein weiterer Punkt ist dabei wichtig: Mit gewissen Krankheiten und Wehwehchen muss man schlicht und einfach Geduld haben. Gewisse Dinge heilen von selbst, wenn man ihnen die dafür notwendige Zeit lässt. *Schopenhauer*, der uns schon als einer der Verfechter der Erhaltung der körperlichen Gesundheit untergekommen ist, meinte dazu: »Es gibt Krankheiten, von denen man gehörig und gründlich dadurch genest, dass man ihnen ihren natürlichen Verlauf lässt, nach welchem sie von selbst verschwinden, ohne eine Spur zu hinterlassen. Verlangt man aber sogleich und jetzt, nur gerade jetzt, gesund zu sein; so muss auch hier die Zeit Vorschuss leisten: die Krankheit wird vertrieben, aber der Zins ist Schwäche und chronische Übel zeitlebens. Dies ist der Wucher der Zeit: seine Opfer werden alle, die nicht warten können. Den Gang der gemessen ablaufenden Zeit beschleunigen zu wollen, ist das kostspieligste Unternehmen. Also hüte man sich, der Zeit Zinsen schuldig zu werden.«[586]

Das Wesentliche kurz: Unsere Gesellschaft beschäftigt sich viel zu sehr mit dem »Problem« der Krankheit und viel zu wenig mit dem positiven Phänomen der Gesundheit. Bei diesem Gedanken setzt auch das moderne Gesundheitskonzept der »Salutogenese« von *Antonovsky* an: Im Gegensatz zur klassischen reinen Krankheitsbetrachtung wird jeder Mensch auf einem natürlichen Gesundheits-Krankheits-Kontinuum als mehr oder weniger gesund und gleichzeitig mehr oder weniger krank betrachtet. Im Fluss des Lebens und der Umwelt mit all den Widrigkeiten geht es der Salutogenese darum, die Menschen zu besseren Schwimmern zu machen, damit sie in diesem Fluss nicht ertrinken. Die Art, wie man gut schwimmt, wird sehr wesentlich durch das »Kohärenzgefühl« (*sense of coherence*) determiniert, das zusammenhalten, Halt haben oder zusammenhängen bedeutet. Beim Kohärenzgefühl ist eine mentale Einflussgröße entscheidend, nämlich die geistige Grundhaltung des Menschen gegenüber der Welt und seinem eigenen Leben. Von dieser geistigen Grundhaltung hängt es maßgeblich ab, wie gut ein Mensch in der Lage ist, vorhandene Ressourcen zum Erhalt seiner Gesundheit und seines Wohlbefindens zu nutzen. Gesundheitsfördernd sind dabei: Die Grundstimmung oder Grundsicherheit eines Menschen, innerlich zusammengehalten zu werden, nicht zu zerbrechen und gleichzeitig auch in äußeren Anbindungen Unterstützung und Halt zu finden. Die eigene Überzeugung, die Probleme selbst lösen zu können, also die Einstellung: »Ich schaffe das schon!« Und schließlich die Überzeugung, wichtige Ereignisse im Leben selbst beeinflussen zu können und nicht äußeren Kräften oder anderen Menschen hilflos ausgeliefert zu sein.

7.4 Unsere Verantwortung gegenüber Tieren, Natur und Umwelt

Im Zusammenhang mit dem Glück haben wir bereits festgehalten, dass Wirtschaftswachstum und höherer materieller Wohlstand die Menschen nicht glücklicher gemacht haben. Wirtschaftswachstum allein führt die Gesellschaft nicht zum wahrhaften Wohlstand. Vielmehr erzeugt es selbst ständig wachsende Bedürfnisse, die wiederum den Wachstumsprozess unaufhörlich vorantreiben. Jagt die Menschheit weiter nach westlichem Vorbild dem materiellen Wohlstand nach, so riskiert sie –, wie *Peter Singer* richtig meint – die Umweltkatastrophe und wird doch die Menschen nicht glücklicher machen, und zwar selbst dann nicht, wenn weiterhin Wirtschaftswachstum erzielt wird. Was notwendig ist, ist ein Übergang zu einer langfristig aufrecht erhaltbaren Wirtschaft, die auch ökologisch verträglich ist.[587]

Es gibt zahlreiche Bereiche und Beispiele dafür, was jeder einzelne von uns konkret tun kann, um umweltbewusst und ökologisch verträglich zu handeln: biologische Lebensmittel kaufen und damit eine biologische und nachhaltige Landwirtschaft fördern; Vermeidung von Tierversuchen oder doch zumindest Reduzierung auf das absolut notwendige Mindestmaß; Verwendung von öffentlichen Verkehrsmitteln statt Auto, oder doch zumindest Verwendung von spritsparenden Autos oder Elektroautos; Nutzung von Solarenergie zur Warmwasseraufbereitung und Verwendung von Wärmepumpen zum Heizen; Verwendung von Ölen statt Lacken beim Holzschutz und Verwendung von Mineralfarben anstelle von Dispersionen; Veranlagung in Investmentfonds, die nach ethischen Gesichtspunkten investieren; Abfalltrennung und Abfallvermeidung; generell bewusstes Achten auf Umweltauswirkungen; Förderung der Familienfreundlichkeit usw.

Es ließe sich noch eine Vielzahl von weiteren Maßnahmen aufzählen, die wir in den verschiedensten Lebenssituationen ergreifen können, um dem Schutz und der Achtung unserer Umwelt gerecht zu werden. Aber die Idee dieses Buches ist es nicht, einzelne konkrete umweltschonende Maßnahmen zu analysieren. An dieser Stelle geht es vielmehr um den grundsätzlichen Ansatz und die Herbeiführung einer Wende in unserem Leben:

Wir müssen zunächst einmal beginnen, umzudenken und uns die Bedeutung von Ethik und Moral auch gegenüber den Tieren, der Natur und unserer Umwelt grundsätzlich vor Augen führen. Ethisches und tugendhaftes Handeln ist nicht nur unseren Mitmenschen gegenüber geboten, sondern auch gegenüber der Natur, den Tieren und unserer Umwelt. Wir müssen uns in dieser Hinsicht zunächst einmal auf den Weg machen und uns mit der Bedeutung von Ethik und Moral in diesen Bereichen auseinandersetzen. Dann geht es in einem weiteren Schritt darum, diesen neu gewonnenen Grundsätzen in unserem täglichen Leben mehr Bedeutung zukommen zu lassen und sie Schritt für Schritt konkret umzusetzen, damit wir unseren Beitrag zum Schutz und zur Erhaltung der Arten sowie unserer Natur und Umwelt leisten können.

Spinoza hat in seiner *Ethik* den Grundsatz geprägt, dass ein tugendhafter Mensch das Gut, das er für sich begehrt, auch den übrigen Menschen wünscht. Ein tugendhafter und von Vernunft geleiteter Mensch wird dementsprechend, wie *Spinoza* meint, »menschenfreundlich und gütig« – »*humaniter & benigne*« – handeln.[588] Wenngleich bei diesen Worten *Spinozas* im Sinn der Humanität natürlich in erster Linie das Verhalten gegenüber Menschen gemeint war, sollten wir uns heute bewusst machen, dass wir dieses gütige und wohlwollende Handeln gerade auch unserer

Natur und Umwelt sowie allen Lebewesen dieser Erde schulden. Gütigkeit und Wohlwollen in Bezug auf die Natur und unsere Umwelt ist eine Haltung, die nicht Leid zufügen, nicht zerstören und nicht ausrotten will, oder doch zumindest eine Haltung, die diese Handlungen auf ein unbedingt notwendiges Ausmaß einschränkt. Sie ist Achtung, Rücksicht, Respekt, Schützenwollen und Wohlwollen, und zwar gerade gegenüber der Natur, den Tieren und der Umwelt.

Dieses Prinzip ergibt sich auch aus dem Grundsatz der christlichen Nächstenliebe. Denn wahre Liebe im Sinn von Hochschätzung, Wertschätzung und Wohlwollen zeigt sich in Ernsthaftigkeit und Verantwortungsgefühl nicht nur für die Mitmenschen, sondern generell auch für die Gesellschaft, die Natur, die Pflanzen und Tiere, den Kosmos, und zwar nicht aus Mitleid, sondern aus dem Wissen um deren Wert, der Teil unserer eigenen Existenz ist. Die Überwindung des Getrennt-seins, wie es *Hesse* in seinem Liebesmärchen *Piktors Verwandlungen* beschreibt, das Eins-werden mit einem geliebten Partner, ist damit allgemein erweiterbar: Wir sollten auch von der Natur und unserer Umwelt nicht getrennt sein, sondern uns als ihr Teil empfinden, nicht gewaltsam in ihre Geheimnisse eindringen, sondern ihr mit Ehrfurcht und Respekt begegnen.[589]

Nicht nur im Gebot der Nächstenliebe, sondern an vielen weiteren Stellen der Bibel kommt die tief verwurzelte Wertschätzung der alten Weisen gegenüber Natur, Tieren und Umwelt zum Ausdruck: So ist etwa ein wesentlicher Teil der Schöpfungsgeschichte des Alten Testaments den Pflanzen und Tieren gewidmet. Bei der Ankündigung des Reiches des Messias spricht der Prophet *Jesaja* von einem friedvollen Miteinander von Mensch und Tier. Und das Markus-Evangelium berichtet nach *Jesu* Auferstehung davon, dass er seinen Jüngern auftrug, das Evangelium nicht nur den Menschen, sondern »allen Geschöpfen« zu verkünden.[590]

Auf unserem Weg zum wahrhaft menschlichen Sein sind wir damit aufgerufen, zu dieser biblisch-messianischen Vision einer Harmonie zwischen Mensch und Natur, zu einer Ehrfurcht vor dem Leben ganz allgemein, zu einem tiefen Naturgefühl und zu einer dankbaren Liebe und Verehrung der Natur, der Tiere und der Umwelt zu finden: Dabei geht es um Gefühle, wie sie uns vom heiligen *Franz von Assisi*, aber auch von Menschen wie *Hermann Hesse*[591] und *Albert Schweitzer*[592] vorgelebt wurden. »Sorge für dein Wohl mit so wenig Schaden für andere wie möglich«, hat *Rousseau* ganz allgemein gemeint.[593] Und diese wunderbare »Maxime der natürlichen Güte« gilt heute vor allem auch in Bezug auf die Natur und unsere Umwelt.

Es geht darum, ein neues umfassendes Bewusstsein zu bilden, das unser Leben neu bestimmt. Das bedeutet, dass wir die Grundsätze, die *Fromm* für seine humanistische Ethik gefunden hat, nicht nur uns selbst und unseren Mitmenschen gegenüber, sondern auch gegenüber unserer Umwelt umsetzen müssen. Wir sollten daher der Natur, den Tieren und der Umwelt gegenüber ein Gefühl der echten Liebe und Wertschätzung entwickeln, das durch Fürsorge, Verantwortungsgefühl und Achtung charakterisiert ist. Wir sollten uns auch um unsere Umwelt sorgen und uns um ihr Wohlergehen kümmern, wir müssen uns für sie in ihrer Gesamtheit verantwortlich fühlen.[594] »Mensch-Sein« heißt, wie *Frankl* richtig meint, »Verantwortlich-Sein«, und zwar Verantwortlich-Sein in einer umfassenden Art und Weise, also auch gegenüber Natur und Umwelt.

Dieses Verantwortungsgefühl und Verantwortlichsein bedeutet, dass wir für unser ethisches Handeln gegenüber Natur und Umwelt keine Ausreden zulassen und sinnvolle Maßnahmen nicht einfach aus Eigeninteresse oder Bequemlichkeit unterlassen dürfen. Nur allzu oft hören wir in Debatten das Argument, dass so viele andere Menschen in anderen Ländern wie China die Umwelt auch oder noch viel mehr verschmutzen und daher das eigene umweltbewusste Verhalten ohnehin keinerlei Auswirkung habe, weil es nur ein »Tropfen auf dem heißen Stein« sei. Wie oft setzen wir Handlungen, von denen wir wissen, dass sie umweltschädlich sind, aber aus Eigeninteresse und Bequemlichkeit gönnen wir uns dann selbst doch allzu gern eine Ausnahme: Wenn es um unseren eigenen Rasen geht, dann greifen wir doch lieber zum giftigen, aber hocheffektiven Unkrautvernichtungsmittel, egal welche Folgen das für die Umwelt hat oder haben könnte, Hauptsache, unser Rasen wirkt perfekt gepflegt.

Wenn wir so denken, dann vergessen wir einen wesentlichen Grundsatz, mit dem wir uns bereits im Zusammenhang mit dem Denken und Handeln beschäftigt haben: Wir dürfen unser ethisches Handeln generell, und damit auch unser ethisches Handeln gegenüber Natur und Umwelt, nicht davon abhängig machen, wie andere handeln. Wir müssen auch dann ethisch und umweltbewusst handeln, wenn wir selbst gerade keinen Vorteil davon haben oder gar einen Nachteil riskieren. Auch hier gilt *Kants* kategorischer Imperativ in all seiner Strenge: »Handle so, dass die Maxime deines Willens jederzeit zugleich als Prinzip einer allgemeinen Gesetzgebung gelten könne.«[595] Wir haben uns auch bei unserem Verhalten gegenüber Natur und Umwelt zu fragen, ob unsere jeweilige konkrete eigene Handlungsregel als Prinzip eines allgemeinen Gesetzes für alle Menschen gelten könnte, ob wir also, wenn wir selbst Gesetzgeber wären, wollten, dass alle Menschen genau nach dieser unserer Handlungsregel handeln. Wenn wir diese Frage nicht bejahen können, dürfen wir selbst die betreffende Handlung nicht setzen.

Ein wesentlicher Aspekt des kategorischen Imperativs besteht darin, dass er uns zwingt, ethisch zu handeln, unabhängig davon, ob auch andere sich zwingen lassen oder andere ebenso entsprechend handeln. Und gerade deshalb dient uns der kategorische Imperativ ganz allgemein als wesentliche Richtschnur für alle Lebensbereiche und damit auch für die Frage, ob wir in einer konkreten Lebenssituation umweltbewusst und umweltschützend handeln sollen: Wenn wir nicht wollen, dass auch alle anderen eine bestimmte umweltschädigende Handlung setzen, dann müssen wir selbst diese Handlung unterlassen, und zwar egal, ob andere Menschen ebenso handeln.

Damit schließt sich der Kreis zu unseren anfänglichen Überlegungen über Denken und Handeln: Denn diese Prinzipien sollen unser Verhalten in jeder Lebenssituation und bei jeder Entscheidung im Leben leiten, gegenüber Mensch, Tier, Natur und

Umwelt. *Hesse* hat diesen Gedanken in seinem Gedicht *Spruch* wunderbar zusammengefasst:[596]

>»So musst du allen Dingen
>Bruder und Schwester sein,
>Dass sie dich ganz durchdringen,
>Dass du nicht scheidest Mein und Dein.
>
>Kein Stern, kein Laub soll fallen –
>Du musst mit ihm vergehn!
>So wirst du auch mit allen
>Allstündlich auferstehn.«

Das Wesentliche kurz: Unser Verhältnis zu Natur und Umwelt müssen wir neu überdenken und unserem Verhalten eine grundsätzliche Wende geben. Ethisches und tugendhaftes Handeln ist nicht nur unseren Mitmenschen gegenüber geboten, sondern auch gegenüber Natur und Umwelt. Gütiges und wohlwollendes Handeln schulden wir nicht nur den Menschen, sondern auch der Natur, unserer Umwelt sowie allen Lebewesen dieser Erde. Gütigkeit und Wohlwollen ist dabei eine grundsätzliche Haltung, die nicht Leid zufügen, nicht zerstören und nicht ausrotten will. Achtung, Schützenwollen und Wohlwollen also auch gegenüber Natur und Umwelt. Auch ihnen schulden wir Verantwortungsgefühl und Verantwortlichsein. Wir dürfen für unser ethisches Handeln gegenüber Natur und Umwelt nicht Ausreden zulassen oder sinnvolle Maßnahmen einfach aus Eigeninteresse oder Bequemlichkeit unterlassen. Wir müssen auch dann ethisch und umweltbewusst handeln, wenn wir selbst gerade keinen Vorteil haben oder gar einen Nachteil riskieren. Auch im Verhältnis zu Natur und Umwelt gilt *Kants* kategorischer Imperativ in all seiner Strenge. Und dieser zwingt uns, ethisch zu handeln, ganz unabhängig davon, ob auch andere sich zwingen lassen oder andere ebenso entsprechend handeln. Damit wird der kategorische Imperativ ganz allgemein zur wesentlichen Richtschnur für alle Lebensbereiche, auch für die Frage, ob wir in einer konkreten Lebenssituation eine umweltbewusste Handlung setzen sollen.

7.5 Ethik und Wirtschaft

Der US-Ökonom *Milton Friedmann*, der als der wesentliche Vertreter des wirtschaftlichen Liberalismus und der freien Marktwirtschaft gilt, soll einmal gesagt haben, dass die einzige Verantwortung eines Unternehmens darin besteht, Gewinne zu erwirtschaften. Das charakterisiert eigentlich sehr typisch Moralvorstellungen, welche die Wirtschaft und wirtschaftliche Tätigkeiten dominieren: Entweder wird überhaupt ein Dualismus vertreten, wonach Ethik und Wirtschaft zwei verschiedene Bereiche sind, die nichts miteinander zu tun haben, oder es herrscht die Ansicht vor, dass Moral etwas sehr Relatives ist und nicht in allzu strenger Form aus dem Philosophisch-Theoretischen in das praktische Wirtschaftsleben übertragen werden kann.

Beide Standpunkte, sowohl Dualismus als auch Relativismus, sind abzulehnen. Wie wir bereits im Zusammenhang mit der Humanität gehört haben, hat sich bereits *Fromm* sehr überzeugend gegen die relativistische Auffassung gewandt: Werturteile und ethische Normen sind gerade nicht eine Angelegenheit des Geschmacks oder willkürlicher Bevorzugung, über die man keine objektiv gültigen Aussagen machen kann. Sie wurzeln vielmehr in der Natur des Menschen selbst. Ihre Einhaltung gebietet unser eigenes inneres menschliches Bewusstsein, und zwar in jeder Lebenslage. Und worin soll die Rechtfertigung einer dualistischen Ansicht liegen? Es macht doch überhaupt keinen Unterschied, ob ich meinen Lebenspartner betrüge oder ob ich einen Geschäftspartner im Rahmen einer Vertragsverhandlung über einen offen zu legenden Umstand bewusst nicht aufkläre. In beiden Lebenssituationen ist ethisches und tugendhaftes Handeln von uns gefragt, und zwar ohne Unterschied.

In der Enzyklika *Caritas in veritate*, die wesentliche Fragen der Wirtschaftsethik in unserer modernen Zeit anspricht, wird darauf hingewiesen, dass die Wirtschaft für ihr korrektes Funktionieren die Ethik braucht, und zwar »nicht irgendeine Ethik, sondern eine menschenfreundliche Ethik«. Dabei sollten wir uns nicht nur darum bemühen, dass »ethische« Sektoren und Bereiche der Ökonomie oder des Finanzwesens entstehen, sondern dass »die gesamte Wirtschaft und das gesamte Finanzwesen ethisch sind und das nicht nur durch eine äußerliche Etikettierung, sondern aus Achtung vor den ihrer Natur selbst wesenseigenen Ansprüchen«.[597]

Das trifft eigentlich sehr gut die wesentliche Überlegung, die bei der Verbindung von Ethik und Wirtschaft im Vordergrund steht: Es ist nicht genug, dass wir ein paar kleine »scheinheilige« Enklaven in einer Umgebung schaffen, die ansonsten als völlig wertfrei gerechtfertigt wird. Erforderlich ist vielmehr, dass ethisches und menschliches Verhalten einen festen und integrierenden Wesensbestandteil auch unserer wirtschaftlichen Tätigkeit und unseres Arbeitslebens bildet. Unser menschliches und tugendhaftes Denken und Handeln dürfen wir nicht ablegen, wenn wir zur Arbeit oder in unseren Betrieb gehen. Unsere wirtschaftliche Tätigkeit ist nicht ein anderer Raum, der völlig losgelöst von unserem restlichen Leben existiert.

Auch die Bereiche unseres wirtschaftlichen Lebens und unseres Arbeitslebens sollten grundlegend von unserem guten und tugendhaften Denken und Handeln erfüllt sein. Auch dabei sollte uns *Kants* kategorischer Imperativ leiten, der uns zwingt, immer so zu handeln, dass unsere Handlungsregel zum allgemeinen Gesetz werden kann, und der uns aufträgt, immer ethisch zu handeln, ganz unabhängig davon, ob auch andere sich zwingen lassen oder ebenso handeln. Denn nicht die »Wirtschaft« oder das »Finanzwesen« an sich ist schlecht, sondern es ist immer der konkrete Mensch, der die Mittel für das Gute oder für das Schlechte einsetzt. Jeder Mensch hat dabei die Wahl, das ist Ausfluss seines grundlegenden »Verantwortlich-Seins« in seinem Leben. Daher muss sich auch jeder Appell nicht an die Mittel, sondern an den Menschen richten, an sein moralisches Gewissen und an seine persönliche und soziale Verantwortung.[598]

Wenn wir uns mit der Verbindung zwischen Ethik und Wirtschaft befassen, dann stellt sich die Frage, inwieweit für den Menschen das Erwerbstreben an sich eine »ethisch gerechtfertigte« Lebensweise sein kann. Der deutsche Soziologe *Max Weber* brachte erstmals zum Ausdruck, das Besondere am Kapitalismus sei die Idee des Erwerbs um seiner selbst willen als »ethisch gerechtfertigte« Lebensweise. In der kapitalistischen Epoche wird das Geld an sich als wertvoll erachtet und nicht bloß wegen der Dinge, die mit ihm gekauft werden können. *Singer* sagt in Anlehnung an *Weber*: »Wir erwerben nicht Güter, um zu leben, sondern wir leben, um Güter zu erwerben.«[599]

Auch *Fromm* berührt diesen wunden Punkt der heutigen Gesellschaft: Ein charakteristisches Merkmal des modernen Lebens ist die Tatsache, dass Tätigkeiten, die eigentlich Mittel zum Zweck sind, mehr und mehr zu Selbstzwecken werden, während die ursprünglichen Zwecke nur noch ein unwirkliches Schattendasein führen:

> »Wir besitzen das wunderbarste Instrumentarium von Mitteln, das der Mensch je hatte, aber wir halten nicht inne, um uns zu fragen, wofür es da ist.«

Die Menschen arbeiten, um Geld zu verdienen, sie verdienen Geld, um es für erfreuliche Dinge zu verwenden. Die Arbeit ist das Mittel, die Freude der Zweck. Aber was geschieht in Wirklichkeit? Die Menschen arbeiten, um mehr Geld zu verdienen; sie verwenden dieses Geld, um noch mehr Geld zu verdienen, doch der eigentliche Zweck – nämlich die Freude am Leben – wird völlig aus den Augen verloren. Die Menschen sind immer in Eile und erfinden alles Mögliche, um mehr Zeit zu gewinnen. Dann benutzen sie die eingesparte Zeit, um weiter herumzuhetzen und noch mehr Zeit zu sparen, bis sie schließlich so erschöpft sind, dass sie mit der eingesparten Zeit nichts mehr anfangen können. Völlig zutreffend kommt *Fromm* zum Schluss:[600]

> »Wir sind in einem Netz von Mitteln gefangen und haben die Zwecke aus den Augen verloren.«

Heinrich Böll hat diesen Teufelskreis in seiner kritischen *Anekdote zur Senkung der Arbeitsmoral* beschrieben, die er für eine Sendung des Norddeutschen Rundfunks zum Tag der Arbeit am 1. Mai 1963 geschrieben hat.[601] Sie schildert die Begegnung eines typischen, selbstzufriedenen, westlichen Touristen mit einem Fischer in einem Hafen:

> Der Fischer döst zufrieden nach einem erfolgreichen Fang in der Sonne, fühlt sich gut, wird aber durch das Klicken des Fotoapparates des Touristen geweckt. In charakteristischer Rastlosigkeit der industrialisierten Gesellschaft versucht der Tourist den Fischer zu animieren, doch noch »ein zweites, ein drittes, vielleicht sogar ein viertes Mal« hinauszufahren, um noch mehr zu fangen. Und das soll der Fischer dann »nicht nur heute, sondern morgen, übermorgen, ja an jedem günstigen Tag« machen. In einem Jahr könnte sich der Fischer dann einen Motor kaufen, »in zwei Jahren ein zweites Boot, in drei oder vier Jahren vielleicht einen kleinen Kutter«, ein kleines Kühlhaus, ein Fischrestaurant, so überschlägt sich der Tourist vor Begeisterung.
>
> Und als der Fischer den Touristen daraufhin fragt, was er denn dann tun soll, wenn er all dies erreicht hat, da meint dieser: »Dann könnten Sie beruhigt hier im Hafen sitzen, in der Sonne dösen – und auf das herrliche Meer blicken.« »Aber das tu' ich ja schon jetzt«, entgegnet ihm der Fischer, »ich sitze beruhigt am Hafen und döse, nur Ihr Klicken hat mich gestört«.

Diese Worte des Fischers haben dem Touristen wohl einiges zum Nachdenken gegeben. Und wie *Bölls* Tourist sollten auch wir öfter nachdenken, in uns gehen und uns ebenso ehrlich wie kritisch fragen, ob wir nicht auch in einem Netz von Mitteln gefangen sind und dabei die Zwecke aus den Augen verloren haben, ob wir leben, um Güter zu erwerben oder ob wir, wie es richtig wäre, Güter erwerben, um zu leben, Freude am Leben zu haben und anderen Freude am Leben zu ermöglichen.

Auch am Planeten des Geschäftsmannes ist ein ernsthafter Mann, der keine Zeit hat, herumzubummeln. Auf die Frage des kleinen Prinzen, was er mit den vielen Sternen macht, antwortet er: »Nichts. Ich besitze sie.« »Und was hast du davon, die Sterne zu besitzen?«, fragt ihn der kleine Prinz verwundert. »Das macht mich reich«, antwortet der Geschäftsmann. »Und was hast du vom Reichsein?«, fragt der kleine Prinz weiter. »Weitere Sterne kaufen, wenn jemand welche findet«, entgegnet der Geschäftsmann: Und die kann ich dann »in die Bank legen. Das heißt, dass ich die Zahl meiner Sterne auf ein kleines Papier schreibe. Und dann sperre ich dieses Papier in eine Schublade.« »Und das ist alles?«, ruft der kleine Prinz erstaunt. Woraufhin ihm der Geschäftsmann selbstzufrieden entgegnet: »Das genügt.«[602]

Genügt das wirklich? Genügt es, dass wir in unserem Leben materiellen Reichtum schubladisieren, in Bilanzen, auf Konto- und Depotauszügen, auf Vermögensaufstellungen und Performanceberichten? Erschöpft sich unsere ganze wirtschaftliche Tätigkeit und unser Arbeitsleben wirklich darin? Ich hoffe, Sie leben weiter mit diesen Fragen und überlegen, ob Sie selbst auf dem richtigen Weg sind. Und vielleicht kommen auch Sie zur Erkenntnis, dass unsere Arbeit und wirtschaftliche Tätigkeit nicht ein Paralleluniversum sind, sondern uns in Wahrheit die Möglichkeit geben, uns selbst mit all unseren ethischen und menschlichen Werten im Leben zu verwirklichen. Sie sollen dazu beizutragen, dass auch alle Menschen um uns, unser Partner, unsere Kinder, unsere Mitarbeiter, Kollegen und Geschäftspartner ihre jeweiligen Möglichkeiten im Leben verwirklichen können und glücklich werden. Auch das ist Teil unseres Lebens und unserer Verantwortung im Leben.[603]

Schließlich hat gerade im wirtschaftlichen Bereich die alte Tugend der Gerechtigkeit eine wesentliche Bedeutung: Im biblischen Gleichnis vom Reichtum und der Nachfolge fragt ein Mann mit großem Vermögen *Jesus*, was er tun soll, um das ewige Leben zu gewinnen. Der Mann hat von Jugend an alle Gebote befolgt, doch

Jesus antwortet ihm, dass das nicht genug ist: »Geh, verkaufe, was du hast, gib das Geld den Armen, und du wirst einen bleibenden Schatz im Himmel haben; dann komm und folge mir nach!« Als der Mann daraufhin traurig weggeht, sagt *Jesus* zu seinen Jüngern: »Wie schwer ist es für Menschen, die viel besitzen, in das Reich Gottes zu kommen! Eher geht ein Kamel durch ein Nadelöhr, als dass ein Reicher in das Reich Gottes gelangt.«[604]

Dieses Gleichnis vom Reichtum und der Nachfolge in der Bibel belegt nicht nur, dass der Konflikt zwischen Reichtum und der Verwirklichung ethischer Werte sehr alt ist, sondern, dass Großherzigkeit in der frühen christlichen Tradition nicht eine Frage der Barmherzigkeit, sondern eigentlich eine Frage der Gerechtigkeit war. Die Erde und ihre Früchte gehörten nach dieser ursprünglichen christlichen Auffassung allen Menschen und niemand hatte ein Recht auf mehr, als er brauchte. In seinem Buch *Der Prophet* meint *Khalil Gibran* dazu:[605]

> »Im Austausch der Gaben der Erde sollt ihr Fülle finden und euch sättigen. Doch sofern nicht der Austausch in Liebe und freundlicher Gerechtigkeit geschieht, wird er nur die einen zu Gier führen und die anderen zu Hunger.«

Und auch in der Enzyklika *Caritas in veritate* werden im Zusammenhang mit der christlichen Soziallehre vor allem zwei Orientierungsmaßstäbe für das moralische Handeln hervorgehoben, die speziell beim Einsatz für die Entwicklung in einer Gesellschaft auf dem Weg zur Globalisierung erforderlich sind: die Gerechtigkeit und das Gemeinwohl. Dabei wird darauf hingewiesen, dass die Liebe über die Gerechtigkeit hinausgeht, »denn lieben ist schenken, dem anderen von dem geben, was ›mein‹ ist; aber sie ist nie ohne die Gerechtigkeit, die mich dazu bewegt, dem anderen das zu geben, was ›sein‹ ist, das, was ihm aufgrund seines Seins und seines Wirkens zukommt. Ich kann dem anderen nicht von dem, was mein ist, ›schenken‹, ohne ihm an erster Stelle das gegeben zu haben, was ihm rechtmäßig zusteht. Wer den anderen mit Nächstenliebe begegnet, ist vor allem gerecht zu ihnen.« Jemanden lieben, heißt darüber hinaus aber auch, sein Wohl im Auge zu haben und sich wirkungsvoll dafür einzusetzen. Neben dem individuellen Wohl gibt es eines, das an das Leben der Menschen in der Gesellschaft gebunden ist: das Gemeinwohl. »Das Gemeinwohl wünschen und sich dafür verwenden ist ein Erfordernis von Gerechtigkeit und Liebe.«[606]

Damit wird auch Freigebigkeit zu einer zentralen Frage der Gerechtigkeit und des Gemeinwohls: Wenn es uns gut geht, sollten wir immer in aller Bescheidenheit daran denken, dass es Menschen gibt, denen es viel schlechter geht, denen es so schlecht geht, dass wir uns das gar nicht vorstellen können. Diesen Menschen einen Teil dessen zu geben, was uns in den Schoß gefallen ist, und sei es auch nicht durch Zufall, sondern durch harte Arbeit, ist eine Frage der Gerechtigkeit. Wenn es uns gut geht, sind wir auch verpflichtet, umzuverteilen. Das ist unsere menschliche Pflicht; das erfordert die Liebe, die Nächstenliebe, die Liebe des Wohlwollens. Aber es ist nicht nur eine Frage der Liebe, sondern auch und vor allem eine Frage der Gerechtigkeit, der Verteilungsgerechtigkeit, die hier mit der Liebe einhergeht.

Es ist also von entscheidender Bedeutung, zwischen Wirtschaft und Ethik eine Verbindung herzustellen. Wir können sie herbeiführen, indem wir ethisches und menschliches Verhalten als einen festen und integrierenden Wesensbestandteil auch unserer wirtschaftlichen Tätigkeit und unseres Arbeitslebens betrachten. Denn auch in diesen Bereichen ist es immer der konkrete Mensch, der die Mittel für das Gute oder für das Schlechte einsetzt, es ist seine konkrete Verantwortung. In der Tat richtet sich der Appell nicht an die Mittel, an die »Wirtschaft« und das »Finanzwesen«, sondern an den Menschen, und zwar an jeden einzelnen von uns. Und genau dieser Verantwortung sollten wir in unserem Leben auch bestmöglich gerecht werden.

Das Wesentliche kurz: Ethisches und menschliches Verhalten sollte einen festen und integrierenden Wesensbestandteil auch unserer wirtschaftlichen Tätigkeit und unseres Arbeitslebens bilden. Unser menschliches und tugendhaftes Denken und Handeln dürfen wir nicht ablegen, wenn wir zur Arbeit oder in unseren Betrieb gehen. Auch dabei sollte uns *Kants* kategorischer Imperativ leiten, der uns zwingt, immer so zu handeln, dass unsere Handlungsregel zum allgemeinen Gesetz werden kann, und der uns aufträgt, ethisch zu handeln, ganz unabhängig davon, ob auch andere sich zwingen lassen oder ebenso handeln. Denn nicht die »Wirtschaft« oder das »Finanzwesen« an sich ist schlecht, sondern es ist immer der konkrete Mensch, der die Mittel für das Gute oder für das Schlechte einsetzt. Es ist seine konkrete Verantwortung. Der Appell richtet sich nicht an die Mittel, sondern an den Menschen, an sein moralisches Gewissen und an seine persönliche und soziale Verantwortung. Seit der kapitalistischen Epoche sind wir in einem Netz von Mitteln gefangen und haben die Zwecke aus den Augen verloren. Wir erwerben nicht Güter, um zu leben, sondern wir leben, um Güter zu erwerben. Aber es genügt nicht, dass wir in unserem Leben materiellen Reichtum schubladisieren, in Bilanzen, auf Konto- und Depotauszügen, auf Vermögensaufstellungen und Performanceberichten. Unsere Arbeit und wirtschaftliche Tätigkeit sind nicht ein Paralleluniversum, sondern geben uns in Wahrheit die Möglichkeit, uns selbst mit all unseren ethischen und menschlichen Werten im Leben zu verwirklichen. Sie sollen auch dazu beitragen, dass alle Menschen um uns, unser Partner, unsere Kinder, unsere Mitarbeiter, Kollegen und Geschäftspartner, ihre jeweiligen Möglichkeiten im Leben verwirklichen können und glücklich werden.

7.6 Nachhaltigkeit und unternehmerische Sozialverantwortung

In seinem Buch *Wie sollen wir leben?* kritisiert *Singer* den Glauben der Menschen, das bisherige Wirtschaftswachstum könne so wie bisher unbegrenzt weitergehen. Die Wirtschaft, die wir aufgebaut haben, beruht vielmehr darauf, dass unser Erbe aufgezehrt wird:[607]

»Wir zehren Kapital auf, statt von dem zu leben, was wir produzieren. Je schneller wir unsere Wälder abholzen, unsere Mineralien verkaufen und die Fruchtbarkeit des Bodens aufbrauchen, desto stärker wächst das Bruttosozialprodukt. Wir sind dumm genug, das als Zeichen unseres Wohlstands zu nehmen und nicht als Zeichen dafür, wie rasch unser Kapital aufgebraucht wird. Von der Nahrungsmittelerzeugung bis zu den Autoabgasen, es läuft immer nach demselben Muster. Wir holen uns von der Erde, was wir brauchen, und hinterlassen giftige Chemieabfälle, verseuchte Flüsse, Ölteppiche auf den Meeren und Atomabfälle, die für Zehntausende von Jahren eine tödliche Gefahr bleiben. Wir haben eine Landwirtschaft entwickelt, die darauf angewiesen ist, Energievorräte aufzubrauchen, statt Sonnenenergie einzufangen. Das alles geschieht nicht etwa als Maßnahme gegen Hunger oder Unterernährung, sondern liegt in erster Linie am Appetit auf große Fleischmengen, vor allem Rindfleisch. Wir erzeugen auf unseren besten Böden Getreide und Soja als Futtermittel für Tiere, deren Körper den Menschen, die sie essen, nur einen geringen Teil des Nährwertes zurückliefern.«

Damit werden Themen angesprochen, die heute ganz allgemein unter den Begriffen »Nachhaltigkeit« (*sustainability*) und »nachhaltiges Wachstum« (*sustainable growth*) zusammengefasst werden. Interessanterweise geht der Begriff der Nachhaltigkeit ins frühe 18. Jahrhundert auf *Hans Carl von Carlowitz* zurück: Im Rahmen der Bewirtschaftungsweise eines Waldes bestand eine »nachhaltende Bewirtschaftung« darin, dass immer nur so viel Holz aus dem Wald entnommen wird, wie nachwachsen kann, so dass der Wald nie zur Gänze abgeholzt wird, sondern sich immer wieder regenerieren kann.[608]

Und genau das ist eigentlich auch heute die zentrale Überlegung der Nachhaltigkeit: Grundidee eines nachhaltigen Wirtschaftens ist, dass die gegenwärtige Generation ihre Bedürfnisse befriedigt, ohne dabei zukünftige Generationen zu gefährden, ihre eigenen Bedürfnisse befriedigen zu können.[609] Nachhaltigkeit bedeutet, uns bewusst zu machen, dass wir vor allem in ökologischer und ökonomischer Hinsicht nur auf Zeit bestellte, einstweilige Verwalter vorhandener Ressourcen sind. Und mit diesem wertvollen Vermögen, das uns für eine begrenzte Zeit zur Nutzung und treuhänderischen Verwaltung anvertraut wurde, müssen wir in dieser Zeit verantwortungsvoll und schonungsvoll umgehen. Wir dürfen es für unsere Zwecke nutzen, aber wir müssen unsere Nutzung so gestalten, dass wir auch den nächsten Generationen diese Nutzungsmöglichkeit dauerhaft erhalten. Nachhaltigkeit ist Verantwortung über die Generationen hinweg und steht damit ganz bewusst im Gegensatz zur Ausbeutung und zum egoistischen, gierigen und kurzfristigen Gewinnstreben.[610]

Im allgemeinen Verständnis setzt sich der Begriff der Nachhaltigkeit aus drei Bestandteilen, nämlich der ökologischen, der ökonomischen und der sozialen Nachhaltigkeit zusammen, die auch als das »Drei-Säulen-Modell der Nachhaltigkeit« bezeichnet werden:[611]

Ökologische Nachhaltigkeit verfolgt zunächst das Ziel, Natur und Umwelt auch für die nachfolgenden Generationen zu erhalten. Dies umfasst den Erhalt der Artenvielfalt, den Klimaschutz, die Pflege von Kultur- und Landschaftsräumen in ihrer ursprünglichen Gestalt sowie generell einen schonungsvollen Umgang mit unserer Natur und Umwelt. Ökologisch nachhaltig im klassischen Sinn ist daher eine Lebensweise, welche die natürlichen Lebensgrundlagen nur in dem Maß beansprucht, wie sich diese regenerieren. Praktische Ansätze sind dabei vor allem Reduktion des betrieblichen Energieeinsatzes, Einsatz erneuerbarer Ressourcen, Minimierung des Wasserverbrauchs und Abfallreduktion.

Die ökonomische Nachhaltigkeit fordert eine Wirtschaftsweise, die so angelegt ist, dass sie dauerhaft eine tragfähige Grundlage für Erwerb und Wohlstand bietet. Von besonderer Bedeutung ist dabei der Schutz wirtschaftlicher Ressourcen vor Ausbeutung. Darunter fällt auch die Überlegung, dass eine Gesellschaft wirtschaftlich nicht über ihre Verhältnisse leben soll, weil dies zwangsläufig zu Einbußen für die nachkommenden Generationen führt. Gerade unter diesem Gesichtspunkt bedeutet Nachhaltigkeit in ökonomischer Sicht auch, dass Menschen nicht aus Bequemlichkeit oder Egoismus in Pension gehen, ohne Rücksicht darauf, wie die dadurch erhöhten zukünftigen Pensionslasten bei steigender Lebenserwartung und sinkenden Geburtenzahlen von den nächsten Generationen erwirtschaftet werden können. Nicht nur die jüngeren Generationen haben eine Verantwortung gegenüber der älteren, sondern auch die älteren Generationen tragen hier eine massive Verantwortung gegenüber den jüngeren Generationen.

Soziale Nachhaltigkeit bedeutet schließlich die Entwicklung der Gesellschaft in eine Richtung, die eine Beteiligung all ihrer Mitglieder ermöglicht. Dies umfasst einen Ausgleich sozialer Kräfte mit dem Ziel, eine auf Dauer zukunftsfähige, lebenswerte Gesellschaft zu erreichen. In sozialer Hinsicht soll eine Gesellschaft so organisiert sein, dass sich die sozialen Spannungen in Grenzen halten und soziale Konflikte nicht eskalieren, sondern auf friedlichem Weg ausgetragen werden. Dabei ist in sozialer Hinsicht ein wesentlicher Aspekt der Nachhaltigkeit die Forderung nach einer gerechteren Verteilung der Arbeit und deren Entlohnung. Denn unser heutiges Wirtschaftssystem ist paradoxerweise dadurch gekennzeichnet, dass die Menschen umso besser bezahlt werden, je weiter sie von der realen Wirtschaftsleistung und Arbeit entfernt und je näher sie dem synthetischen Bereich des Finanz- und Geldwesens sind.

Dieser soziale Aspekt der Nachhaltigkeit steht auch in einem engen Zusammenhang mit der unternehmerischen sozialen Verantwortung (*Corporate Social Responsibility – CSR*). Der Begriff der sozialen Verantwortung der Unternehmen umschreibt den freiwilligen Beitrag der Wirtschaft zu einer nachhaltigen Entwicklung, der über die gesetzlichen Anforderungen (also über die bloße sogenannte *Compliance*) hinausgeht. Unternehmerische Sozialverantwortung steht für verantwortungsvolles, unternehmerisches Handeln in der eigentlichen Geschäftstätigkeit (Markt) und geht über ökologisch relevante Aspekte (Umwelt) bis hin zu den Beziehungen mit Mitarbeitern (Arbeitsplatz) und dem Austausch mit den relevanten Anspruchs- und Interessengruppen (mit den sogenannten *Stakeholdern*).[612]

In ihrem Grünbuch definiert die *Europäische Kommission* soziale Verantwortung der Unternehmen als ein »Konzept, das den Unternehmen als Grundlage dient, auf freiwilliger Basis soziale Belange und Umweltbelange in ihre Unternehmenstätigkeit und in die Wechselbeziehungen mit den Stakeholdern zu integrieren.« Sozial verantwortlich handeln bedeutet dabei nicht nur, die gesetzlichen Bestimmungen einzuhalten, sondern über die bloße Gesetzeskonformität hinaus »mehr« zu investieren in Humankapital, in die Umwelt und in die Beziehungen zu anderen Interessensgruppen.[613]

Es ist interessant, dass diese Idee einer unternehmerischen Verantwortung erst wieder seit Beginn dieses Jahrtausends diskutiert wird, obwohl es in Europa bereits seit dem Mittelalter das Leitbild des sogenannten »ehrbaren Kaufmanns« gibt, das offenbar seit einiger Zeit in Vergessenheit geraten ist. Der Begriff des ehrbaren Kaufmanns beschreibt das historisch in Europa, vor allem im mittelalterlichen Italien und in den norddeutschen Hansestädten, gewachsene Leitbild für verantwortliche Teilnehmer am Wirtschaftsleben. Es steht für ein ausgeprägtes Verantwortungsbewusstsein für das eigene Unternehmen, für die Gesellschaft und für die Umwelt. Der ehrbare Kaufmann stützt sein Verhalten auf Tugenden, die den langfristigen wirtschaftlichen Erfolg zum Ziel haben, ohne den Interessen der Gesellschaft entgegenzustehen, er wirtschaftet also im wahrsten Sinn des Wortes nachhaltig.[614]

Es gab in der Tat eine Zeit, die noch bis in die 1950er und 1960er Jahr reicht, in der sich die Wirtschaftstreibenden ganz allgemein als eine eigene geschlossene Gesellschaft verstanden, die nicht nur ein eigenes Kaufmannsrecht, sondern auch ihren eigenen kaufmännischen Ehrenkodex hatte, an den sich alle freiwillig hielten. Ich erinnere mich an dieser Stelle sehr gut an meinen

Großvater, der noch dieses klassische Bild verkörperte. Handschlagqualität, wechselseitiges Vertrauen und Grundsätze wie »*pacta sunt servanda*« – »Verträge sind einzuhalten« beherrschten dieses selbstverständliche Weltbild. Ein Weltbild, das eigentlich erst durch die zunehmende Industrialisierung und Globalisierung, beginnend mit den 1980er Jahren, abgelöst wurde und in Zeiten des Finanzwesens und der Investmentbanker der 1990er Jahre und nunmehr durch die letzten Finanzkrisen wohl seinen endgültigen Zusammenbruch erfuhr. Und doch, oder vielleicht gerade deshalb, ist heute dieses historische Leitbild des ehrbaren Kaufmanns aktueller denn je und kann uns helfen, unser Wirtschaftsleben menschlich und nachhaltig zu gestalten.

Wie lässt sich das Leitbild des ehrbaren Kaufmanns im heutigen Wirtschaftsleben wieder greifbar machen? Gute Anhaltspunkte geben hier das bereits erwähnte Grünbuch der *Europäischen Kommission* und die von *Klink* in seinem Buch *Der ehrbare Kaufmann* entwickelten Bewusstseinsdimensionen des ehrbaren Kaufmanns:

Eine humanistische Grundbildung und umfassendes Fachwissen sind beim ehrbaren Kaufmann umschlossen von einem gefestigten Charakter mit Wirtschaftstugenden, wie Redlichkeit, Ehrlichkeit, Sparsamkeit, Weitblick, Ordnung, Entschlossenheit, Genügsamkeit und Fleiß. Diese Tugenden dienen dem ehrbaren Kaufmann dazu, ein erfülltes Leben mit langfristig und nachhaltig ausgerichteter Geschäftstätigkeit zu erreichen. Sie stärken die eigene Glaubwürdigkeit und schaffen damit jenes Vertrauen, das für gute Geschäftsbeziehungen notwendig ist. Der gefestigte Charakter schützt den ehrbaren Kaufmann auch vor unüberlegten Handlungen, um sich kurzfristig auf Kosten anderer Vorteile zu verschaffen. »Im ehrbaren Kaufmann sind Wirtschaft und Ethik nicht voneinander zu trennen, sie sind zu einer Einheit verschmolzen, mit dem Ziel erfolgreich zu wirtschaften«, also letztendlich nachhaltig zu handeln und langfristig Werte zu schaffen.[615]

Aufbauend auf diesem festen charakterlichen Kern, der Menschlichkeit und Wirtschaftstätigkeit in Einklang bringt, hat der ehrbare Kaufmann allerdings auch ein gefestigtes Verantwortungsbewusstsein und Verantwortungsgefühl für seine Umgebung und

Umwelt. Auf Unternehmensebene steht dabei das Wohl seiner Mitarbeiter an erster Stelle, denn deren Zufriedenheit bedingt auch seinen Erfolg. Er behandelt sie daher fair und menschlich, fordert von ihnen aber auch deren Beitrag zum Erfolg durch Disziplin und Leistung. Nach denselben Grundsätzen behandelt der ehrbare Kaufmann seine Kunden und Lieferanten und baut mit ihnen langfristige Geschäftsbeziehungen auf. Seinen Mitbewerbern ist er ein loyaler Konkurrent. Sein Bewusstsein endet nicht bei der Eingangstür seines Betriebes. Sein Verantwortungsgefühl erstreckt sich auch auf die Gesellschaftsebene: Im öffentlichen Bildungssystem finden die Mitarbeiter jene Ausbildung, die sie im Unternehmen brauchen, die öffentliche Infrastruktur ermöglicht den Warenverkehr, das demokratische politische System sowie die Rechtsordnung ermöglichen einerseits die wirtschaftlichen Freiheiten und sichern andererseits seine Rechte und sein Eigentum. Und schließlich hat der ehrbare Kaufmann auch ein ausgeprägtes Verantwortungsbewusstsein für die Umwelt und die Ressourcen. Bei seinen Entscheidungen bedenkt er die Auswirkungen auf die Umwelt und geht mit den natürlichen Ressourcen sparsam um, damit der Fortbestand seines Unternehmens auch über mehrere Generationen nachhaltig gesichert ist.[616]

Wenn wir unserer wirtschaftlichen Tätigkeit und Arbeit nachgehen, sollten wir uns für unseren weiteren Lebensweg das Leitbild des ehrbaren Kaufmanns vor Augen führen, um Nachhaltigkeit und soziale Verantwortung in unserem wirtschaftlichen Leben auch wirklich in die Tat umzusetzen.

Das Wesentliche kurz: Grundidee eines nachhaltigen Wirtschaftens ist, dass die gegenwärtige Generation ihre Bedürfnisse befriedigt, ohne dabei zukünftige Generationen zu gefährden, ihre eigenen Bedürfnisse befriedigen zu können. Nachhaltigkeit (*sustainability*) bedeutet, dass wir vor allem in ökologischer und ökonomischer Hinsicht nur auf Zeit bestellte, einstweilige Verwalter vorhandener Ressourcen sind und Verantwortung über die Generationen hinweg haben. Nachhaltigkeit steht damit ganz bewusst im Gegensatz zur Ausbeutung und zum egoistischen, gierigen und kurzfristigen Gewinnstreben. Neben dem ökologischen und ökonomischen Aspekt hat die Nachhaltigkeit auch einen sozialen Gesichtspunkt, der in engem Zusammenhang mit der unternehmerischen sozialen Verantwortung (*Corporate Social Responsibility – CSR*) steht. Sozial verantwortlich handeln bedeutet, unternehmerisch verantwortungsvoll zu handeln und nicht nur die gesetzlichen Bestimmungen einzuhalten, sondern über die bloße Gesetzeskonformität hinaus »mehr« in Humankapital, in die Umwelt und in die Beziehungen zu anderen Interessensgruppen zu investieren. Dabei sollten wir uns heute wieder das historisch im mittelalterlichen Europa gewachsene Leitbild des »ehrbaren Kaufmanns« als Vorbild ins Bewusstsein rufen: Als verantwortlicher Teilnehmer am Wirtschaftsleben hat der ehrbare Kaufmann ein ausgeprägtes Verantwortungsbewusstsein für das eigene Unternehmen, für die Gesellschaft und für die Umwelt. Er stützt sein Verhalten auf Tugenden, die den langfristigen wirtschaftlichen Erfolg zum Ziel haben, ohne den Interessen der Gesellschaft entgegenzustehen, er wirtschaftet also im wahrsten Sinn des Wortes nachhaltig.

7.7 Perspektiven für ein modernes ethisches Leben

In seinem Buch *Wie sollen wir leben?* beschreibt *Peter Singer*, wie sich die vorherrschende Vorstellung von einem »guten Leben« in der westlichen (vor allem aber in der US-amerikanischen) Welt entwickelt hat: Eine moderne Konsumethik, die sich aus der protestantischen bzw calvinistischen Ethik des Ansammelns von Reichtum kommend auf die eigenen Interessen und damit in erster Linie auf egoistische Ziele konzentriert. *Singer* stellt sich und uns die provokante Frage: »Können wir auch anders leben? Könnten wir wahrhaftig eine radikale Wende in eine weniger individualistische und konkurrenzbestimmte Richtung vollziehen?« Er gibt in seinem Buch darauf eine klare Antwort und weist nach, dass Eigeninteresse und Ethik nicht in Konflikt miteinander stehen müssen.[617] Wir können in unserem Leben vielmehr ethisch handeln und vor allem ethisch leben.

Für *Singer* bedeutet »ethisch handeln« so zu handeln, wie wir es auch anderen empfehlen und vor ihnen rechtfertigen können. Noch wichtiger ist aber, was *Singer* allgemein mit »ethisch leben« zum Ausdruck bringt: Ethisch leben bedeutet, »über Dinge nachzudenken, die jenseits des eigenen Interesses liegen«, oder »die Welt unter einer umfassenderen Perspektive zu betrachten und entsprechend zu handeln«.[618] Dieser Aspekt scheint mir besonders wichtig zu sein: Wir dürfen das Ganze nicht aus den Augen verlieren und müssen das »große Ganze« ins Zentrum unserer Betrachtung und unserer Überlegungen rücken. Es geht in unserem Leben nicht nur um die Verfolgung unserer eigenen Partikularinteressen, sondern um die Entwicklung eines nachhaltigen Verantwortungsgefühls für unsere Mitmenschen und unsere Umwelt.[619]

Auch wenn ich dadurch einen wirtschaftlichen Vorteil hätte, werde ich aus meinen ethischen Prinzipien heraus meinen Geschäftspartner nicht mit faulen Tricks oder mit unterlassenen Aufklärungen über den Tisch ziehen. Auch wenn ich mich noch so gerne auf Kosten anderer ausruhen möchte, werde ich nicht den Generationenvertrag brechen und Schlupflöcher suchen und ausnützen, um früher in Pension gehen zu können. Auch wenn ich um ein paar Minuten früher dort wäre, werde ich aus Rücksicht auf meine Umwelt und eine möglichste Schonung von begrenzten Ressourcen beim Autofahren nicht unnötig aufs Gas steigen und rücksichtslos rasen. Auch wenn ich es leichter und einfacher hätte, meinen Garten zu pflegen, werde ich nicht hochgiftige Mittel zur Unkrautvernichtung verwenden, sondern ökologisch verträgliche und möglicherweise nicht so effiziente Produkte einsetzen oder das Unkraut physisch entfernen. Statt eines Pools, der Chlor und andere Chemikalien für die Reinigung benötigt, werde ich überlegen, in meinem Garten einen natürlichen Schwimmteich anzulegen, um eine ökologisch verträgliche Form des Badevergnügens zu genießen und nebenbei einer Vielzahl von Pflanzen und Tieren einen neuen Lebensraum zu bieten.

»Ethisch leben« in dieser Allgemeinheit bedeutet, nachzudenken und Bedacht zu nehmen auf Dinge, die jenseits unserer eigenen Interessen liegen, die aber im Sinn einer Gesamtverantwortung für Mensch und Umwelt, zu der wir uns bekennen sollten, wichtig sind und die es rechtfertigen, dass wir unsere eigenen Interessen als nachrangig einstufen. Wir müssen zunächst beginnen, über derartige Themen grundsätzlich nachzudenken, und sie dann Schritt für Schritt in unserem eigenen Leben und in unserer nächsten Umgebung konkret umsetzen. Denken und Handeln vereint mit dem Fühlen, haben wir am Beginn unseres Weges festgestellt, aber wichtig ist vor allem das Handeln. Konsequenz und Nachhaltigkeit sind dabei entscheidend. Und wenn wir unsere ethischen Verpflichtungen so gut wie möglich erfüllen und auch in unserem Leben in die Tat umsetzen, werden wir letztendlich auch zu einem guten, glücklichen und zufriedenen Leben finden.

Unter Einsatz all unserer emotionalen und denkenden Fähigkeiten und Kräfte sind wir heute aufgefordert, aus Verantwortung für uns selbst und unsere Mitmenschen, aber auch aus Verantwortung für unsere Natur und Umwelt in all unseren Lebensbereichen eine umfassende ethische und tugendhafte Lebensweise zu entwickeln.

Es geht darum, dass wir *Kants* kategorischen Imperativ auf alle Bereiche unseres Lebens ausdehnen, auf unser Zusammenleben mit Menschen, auf unsere wirtschaftliche Tätigkeit und Arbeit und auf unser Verhalten gegenüber Natur und Umwelt. Unser eigenes inneres Bewusstsein, in dem Denken, Handeln und Fühlen in so wunderbarer Weise vereint sind, wird uns dabei mahnen, selbst immer so zu handeln, dass unsere Handlungsregel zum allgemeinen Gesetz werden könnte, und das gilt immer unabhängig davon, ob auch andere sich zwingen lassen oder andere ebenso entsprechend handeln.

Spinozas menschenfreundliche, gütige und wohlwollende Einstellung schulden wir nicht nur unseren Mitmenschen, sondern auch Natur und Umwelt sowie allen Lebewesen dieser Erde. Im Sinn von *Schweitzers* Ehrfurcht vor dem Leben wird von uns heute ganz allgemein eine Haltung und Einstellung verlangt, die nicht Leid zufügen, nicht zerstören und nicht ausrotten will, die in jeder Lebenssituation erfüllt ist von Achtung, Rücksicht, Respekt, Schützenwollen und Wohlwollen, und zwar gegenüber all unseren Mitmenschen, der Natur und unserer Umwelt. *Rousseau* folgend sollen wir für unser eigenes Wohl mit so wenig Schaden wie möglich für andere Menschen, Tiere, Natur und Umwelt sorgen.

Wir müssen *Fromms* humanistische Ethik und die Kunst des Lebens auf alle Bereiche unseres Lebens ausdehnen: Verantwortlich-Sein und Verantwortungsbewusstsein verlangt unser inneres Bewusstsein gegenüber anderen Menschen, aber auch generell gegenüber der eigenen Gesundheit, dem eigenen Körper, der Umwelt, den Tieren, in der Arbeit und im Wirtschaftsleben. Wir müssen in unserem Leben mit allem verantwortungsvoll umgehen und ein umfassendes Verantwortungsgefühl entwickeln!

Damit sind wir aufgefordert, ernsthaft unseren gesamten Lebensstil zu überprüfen, der in vielen Bereichen zum Konsumismus neigt und gegenüber den daraus entstehenden Schäden gleichgültig bleibt. Notwendig ist aus heutiger Sicht ein tatsächlicher Gesinnungswandel, der uns dazu bringt, neue Lebensweisen anzunehmen, in denen die Suche nach dem Wahren, Guten und Schönen und die Gemeinschaft mit den anderen Menschen für ein gemeinsames Wachstum die Elemente sein sollen, welche die Entscheidungen für Konsum, Sparen und Investitionen bestimmen. Dabei geht es um die Entwicklung des ganzen Menschen und der ganzen Menschheit, um einen Übergang von weniger menschlichen zu menschlicheren Bedingungen. Diese ganzheitliche menschliche Entwicklung setzt nicht nur die verantwortliche Freiheit der Person und der Völker voraus, sondern muss auch begleitet werden[620]

»durch weise Menschen mit tiefen Gedanken, die
nach einem neuen Humanismus Ausschau halten,
der den Menschen von heute sich selbst finden lässt«.

Dieser dringende Appell gilt uns, und zwar jedem Einzelnen von uns. Genau das ist die zentrale menschliche Verantwortung in unserem Leben, die wir mit unserer Geburt, die uns als Geschenk zuteil wurde, übernommen haben. Und dieses Geschenk müssen wir wieder an unsere Kinder und die nächsten Generationen weitergeben.

> »Was wir heute tun, entscheidet,
> wie die Welt morgen aussieht.«[621]

Das Wesentliche kurz: Es gibt eine echte Alternative zur modernen Konsumethik, die sich aus der protestantischen bzw calvinistischen Ethik des Ansammelns von Reichtum kommend auf die eigenen Interessen und damit in erster Linie auf egoistische Ziele konzentriert. Sie lautet: »ethisch leben«, und zwar in allen Lebensbereichen! In dieser Allgemeinheit bedeutet ethisch leben, nachzudenken und Bedacht zu nehmen auf Dinge, die jenseits unserer eigenen Interessen liegen, die aber im Sinn einer Gesamtverantwortung für Mensch und Umwelt, zu der wir uns bekennen sollten, wichtig sind und die es rechtfertigen, unsere eigenen Interessen als nachrangig einzustufen. Denken und Handeln vereint mit dem Fühlen sollte uns dabei leiten, wichtig ist aber vor allem das Handeln. Es geht darum, dass wir *Kants* kategorischen Imperativ, *Spinozas* menschenfreundliche, gütige und wohlwollende Einstellung und *Fromms* humanistische Ethik und die Kunst des Lebens auf alle Bereiche unseres Lebens ausdehnen. Wir müssen mit allem verantwortungsvoll umgehen und ein umfassendes Verantwortungsgefühl entwickeln! Das ist unsere zentrale menschliche Verantwortung, die wir mit unserer Geburt, die uns als Geschenk zuteilwurde, übernommen haben. Und dieses Geschenk sollten wir als Ausfluss unserer Verantwortung wieder an unsere Kinder und die nächsten Generationen weitergeben.

SCHLUSSWORT

Weisheit und die Kunst des Lebens kann man im Leben nicht erlernen oder durch Wissen erwerben, sondern nur finden. Aber wir können, wie *Hesses* Siddhartha, erwachen und uns auf den Weg machen. Denn um Weisheit finden zu können, müssen wir die weite Wanderschaft erst einmal beginnen. Und auf diesem Weg können wir uns mit den Gedanken großer Denker und weiser Menschen beschäftigen, denn wie *Goethe* meint, ist alles Gescheite schon gedacht worden und man muss nur versuchen, es noch einmal zu denken.

Darin hat Sie, so hoffe ich, dieses Buch unterstützt, im Näherbringen von Gedanken weiser Menschen und großer Denker, die sich der Meisterschaft genähert haben und die bemüht waren, die Welt zum Guten zu verändern. Und es hat Sie hoffentlich auch dazu angeregt, sich mit den Gedanken dieser Menschen selbst und weiter zu beschäftigen. Denn die Gedanken, die in diesem Buch angesprochen werden, können nur Anregungen zum Selbst-Denken und Weiter-Denken sein.

Entscheidend ist der Weg, den Sie selbst in Ihrem Leben gehen; der rechte Weg, wie *Lao-tse* meint. Es ist nicht wichtig, dass Sie das Ziel der Selbstvervollkommnung, dieses »Ideal der Heiligkeit« nach *Kant*, je erreichen, denn das können und werden wir als einfache Menschen ohnehin nicht schaffen. Wesentlich ist, dass Sie sich überhaupt auf den Weg machen, die Wanderschaft beginnen und in Ihrem Leben die Ideale erstreben. Vergessen Sie dabei nie: Der Weg ist das Ziel! Und auf diesem Weg, auf dieser langen und intensiven Wanderschaft, mögen Sie versuchen, Ihre guten und menschlichen Gedanken auch im Leben bestmöglich in die Tat umzusetzen.

Eignen Sie sich auf diesem Weg die »Kunst des Lebens« an! Üben Sie in Ihrem Leben diese »Kunst« im wahrsten Sinn des Wortes aus. Seien Sie dabei tätig, denken und handeln Sie, in dieser Reihenfolge, aber handeln Sie vor allem. Handeln Sie im Geist der Humanität, wie ein Mensch, menschenfreundlich, gütig, wohlwollend, mit Herz, Seele und Gefühl. Vereinen Sie dabei ihr Denken und Handeln mit dem Fühlen, denn, was *Saint-Exupéry* sagt, ist wahr: Man sieht letztendlich nur mit dem Herzen gut! So oft es möglich ist, lesen Sie dieses wundervolle Buch des kleinen Prinzen, atmen Sie die wunderbare und mystische Schönheit von *Mozarts Zauberflöte* ein und gehen Sie mutig den darin aufgezeigten Weg der vervollkommnenden Verwandlung.

Führen Sie ein produktives Leben, wie es *Fromm* im Rahmen seiner humanistischen Ethik empfiehlt, und verwirklichen Sie die Ihnen gegebenen Möglichkeiten in Ihrem eigenen Leben. Entfalten Sie Ihre Kräfte in Ihrem eigenen Leben. Und so gut es geht, ermöglichen Sie auch möglichst vielen anderen Menschen, Ihrem Partner, Ihren Kindern, sonstigen Familienangehörigen, Mitarbeitern und Arbeitskollegen, dass auch sie ihre jeweiligen Möglichkeiten in ihrem Leben bestmöglich verwirklichen können. Sie werden sehen, dann kommen Glück, Freude und Zufriedenheit in Ihr Leben ganz von selbst.

Unseren gemeinsamen Weg, den wir in diesem Buch gegangen sind, möchte ich gerne mit *Goethes* Gedicht *Vermächtnis* schließen.[622] Es bringt so viel über das wahrhaft menschliche Sein und die Verwirklichung der Möglichkeiten im Leben zum Ausdruck, dass man es nur langsam lesen, ehrfürchtig und demütig aufnehmen und schweigend bewundern kann:

»Kein Wesen kann zu Nichts zerfallen!
Das Ewige regt sich fort in allen,
Am Sein erhalte dich beglückt!
Das Sein ist ewig, denn Gesetze
Bewahren die lebendigen Schätze,
Aus welchen sich das All geschmückt.

Das Wahre war schon längst gefunden,
Hat edle Geisterschaft verbunden;
Das alte Wahre, faß es an!
Verdank es, Erdensohn, dem Weisen,
Der ihr, die Sonne zu umkreisen,
Und dem Geschwister wies die Bahn.

Sofort nun wende dich nach innen,
Das Zentrum findest du da drinnen,
Woran kein Edler zweifeln mag.
Wirst keine Regel da vermissen;
Denn das selbständige Gewissen
Ist Sonne deinem Sittentag.

Den Sinnen hast du dann zu trauen;
Kein Falsches lassen sie dich schauen,
Wenn dein Verstand dich wach erhält.
Mit frischem Blick bemerke freudig,
Und wandle sicher wie geschmeidig
Durch Auen reich begabter Welt.

Genieße mäßig Füll und Segen;
Vernunft sei überall zugegen,
Wo Leben sich des Lebens freut.
Dann ist Vergangenheit beständig,
Das Künftige voraus lebendig,
Der Augenblick ist Ewigkeit.

Und war es endlich dir gelungen,
Und bist du vom Gefühl durchdrungen:
Was fruchtbar ist, allein ist wahr –
Du prüfst das allgemeine Walten,
Es wird nach seiner Weise schalten,
Geselle dich zur kleinsten Schar.

Und wie von alters her, im Stillen,
Ein Liebewerk nach eignem Willen
Der Philosoph, der Dichter schuf,
So wirst du schönste Gunst erzielen:
Denn edlen Seelen vorzufühlen
Ist wünschenswertester Beruf.«

LITERATUR

Aaron Antonovsky, Salutogenese – Zur Entmystifizierung der Gesundheit, herausgegeben in deutscher Übersetzung von Alexa Franke [1997], DGVT-Verlag
Walter Abendroth, Arthur Schopenhauer[20] [2003], rowohlts monographien Nr 50133
Aristoteles, Nikomachische Ethik [2003], Reclam Verlag Nr 8586
Aristoteles, Rhetorik [1999], Reclam Verlag Nr 18006
Jan Assmann, Die Zauberflöte – Oper und Mysterium[5] [2006], S. Fischer Verlag Nr 17788
Augustinus, Bekenntnisse – Confessiones [2007], Verlag der Weltreligionen
Augustinus, De beata vita – Über das Glück [1982], Reclam Verlag Nr 7831
Augustinus, De vera religione – Über die wahre Religion [1983], Reclam Verlag Nr 7971
Erhard Bahr (Hg), Was ist Aufklärung? [1996], Reclam Verlag Nr 9714
Papst Benedikt XVI, Enzyklika Caritas in veritate [2009], www.vatican.va
Jürgen Bengel/Regine Strittmatter/Hildegard Willmann, Was erhält den Menschen gesund? Antonovskys Modell der Salutogenese – Diskussionsstand und Stellenwert [2001], BZgA Eigenverlag, www.bzga.de
Die Bibel – Altes und Neues Testament – Einheitsübersetzung [1980], Herder Verlag
Die Bibel nach der Übersetzung Martin Luthers [1984], Deutsche Bibelgesellschaft
Peter Boerner, Johann Wolfgang von Goethe[7] [2007], rowohlts monographien Nr 50577
Boethius, Trost der Philosophie [1971], Reclam Verlag Nr 3154
Wilhelm Busch, Und überhaupt und sowieso – Reimweisheiten [2007], dtv Nr 13624

Albert Camus, Der Mythos des Sisyphos[10] [2008], Rowohlt Taschenbuch Verlag Nr 22765

Marcus Tullius Cicero, De officiis – Vom pflichtgemäßen Handeln [2007], Reclam Verlag Nr 1889

André Comte-Sponville, Ermutigung zum unzeitgemäßen Leben – Ein kleines Brevier der Tugenden und Werte[3] [2004], Rowohlt Sachbuch Nr 60524

André Comte-Sponville, Glück ist das Ziel, Philosophie der Weg [2010], Diogenes Verlag

Denis de Rougemont, Die Liebe und das Abendland [2007], H. Frietsch Verlag, edition epoché

Demokrit, Fragmente zur Ethik [1996], Reclam Verlag Nr 9435

Wolfgang Drews, Gotthold Ephraim Lessing[28] [2005], rowohlts monographien Nr 50075

Franz Carl Endres/Annemarie Schimmel, Das Mysterium der Zahl – Zahlensymbolik im Kulturvergleich [1984], Diederichs Gelbe Reihe

Epikur, Briefe Sprüche Werkfragmente [2000], Reclam Verlag Nr 9984

Rainer Forst, Toleranz im Konflikt [2003], suhrkamp taschenbuch wissenschaft Nr 1682

Viktor Emil Frankl, Ärztliche Seelsorge – Grundlagen der Logotherapie und Existenzanalyse [2007], dtv Nr 34427

Viktor Emil Frankl, Der unbewußte Gott – Psychotherapie und Religion[8] [2006], dtv Nr 35058

Viktor Emil Frankl, … trotzdem Ja zum Leben sagen – Ein Psychologe erlebt das Konzentrationslager[28] [2007], dtv Nr 30142

Walther Frederking, PONS Wörterbuch der lateinischen Redensarten [2009], PONS Verlag

Ivo Frenzel, Friedrich Nietzsche[4] [2006], rowohlts monographien Nr 50634

Erich Fromm, Den Menschen verstehen – Psychoanalyse und Ethik[7] [2005], dtv Nr 34077

Erich Fromm, Die Kunst des Liebens[9] [2009], dtv Nr 36102

Erich Fromm, Haben oder Sein[38] [2011], dtv Nr 34234

Ulrich Gaier, Kommentar zu Goethes Faust [2002], Reclam Verlag Nr 18183

Manfred Geier, Worüber kluge Menschen lachen – Kleine Philosophie des Humors [2006], Rowohlt Sachbuch Nr 62117
Khalil Gibran, Der Prophet [2005], Diederichs Gelbe Reihe
Alexander Giese, Reich ohne Geld – Anleitung für ein unzeitgemäßes Leben [2005], ecowin Verlag
Johann Wolfgang Goethe, Sämtliche Werke nach Epochen seines Schaffens herausgegeben von Karl Richter, Münchner Ausgabe 21 Bände [2006], Taschenbuchausgabe btb Verlag – zitiert: *Johann Wolfgang Goethe*, Sämtliche Werke Münchner Ausgabe Band 1–21 [2006], btb Verlag
Johann Wolfgang Goethe, Faust – Der Tragödie Erster Teil [2000], Reclam Verlag Nr 1
Johann Wolfgang Goethe, Gedichte [1998], Reclam Verlag Nr 6782
Johann Wolfgang Goethe, Novelle – Das Märchen [1962], Reclam Verlag Nr 7621
Johann Wolfgang Goethe, Wilhelm Meisters Lehrjahre [1982], Reclam Verlag Nr 7826
Hermann Hesse, Das Glasperlenspiel [1996], suhrkamp taschenbuch Nr 2572
Hermann Hesse, Demian [2003], suhrkamp taschenbuch Nr 3518
Hermann Hesse, Die Gedichte [2001], insel taschenbuch Nr 2762
Hermann Hesse, Franz von Assisi [1988], insel taschenbuch Nr 1069
Hermann Hesse, Glück – Betrachtungen und Gedichte [2000], insel taschenbuch Nr 2407
Hermann Hesse, Narziß und Goldmund [1975], suhrkamp taschenbuch Nr 274
Hermann Hesse, Piktors Verwandlungen [1975], insel taschenbuch Nr 122
Hermann Hesse, Siddhartha [1999], suhrkamp taschenbuch Nr 2931
Walter Hinck (Hg), Goethe für Gestreßte [1997], insel taschenbuch Nr 1900
Andreas Graeser, Hauptwerke der Philosophie – Antike [2004], Reclam Verlag Nr 8740
Michael Hofmann, Aufklärung [1999], Reclam Verlag Nr 17616
Otfried Höffe, Lexikon der Ethik[7] [2008], C.H.Beck Verlag

Ursula Gräfe (Hg), Konfuzius für Gestreßte [2001], insel taschenbuch Nr 2754

Immanuel Kant, Die Metaphysik der Sitten [1990], Reclam Verlag Nr 4508

Immanuel Kant, Die Religion innerhalb der Grenzen der bloßen Vernunft [1974], Reclam Verlag Nr 1231

Immanuel Kant, Grundlegung zur Metaphysik der Sitten [1984], Reclam Verlag Nr 4507

Immanuel Kant, Kritik der praktischen Vernunft [1961], Reclam Verlag Nr 1111

Immanuel Kant, Kritik der reinen Vernunft [1966], Reclam Verlag Nr 6461

Immanuel Kant, Kritik der Urteilskraft [1963], Reclam Verlag Nr 1026

Friedrich Wilhelm Kantzenbach, Johann Gottfried Herder[8] [2002], rowohlt monographien Nr 50164

Martin Kämpchen (Hg), Gandhi für Gestreßte [2002], insel taschenbuch Nr 2806

Erich Kästner, Doktor Erich Kästners Lyrische Hausapotheke[24] [2009], dtv Nr 11001

Daniel Klink, Der ehrbare Kaufmann [2007], Eigenverlag, http://www.der-ehrbare-kaufmann.de/files/der-ehrbare-kaufmann.pdf

Matthias Köckert, Die Zehn Gebote [2007], C.H.Beck Verlag

Kommission der Europäischen Gemeinschaften, Grünbuch über Europäische Rahmenbedingungen für die soziale Verantwortung der Unternehmen, KOM (2001) 366, http://eur-lex.europa.eu

Lothar Kreimendahl, Hauptwerke der Philosophie – Rationalismus und Empirismus [1994], Reclam Verlag Nr 8742

Lao-tse, Tao-Tê-King – Das Heilige Buch vom Weg und von der Tugend [1961, 1979], Reclam Verlag Nr 6798

Gotthold Ephraim Lessing, Nathan der Weise [2000], Reclam Verlag Nr 3

Titus Lucretius Carus, De rerum natura – Welt aus Atomen [1973], Reclam Verlag Nr 4257

Jaap Mansfeld, Die Vorsokratiker I [1999], Reclam Verlag Nr 7965

Paul Michael Lützeler/James E. McLeod (Hg), Interpretationen Goethes Erzählwerk [1985], Reclam Verlag Nr 8081

Volker Michels (Hg), Hesse für Gestreßte [1999], insel taschenbuch Nr 2538
Ursula Michels-Wenz (Hg), Kant für Gestreßte [2004], insel taschenbuch Nr 2990
Ursula Michels-Wenz (Hg), Nietzsche für Gestreßte [1997], insel taschenbuch Nr 1928
Ursula Michels-Wenz (Hg), Schopenhauer für Gestreßte [1999], insel taschenbuch Nr 2504
Wolfgang Amadeus Mozart, Die Zauberflöte KV 620 [1991], Reclam Verlag Nr 2620
Friedrich Nietzsche, Also sprach Zarathustra [1994], Reclam Verlag Nr 7111
Friedrich Nietzsche, Die nachgelassenen Fragmente [1996], Reclam Verlag Nr 7118
Friedrich Nietzsche, Jenseits von Gut und Böse [1988], Reclam Verlag Nr 7114
Friedrich Nietzsche, Zur Genealogie der Moral [1988], Reclam Verlag Nr 7123
Richard David Precht, Wer bin ich und wenn ja, wie viele?[9] [2007], Goldmann Verlag
Anne Reichardt/Ingo Reichardt, Treffende Worte [2003], Linde Verlag
Rainer Maria Rilke, Gedichte [1997], Reclam Verlag Nr 9623
Eugen Roth, Genau besehen [2007], dtv Nr 25262
Eugen Roth, Je nachdem[12] [2004], dtv Nr 1730
Jean-Jacques Rousseau, Abhandlung über den Ursprung und die Grundlagen der Ungleichheit unter den Menschen [1998], Reclam Verlag Nr 1770
Jean-Jacques Rousseau, Gesellschaftsvertrag [1977], Reclam Verlag Nr 1769
Antoine de Saint-Exupéry, Der kleine Prinz[65] [2008], Karl Rauch Verlag
Antoine de Saint-Exupéry, Die Stadt in der Wüste [2009], Karl Rauch Verlag
Antoine de Saint-Exupéry, Nachtflug [2009], Karl Rauch Verlag
Antoine de Saint-Exupéry, Wind, Sand und Sterne [2010], Karl Rauch Verlag

Friedrich Schiller, Kallias oder über die Schönheit – Über Anmut und Würde [1994] Reclam Verlag Nr 9307
Werner Schneiders (Hg), Lexikon der Aufklärung [2001], C.H.Beck Verlag
Werner Schneiders, Das Zeitalter der Aufklärung[3] [2005], C.H.Beck Verlag
Arthur Schopenhauer, Aphorismen zur Lebensweisheit[16] [2007], Kröners Taschenausgabe Bd 16
Uwe Schulz, Immanuel Kant[3] [2005], rowohlts monographien Nr 50659
Albert Schweitzer, Die Ehrfurcht vor dem Leben[9] [2008], Verlag C.H. Beck, Beck'sche Reihe Bd 255
L. Annaeus Seneca, De brevitate vitae – Von der Kürze des Lebens [2008], Reclam Verlag Nr 18545
L. Annaeus Seneca, De otio – Über die Muße/De providentia – Über die Vorsehung [1996], Reclam Verlag Nr 9610
L. Annaeus Seneca, De tranquilitate animi – Über die Ausgeglichenheit der Seele [1984], Reclam Verlag Nr 1846
L. Annaeus Seneca, De vita beata – Vom glücklichen Leben [1990], Reclam Verlag Nr 1849
Hans-Joachim Simm (Hg), Von der Toleranz, Lektüre zwischen den Jahren [2007], Insel Verlag
Peter Singer, Wie sollen wir leben? Ethik in einer egoistischen Zeit[4] [2004], dtv Nr 36156
Benedictus de Spinoza, Ethica – Die Ethik [1977], Reclam Verlag Nr 851
Spinoza, Die Ethik, Schriften und Briefe[7] [1976], Kröners Taschenausgabe Bd 24
Werner Stegmaier, Hauptwerke der Philosophie – Von Kant bis Nietzsche [1997], Reclam Verlag Nr 8743
Rudolf Steiner, Das Christentum als mystische Tatsache und die Mysterien des Altertums[9] [1989], Rudolf Steiner Verlag
Rudolf Steiner, Die Geheimwissenschaft im Umriß [2005], Rudolf Steiner Verlag
Rudolf Steiner, Das Johannes Evangelium[11] [2005], Rudolf Steiner Verlag

Rudolf Steiner, Theosophie[32] [2009], Rudolf Steiner Verlag
John Strelecky, Das Café am Rande der Welt – Eine Erzählung über den Sinn des Lebens[4] [2008], dtv Nr 20969
Theun de Vries, Baruch de Spinoza[10] [2004], rowohlts monographien Nr 50171
Gerhard Wehr, C. G. Jung[21] [2006], rowohlts monographien Nr 50152
Johannes Wickert, Albert Einstein[3] [2005], rowohlts monographien Nr 50666
Bernhard Zeller, Hermann Hesse [2005], rowohlts monographien Nr 50676
Zentrum für Augustinus-Forschung in Würzburg, Augustinus-Zitatenschatz[4] [2006], Eigenverlag, www.augustinus.de

ANMERKUNGEN

Sprüche auf dem Deckblatt und dem Schlussblatt

1 Maximen und Reflexionen in *Johann Wolfgang Goethe*, Sämtliche Werke Münchner Ausgabe Band 17 [2006], btb Verlag, S 801.
2 *Albert Schweitzer*, Die Ehrfurcht vor dem Leben[9] [2008], Verlag C.H.Beck, Beck'sche Reihe Bd 255, 148.
3 *Hermann Hesse*, Demian [2003], suhrkamp taschenbuch Nr 3518, S 9.
4 *Antoine de Saint-Exupéry*, Die Stadt in der Wüste [2009], Karl Rauch Verlag, S 712.

Einleitung

5 Der französische Philosoph *André Comte-Sponville* hat dazu richtig bemerkt: »Philosophieren heißt, selbst zu denken; doch dabei erzielen wir nur vernünftige Ergebnisse, wenn wir uns zunächst auf die Gedanken anderer stützen, vor allem der großen Philosophen der Vergangenheit.« in *André Comte-Sponville*, Glück ist das Ziel, Philosophie der Weg [2010], Diogenes Verlag, S 9.
6 So erfolgte etwa die Erschaffung der Welt in sieben Tagen: Genesis 2, 2–3: »Am siebten Tag vollendete Gott das Werk, das er geschaffen hatte, und er ruhte am siebten Tag, nachdem er sein ganzes Werk vollbracht hatte. Und Gott segnete den siebten Tag und erklärte ihn für heilig, denn an ihm ruhte Gott, nachdem er das ganze Werk der Schöpfung vollendet hatte.« Die Zahl Sieben findet sich im Alten Testament an zahlreichen weiteren Stellen, aber auch im Neuen Testament, etwa im Buch mit den sieben Siegeln in Offenbarung 5, 1 (Die Bibel – Altes und Neues Testament – Einheitsübersetzung [1980], Herder Verlag, S 5f und S 1389). Auch die vier Kardinaltugenden Klugheit, Gerechtigkeit, Tapferkeit und Besonnenheit sowie die drei christlichen Tugenden Glaube, Hoffnung und Liebe ergeben die Zahl Sieben. Eine wunderbare Beschreibung der Mystik und Symbolik der Zahl Sieben findet sich bei *Franz Carl Endres/Annemarie Schimmel*, Das Mysterium der Zahl – Zahlensymbolik im Kulturvergleich [1984], Diederichs Gelbe Reihe, S 142ff.
7 Trotz seiner späteren Distanzierung von den kirchlichen Formen des Christentums bekannte *Goethe* noch im Alter, dass er der Bibel einen großen Teil seiner geistigen Bildung verdankt (*Peter Boerner*, Johann Wolfgang von Goethe[7] [2007], rowohlts monographien Nr 50577, S 15f). Auch Herder zog die Märchenwelt unwiderstehlich an und er liebte die Poesie der Bibel (*Friedrich Wilhelm Katzenbach*, Johann Gottfried Herder[8] [2002], rowohlts monographien, S 12).

8 Wie etwa die negativ besetzten Themen Kritik, Egoismus und Eifersucht, bei denen ich das Gefühl hatte, dass ich sie in diesem Buch einfach ansprechen muss, weil sie so viel Missverständnis und Leid bringen.
9 *André Comte-Sponville*, Ermutigung zum unzeitgemäßen Leben – Ein kleines Brevier der Tugenden und Werte[3] [2004], Rowohlt Sachbuch Nr 60524, S 13 und S 18.
10 In diesem handwerklichen Sinn verwendet etwa die Freimaurerei das plastische und meiner Meinung nach durchaus passende Symbol der Arbeit am eigenen rauen Stein: Im Sinn der Selbsterkenntnis und Selbstbeherrschung leistet der Freimaurer eine Arbeit an sich selbst, die der Vervollkommnung und Selbstveredelung dient und die solange dauert, bis sich der Freimaurer dem Ideal entsprechend als glatter kubischer Stein neben anderen in den Bau des großen Menschheitstempels einfügt (vgl etwa *Reinhard Lamer*, Freimaurer in Österreich – Weg und Schicksal der ›Königlichen Kunst‹ [2001], Studien Verlag, S 18).
11 Das wussten schon die alten Römer: »*Ad virtutem una ardua via est.*« – »Zur Tugend ist es ein mühevoller Weg.«
12 *André Comte-Sponville*, Ermutigung zum unzeitgemäßen Leben – Ein kleines Brevier der Tugenden und Werte[3] [2004], Rowohlt Sachbuch Nr 60524, S 180. Wahrscheinlich hatte er dabei *Nietzsche* im Kopf, der über die Dichter sagte, sie seien ihm nicht reinlich genug, denn »sie trüben alle ihr Gewässer, dass es tief erscheine.« in *Friedrich Nietzsche*, Also sprach Zarathustra [1994], Reclam Verlag Nr 7111, S 134.

1 Grundlagen für ein tugendhaftes Leben

1.1 Die Tugenden – Von der Höflichkeit bis zur Liebe

13 *Wolfgang Amadeus Mozart*, Die Zauberflöte KV 620 [1991], Reclam Verlag Nr 2620, S 35.
14 Buch I, 6 in *Aristoteles*, Nikomachische Ethik [2003], Reclam Verlag Nr 8586, S 17.
15 *André Comte-Sponville*, Ermutigung zum unzeitgemäßen Leben – Ein kleines Brevier der Tugenden und Werte[3] [2004], Rowohlt Sachbuch Nr 60524, S 15. Das bringt auch *Goethe* in seinem Gedicht *Das Göttliche* zum Ausdruck: »Edel sei der Mensch, Hilfreich und gut!/Denn das allein/Unterscheidet ihn/Von allen Wesen,/Die wir kennen.« in *Johann Wolfgang Goethe*, Gedichte [1998], Reclam Verlag Nr 6782, S 90.
16 . Diese vier Kardinaltugenden dürften schon bis in das sechste vorchristliche Jahrhundert zurückgehen. Man findet sie schon fast so bei *Platon*, später auch im christlichen Gedankengut insbesondere bei *Augustinus* und bei *Thomas von Aquin* (*Otfried Höffe*, Lexikon der Ethik[7] [2008], C.H.Beck Verlag, S 318). Für *Schopenhauer* wiederum bestehen die Kardinal-Tugenden nur aus der Gerechtigkeit und der Menschenliebe: Die Grundtriebfedern des Verhaltens der Menschen sind Egoismus und Gehässigkeit. Die Hauptmacht gegen Egoismus ist die Gerechtigkeit, welche »die erste und recht eigentliche Kardinaltugend ist. Die Abwesenheit aller egoistischen Motivation ist also das Kriterium einer Handlung von moralischem Wert«. Die Hauptmacht gegen Übelwollen und Gehäs-

sigkeit ist die Tugend der Menschenliebe, ein nach *Schopenhauer* wahrhaft »mysteriöser« Vorgang. Gerechtigkeit und Menschenliebe wurzeln beide in dem natürlichen Mitleid: »An die Stelle der ›Rechts- und Tugendpflichten‹ setze ich zwei Tugenden: die der Gerechtigkeit und die der Menschenliebe, welche ich Kardinaltugenden nenne, weil aus ihnen alle übrigen praktisch hervorgehn und theoretisch sich ableiten lassen. Beide wurzeln in dem natürlichen Mitleid. Dieses Mitleid selbst aber ist eine unleugbare Tatsache des menschlichen Bewußtseins, ist diesem wesentlich eigen, beruht nicht auf Voraussetzungen, Begriffen, Religionen, Dogmen, Mythen, Erziehung und Bildung; sondern ist ursprünglich und unmittelbar, liegt in der menschlichen Natur selbst.« (vgl bei *Walter Abendroth*, Arthur Schopenhauer[20] [2003], rowohlts monographien Nr 50133, S 93ff und *Ursula Michels-Wenz (Hg)*, Schopenhauer für Gestreßte [1999], insel taschenbuch Nr 2504, S 79).

17   *André Comte-Sponville*, Ermutigung zum unzeitgemäßen Leben – Ein kleines Brevier der Tugenden und Werte[3] [2004], Rowohlt Sachbuch Nr 60524, S 21, S 25 und S 113.

18   *André Comte-Sponville*, Ermutigung zum unzeitgemäßen Leben – Ein kleines Brevier der Tugenden und Werte[3] [2004], Rowohlt Sachbuch Nr 60524, S 263, S 313 und S 340.

19   Brief an die Römer 13, 8–10: »Bleibt niemand etwas schuldig; nur die Liebe schuldet ihr einander immer. Wer den anderen liebt, hat das Gesetz erfüllt. Denn die Gebote: Du sollst nicht die Ehe brechen, du sollst nicht töten, du sollst nicht stehlen, du sollst nicht begehren!, und alle anderen Gebote sind in dem einen Satz zusammengefasst: Du sollst deinen Nächsten lieben wie dich selbst. Die Liebe tut dem Nächsten nichts Böses. Also ist die Liebe die Erfüllung des Gesetzes.« Brief an die Galater 5, 14. »Denn das ganze Gesetz ist in dem einen Wort zusammengefasst: Du sollst deinen Nächsten lieben wie dich selbst!« (Die Bibel – Altes und Neues Testament – Einheitsübersetzung [1980], Herder Verlag, S 1270 und S 1308).

20   »Die Wurzel deines Handelns bleibe innerhalb der Liebe. Aus dieser Wurzel kann nichts anderes als Gutes wachsen.« – *»Radix sit intus dilectionis, non potest de ista radice nisi bonum existere.«* in *Zentrum für Augustinus-Forschung in Würzburg*, Augustinus-Zitatenschatz[4] [2006], Eigenverlag, S 36 und S 37, www.augustinus.de.

21   *André Comte-Sponville*, Ermutigung zum unzeitgemäßen Leben – Ein kleines Brevier der Tugenden und Werte[3] [2004], Rowohlt Sachbuch Nr 60524, S 15 und S 13.

22   Erster Brief an die Thessalonicher 5, 15 (Die Bibel – Altes und Neues Testament – Einheitsübersetzung [1980], Herder Verlag, S 1328).

23   Moral in *Erich Kästner*, Doktor Erich Kästners Lyrische Hausapotheke[24] [2009], dtv Nr 11001, S 30.

1.2 Selbsterkenntnis als Ausgangspunkt

24   *André Comte-Sponville*, Ermutigung zum unzeitgemäßen Leben – Ein kleines Brevier der Tugenden und Werte[3] [2004], Rowohlt Sachbuch Nr 60524, S 18.

25 *Jaap Mansfeld*, Die Vorsokratiker I [1999], Reclam Verlag Nr 7965, S 255.
26 Tugendlehre, I. Ethische Elementarlehre, 1. Teil, 1. Buch, 2. Hauptstück, 2. Abschnitt, § 14 in *Immanuel Kant*, Die Metaphysik der Sitten [1990], Reclam Verlag Nr 4508, S 327.
27 *Rudolf Steiner*, Die Geheimwissenschaft im Umriß [2005], Rudolf Steiner Verlag, S 324; vgl auch *Rudolf Steiner*, Das Johannes Evangelium[11] [2005], Rudolf Steiner Verlag, S 218f.
28 Matthäus 7, 3–5: »Warum siehst du den Splitter im Auge deines Bruders, aber den Balken in deinem Auge bemerkst du nicht? Wie kannst du zu deinem Bruder sagen: Lass mich den Splitter aus deinem Auge herausziehen! – und dabei steckt in deinem Auge ein Balken? Du Heuchler! Zieh zuerst den Balken aus deinem Auge, dann kannst du versuchen, den Splitter aus dem Auge deines Bruders herauszuziehen.« Fast wortgleich findet sich das bei Lukas 6, 41–42. Ähnlich auch *Jesus* und die Ehebrecherin bei Johannes 8, 7: »Wer von euch ohne Sünde ist, werfe als Erster einen Stein auf sie.« (Die Bibel – Altes und Neues Testament – Einheitsübersetzung [1980], Herder Verlag, S 1089, S 1158 und S 1200). Im Übrigen haben das auch die Römer schon so gesehen: »Auf Pusteln bei anderen gebt ihr acht, die ihr selbst von zahlreichen Geschwüren übersät seid?« – »*Papulas observatis alienas, obsiti plurimuis ulceribus?*« in *L. Annaeus Seneca*, De vita beata – Vom glücklichen Leben [1990], Reclam Verlag Nr 1849, S 83.
29 *Arthur Schopenhauer*, Aphorismen zur Lebensweisheit[16] [2007], Kröners Taschenausgabe Bd 16, S 233; vgl auch *Ursula Michels-Wenz (Hg)*, Schopenhauer für Gestreßte [1999], insel taschenbuch Nr 2504, S 26.
30 aus der Vorrede in *Friedrich Nietzsche*, Zur Genealogie der Moral [1988], Reclam Verlag Nr 7123, S 3. Bemerkenswert ist auch *Nietzsches* später einmal getätigte Aussage: »Täglich erstaune ich: Ich kenne mich selber nicht!« in *Friedrich Nietzsche*, Die nachgelassenen Fragmente [1996], Reclam Verlag Nr 7118, S 78.
31 »Bei mir selbst will ich lernen, will ich Schüler sein, will ich mich kennenlernen, das Geheimnis Siddartha.« in *Hermann Hesse*, Siddhartha [1999], suhrkamp taschenbuch Nr 2931, S 40f.
32 Auch in *Goethes Wilhelm Meisters Lehrjahre* kreisen die Gedanken von Wilhelm immer wieder um die Warnungen, die ihm in mystischer und verklärter Weise auf seinen Lebensweg mitgegeben werden: »Flieh! Jüngling, flieh! Was soll das mystische Wort heißen? Was fliehen? Wohin fliehen?«, fragt Wilhelm. Er ist verwirrt und versteht nicht. Schließlich aber erkennt er: »Weit besser hätte der Geist mir zugerufen: Kehre in dich selbst zurück!« (*Johann Wolfgang Goethe*, Wilhelm Meisters Lehrjahre [1982], Reclam Verlag Nr 7826, S 444). In der Tat sollten wir in uns gehen und auf uns selbst besinnen. Vor allem dürfen wir nicht vor der Verantwortung vor uns selbst fliehen, sondern wir müssen in jedem Augenblick unseres Lebens Verantwortung für uns selbst und für unsere Handlungen übernehmen.
33 Gedicht *Jeden Abend* in *Hermann Hesse*, Die Gedichte [2001], insel taschenbuch Nr 2762, S 344. *Hesse* beschreibt diesen Vorgang der meditativen Selbsterkenntnis auch wunderbar in seinem *Glasperlenspiel* (*Hermann Hesse*, Das Glasperlenspiel [1996], suhrkamp taschenbuch Nr 2572, S 242).
34 »Wo die Liebe ist, dort ist der Friede, und wo die Demut ist, dort ist die Liebe.« – »*Ubi autem caritas, ibi pax, et ubi humilitas, ibi caritas.*« und

»Demut ist die größte christliche Disziplin, denn durch sie wird bewahrt die Liebe, die nichts schneller verletzt als Stolz.« – »*Humilitas maxima est disciplina christiana, humilitate enim conservatur caritas, nam nihil eam citius violat quam superbia.*« in *Zentrum für Augustinus-Forschung in Würzburg*, Augustinus-Zitatenschatz⁴ [2006], Eigenverlag, S 37 und S 6, www.augustinus.de.

1.3 Positive Geisteshaltung

35 Wir wollen natürlich unsere Überlegungen zur positiven Geisteshaltung hier nicht konterkarieren, aber im Zusammenhang mit Rosen und Dornen gibt es einen wunderbaren Vers von *Eugen Roth*, der das Dilemma mit dem positiven Denken sehr gut beschreibt: »Ein Mensch bemerkt mit bitterm Zorn,/Dass keine Rose ohne Dorn./Doch muss ihn noch viel mehr erbosen,/Dass sehr viel Dornen ohne Rosen.« in *Eugen Roth*, Je nachdem[12] [2004], dtv Nr 1730, S 20.

36 *Antoine de Saint-Exupéry*, Der kleine Prinz[65] [2008], Karl Rauch Verlag, S 120.

37 *Rudolf Steiner*, Die Geheimwissenschaft im Umriß [2005], Rudolf Steiner Verlag, S 279f.

38 Das hat auch *Augustinus* so gesehen: »Verändere das Herz und auch das Tun wird sich ändern.« – »*Muta cor, et mutabitur opus.*« in *Zentrum für Augustinus-Forschung in Würzburg*, Augustinus-Zitatenschatz⁴ [2006], Eigenverlag, S 42, www.augustinus.de.

39 Maximen und Reflexionen in *Johann Wolfgang Goethe*, Sämtliche Werke Münchner Ausgabe Band 17 [2006], btb Verlag, S 953; ähnlich auch *Johann Wolfgang Goethe*, Sämtliche Werke Münchner Ausgabe Band 9 [2006], btb Verlag, S 136.

1.4 Denken – Der Weg zu Wissen und Wahrheit

40 Maximen und Reflexionen in *Johann Wolfgang Goethe*, Sämtliche Werke Münchner Ausgabe Band 17 [2006], btb Verlag, S 772; vgl auch *Walter Hinck (Hg)*, Goethe für Gestreßte [1997], insel taschenbuch Nr 1900, S 45.

41 *Ursula Michels-Wenz (Hg)*, Nietzsche für Gestreßte [1997], insel taschenbuch Nr 1928, S 70.

42 Jesus Sirach 37, 16–17 (Die Bibel – Altes und Neues Testament – Einheitsübersetzung [1980], Herder Verlag, S 785).

43 *Andreas Graeser*, Hauptwerke der Philosophie – Antike [2004], Reclam Verlag Nr 8740, S 178.

44 »Es ist überall nichts in der Welt, ja überhaupt auch außer derselben zu denken möglich, was ohne Einschränkung für gut könnte gehalten werden, als allein ein GUTER WILLE.« am Beginn des ersten Abschnitts in *Immanuel Kant*, Grundlegung zur Metaphysik der Sitten [1984], Reclam Verlag Nr 4507, S 28.

45 Buch VI, 5 in *Aristoteles*, Nikomachische Ethik [2003], Reclam Verlag Nr 8586, S 158ff.

46 *André Comte-Sponville*, Ermutigung zum unzeitgemäßen Leben – Ein kleines Brevier der Tugenden und Werte³ [2004], Rowohlt Sachbuch Nr 60524, S 46.
47 *Theun de Vries*, Baruch de Spinoza¹⁰ [2004], rowohlts monographien Nr 50171, S 77 und 151.
48 *André Comte-Sponville*, Ermutigung zum unzeitgemäßen Leben – Ein kleines Brevier der Tugenden und Werte³ [2004], Rowohlt Sachbuch Nr 60524, S 49.
49 So hatte schon *Immanuel Kant* zu seiner Zeit beklagt:»Die wissenswürdigen Dinge häufen sich in unserer Zeit. Bald wird unsere Fähigkeit zu schwach und unsere Lebenszeit zu kurz sein, nur den nützlichsten Teil daraus zu fassen. Es bieten sich Reichtümer im Überfluß dar, welche einzunehmen wir manchen unnützen Plunder wieder wegwerfen müssen. Es wäre besser gewesen, sich niemals damit zu beschäftigen.« bei *Uwe Schulz*, Immanuel Kant³ [2005], rowohlts monographien Nr 50659, S 79.
50 Punkt 30 in *Papst Benedikt XVI*, Enzyklika Caritas in veritate [2009], www.vatican.va, S 16f.
51 bei *Bernhard Zeller*, Hermann Hesse [2005], rowohlts monographien Nr 50676, S 128.
52 Johannes 18, 38 (Die Bibel – Altes und Neues Testament – Einheitsübersetzung [1980], Herder Verlag, S 1215).
53 Diese Symbolik bringt *Mozart* in seiner *Zauberflöte* in wunderbarer Weise zum Ausdruck, etwa als Tamino bei seiner Suche im Weisheitstempel sagt:»O ewge Nacht! Wann wirst du schwinden? Wann wird das Licht mein Auge finden?« Später kündigen die drei Knaben an:»Bald prangt, den Morgen zu verkünden, die Sonn auf goldner Bahn – Bald soll der Aberglaube schwinden, bald siegt der weise Mann!« Und schließlich singt am Schluss Sarastro:»Die Strahlen der Sonne vertreiben die Nacht, zernichten der Heuchler erschlichene Macht!« (*Wolfgang Amadeus Mozart*, Die Zauberflöte KV 620 [1991], Reclam Verlag Nr 2620, S 30, S 63 und S 72).
54 *Erich Fromm*, Haben oder Sein³⁸ [2011], dtv Nr 34234, S 57f.
55 *André Comte-Sponville*, Ermutigung zum unzeitgemäßen Leben – Ein kleines Brevier der Tugenden und Werte³ [2004], Rowohlt Sachbuch Nr 60524, S 195 und S 200. Auch *Einstein* glaubte nicht daran, dass mit den Wissenschaften Ethik und Moral erreichbar sind:»Die Erkenntnis der Wahrheit ist herrlich, aber als Führerin ist sie so ohnmächtig, dass sie nicht einmal die Berechtigung und den Wert unseres Strebens nach Wahrheit zu begründen vermag.« (*Johannes Wickert*, Albert Einstein³ [2005], rowohlts monographien Nr 50666, S 145f).

1.5 Die Grenzen des Wissens – Wissen und Glauben

56 Maximen und Reflexionen in *Johann Wolfgang Goethe*, Sämtliche Werke Münchner Ausgabe Band 17 [2006], btb Verlag, S 771; vgl auch *Walter Hinck (Hg)*, Goethe für Gestreßte [1997], insel taschenbuch Nr 1900, S 44.
57 *Johann Wolfgang Goethe*, Faust – Der Tragödie Erster Teil [2000], Reclam Verlag Nr 1, S 13; vgl auch *Ulrich Gaier*, Kommentar zu Goethes Faust [2002], Reclam Verlag Nr 18183, S 30.

58 »*nec possunt oculi naturam noscere rerum.*« aus dem Vierten Buch in *Titus Lucretius Carus*, De rerum natura – Welt aus Atomen [1973], Reclam Verlag Nr 4257, S 282f.
59 Zweites Buch, Kapitel 71, 171 in *Lao-tse*, Tao-Tê-King – Das Heilige Buch vom Weg und von der Tugend [1961, 1979], Reclam Verlag Nr 6798, S 100.
60 Gedicht *Willst du ins Unendliche schreiten* in *Johann Wolfgang Goethe*, Gedichte [1998], Reclam Verlag Nr 6782, S 161.
61 Wir wissen es nicht und wir werden es auch nicht wissen – »*ignoramus et ignorabimus.*« Oder wie *Camus* einmal bemerkte: »Und eben das kennzeichnet das Genie: der Verstand, der seine Grenzen kennt.« in *Albert Camus*, Der Mythos des Sisyphos[10] [2008], Rowohlt Taschenbuch Verlag Nr 22765, S 94. Auch die Weltanschauung des Agnostizismus betont die prinzipielle Begrenztheit unseres Wissens (http://de.wikipedia.org/wiki/Agnostizismus).
62 *Viktor Emil Frankl*, Der unbewußte Gott – Psychotherapie und Religion[8] [2006], dtv Nr 35058, S 91.
63 Erster Brief an die Korinther 8, 2 (Die Bibel – Altes und Neues Testament – Einheitsübersetzung [1980], Herder Verlag, S 1281).
64 »*Quod humana ratio non invenit, fides capit: et ubi humana ratio deficit, fides proficit.*« Interessanterweise hat *Augustinus* im Zusammenhang mit der Vernunft und dem Glauben auch gesagt, dass der Glaube sucht und der Intellekt findet, aber »dennoch fährt der Intellekt fort, den zu suchen, den er bereits gefunden hat.« – »*Fides quaerit, intellectus invenit … et rursus intellectus eum quem invenit adhuc quaerit.*« in Zentrum für Augustinus-Forschung in Würzburg, Augustinus-Zitatenschatz[4] [2006], Eigenverlag, S 18 und S 28, www.augustinus.de.
65 »Ich musste also das Wissen aufheben, um zum Glauben Platz zu bekommen.« aus der Vorrede zur zweiten Auflage in *Immanuel Kant*, Kritik der reinen Vernunft [1966], Reclam Verlag Nr 6461, S 38.
66 *Viktor Emil Frankl*, Ärztliche Seelsorge – Grundlagen der Logotherapie und Existenzanalyse [2007], dtv Nr 34427, S 75 und *Viktor Emil Frankl*, Der unbewußte Gott – Psychotherapie und Religion[8] [2006], dtv Nr 35058, S 64.
67 *Ludwig Wittgenstein* in seinen geheimen Tagebüchern; vgl bei *André Comte-Sponville*, Glück ist das Ziel, Philosophie der Weg [2010], Diogenes Verlag, S 91.
68 *Boethius*, Trost der Philosophie [1971], Reclam Verlag Nr 3154, S 135; vgl auch *Andreas Graeser*, Hauptwerke der Philosophie – Antike [2004], Reclam Verlag Nr 8740, S 267f.
69 vgl bei *Richard David Precht*, Wer bin ich und wenn ja, wie viele?[9] [2007], Goldmann Verlag, S 298.
70 *Alexander Giese*, Reich ohne Geld – Anleitung für ein unzeitgemäßes Leben [2005], ecowin Verlag, S 49.
71 http://de.wikipedia.org/wiki/Deismus; vgl auch *Werner Schneiders (Hg)*, Lexikon der Aufklärung [2001], C.H.Beck Verlag, S 81.
72 *Johann Wolfgang Goethe*, Sämtliche Werke Münchner Ausgabe Band 18.1 [2006], btb Verlag, S 76.

1.6 Handeln – Die Handlung als das Wesentliche im Leben

73 Dieser wesentliche Grundsatz findet sich auch mehrfach in der Bibel, etwa Brief des Jakobus 1, 22–24: »Hört das Wort nicht nur an, sondern handelt danach; sonst betrügt ihr euch selbst. Wer das Wort nur hört, aber nicht danach handelt, ist wie ein Mensch, der sein eigenes Gesicht im Spiegel betrachtet: Er betrachtet sich, geht weg und schon hat er vergessen, wie er aussah.« Brief des Jakobus 2, 14–17: »Meine Brüder, was nützt es, wenn einer sagt, er habe Glauben, aber es fehlen die Werke? Kann etwa der Glauben ihn retten? Wenn ein Bruder oder eine Schwester ohne Kleidung ist und ohne das tägliche Brot und einer von euch zu ihnen sagt: Geht in Frieden, wärmt und sättigt euch!, ihr gebt ihnen aber nicht, was sie zum Leben brauchen – was nützt das? So ist auch der Glaube für sich allein tot, wenn er nicht Werke vorzuweisen hat.« Brief des Jakobus 4, 17: »Wer also das Gute tun kann und es nicht tut, der sündigt.« Erster Brief des Johannes 3, 18: »Meine Kinder, wir wollen nicht mit Wort und Zunge lieben, sondern in Tat und Wahrheit.« (Die Bibel – Altes und Neues Testament – Einheitsübersetzung [1980], Herder Verlag, S 1361, S 1363 und S 1376).

74 *Hermann Hesse*, Siddhartha [1999], suhrkamp taschenbuch Nr 2931, S 133.

75 *Hermann Hesse*, Demian [2003], suhrkamp taschenbuch Nr 3518, S 73.

76 *Gotthold Ephraim Lessing*, Nathan der Weise [2000], Reclam Verlag Nr 3, S 19.

77 *Johann Wolfgang Goethe*, Wilhelm Meisters Lehrjahre [1982], Reclam Verlag Nr 7826, S 519f; vgl auch Maximen und Reflexionen in *Johann Wolfgang Goethe*, Sämtliche Werke Münchner Ausgabe Band 17 [2006], btb Verlag, S 771.

78 Teil VIII, 1c und 2c in *Demokrit*, Fragmente zur Ethik [1996], Reclam Verlag Nr 9435, S 77.

79 Johannes 1, 1: »Im Anfang war das Wort, und das Wort war bei Gott, und das Wort war Gott.« (Die Bibel – Altes und Neues Testament – Einheitsübersetzung [1980], Herder Verlag, S 1189).

80 *Ulrich Gaier*, Kommentar zu Goethes Faust [2002], Reclam Verlag Nr 18183, S 57.

81 *Johann Wolfgang Goethe*, Faust – Der Tragödie Erster Teil [2000], Reclam Verlag Nr 1, S 36.

82 Matthäus 7, 12; ebenso Lukas 6, 31: »Was ihr von anderen erwartet, das tut ebenso ihnen.« Ähnlich bereits Jesus Sirach 31, 15: »Sorge für deinen Nächsten wie für dich selbst und denk an all das, was auch dir zuwider ist.« (Die Bibel – Altes und Neues Testament – Einheitsübersetzung [1980], Herder Verlag, S 1089, S 1157 und S 780).

83 Die goldene Regel findet sich auch beim chinesischen Weisen *Konfuzius*: »Was ich nicht mag, dass die Leute mir zufügen, das mag ich ihnen nicht zufügen« (bei *Ursula Gräfe (Hg)*, Konfuzius für Gestreßte [2001], insel taschenbuch Nr 2754, S 18). Auch *Jean-Jacques Rousseau* bezieht sich auf diesen universellen Grundsatz: »Handele anderen gegenüber so, wie du willst, dass man dir gegenüber handele« (*Jean-Jacques Rousseau*, Abhandlung über den Ursprung und die Grundlagen der Ungleichheit unter den Menschen [1998], Reclam Verlag Nr 1770, S 64). *Mahatma Gandhi* hat es

mit dem positiven Aspekt der goldenen Regel allgemeiner zum Ausdruck gebracht: »Tu niemandem Übles« (bei *Alexander Giese*, Reich ohne Geld – Anleitung für ein unzeitgemäßes Leben [2005], ecowin Verlag, S 24). Auch die *Allgemeine Erklärung der Menschenpflichten (A Universal Declaration of Human Responsibilities)* des InterAction Council aus 1997 (www.interactioncouncil.org) greift in ihrem Artikel 4 die goldene Regel auf: »Alle Menschen, begabt mit Vernunft und Gewissen, müssen im Geist der Solidarität Verantwortung übernehmen gegenüber jedem und allen, Familien und Gemeinschaften, Rassen, Nationen und Religionen: Was du nicht willst, daß man dir tut, das füg' auch keinem anderen zu.« In den Vorbemerkungen wird dazu ergänzend ausgeführt: »Es bedarf keines komplexen ethischen Systems, um menschliches Handeln zu leiten. Es gibt eine althergebrachte Regel, die, falls wirklich befolgt, gerechte menschliche Beziehungen gewährleisten würde: die Goldene Regel. In ihrer negativen Form verlangt die Goldene Regel: Was du nicht willst, das man dir tut, das füg' auch keinem anderen zu. Ihre positive Form zielt auf eine mehr aktive und solidarische Rolle: Was du willst, das man dir tut, das tue auch den anderen.« Damit steht die Allgemeine Erklärung der Menschenpflichten ganz in der Tradition der französischen Verfassung vom 22. August 1795, die in ihrem Artikel 2 sowohl den negativen als auch den positiven Aspekt der goldenen Regel als Grundsätze vorangestellt hat (vgl bei *Matthias Köckert*, Die Zehn Gebote [2007], C.H.Beck Verlag, S 118).

84 »Handle nur nach derjenigen Maxime, durch die du zugleich wollen kannst, dass sie ein allgemeines Gesetz werde« als kategorischer Imperativ in *Immanuel Kant*, Grundlegung zur Metaphysik der Sitten [1984], Reclam Verlag Nr 4507, S 68. In der *Grundlegung der Metaphysik der Sitten* finden sich noch unterschiedlich akzentuierte Formulierungen des kategorischen Imperativs. In der *Kritik der praktischen Vernunft* findet sich dann nur noch eine einzige: »Handle so, dass die Maxime deines Willens jederzeit zugleich als Prinzip einer allgemeinen Gesetzgebung gelten könne.« vgl § 7 in *Immanuel Kant*, Kritik der praktischen Vernunft [1961], Reclam Verlag Nr 1111, S 53. Eine ausführliche Analyse der einzelnen Bestandteile von *Kants* kategorischen Imperativ findet sich in *Werner Stegmaier*, Hauptwerke der Philosophie – Von Kant bis Nietzsche [1997], Reclam Verlag Nr 8743, S 78ff; vgl auch *Uwe Schulz*, Immanuel Kant³ [2005], rowohlts monographien Nr 50659, S 118.

85 *André Comte-Sponville*, Glück ist das Ziel, Philosophie der Weg [2010], Diogenes Verlag, S 24. Und genau dadurch definiert sich auch Freiheit, wie *Rousseau* nachgewiesen hat: »Gehorsam gegen das selbst gegebene Gesetz ist Freiheit.« in *Jean-Jacques Rousseau*, Gesellschaftsvertrag [1977], Reclam Verlag Nr 1769, S 23.

86 *Werner Stegmaier*, Hauptwerke der Philosophie – Von Kant bis Nietzsche [1997], Reclam Verlag Nr 8743, S 80f.

87 Allerdings finden sich die Überlegungen des kategorischen Imperativs auch in *Kants* Rechtslehre: Was ist Recht? »Das Recht ist also der Inbegriff der Bedingungen, unter denen die Willkür des einen mit der Willkür des anderen nach einem allgemeinen Gesetze der Freiheit zusammen vereinigt werden kann.« Allgemeines Prinzip des Rechts: »Eine jede Handlung ist recht, die oder nach deren Maxime die Freiheit der Willkür

eines jeden mit jedermanns Freiheit nach einem allgemeinen Gesetze zusammen bestehen kann.« bei § B und § C der Einleitung in die Rechtslehre in *Immanuel Kant*, Die Metaphysik der Sitten [1990], Reclam Verlag Nr 4508, S 66f. Ähnliche Überlegungen finden sich auch bei *Alain*: »Bei jedem Vertrag und bei jedem Handel sollst du dich an die Stelle des anderen setzen, aber mit allem, was du weißt, und indem du dich so frei von allen Zwängen denkst, wie ein Mensch nur sein kann, schau, ob du an seiner Stelle diesen Handel oder diesen Vertrag abschließen würdest.« bei *André Comte-Sponville*, Ermutigung zum unzeitgemäßen Leben – Ein kleines Brevier der Tugenden und Werte[3] [2004], Rowohlt Sachbuch Nr 60524, S 88.

88 *Rousseau* hat diesen Grundsatz als »Maxime der natürlichen Güte« bezeichnet, die zwar »viel weniger vollkommen, aber vielleicht nützlicher« als die goldene Regel ist (*Jean-Jacques Rousseau*, Abhandlung über den Ursprung und die Grundlagen der Ungleichheit unter den Menschen [1998], Reclam Verlag Nr 1770, S 64).

89 Matthäus 7, 16–17: »An ihren Früchten werdet ihr sie erkennen. Erntet man etwa von Dornen Trauben oder von Disteln Feigen. Jeder gute Baum bringt gute Früchte hervor, ein schlechter Baum aber schlechte.« Matthäus 12, 33–35: »Entweder: der Baum ist gut – dann sind auch seine Früchte gut. Oder: der Baum ist schlecht – dann sind auch seine Früchte schlecht. An den Früchten also erkennt man den Baum. Ein guter Mensch bringt Gutes hervor, weil er Gutes in sich hat, und ein böser Mensch bringt Böses hervor, weil er Böses in sich hat.« Ähnlich auch bei Lukas 6, 43–46 (Die Bibel – Altes und Neues Testament – Einheitsübersetzung [1980], Herder Verlag, S 1089 und S 1096).

1.7 Denken und Handeln im Einklang mit dem Fühlen – Richtiges Handeln

90 *Wolfgang Amadeus Mozart*, Die Zauberflöte KV 620 [1991], Reclam Verlag Nr 2620, S 43.

91 *Walther Frederking*, PONS Wörterbuch der lateinischen Redensarten [2009], PONS Verlag, S 121. Bereits in Jesus Sirach 7, 36 findet sich diese Weisheit: »Bei allem, was du tust, denk an das Ende« (Die Bibel – Altes und Neues Testament – Einheitsübersetzung [1980], Herder Verlag, S 759).

92 *Johann Wolfgang Goethe*, Wilhelm Meisters Lehrjahre [1982], Reclam Verlag Nr 7826, S 519f.

93 Teil II, Lehrsatz 40, Anmerkung 2 in *Benedictus de Spinoza*, Ethica – Die Ethik [1977], Reclam Verlag Nr 851, S 209. *Spinoza* hat sich im Rahmen seiner *Ethik* ganz zentral mit den Fragen auseinandergesetzt, wie wir die Wahrheit erkennen, wie wir das Wahre vom Falschen unterscheiden und damit letztendlich richtige und falsche Handlungen unterscheiden können. In seiner Anmerkung 2 von Lehrsatz 40 im Teil II erwähnt er im Wesentlichen drei Gattungen der Erkenntnis: Die »Erkenntnis erster Gattung« besteht zunächst nur aus einer »Meinung oder Vorstellung«, dh einzelne Dinge stellen sich durch die Sinne verstümmelt und verworren, aus vager Erfahrung dar oder wir

bilden uns aus unserer Vorstellung heraus gewisse Ideen von den Dingen. Die »Erkenntnis zweiter Gattung« oder »Vernunft« liegt dann vor, wenn wir mit Hilfe der Vernunft Gemeinbegriffe, also Ideen oder Begriffe, die allen Menschen gemeinsam sind, und adäquate, also wahre Ideen von den Eigenschaften der Dinge haben. Schließlich gibt es noch die »Erkenntnis dritter Gattung« oder das »intuitive Wissen«, bei dem das menschliche Erkennen zur adäquaten, also zur »wahren Erkenntnis des Wesens der Dinge« fortschreitet. Auf der Grundlage dieser drei Erkenntnisgattungen folgert *Spinoza* zunächst im Lehrsatz 35 von Teil II, dass die Falschheit in einem Mangel an Erkenntnis besteht, den die »inadäquaten oder verstümmelten und verworrenen Ideen in sich schließen.« Im Lehrsatz 41 von Teil II sagt er weiter: »Die Erkenntnis erster Gattung ist die einzige Ursache der Falschheit, die Erkenntnis zweiter und dritter Gattung aber ist notwendig wahr.« Demgemäß lehrt uns gemäß Lehrsatz 41 von Teil II: »die Erkenntnis zweiter und dritter Gattung, nicht die Erkenntnis erster Gattung, das Wahre vom Falschen unterscheiden.« Schließlich ist gemäß Lehrsatz 25 von Teil V das »höchste Bestreben des Geistes und die höchste Tugend, die Dinge nach der dritten Gattung der Erkenntnis zu erkennen.« Denn gemäß Lehrsatz 27 von Teil V entspringt aus ihr »die höchste Befriedigung des Geistes, die es geben kann.« in *Benedictus de Spinoza*, Ethica – Die Ethik [1977], Reclam Verlag Nr 851, S 209, S 195, S 211 und S 667f. Wenngleich er sich in erster Linie auf die rein geistige Ebene bezieht, bezeichnet auch *Rudolf Steiner* mit seiner »intuitiven Erkenntnis« etwas ähnliches wie *Spinoza* mit seinem »intuitiven Wissen«: Mit »Intuition« bezeichnet *Steiner* »eine Erkenntnis von höchster, lichtvoller Klarheit, deren Berechtigung man sich, wenn man sie hat, in vollstem Sinne bewusst ist.« Die Intuition führt nicht nur wie die Inspiration in das Innere der Wesen, sondern sie »dringt in die Wesen selbst ein«. Nur sie macht letztendlich auch »eine sachgemäße Erforschung von den wiederholten Erdenleben und vom Karma möglich«. in *Rudolf Steiner*, Die Geheimwissenschaft im Umriß [2005], Rudolf Steiner Verlag, S 298f und 292f.

94 *Alexander Giese*, Reich ohne Geld – Anleitung für ein unzeitgemäßes Leben [2005], ecowin Verlag, S 38.
95 aus dem Gedicht *Von dem Berge zu den Hügeln* in *Johann Wolfgang Goethe*, Gedichte [1998], Reclam Verlag Nr 6782, S 202.

2 Unsere Erwartungen an das Leben

2.1 Was können wir vom Leben erwarten – Das Glück

96 Interessanterweise ist das Recht auf individuelles Streben nach Glück (*pursuit of happiness*) in der US-amerikanischen Verfassung sogar gesetzlich festgeschrieben (*Werner Schneiders (Hg)*, Lexikon der Aufklärung [2001], C.H.Beck Verlag, S 165; vgl auch *Rainer Forst*, Toleranz im Konflikt [2003], suhrkamp taschenbuch wissenschaft Nr 1682, S 446).
97 *Hermann Hesse*, Piktors Verwandlungen [1975], insel taschenbuch Nr 122, S 30.

98 *Arthur Schopenhauer*, Aphorismen zur Lebensweisheit[16] [2007], Kröners Taschenausgabe Bd 16, S 11 und S 21; vgl auch bei *Ursula Michels-Wenz (Hg)*, Schopenhauer für Gestreßte [1999], insel taschenbuch Nr 2504, S 13 und S 15.

99 *Alexander Giese*, Reich ohne Geld – Anleitung für ein unzeitgemäßes Leben [2005], ecowin Verlag, S 11 und S 64.

100 *Viktor Emil Frankl*, Ärztliche Seelsorge – Grundlagen der Logotherapie und Existenzanalyse [2007], dtv Nr 34427, S 83 und S 190.

101 *Seneca* hat das zum Ausdruck gebracht: »So wenig leicht ist es, das glückliche Leben zu erreichen, dass jeder sich umso weiter von ihm entfernt, je hastiger er zu ihm hineilt – wenn er sich im Weg geirrt hat.« in *L. Annaeus Seneca*, De vita beata – Vom glücklichen Leben [1990], Reclam Verlag Nr 1849, S 5.

102 *Anne Reichardt/Ingo Reichardt*, Treffende Worte [2003], Linde Verlag, S 66. Interessanterweise findet sich diese Weisheit bereits bei Jesus Sirach 11, 10: »Läufst du zu rasch, erreichst du das Ziel nicht« (Die Bibel – Altes und Neues Testament – Einheitsübersetzung [1980], Herder Verlag, S 761).

103 vgl der Artikel *Birth, death and shopping – The rise and fall of the shopping mall* in der englischen Wirtschaftszeitschrift *The Economist* vom 22 Dezember 2007, S 99ff.

104 *Eugen Roth* hat diese Weisheit in seinem Vers *Lebensleiter* mit sehr viel Humor wunderbar zusammengefasst: »Ein Mensch gelangt, mit Müh und Not,/Vom Nichts zum ersten Stückchen Brot./Vom Brot zur Wurst geht's dann schon besser;/Der Mensch entwickelt sich zum Fresser/Und sitzt nun, scheinbar ohne Kummer,/Als reicher Mann bei Sekt und Hummer./Doch sieh, zu Ende ist die Leiter:/Vom Hummer aus geht's nicht mehr weiter./Beim Brot, so meint er, war das Glück. –/Doch findet er nicht mehr zurück.« in *Eugen Roth*, Genau besehen [2007], dtv Nr 25262, S 19. *Wilhelm Busch* hat einmal gesagt: »›Genug‹, wenn's kommt, ist immer zu wenig, wenn's da ist.« in *Wilhelm Busch*, Und überhaupt und sowieso – Reimweisheiten [2007], dtv Nr 13624, S 144.

105 *Peter Singer*, Wie sollen wir leben? Ethik in einer egoistischen Zeit[4] [2004], dtv Nr 36156, S 64f.

106 *Johann Wolfgang Goethe*, Faust – Der Tragödie Erster Teil [2000], Reclam Verlag Nr 1, S 5.

107 *Ursula Michels-Wenz (Hg)*, Schopenhauer für Gestreßte [1999], insel taschenbuch Nr 2504, S 71.

108 *Alexander Giese*, Reich ohne Geld – Anleitung für ein unzeitgemäßes Leben [2005], ecowin Verlag, S 64f.

109 »Diejenigen hingegen, die der Lust den Vorrang überlassen haben, haben sich beider Dinge begeben; denn die Tugend verlieren sie, im Übrigen aber haben nicht sie die Lust, sondern die Lust hat sie.« in *L. Annaeus Seneca*, De vita beata – Vom glücklichen Leben [1990], Reclam Verlag Nr 1849, S 41.

110 *Arthur Schopenhauer*, Aphorismen zur Lebensweisheit[16] [2007], Kröners Taschenausgabe Bd 16, S 13f; vgl auch *Ursula Michels-Wenz (Hg)*, Schopenhauer für Gestreßte [1999], insel taschenbuch Nr 2504, S 11. Auch *Nietzsche* spricht diese Themen in seinem *Zarathustra* im Zusammenhang mit den neuen Götzen an: »Reichtümer erwerben sie und werden ärmer

damit.« Und etwas später meint er: »Wahrlich, wer wenig besitzt, wird umso weniger besessen.« in *Friedrich Nietzsche*, Also sprach Zarathustra [1994], Reclam Verlag Nr 7111, S 50f.

2.2 Bescheidenheit in der Erwartung und Selbstgenügsamkeit

111 vgl auch in *Senecas* De Providentia – Über die Vorsehung in *L. Annaeus Seneca*, De otio – Über die Muße/De providentia – Über die Vorsehung [1996], Reclam Verlag Nr 9610, S 51.

112 *Arthur Schopenhauer*, Aphorismen zur Lebensweisheit[16] [2007], Kröners Taschenausgabe Bd 16, S 156; vgl auch *Ursula Michels-Wenz (Hg)*, Schopenhauer für Gestreßte [1999], insel taschenbuch Nr 2504, S 11 und S 71.

113 Mit dieser Unterscheidung setzt sich auch das satirische Zaubermärchen von *Johann Nepomuk Nestroy* mit dem Titel *Die beiden Nachtwandler oder Das Notwendige und das Überflüssige* auseinander. Hinweise zu diesem Thema finden wir auch im Ersten Buch der Könige 20, 22: »Sammle deine Kräfte und überlege dir gut, was du zu tun hast.« und Lukas 21, 34: »Nehmt euch in Acht, dass die Sorgen des Alltags euch nicht verwirren.« (Die Bibel – Altes und Neues Testament – Einheitsübersetzung [1980], Herder Verlag, S 359 bzw S 1182).

114 Erstes Buch, Kapitel 1, 3 in *Lao-tse*, Tao-Tê-King – Das Heilige Buch vom Weg und von der Tugend [1961, 1979], Reclam Verlag Nr 6798, S 25.

115 Das hat in Anlehnung an die Stoiker auch *Augustinus* in seinem Dialog *De beata vita – Über das Glück* betont: »Wo aber Maß ist und richtiges Verhältnis, gibt es kein mehr und kein Weniger. Eben das ist Fülle, die wir als Gegensatz zu Mangel gesetzt haben. Jedes Zuviel ermangelt des Maßes. Gerade der Überfülle also ist der Mangel nicht fremd, dem Maß dagegen ist sowohl ein Mehr als ein Weniger fremd. Was immer also zuwenig oder zuviel ist, weil es kein Maß hat, ist dem Mangel unterworfen. Das Maß des Geistes aber ist die Weisheit. Denn es steht fest: Weisheit ist das Gegenteil von Torheit; Torheit ist Mangel; dem Mangel entgegengesetzt aber ist die Fülle: Weisheit ist daher Fülle. In der Fülle aber liegt Maß. Sein Maß hat der Geist daher in der Weisheit. Nützlich vor allem im Leben ist dies: nichts zuviel. Glücklich sein ist daher nichts anderes als keinen Mangel leiden, und das heißt weise sein. Ist sie doch nichts anderes als Maß des Geistes, das heißt das, womit sich der Geist im Gleichgewicht hält, um weder in Übermaß auszuschweifen noch in die Unzulänglichkeit herabgedrückt zu werden. So hat also jeder sein Maß – das ist die Weisheit –, wer immer glücklich ist.« in *Augustinus*, De beata vita – Über das Glück [1982], Reclam Verlag Nr 7831, S 57ff.

116 *Brief an Menoikeus*, 130 in *Epikur*, Briefe Sprüche Werkfragmente [2000], Reclam Verlag Nr 9984, S 49, wobei die hier wiedergegebene Übersetzung anhand des griechischen Originaltextes etwas freier erfolgte: »Auch die Selbstgenügsamkeit halten wir für ein großes Gut, nicht damit wir es ganz und gar mit dem Wenigen genug sein lassen, sondern um uns dann, wenn wir das Meiste nicht haben, mit dem Wenigen zu begnügen, da wir im vollen Sinne überzeugt sind, dass jene am lustvollsten den Aufwand genießen, die seiner am wenigsten bedürfen, und dass alles Anlagebedingte leicht, das Ziellose aber schwer zu beschaffen ist.«

117 Fünftes Buch, Zeile 1119 in *Titus Lucretius Carus*, De rerum natura – Welt aus Atomen [1973], Reclam Verlag Nr 4257, S 433, wobei die hier wiedergegebene Übersetzung anhand des lateinischen Originaltextes etwas freier erfolgte: »Will aber einer mit wahrer Vernunft das Leben regieren, ist dem Menschen ein großer Schatz, mit ruhigem Mute sparsam zu leben; denn nie herrscht jemals Not an Bescheidnem« (Zeile 1117–1119).
118 Zweites Buch, Kapitel 46, 108 in *Lao-tse*, Tao-Tê-King – Das Heilige Buch vom Weg und von der Tugend [1961, 1979], Reclam Verlag Nr 6798, S 75.
119 Buch I, 5 und Buch III, 15 (sowie zuvor Buch III, 13–15) in *Aristoteles*, Nikomachische Ethik [2003], Reclam Verlag Nr 8586, S 15f und S 86.
120 *Wilhelm Busch*, Und überhaupt und sowieso – Reimweisheiten [2007], dtv Nr 13624, S 59 und S 135.
121 *André Comte-Sponville*, Ermutigung zum unzeitgemäßen Leben – Ein kleines Brevier der Tugenden und Werte[3] [2004], Rowohlt Sachbuch Nr 60524, S 57 und zuvor S 54f.

2.3 Hohe Ziele – Das Wahre, Gute und Schöne

122 *Alexander Giese*, Reich ohne Geld – Anleitung für ein unzeitgemäßes Leben [2005], ecowin Verlag, S 12.
123 *Arthur Schopenhauer*, Aphorismen zur Lebensweisheit[16] [2007], Kröners Taschenausgabe Bd 16, S 13f; vgl auch *Ursula Michels-Wenz (Hg)*, Schopenhauer für Gestreßte [1999], insel taschenbuch Nr 2504, S 11. Auch *Nietzsche* brachte das zum Ausdruck: »Das Bedürfnis nach Luxus scheint mir immer auf eine tiefe innerliche Geistlosigkeit hinzudeuten; wie als ob jemand sich selber mit Kulissen umstellt, weil er nichts Volles, Wirkliches ist, sondern nur etwas, das ein Ding vorstellen soll, vor ihm und vor anderen. Ich meine, wer Geist hat, könne viel Schmerzen und Entbehrungen aushalten und dabei noch glücklich sein.« bei *Ursula Michels-Wenz (Hg)*, Nietzsche für Gestreßte [1997], insel taschenbuch Nr 1928, S 85.
124 In beeindruckender Weise hat *Fromm* in seinem Buch Haben oder Sein dargestellt, dass die Existenzweise des »Habens« für all die Übel der gegenwärtigen Zivilisation steht, hingegen die Existenzweise des »Seins« ein erfülltes und nicht entfremdetes Leben ermöglicht. Mit »Sein« meint *Fromm* eine »Existenzweise, in der man nichts *hat* und nichts *zu haben* begehrt, sondern voller Freude ist, seine Fähigkeiten produktiv nutzt und *eins* mit der Welt ist«. Der Unterschied zwischen Haben und Sein entspricht dabei »dem Unterschied zwischen dem Geist einer Gesellschaft, die den Menschen zum Mittelpunkt hat, und dem Geist einer Gesellschaft, die sich um Dinge dreht« in *Erich Fromm*, Haben oder Sein[38] [2011], dtv Nr 34234, S 33f.
125 *Gotthold Ephraim Lessing*, Nathan der Weise [2000], Reclam Verlag Nr 3, S 45.
126 *Jan Assmann*, Die Zauberflöte – Oper und Mysterium[5] [2006], S. Fischer Verlag Nr 17788, S 19, S 22, S 134, S 210f und S 68. Nach Überreichung der Zauberflöte durch die drei Damen an Tamino singen alle: »O so eine Flöte ist mehr als Gold und Kronen wert,/Denn durch sie wird Menschenglück und Zufriedenheit vermehrt.« (*Wolfgang Amadeus Mozart*, Die Zauberflöte KV 620 [1991], Reclam Verlag Nr 2620, S 19).

127 *Antoine de Saint-Exupéry*, Die Stadt in der Wüste [2009], Karl Rauch Verlag, S 21f, S 25, S 48, S 86f, S 151, S 181 und S 426. Auf S 48 meint er dazu weiter: »Vor allem gilt es das Schiff zu bauen und die Karawane zu rüsten und den Tempel zu errichten, der den Menschen überdauert. Und fortan siehst du sie sich in Freuden gegen etwas austauschen, was kostbarer ist als sie selbst. Und es entstehen die Maler, die Bildhauer, die Kupferstecher und Goldschmiede. Aber erwarte dir nichts vom Menschen, wenn er für sein eigenes Leben und nicht für die Ewigkeit arbeitet. Denn es ist dann ganz nutzlos, ihm die Baukunst und ihre Regeln beizubringen. Wem zuliebe sollten sie ihr Leben gegen ihr Haus austauschen, wenn sie sich ein Haus bauen, um darin zu leben? Da es doch nur ihrem Leben und nichts anderem dienen soll.« Auch *Hesse* setzt sich in seiner Erzählung *Narziß und Goldmund* in weiten Bereichen mit diesem zentralen Gedanken auseinander: »Wenn wir nun als Künstler Bilder schaffen oder als Denker Gesetze suchen und Gedanken formulieren, so tun wir es, um doch irgendetwas aus dem großen Totentanz zu retten, etwas hinzustellen, was längere Dauer hat als wir selbst.« Und an anderer Stelle meint *Hesse*: »Wir aber sind vergänglich, wir sind werdend, wir sind Möglichkeiten, es gibt für uns keine Vollkommenheit, kein völliges Sein. Dort aber, wo wir von der Potenz zur Tat, von der Möglichkeit zur Verwirklichung schreiten, haben wir teil am wahren Sein, werden dem Vollkommenen und Göttlichen um einen Grad ähnlicher. Das heißt sich verwirklichen.« in *Hermann Hesse*, Narziß und Goldmund [1975], suhrkamp taschenbuch Nr 274, S 153 und S 272.

128 Interessanterweise erfasst uns diese Schönheit gerade in den religiösen Werken dieser großen Musiker. Das hat wohl damit zu tun, dass diese Künstler sich bei ihren kirchlichen Werken besonders bemüht haben und gerade dort die Grenze zur Transzendenz überschritten haben.

129 Nach der von *Arthur Schopenhauer* in seinem Hauptwerk *Die Welt als Wille und Vorstellung* vertretenen Ansicht ist die einzige Erkenntnisart, die das »allein eigentlich Wesentliche der Welt, den wahren Gehalt ihrer Erscheinungen, das keinem Wechsel Unterworfene und daher für alle Zeit mit gleicher Wahrheit Erkannte« betrachtet, »die Kunst, das Werk des Genius«, wobei nach *Schopenhauers* Ansicht gerade die Musik unter allen Künsten eine unvergleichliche Sonderstellung einnimmt (*Walter Abendroth*, Arthur Schopenhauer[20] [2003], rowohlts monographien Nr 50133, S 51f).

130 »Das schönste Glück des denkenden Menschen ist das Erforschliche erforscht zu haben und das Unerforschliche ruhig zu verehren.« in Maximen und Reflexionen in *Johann Wolfgang Goethe*, Sämtliche Werke Münchner Ausgabe Band 17 [2006], btb Verlag, S 919; vgl auch *Walter Hinck (Hg)*, Goethe für Gestreßte [1997], insel taschenbuch Nr 1900, S 44.

131 aus *Schillers* Werk *Über Anmut und Würde* in *Friedrich Schiller*, Kallias oder über die Schönheit – Über Anmut und Würde [1994] Reclam Verlag Nr 9307, S 111.

132 *Immanuel Kant*, Kritik der Urteilskraft [1963], Reclam Verlag Nr 1026, S 308; vgl auch *Uwe Schulz*, Immanuel Kant[3] [2005], rowohlts monographien Nr 50659, S 145 und S 147.

133 *Andreas Graeser*, Hauptwerke der Philosophie – Antike [2004], Reclam Verlag Nr 8740, S 185.
134 *Ursula Michels-Wenz (Hg)*, Nietzsche für Gestreßte [1997], insel taschenbuch Nr 1928, S 51.
135 Buch I, 9 und Buch VI, 5 in *Aristoteles*, Nikomachische Ethik [2003], Reclam Verlag Nr 8586, S 21 und S 159.
136 *L. Annaeus Seneca*, De vita beata – Vom glücklichen Leben [1990], Reclam Verlag Nr 1849, S 29.
137 Teil IV, Lehrsatz 18, Anmerkung in *Benedictus de Spinoza*, Ethica – Die Ethik [1977], Reclam Verlag Nr 851, S 479. *Spinoza* begründet dies wie folgt: »Da die Vernunft nichts verlangt, was der Natur widerstrebt, verlangt sie also eigentlich, dass jeder sich selbst liebe, seinen Nutzen, dh was ihm wahrhaft nützlich ist, suche und alles, was den Menschen wahrhaft zu größerer Vollkommenheit führt, begehre; überhaupt, dass jedermann sein Sein, soviel an ihm liegt, zu erhalten strebe. Dies ist sicherlich so notwendig wahr, wie dass das Ganze größer ist als sein Teil. Da nun ferner die Tugend nichts anderes ist als nach den Gesetzen seiner eigenen Natur handeln und da jeder sein Sein nur nach den Gesetzen seiner eigenen Natur zu erhalten sucht, folgt daraus: Erstens, dass die Grundlage der Tugend eben das Bestreben ist, sein eigenes Sein zu erhalten, und dass das Glück darin besteht, dass der Mensch sein Sein zu erhalten vermag. Zweitens folgt, dass die Tugend um ihrer selbst willen erstrebt werden muss und dass es nichts gibt, was vortrefflicher und uns nützlicher wäre, um dessentwillen man es erstreben müsste, als eben sie.«
138 Am Schluss der Kritik der praktischen Vernunft formulierte *Kant* seinen berühmten Ausspruch: »Zwei Dinge erfüllen das Gemüt mit immer neuer und zunehmender Bewunderung und Ehrfurcht, je öfter und anhaltender sich das Nachdenken damit beschäftigt: Der bestirnte Himmel über mir, und das moralische Gesetz in mir.« in *Immanuel Kant*, Kritik der praktischen Vernunft [1961], Reclam Verlag Nr 1111, S 253; vgl auch *Uwe Schulz*, Immanuel Kant[3] [2005], rowohlts monographien Nr 50659, S 40f.
139 *Peter Singer*, Wie sollen wir leben? Ethik in einer egoistischen Zeit[4] [2004], dtv Nr 36156, S 1 und S 5.
140 *Friedrich Nietzsche*, Die nachgelassenen Fragmente [1996], Reclam Verlag Nr 7118, S 129.
141 Teil V, Lehrsatz 42 in *Benedictus de Spinoza*, Ethica – Die Ethik [1977], Reclam Verlag Nr 851, S 699.
142 *L. Annaeus Seneca*, De vita beata – Vom glücklichen Leben [1990], Reclam Verlag Nr 1849, S 47.

2.4 Das Polaritätsprinzip – Gut und Böse

143 Diese Polarität, dieses ständige Wechselspiel des Anziehens und Abstoßens, manifestiert sich auch in den Dialogen zwischen Faust und Mephisto (*Peter Boerner*, Johann Wolfgang von Goethe[7] [2007], rowohlts monographien Nr 50577, S 96f). In diesem Zusammenhang sollte es nicht unerwähnt bleiben, dass die traditionellen moralischen Kategorien von Gut und Böse durchaus auch in Frage gestellt wurden. So hat etwa

Nietzsche die Ansicht vertreten, dass Gut und Böse in dieser Form nicht existieren. Die so genannten bösen Handlungen seien vielmehr solche aus Gründen der Selbsterhaltung und das Gute beruhe letztendlich nur auf Zwang und Konvention: »Alle ›bösen‹ Handlungen sind motiviert durch den Trieb der Erhaltung oder, noch genauer, durch die Absicht auf Lust und Vermeiden der Unlust des Individuums; als solchermaßen motiviert aber nicht böse. ›Schmerz bereiten an sich‹ existiert nicht, außer im Gehirn der Philosophen, ebensowenig ›Lust bereiten an sich‹ (Mitleid im Schopenhauerschen Sinn). Der Moralität geht der Zwang voraus, ja sie selber ist noch eine Zeitlang Zwang, dem man sich, zur Vermeidung der Unlust, fügt. Später wird sie Sitte, noch später freier Gehorsam, endlich beinahe Instinkt: dann ist sie wie alles lang Gewöhnte und Natürliche mit Lust verknüpft – und heißt nun Tugend.« bei *Ivo Frenzel*, Friedrich Nietzsche[4] [2006], rowohlts monographien Nr 50634, S 97.

144 Matthäus 5, 45 (Die Bibel – Altes und Neues Testament – Einheitsübersetzung [1980], Herder Verlag, S 1087). Ähnliche Überlegungen finden sich auch im Gleichnis vom Unkraut unter dem Weizen in Matthäus 13, 24–30: »Und Jesus erzählte ihnen noch ein anderes Gleichnis: Mit dem Himmelreich ist es wie mit einem Mann, der guten Samen auf seinen Acker säte. Während nun die Leute schliefen, kam sein Feind, säte Unkraut unter den Weizen und ging wieder weg. Als die Saat aufging und sich die Ähren bildeten, kam auch das Unkraut zum Vorschein. Da gingen die Knechte zu dem Gutsherrn und sagten: Herr, hast du nicht guten Samen auf deinen Acker gesät? Woher kommt dann das Unkraut? Er antwortete: Das hat ein Feind von mir getan. Da sagten die Knechte zu ihm: Sollen wir gehen und es ausreißen? Er entgegnete: Nein, sonst reißt ihr zusammen mit dem Unkraut auch den Weizen aus. Lasst beides wachsen bis zur Ernte. Wenn dann die Zeit der Ernte da ist, werde ich den Arbeitern sagen: Sammelt zuerst das Unkraut und bindet es in Bündel, um es zu verbrennen; den Weizen aber bringt in meine Scheune.« Weiter dann auch Matthäus 13, 36–43 (Die Bibel – Altes und Neues Testament – Einheitsübersetzung [1980], Herder Verlag, S 1098f).

145 *Hermann Hesse*, Siddhartha [1999], suhrkamp taschenbuch Nr 2931, S 128. Und im *Glasperlenspiel* meint *Hesse*, dass »eins so wahr wie das andre« ist. »Es ist Yin und Yang, Tag und Nacht, beide haben recht, an beide muss man zuzeiten erinnert werden« in *Hermann Hesse*, Das Glasperlenspiel [1996], suhrkamp taschenbuch Nr 2572, S 316.

146 *Jaap Mansfeld*, Die Vorsokratiker I [1999], Reclam Verlag Nr 7965, S 259; vgl auch *Andreas Graeser*, Hauptwerke der Philosophie – Antike [2004], Reclam Verlag Nr 8740, S 33. In seinem Gedicht *Im Nebel* sagt *Hesse*: »Wahrlich, keiner ist weise,/Der nicht das Dunkel kennt,/Das unentrinnbar und leise/Von allen ihn trennt.« in *Hermann Hesse*, Die Gedichte [2001], insel taschenbuch Nr 2762, S 236.

147 *Johann Wolfgang Goethe*, Wilhelm Meisters Lehrjahre [1982], Reclam Verlag Nr 7826, S 80 und S 440.

148 bei *Bernhard Zeller*, Hermann Hesse [2005], rowohlts monographien Nr 50676, S 113, und *Hermann Hesse*, Piktors Verwandlungen [1975], insel taschenbuch Nr 122, S 65. *Hesse* schildert diese Gegensätzlichkeit auch wunderbar in den Einsichten, die Goldmund aus seiner Wander-

schaft zieht, in *Hermann Hesse*, Narziß und Goldmund [1975], suhrkamp taschenbuch Nr 274, S 240f.

149 *Hermann Hesse*, Demian [2003], suhrkamp taschenbuch Nr 3518, S 9ff, S 73 und S 56. *Hesse* war der Meinung, dass das Problem dieser beiden Welten, lichte Welt und dunkle Welt, ein Problem aller Menschen, ein Problem allen Lebens und Denkens ist.

150 *Rudolf Steiner*, Das Christentum als mystische Tatsache und die Mysterien des Altertums[9] [1989], Rudolf Steiner Verlag, S 41.

151 Genesis 2, 8–17 und 3, 1–24 (Die Bibel – Altes und Neues Testament – Einheitsübersetzung [1980], Herder Verlag, S 6ff).

152 *Gerhard Wehr*, C. G. Jung[21] [2006], rowohlts monographien Nr 50152, S 45.

153 *Hermann Hesse*, Piktors Verwandlungen [1975], insel taschenbuch Nr 122, S 29 bis S 35 und *Hermann Hesse*, Das Glasperlenspiel [1996], suhrkamp taschenbuch Nr 2572, S 84 sowie S 234 und S 294: In wunderbarer Weise beschreibt *Hesse* die Gegensätze und deren gleichzeitige Einheit auch an zwei weiteren Stellen, und zwar bei der Darstellung der zwei Bilder oder Gleichnisse, die Josef Knecht im Rahmen seiner Meditation erscheinen, als er zum Magister Ludi bestellt wurde, sowie bei der Darstellung der beiden polar wirkenden Grundtendenzen in Knechts Persönlichkeit. Auch in seiner Betrachtung *Glück* spricht *Hesse* davon, dass der Mensch seiner Fragwürdigkeiten immer wieder Herr werden und seinem Dasein immer wieder Sinn zuschreiben wird können, »denn der ›Sinn‹ ist ja eben jene Einheit des Vielfältigen, oder doch jene Fähigkeit des Geistes, den Wirrwar der Welt als Einheit und Harmonie zu ahnen.« in *Hermann Hesse*, Glück – Betrachtungen und Gedichte [2000], insel taschenbuch Nr 2407, S 9f.

154 Matthäus 7, 16–17, Matthäus 12, 33–35, Lukas 6, 43–46, zuvor schon Jesus Sirach 27, 6 (Die Bibel – Altes und Neues Testament – Einheitsübersetzung [1980], Herder Verlag, S 1089, S 1096 und S 776). Und das Schöne dabei ist, dass dieses Gute, das wir tun, wieder zu uns zurückkommt. In Jesus Sirach 3, 31 heißt es dazu: »Wer Gutes tut, dem begegnet es auf seinen Wegen« (Die Bibel – Altes und Neues Testament – Einheitsübersetzung [1980], Herder Verlag, S 755).

155 *Viktor Emil Frankl*, ... trotzdem Ja zum Leben sagen – Ein Psychologe erlebt das Konzentrationslager[28] [2007], dtv Nr 30142, S 51 und S 137ff.

156 *Antoine de Saint-Exupéry*, Der kleine Prinz[65] [2008], Karl Rauch Verlag, S 27f.

157 *Erich Fromm*, Den Menschen verstehen – Psychoanalyse und Ethik[7] [2005], dtv Nr 34077, S 176f.

158 *Wilhelm Busch*, Und überhaupt und sowieso – Reimweisheiten [2007], dtv Nr 13624, S 131.

159 Matthäus 5, 39 (Die Bibel – Altes und Neues Testament – Einheitsübersetzung [1980], Herder Verlag, S 1087).

160 *Jaap Mansfeld*, Die Vorsokratiker I [1999], Reclam Verlag Nr 7965, S 265; vgl auch *Andreas Graeser*, Hauptwerke der Philosophie – Antike [2004], Reclam Verlag Nr 8740, S 41f.

161 *Albert Camus*, Der Mythos des Sisyphos[10] [2008], Rowohlt Taschenbuch Verlag Nr 22765, S 159.

162 *Wolfgang Amadeus Mozart*, Die Zauberflöte KV 620 [1991], Reclam Verlag Nr 2620, S 72.

163 *Johann Wolfgang Goethe*, Wilhelm Meisters Lehrjahre [1982], Reclam Verlag Nr 7826, S 591.

2.5 Selbstvertrauen, Selbstsicherheit und Selbstwertgefühl

164 *Alexander Giese*, Reich ohne Geld – Anleitung für ein unzeitgemäßes Leben [2005], ecowin Verlag, S 17.
165 *Uwe Schulz*, Immanuel Kant[3] [2005], rowohlts monographien Nr 50659, S 72; vgl auch *Ursula Michels-Wenz (Hg)*, Kant für Gestreßte [2004], insel taschenbuch Nr 2990, S 83.
166 Betrachtung *Kapelle* in *Hermann Hesse*, Glück – Betrachtungen und Gedichte [2000], insel taschenbuch Nr 2407, S 145ff. Hesse dazu weiter: »Wir kennen nur ein Glück: Liebe, und nur eine Tugend: Vertrauen.«
167 *Rudolf Steiner*, Theosophie[32] [2009], Rudolf Steiner Verlag, S 43.
168 *Johann Wolfgang Goethe*, Sämtliche Werke Münchner Ausgabe Band 9 [2006], btb Verlag, S 127; vgl auch *Walter Abendroth*, Arthur Schopenhauer[20] [2003], rowohlts monographien Nr 50133, S 31.
169 *Ursula Michels-Wenz (Hg)*, Schopenhauer für Gestreßte [1999], insel taschenbuch Nr 2504, S 12f.
170 *André Comte-Sponville*, Ermutigung zum unzeitgemäßen Leben – Ein kleines Brevier der Tugenden und Werte[3] [2004], Rowohlt Sachbuch Nr 60524, S 174.
171 *Jean-Jacques Rousseau*, Abhandlung über den Ursprung und die Grundlagen der Ungleichheit unter den Menschen [1998], Reclam Verlag Nr 1770, S 151.
172 Erstes Stück, Allgemeine Anmerkung in *Immanuel Kant*, Die Religion innerhalb der Grenzen der bloßen Vernunft [1974], Reclam Verlag Nr 1231, S 56. Kant spricht hier an sich von der »Selbstliebe« meint damit aber die egoistische Eigenliebe, weil er die »Selbstliebe des Wohlwollens« der »Selbstliebe des Wohlgefallens« gegenüberstellt.

2.6 Grundlegendes Gefühl des Vertrauens und Vertrauen in die Zukunft

173 Der Begriff »Kohärenzgefühl« (*sense of coherence*) stammt vom modernen Gesundheitskonzept der »Salutogenese« von *Aaron Antonovsky* (1923–1994), mit dem wir uns im Zusammenhang mit der Gesundheit noch näher beschäftigen werden (*Aaron Antonovsky*, Salutogenese – Zur Entmystifizierung der Gesundheit [1997], DGVT-Verlag). Das Kohärenzgefühl wollte ich an dieser Stelle allerdings vorziehen, weil es nicht in erster Linie mit körperlicher Gesundheit zu tun hat, sondern universell von Bedeutung ist. Auch in der Praxis scheint sich die Salutogenese eher im Bereich der psychischen Gesundheit und weniger im Bereich der körperlichen Gesundheit bewährt zu haben. Das zeigt auch die Zusammenfassung und kritische Würdigung in der Expertise der Bundeszentrale für gesundheitliche Aufklärung: *Jürgen Bengel/Regine Strittmatter/Hildegard Willmann*, Was erhält den Menschen gesund? Antonovskys Modell der Salutogenese – Diskussionsstand und Stellenwert [2001], BZgA Eigenverlag, und unter www.bzga.de.

174 *Horaz* (65–8 v Chr) bei *Walther Frederking*, PONS Wörterbuch der lateinischen Redensarten [2009], PONS Verlag, S 113.
175 Matthäus 6, 34; zuvor bei Matthäus 6, 25–33 (Die Bibel – Altes und Neues Testament – Einheitsübersetzung [1980], Herder Verlag, S 1088f und S 1169).
176 bei *Friedrich Wilhelm Katzenbach*, Johann Gottfried Herder[8] [2002], rowohlts monographien, S 116.
177 *Antoine de Saint-Exupéry*, Wind, Sand und Sterne [2010], Karl Rauch Verlag, S 210.
178 Gedicht *Was machst du an der Welt, sie ist schon gemacht* in *Johann Wolfgang Goethe*, Gedichte [1998], Reclam Verlag Nr 6782, S 197.

2.7 Der Sinn des Lebens und des Augenblicks

179 aus dem Film *Monty Python's*, Der Sinn des Lebens [1983].
180 In seinem bemerkenswerten kleinen Buch *Das Café am Rande der Welt* verbindet der US-Amerikaner *Strelecky* diese Suche mit den drei zentralen Fragen: »Warum bist du hier? Hast du Angst vor dem Tod? Führst du ein erfülltes Leben?« in *John Strelecky*, Das Café am Rande der Welt – Eine Erzählung über den Sinn des Lebens[4] [2008], dtv Nr 20969, S 24, S 34 und S 37
181 *Albert Camus*, Der Mythos des Sisyphos[10] [2008], Rowohlt Taschenbuch Verlag Nr 22765, S 11. Ähnlich wie *Camus* spricht auch *Hesse* diese Grundfrage in seinem Gedicht *Betrachtung* an: »Nein, in den Tod ging schon mancher freiwillig hinein,/Aber noch keiner in das Leben.« in *Hermann Hesse*, Die Gedichte [2001], insel taschenbuch Nr 2762, S 523. Der französische Philosoph *Comte-Sponville* widerspricht allerdings dieser Ansicht von *Camus*, indem er meint die Liebe und nicht der Selbstmord sei das einzige wirklich ernste Problem der Philosophie (*André Comte-Sponville*, Glück ist das Ziel, Philosophie der Weg [2010], Diogenes Verlag, S 44).
182 »Logotherapie und Existenzanalyse« (auch »Dritte Wiener Richtung der Psychotherapie« genannt), die von *Viktor Emil Frankl* (1905–1997) ausgehend von der Psychoanalyse *Sigmund Freuds* und der Individualpsychologie *Alfred Adlers* begründet wurde. *Frankls* Konzept leitet sich im Wesentlichen aus drei philosophischen und psychologischen Grundgedanken ab: (i) Freiheit des Willens, (ii) Wille zum Sinn, und (iii) Sinn im Leben (Viktor Frankl Institut http://logotherapie.univie.ac.at und *Viktor Emil Frankl*, Ärztliche Seelsorge – Grundlagen der Logotherapie und Existenzanalyse [2007], dtv Nr 34427).
183 *Viktor Emil Frankl*, ... trotzdem Ja zum Leben sagen – Ein Psychologe erlebt das Konzentrationslager[28] [2007], dtv Nr 30142, S 107ff.
184 *Viktor Emil Frankl*, ... trotzdem Ja zum Leben sagen – Ein Psychologe erlebt das Konzentrationslager[28] [2007], dtv Nr 30142, S 109ff.
185 aus *De providentia – Über die Vorsehung* in L. *Annaeus Seneca*, De otio – Über die Muße/De providentia – Über die Vorsehung [1996], Reclam Verlag Nr 9610, S 31 und S 39. *Seneca* beschreibt diese Weisheit in wunderbarer Weise weiter: »Das Glück lässt sich auch zur Masse und zu minderwertigen Naturen herab; aber Unglück und die Schrecken der Sterblichen

zu bezwingen ist Eigenart eines großen Mannes. Immer aber glücklich zu sein und ohne Schmerzen durch das Leben zu gehen heißt, die andere Seite der Natur nicht zu kennen. Du bist ohne Gegner durch das Leben gegangen; niemand kann wissen, was du zu leisten vermagst, nicht einmal du selbst. Um sich selbst kennenzulernen, bedarf es nämlich der Erprobung; was ein jeder vermag, lernt er nur durch den Versuch. Und so verfolgen die Götter bei wertvollen Menschen einen solchen Weg wie Lehrer bei ihren Schülern, sie verlangen mehr Anstrengung von denen, auf die sie feste Hoffnungen setzen. Am kräftigsten ist der Köperteil, den häufiger Gebrauch geübt hat. Wir müssen uns dem Schicksal stellen, um uns von diesem selbst gegen es abhärten zu lassen: allmählich wird es uns sich gewachsen machen, die ständige Gegenwart von Gefahr wird eine Verachtung der Gefahren bewirken. Nur der Baum ist fest und stark, gegen den häufig der Wind anstürmt; gerade nämlich durch die heftige Erschütterung gewinnt er Standfestigkeit und heftet seine Wurzeln fester in den Boden: zerbrechlich sind Bäume, die in einem sonnigen Tal gewachsen sind.« aus *De providentia – Über die Vorsehung* in *L. Annaeus Seneca, De otio – Über die Muße/De providentia – Über die Vorsehung* [1996], Reclam Verlag Nr 9610, S 45f und S 51f.

186 *Viktor Emil Frankl*, … trotzdem Ja zum Leben sagen – Ein Psychologe erlebt das Konzentrationslager[28] [2007], dtv Nr 30142, S 114ff und 120ff.
187 *Viktor Emil Frankl*, … trotzdem Ja zum Leben sagen – Ein Psychologe erlebt das Konzentrationslager[28] [2007], dtv Nr 30142, S 124ff. Das Originalzitat von *Friedrich Nietzsche* lautet:»Hat man sein warum? des Lebens, so verträgt man sich fast mit jedem wie?« bei *Ursula Michels-Wenz (Hg)*, Nietzsche für Gestreßte [1997], insel taschenbuch Nr 1928, S 78.
188 *Viktor Emil Frankl*, … trotzdem Ja zum Leben sagen – Ein Psychologe erlebt das Konzentrationslager[28] [2007], dtv Nr 30142, S 129.
189 *Peter Singer*, Wie sollen wir leben? Ethik in einer egoistischen Zeit[4] [2004], dtv Nr 36156, S 1 und 5ff.
190 vgl http://de.wikipedia.org/wiki/Sisyphus.
191 *Albert Camus*, Der Mythos des Sisyphos[10] [2008], Rowohlt Taschenbuch Verlag Nr 22765, S 160.

3 Leben Lernen

3.1 Die Vernunft als Führerin bei der Lebensgestaltung – Kunst des Lebens

192 Teil IV, Lehrsatz 24 in *Benedictus de Spinoza*, Ethica – Die Ethik [1977], Reclam Verlag Nr 851, S 489ff.
193 Teil VIII, 3a in *Demokrit*, Fragmente zur Ethik [1996], Reclam Verlag Nr 9435, S 71.
194 *L. Annaeus Seneca*, De vita beata – Vom glücklichen Leben [1990], Reclam Verlag Nr 1849, S 17ff.
195 Brief an Menoikeus, S 128ff und Nachwort in *Epikur*, Briefe Sprüche Werkfragmente [2000], Reclam Verlag Nr 9984, S 47f, S 143 und S 164f.
196 vgl http://de.wikipedia.org/wiki/Gelassenheitsgebet: Das Gelassenheitsgebet (*serenity prayer*) wurde vermutlich von dem deutsch-amerikanischen

Theologen *Reinhold Niebuhr* vor oder während des Zweiten Weltkriegs verfasst. Das Gebet wird häufig dem württembergischen Prälaten und Theosophen *Friedrich Christoph Oetinger* zugeschrieben, was jedoch offenbar auf einer Namensverwechslung beruht.

197 *Rudolf Steiner*, Theosophie[32] [2009], Rudolf Steiner Verlag, S 156; vgl auch *Rudolf Steiner*, Die Geheimwissenschaft im Umriß [2005], Rudolf Steiner Verlag, S 278.
198 *Erich Fromm*, Den Menschen verstehen – Psychoanalyse und Ethik[7] [2005], dtv Nr 34077, S 24f.
199 *Erich Fromm*, Die Kunst des Liebens[9] [2009], dtv Nr 36102, S 17.
200 *Hermann Hesse*, Siddhartha [1999], suhrkamp taschenbuch Nr 2931, S 128.
201 *Hermann Hesse*, Das Glasperlenspiel [1996], suhrkamp taschenbuch Nr 2572, S 84 und S 86.
202 *Johann Wolfgang Goethe*, Wilhelm Meisters Lehrjahre [1982], Reclam Verlag Nr 7826, S 267.
203 *Antoine de Saint-Exupéry*, Der kleine Prinz[65] [2008], Karl Rauch Verlag, S 93.

3.2 Der Ernst des Lebens – Humor als Lebensprinzip

204 Teil IV, Lehrsatz 42 in *Benedictus de Spinoza*, Ethica – Die Ethik [1977], Reclam Verlag Nr 851, S 529.
205 *André Comte-Sponville*, Ermutigung zum unzeitgemäßen Leben – Ein kleines Brevier der Tugenden und Werte[3] [2004], Rowohlt Sachbuch Nr 60524, S 247.
206 *Johann Wolfgang Goethe*, Sämtliche Werke Münchner Ausgabe Band 9 [2006], btb Verlag, 90; vgl auch *Walter Hinck (Hg)*, Goethe für Gestreßte [1997], insel taschenbuch Nr 1900, S 36. An anderer Stelle hat *Goethe* einmal gesagt: »Weißt du worin der Spaß des Lebens liegt?/Sei lustig! – geht es nicht so sei vergnügt.« in *Johann Wolfgang Goethe*, Sämtliche Werke Münchner Ausgabe Band 13.1 [2006], btb Verlag, S 18.
207 *Manfred Geier*, Worüber kluge Menschen lachen – Kleine Philosophie des Humors [2006], Rowohlt Sachbuch Nr 62117, S 193.
208 Fragment I, 7, Fragment II, 6 und Fragment III, 3 in *Demokrit*, Fragmente zur Ethik [1996], Reclam Verlag Nr 9435, S 31, S 35 und S 41; vgl auch *Manfred Geier*, Worüber kluge Menschen lachen – Kleine Philosophie des Humors [2006], Rowohlt Sachbuch Nr 62117, S 9, S 38 und S 43ff.
209 *L. Annaeus Seneca*, De tranquilitate animi – Über die Ausgeglichenheit der Seele [1984], Reclam Verlag Nr 1846, S 69.
210 *Hermann Hesse*, Das Glasperlenspiel [1996], suhrkamp taschenbuch Nr 2572, S 275ff und S 340f. Ähnliche Überlegungen finden wir auch bei *Rudolf Steiner* im Rahmen der Beschreibung der dreifachen Aura eines Menschen: »Und je mehr der Mensch sich als ›Diener des Ewigen‹ erweist, zeigt sich die wundersame dritte Aura, jener Teil, der Zeugnis liefert, inwiefern der Mensch ein Bürger der geistigen Welt ist. Denn das göttliche Selbst strahlt durch diesen Teil der menschlichen Aura in die irdische Welt herein. Insofern die Menschen diese Aura zeigen, sind sie Flammen, durch welche die Gottheit diese Welt erleuchtet. Sie zeigen

durch diesen Aurateil, inwieweit sie nicht sich, sondern dem ewig Wahren, dem edel Schönen und Guten zu leben wissen; inwiefern sie ihrem engen Selbst abgerungen haben, sich hinzuopfern auf dem Altar des großen Weltwirkens.« in *Rudolf Steiner*, Theosophie[32] [2009], Rudolf Steiner Verlag, S 145f.

211 Lukas 6, 25 (Die Bibel – Altes und Neues Testament – Einheitsübersetzung [1980], Herder Verlag, S 1157).

212 vgl auch bei *Manfred Geier*, Worüber kluge Menschen lachen – Kleine Philosophie des Humors [2006], Rowohlt Sachbuch Nr 62117, S 117 und S 152f; So sagte auch *Lessing*: »Die Komödie will durch Lachen bessern; aber nicht eben durch Verlachen.« Die Sätze enthüllen die Technik, beleuchten die Absicht. Witz, das alte Synonym für Verstand, sinngleich mit dem Wort Moral; eine Lessingsche Parabel (*Wolfgang Drews*, Gotthold Ephraim Lessing[28] [2005], rowohlts monographien Nr 50075, S 36).

213 Teil IV, Lehrsatz 45, Anmerkung in *Benedictus de Spinoza*, Ethica – Die Ethik [1977], Reclam Verlag Nr 851, S 535f.

214 *Arthur Schopenhauer*, Aphorismen zur Lebensweisheit[16] [2007], Kröners Taschenausgabe Bd 16, S 19.

3.3 Ideale der Aufklärung

215 *Lothar Kreimendahl*, Hauptwerke der Philosophie – Rationalismus und Empirismus [1994], Reclam Verlag Nr 8742, S 29, S 45, S 279, S 281 und S 307. Eine wunderbare Zusammenfassung des *Theologisch-Politischen Traktats* von *Spinoza* findet sich bei *Rainer Forst*, Toleranz im Konflikt [2003], suhrkamp taschenbuch wissenschaft nr 1682, S 260ff.

216 *Werner Schneiders (Hg)*, Lexikon der Aufklärung [2001], C.H.Beck Verlag, S 10f.

217 *Werner Schneiders (Hg)*, Lexikon der Aufklärung [2001], C.H.Beck Verlag, S 11.

218 *Immanuel Kant*: »Die Maxime, jederzeit selbst zu denken, ist die Aufklärung.« in *Erhard Bahr (Hg)*, Was ist Aufklärung? [1996], Reclam Verlag Nr 9714, S 73.

219 Aufsatz von *Immanuel Kant* mit dem Titel *Beantwortung der Frage: Was ist Aufklärung?* in der Dezember-Nummer der *Berlinischen Monatsschrift* von 1784 in *Erhard Bahr (Hg)*, Was ist Aufklärung? [1996], Reclam Verlag Nr 9714, S 9; vgl auch *Michael Hofmann*, Aufklärung [1999], Reclam Verlag Nr 17616, S 18.

220 Erster Teil, I. Abschnitt, 2. Buch, § 40 in *Immanuel Kant*, Kritik der Urteilskraft [1963], Reclam Verlag Nr 1026, S 214f; vgl auch *Werner Stegmaier*, Hauptwerke der Philosophie – Von Kant bis Nietzsche [1997], Reclam Verlag Nr 8743, S 16f und S 19.

221 *Immanuel Kant*, Beantwortung der Frage: Was ist Aufklärung? in *Erhard Bahr (Hg)*, Was ist Aufklärung? [1996], Reclam Verlag Nr 9714, S 9f.

222 *Werner Schneiders (Hg)*, Lexikon der Aufklärung [2001], C.H.Beck Verlag, S 47; vgl auch *Werner Schneiders*, Das Zeitalter der Aufklärung[3] [2005], C.H.Beck Verlag, S 12f.

223 *Wolfgang Amadeus Mozart*, Die Zauberflöte KV 620 [1991], Reclam Verlag Nr 2620, S 63 und S 71f. Die erhellende Bedeutung des aufkläre-

rischen Lichts wurde auch von *Wieland* in einem Aufsatz über die Aufklärung hervorgehoben: »Im Dunkeln sieht man entweder gar nichts oder wenigstens nicht so klar, dass man die Gegenstände recht erkennen und voneinander unterscheiden kann: sobald Licht gebracht wird, klären sich die Sachen auf, werden sichtbar und können voneinander unterschieden werden – doch wird dazu zweierlei notwendig gefordert: 1) dass Licht genug vorhanden sei, und 2) dass diejenigen, welche dabei sehen sollen, weder blind noch gelbsüchtig seien, noch durch irgendeine andere Ursache verhindert werden, sehen zu können oder sehen zu wollen.« aus dem Aufsatz von *Christoph Martin Wieland* mit dem Titel *Sechs Fragen zur Aufklärung* im *Teutschen Merkur* in *Erhard Bahr (Hg)*, Was ist Aufklärung? [1996], Reclam Verlag Nr 9714, S 23.
224 *Michael Hofmann*, Aufklärung [1999], Reclam Verlag Nr 17616, S 40.
225 *Gotthold Ephraim Lessing*, Nathan der Weise [2000], Reclam Verlag Nr 3, S 82 und zuvor S 76ff.
226 Theologische Kontroverse bzw Streitschrift von *Gotthold Ephraim Lessing* mit dem Titel *Eine Duplik* aus dem Jahr 1777/1778 in *Erhard Bahr (Hg)*, Was ist Aufklärung? [1996], Reclam Verlag Nr 9714, S 44; vgl auch *Wolfgang Drews*, Gotthold Ephraim Lessing[28] [2005], rowohlts monographien Nr 50075, S 8f und S 153.
227 *Michael Hofmann*, Aufklärung [1999], Reclam Verlag Nr 17616, S 147f.
228 *Immanuel Kant,* Beantwortung der Frage: Was ist Aufklärung? in *Erhard Bahr (Hg)*, Was ist Aufklärung? [1996], Reclam Verlag Nr 9714, S 15.
229 *Antoine de Saint-Exupéry*, Der kleine Prinz[65] [2008], Karl Rauch Verlag, S 93.

3.4 Humanität

230 *Werner Schneiders (Hg)*, Lexikon der Aufklärung [2001], C.H.Beck Verlag, S 183. *Herder* hat den Begriff der Humanität wie folgt definiert: »Ich wünschte, dass ich in das Wort Humanität alles fassen könnte, was ich bisher über des Menschen edler Bildung zur Vernunft und Freiheit, zu feineren Sinnen und Trieben, zur zartesten und stärksten Gesundheit, zur Erfüllung und Beherrschung der Erde gesagt habe; denn der Mensch hat kein edleres Wort für seine Bestimmung, als er selbst ist, in dem das Bild des Schöpfers unserer Erde, wie es hier sichtbar werden konnte, abgedrückt lebt« (bei *Friedrich Wilhelm Katzenbach*, Johann Gottfried Herder[8] [2002], rowohlts monographien Nr 50164, S 98). Damit bringt *Herder* auch zum Ausdruck, dass die Idee der Humanität eigentlich sehr alt ist und bereits auf das Alte Testament zurückgeht. In Genesis 1, 26, 27 heißt es, dass Gott »den Menschen als sein Abbild« schuf, »als Abbild Gottes schuf er ihn.« Deshalb wird in Genesis 9, 6 auch jegliches Blutvergießen von Menschen unter die höchstmögliche Strafe gestellt: »Wer Menschenblut vergießt, dessen Blut wird durch Menschen vergossen. Denn: Als Abbild Gottes hat er den Menschen gemacht.« (Die Bibel – Altes und Neues Testament – Einheitsübersetzung [1980], Herder Verlag, S 5 und S 12). Damit wird jedem Menschen ein Würde zugesprochen, die er sich nicht selbst erwerben oder nehmen kann, sondern die ihm mit seinem Menschsein gegeben ist: Der Schöpfer des Himmels und der

Erde hat jeden Menschen dazu bestimmt, sein Repräsentant auf Erden zu sein, an dem er, Gott, zu erkennen sein soll. Gott selbst gibt damit jedem Menschen die Würde, sein Bild zu sein. In der Schöpfungsgeschichte liegt letztendlich die Grundlage dafür, dass die Würde des Menschen unantastbar ist (*Matthias Köckert*, Die Zehn Gebote [2007], C.H.Beck Verlag, S 20, S 77 und S 119).

231 Aufsatz *Wort und Begriff der Humanität* aus den Briefen zur Beförderung der Humanität von *Johann Gottfried Herder* in *Erhard Bahr (Hg)*, Was ist Aufklärung? [1996], Reclam Verlag Nr 9714, S 37f.

232 Das ist die wesentliche Überlegung der *Allgemeinen Erklärung der Menschenpflichten* (*A Universal Declaration of Human Responsibilities*), die am 1. September 1997 vom *InterAction Council* der Generalversammlung der Vereinten Nationen als Empfehlung ausgesprochen wurde (vgl www.interactioncouncil.org). In der Allgemeinen Erklärung der Menschenpflichten werden eine Reihe von wesentlichen menschlichen Verpflichtungen festgelegt, die im Detail ausformuliert werden: So hat nach Artikel 1 jede Person »die Pflicht, alle Menschen menschlich zu behandeln«, wobei Artikel 4 ausdrücklich auch die Goldene Regel aufgreift. Gemäß Artikel 5 hat jede Person »die Pflicht, Leben zu achten.« Artikel 8 verpflichtet jede Person dazu, »sich integer, ehrlich und fair zu verhalten«. Nach Artikel 12 hat jeder Mensch »die Pflicht, wahrhaftig zu reden und zu handeln.« Und gemäß Artikel 16 haben alle Männer und Frauen die Pflicht, »einander Achtung und Verständnis in ihrer Partnerschaft zu zeigen«.

233 *Hermann Hesse*, Demian [2003], suhrkamp taschenbuch Nr 3518, S 7f.

234 *Erich Fromm*, Den Menschen verstehen – Psychoanalyse und Ethik[7] [2005], dtv Nr 34077, S 14f und S 16. In ähnlicher Weise wie *Fromm* wendet sich auch *Rudolf Steiner* gegen einen derartigen relativistischen Standpunkt: »Das Sittlich-Gute ist unabhängig von Neigungen und Leidenschaften, insofern es sich nicht von ihnen gebieten lässt, sondern ihnen gebietet. Die Pflicht steht über Gefallen und Missfallen. Und der Mensch steht umso höher, je mehr er seine Neigungen, sein Gefallen und Missfallen dahin veredelt hat, dass sie ohne Zwang, ohne Unterwerfung durch sich selbst der erkannten Pflicht folgen. Das Sittlich-Gute hat ebenso wie die Wahrheit seinen Ewigkeitswert in sich.« in *Rudolf Steiner*, Theosophie[32] [2009], Rudolf Steiner Verlag, S 41.

235 Teil III, Definition 43 in *Benedictus de Spinoza*, Ethica – Die Ethik [1977], Reclam Verlag Nr 851, S 425.

236 *Erich Fromm*, Den Menschen verstehen – Psychoanalyse und Ethik[7] [2005], dtv Nr 34077, S 24 und S 26.

237 *Wolfgang Amadeus Mozart*, Die Zauberflöte KV 620 [1991], Reclam Verlag Nr 2620, S 51.

238 *Volker Michels (Hg)*, Hesse für Gestreßte [1999], insel taschenbuch Nr 2538, S 54.

239 *Antoine de Saint-Exupéry*, Wind, Sand und Sterne [2010], Karl Rauch Verlag, S 225.

240 *Rudolf Steiner*, Theosophie[32] [2009], Rudolf Steiner Verlag, S 30.

3.5 Toleranz

241 http://de.wikipedia.org/wiki/Deismus: Der Deismus war ein wesentliches Produkt der Aufklärung und hatte vor allem in dieser Zeit bedeutende Anhänger. Toleranzidee und Deismus gehören auch zum zentralen Gedankengut der Freimaurerei, die sich damals verstärkt zu entwickeln begann. Deren Grundurkunde, die »Alten Pflichten« aus dem Jahr 1723, bringen den Toleranzgedanken in seiner klarsten Form zum Ausdruck: »Ein Maurer ist durch seine innere Haltung verpflichtet, das Moralgesetz zu befolgen; und wenn er die Kunst recht versteht, wird er niemals ein einfältiger Atheist sein, noch ein religiöser Freigeist [he will never be a stupid Atheist, nor an irreligious Libertine]. Aber obwohl in alten Zeiten die Maurer in jedem Land verpflichtet waren, von der Religion dieses Landes oder Volkes zu sein, welche auch immer es sein mochte, so hält man es jetzt doch für sinnvoller, sie nur der Religion zu verpflichten, in der alle Menschen übereinstimmen, ihre besonderen Meinungen aber ihnen selbst zu überlassen; das heißt, gute und redliche Männer zu sein, Männer von Ehre und Rechtschaffenheit, durch welche Glaubensbekenntnisse oder Glaubensanschauungen sie auch unterschieden sein mögen; wodurch die Maurerei der Mittelpunkt und zum Werkzeug wird, treue Freundschaft unter Menschen zu stiften, die sonst in steter Entfernung von einander hätten bleiben müssen« (*Eugen Lennhoff/Oskar Posner/Dieter A. Binder*, Internationales Freimaurer Lexikon[5] [2006], Herbig Verlag, S 843).

242 Dementsprechend warf etwa die erste antifreimaurerische Bulle des Papstes *Clemens XII.* von 1738 der Freimaurerei vor, sie sei eine Gesellschaft, »in welcher Menschen jeder Religion und Sekte sich gegenseitig verbinden.« Diese Auffassung kehrte auch in allen späteren päpstlichen Verdammungen wieder (*Eugen Lennhoff/Oskar Posner/Dieter A. Binder*, Internationales Freimaurer Lexikon[5] [2006], Herbig Verlag, S 844).

243 Matthäus 13, 24–30: »Und Jesus erzählte ihnen noch ein anderes Gleichnis: Mit dem Himmelreich ist es wie mit einem Mann, der guten Samen auf seinen Acker säte. Während nun die Leute schliefen, kam sein Feind, säte Unkraut unter den Weizen und ging wieder weg. Als die Saat aufging und sich die Ähren bildeten, kam auch das Unkraut zum Vorschein. Da gingen die Knechte zu dem Gutsherrn und sagten: Herr, hast du nicht guten Samen auf deinen Acker gesät? Woher kommt dann das Unkraut? Er antwortete: Das hat ein Feind von mir getan. Da sagten die Knechte zu ihm: Sollen wir gehen und es ausreißen? Er entgegnete: Nein, sonst reißt ihr zusammen mit dem Unkraut auch den Weizen aus. Lasst beides wachsen bis zur Ernte. Wenn dann die Zeit der Ernte da ist, werde ich den Arbeitern sagen: Sammelt zuerst das Unkraut und bindet es in Bündel, um es zu verbrennen; den Weizen aber bringt in meine Scheune.« Weiter dann auch Matthäus 13, 36–43 (Die Bibel – Altes und Neues Testament – Einheitsübersetzung [1980], Herder Verlag, S 1098f); vgl auch *Otfried Höffe*, Lexikon der Ethik[7] [2008], C.H.Beck Verlag, S 315.

244 Die Toleranzpolitik in Preußen und im Habsburgerreich werden wunderbar dargestellt bei *Rainer Forst*, Toleranz im Konflikt [2003], suhrkamp taschenbuch wissenschaft Nr 1682, S 437ff.

245 Eine sehr ausführliche Auseinandersetzung mit *Lockes* Briefen über Toleranz findet sich bei *Rainer Forst*, Toleranz im Konflikt [2003], suhrkamp taschenbuch wissenschaft Nr 1682, S 276ff.
246 *Rainer Forst*, Toleranz im Konflikt [2003], suhrkamp taschenbuch wissenschaft Nr 1682, S 446ff und S 449ff.
247 http://www.unhchr.ch: In der Präambel der Allgemeinen Erklärung der Menschenrechte der Vereinten Nationen vom 10. Dezember 1948 heißt es zunächst, dass »die Anerkennung der angeborenen Würde und der gleichen und unveräußerlichen Rechte aller Mitglieder der Gemeinschaft der Menschen die Grundlage von Freiheit, Gerechtigkeit und Frieden in der Welt bildet.« Und weiter lautet es wörtlich in Artikel 1 der Allgemeinen Erklärung der Menschenrechte: »Alle Menschen sind frei und gleich an Würde und Rechten geboren. Sie sind mit Vernunft und Gewissen begabt und sollen einander im Geist der Brüderlichkeit begegnen.«
248 http://www.unesco.de: In der Erklärung von Prinzipien der Toleranz der UNESCO vom 16. November 1995 heißt es zur Bedeutung der Toleranz in Artikel 1 ua wörtlich: »1.1 Toleranz bedeutet Respekt, Akzeptanz und Anerkennung der Kulturen unserer Welt, unserer Ausdrucksformen und Gestaltungsweisen unseres Menschseins in all ihrem Reichtum und ihrer Vielfalt. Toleranz ist Harmonie über Unterschiede hinweg. Sie ist nicht nur moralische Verpflichtung, sondern auch eine politische und rechtliche Notwendigkeit. 1.2 Toleranz ist nicht gleichbedeutend mit Nachgeben, Herablassung oder Nachsicht. Toleranz ist vor allem eine aktive Einstellung, die sich stützt auf die Anerkennung der allgemeingültigen Menschenrechte und Grundfreiheiten anderer. 1.4 In Übereinstimmung mit der Achtung der Menschenrechte bedeutet praktizierte Toleranz weder das Tolerieren sozialen Unrechts noch die Aufgabe oder Schwächung der eigenen Überzeugungen. Sie bedeutet für jeden einzelnen Freiheit der Wahl seiner Überzeugungen, aber gleichzeitig auch Anerkennung der gleichen Wahlfreiheit für die anderen. Toleranz bedeutet die Anerkennung der Tatsache, dass alle Menschen, natürlich mit allen Unterschieden ihrer Erscheinungsform, Situation, Sprache, Verhaltensweisen und Werte, das Recht haben, in Frieden zu leben und so zu bleiben, wie sie sind. Dazu gehört auch, dass die eigenen Ansichten anderen nicht aufgezwungen werden dürfen.«
249 *Otfried Höffe*, Lexikon der Ethik[7] [2008], C.H.Beck Verlag, S 316.
250 *Gotthold Ephraim Lessing*, Nathan der Weise [2000], Reclam Verlag Nr 3, S 82 und zuvor S 76ff.
251 *Hans-Joachim Simm*, Von der Toleranz, Lektüre zwischen den Jahren [2007], Insel Verlag, S 141.
252 Maximen und Reflexionen in *Johann Wolfgang Goethe*, Sämtliche Werke Münchner Ausgabe Band 17 [2006], btb Verlag, S 872; vgl auch *Walter Hinck (Hg)*, Goethe für Gestreßte [1997], insel taschenbuch Nr 1900, S 50.
253 Matthäus 5, 39 und Lukas 6, 29 (Die Bibel – Altes und Neues Testament – Einheitsübersetzung [1980], Herder Verlag, S 1087 und S 1157).
254 *Alexander Giese*, Reich ohne Geld, Anleitung für ein unzeitgemäßes Leben [2005], ecowin Verlag, S 55f; *André Comte-Sponville*, Ermutigung zum unzeitgemäßen Leben – Ein kleines Brevier der Tugenden und Werte[3] [2004], Rowohlt Sachbuch Nr 60524, S 187ff.

255 *Anne Reichardt/Ingo Reichardt*, Treffende Worte [2003], Linde Verlag, S 162.
256 *Alexander Giese*, Reich ohne Geld, Anleitung für ein unzeitgemäßes Leben [2005], ecowin Verlag, S 55f.
257 *Rainer Forst*, Toleranz im Konflikt [2003], suhrkamp taschenbuch wissenschaft Nr 1682, S 39. Das bringt auch wunderbar die kritische Auseinandersetzung *Lessings* mit der realen Macht in Form des christliche Patriarchen in seinem *Nathan der Weise* zum Ausdruck (*Gotthold Ephraim Lessing*, Nathan der Weise [2000], Reclam Verlag Nr 3, S 100ff).
258 vgl bei *André Comte-Sponville*, Ermutigung zum unzeitgemäßen Leben – Ein kleines Brevier der Tugenden und Werte[3] [2004], Rowohlt Sachbuch Nr 60524, S 190f.
259 *André Comte-Sponville*, Ermutigung zum unzeitgemäßen Leben – Ein kleines Brevier der Tugenden und Werte[3] [2004], Rowohlt Sachbuch Nr 60524, S 187.
260 *Rainer Forst*, Toleranz im Konflikt [2003], suhrkamp taschenbuch wissenschaft Nr 1682, S 37ff und S 50.
261 Maximen und Reflexionen in *Johann Wolfgang Goethe*, Sämtliche Werke Münchner Ausgabe Band 17 [2006], btb Verlag, S 872; vgl auch *Walter Hinck (Hg)*, Goethe für Gestreßte [1997], insel taschenbuch Nr 1900, S 50.
262 *Immanuel Kant*, Beantwortung der Frage: Was ist Aufklärung? in *Erhard Bahr (Hg)*, Was ist Aufklärung? [1996], Reclam Verlag Nr 9714, S 16; vgl auch *Rainer Forst*, Toleranz im Konflikt [2003], suhrkamp taschenbuch wissenschaft Nr 1682, S 14 und S 436.
263 *André Comte-Sponville*, Ermutigung zum unzeitgemäßen Leben – Ein kleines Brevier der Tugenden und Werte[3] [2004], Rowohlt Sachbuch Nr 60524, S 203f.
264 An dieses Polaritätsprinzip erinnert auch die folgende Aussage von *Friedrich Schlegel*: »Die Duldung hat keinen andern Gegenstand als das Vernichtende. Wer nichts vernichten will, bedarf gar nicht geduldet zu werden; wer alles vernichten will, soll nicht geduldet werden. In dem, was zwischen beiden liegt, hat diese Gesinnung ihren ganz freien Spielraum. Denn wenn man nicht intolerant sein dürfte, wäre die Toleranz nichts« bei *Hans-Joachim Simm*, Von der Toleranz, Lektüre zwischen den Jahren [2007], Insel Verlag, S 51; vgl auch *Otfried Höffe*, Lexikon der Ethik[7] [2008], C.H.Beck Verlag, S 316.

3.6 Leben in der Gegenwart – Die Kürze des Lebens

265 *Ursula Michels-Wenz (Hg)*, Schopenhauer für Gestreßte [1999], insel taschenbuch Nr 2504, S 113.
266 *Arthur Schopenhauer*, Aphorismen zur Lebensweisheit[16] [2007], Kröners Taschenausgabe Bd 16, S 165f; vgl auch *Ursula Michels-Wenz (Hg)*, Schopenhauer für Gestreßte [1999], insel taschenbuch Nr 2504, S 93f.
267 Gedicht *Lebensregel* in *Johann Wolfgang Goethe*, Sämtliche Werke Münchner Ausgabe Band 11.1.1 [2006], btb Verlag, S 55.
268 *Hermann Hesse*, Siddhartha [1999], suhrkamp taschenbuch Nr 2931, S 99f.
269 *Antoine de Saint-Exupéry*, Die Stadt in der Wüste [2009], Karl Rauch Verlag, S 32.

270 Brief an Menoikeus, 122 in *Epikur,* Briefe Sprüche Werkfragmente [2000], Reclam Verlag Nr 9984, S 41f.
271 *Viktor Emil Frankl,* Ärztliche Seelsorge – Grundlagen der Logotherapie und Existenzanalyse [2007], dtv Nr 34427, S 77f.
272 Matthäus 6, 25–34: »Deswegen sage ich euch: Sorgt euch nicht um euer Leben und darum, dass ihr etwas zu essen habt, noch um euren Leib und darum, dass ihr etwas anzuziehen habt. Ist nicht das Leben wichtiger als die Nahrung und der Leib wichtiger als die Kleidung? Seht die Vögel des Himmels an: Sie säen nicht, sie ernten nicht und sammeln keine Vorräte in Scheunen; euer himmlischer Vater ernährt sie. Seid ihr nicht viel mehr wert als sie? Wer von euch kann mit all seiner Sorge sein Leben auch nur um eine kleine Zeitspanne verlängern? Und was sorgt ihr euch um eure Kleidung? Lernt von den Lilien, die auf dem Feld wachsen: Sie arbeiten nicht und spinnen nicht. Doch ich sage euch: Selbst Salomo war in all seiner Pracht nicht gekleidet wie eine von ihnen. Wenn aber Gott schon das Gras so prächtig kleidet, das heute auf dem Feld steht und morgen ins Feuer geworfen wird, wie viel mehr dann euch, ihr Kleingläubigen! Macht euch also keine Sorgen und fragt nicht: Was sollen wir essen? Was sollen wir trinken? Was sollen wir anziehen? Denn um all das geht es den Heiden. Euer himmlischer Vater weiß, dass ihr das alles braucht. Euch aber muss es zuerst um sein Reich und um seine Gerechtigkeit gehen; dann wird euch alles andere dazugegeben. Sorgt euch also nicht um morgen; denn der morgige Tag wird für sich selbst sorgen. Jeder Tag hat genug eigene Plage.« vgl auch ähnlich Lukas 12, 22–32 (Die Bibel – Altes und Neues Testament – Einheitsübersetzung [1980], Herder Verlag, S 1088f und S 1169).
273 *L. Annaeus Seneca,* De brevitate vitae – Von der Kürze des Lebens [2008], Reclam Verlag Nr 18545, S 31.
274 »*Life is what happens to you while you are busy making other plans.*« in seinem Lied *Beautiful Boy (Darling Boy)* aus dem Album *John Lennon,* Double Fantasy [1980].
275 *Hermann Hesse,* Glück – Betrachtungen und Gedichte [2000], insel taschenbuch Nr 2407, S 251; vgl auch *Volker Michels (Hg),* Hesse für Gestreßte [1999], insel taschenbuch Nr 2538, S 92.
276 *L. Annaeus Seneca,* De brevitate vitae – Von der Kürze des Lebens [2008], Reclam Verlag Nr 18545, S 7f. Auch *Goethe* bringt das in *Wilhelm Meisters Lehrjahre* zum Ausdruck: »Ich fühle heute so lebhaft, wie töricht der Mensch seine Zeit verstreichen lässt! Wie manches habe ich mir vorgenommen, wie manches durchdacht, und wie zaudert man nicht bei seinen besten Vorsätzen!« in *Johann Wolfgang Goethe*, Wilhelm Meisters Lehrjahre [1982], Reclam Verlag Nr 7826, S 449.
277 *L. Annaeus Seneca,* De brevitate vitae – Von der Kürze des Lebens [2008], Reclam Verlag Nr 18545, S 15.
278 *Antoine de Saint-Exupéry,* Der kleine Prinz[65] [2008], Karl Rauch Verlag, S 91f.
279 *Martin Kämpchen (Hg),* Gandhi für Gestreßte [2002], insel taschenbuch Nr 2806, S 19.
280 aus dem Gedicht *Du, Nachbar Gott* in *Rainer Maria Rilke,* Gedichte [1997], Reclam Verlag Nr 9623, S 39.

3.7 Alter und Tod als Bestandteile des Lebens –
Die Vorbereitung auf den Tod

281 L. *Annaeus Seneca*, De tranquilitate animi – Über die Ausgeglichenheit der Seele [1984], Reclam Verlag Nr 1846, S 11.

282 *Viktor Emil Frankl*, Ärztliche Seelsorge – Grundlagen der Logotherapie und Existenzanalyse [2007], dtv Nr 34427, S 95 und S 119.

283 *Epikurs* Lehrsatz SV 2 in *Epikur*, Briefe Sprüche Werkfragmente [2000], Reclam Verlag Nr 9984, S 67; Im *Brief an Menoikeus*, 124 und 125 (S 43) sagt *Epikur*: »Gewöhne dich ferner daran zu glauben, der Tod sei nichts, was uns betrifft. Denn alles Gute und Schlimme ist nur in der Empfindung gegeben; der Tod aber ist die Vernichtung der Empfindung. Daher macht die richtige Erkenntnis – der Tod sei nichts, was uns betrifft – die Sterblichkeit des Lebens erst genussfähig, weil sie nicht eine unendliche Zeit hinzufügt, sondern die Sehnsucht nach der Unsterblichkeit von uns nimmt. Denn es gibt nichts Schreckliches im Leben für den, der im vollen Sinn erfasst hat, dass nichts Schreckliches im Nicht-Leben liegt. Darum schwätzt der, der sagt, er fürchte den Tod nicht, weil er ihn bedrücken wird, wenn er da ist, sondern weil er ihn jetzt bedrückt, wenn er noch aussteht. Denn was uns, wenn es da ist, nicht bedrängt, kann uns, wenn es erwartet wird, nur sinnlos bedrücken. Das Schauererregendste aller Übel, der Tod, betrifft uns überhaupt nicht; wenn ›wir‹ sind, ist der Tod nicht da; wenn der Tod da ist, sind ›wir‹ nicht. Er betrifft also weder die Lebenden noch die Gestorbenen, weil er für die einen nicht da ist, die andern aber nicht mehr für ihn da sind.«

284 *Erich Fromm*, Den Menschen verstehen – Psychoanalyse und Ethik[7] [2005], dtv Nr 34077, S 40ff.

285 Teil II, 13 in *Demokrit*, Fragmente zur Ethik [1996], Reclam Verlag Nr 9435, S 39.

286 »Ihr möchtet das Geheimnis des Todes kennen./Wie aber sollt ihr es finden, wenn ihr es nicht im Herzen des Lebens sucht? Wenn ihr wirklich den Geist des Todes erblicken wollt, dann öffnet euer Herz weit dem Leib des Lebens./Denn Leben und Tod sind eins, so wie der Fluss und die See eins sind.« in *Khalil Gibran*, Der Prophet [2005], Diederichs Gelbe Reihe, S 109.

287 Teil IV, Lehrsatz 67 und Beweis dazu in *Benedictus de Spinoza*, Die Ethik – Ethica [1977], Reclam Verlag Nr 851, S 581.

288 L. *Annaeus Seneca*, De brevitate vitae – Von der Kürze des Lebens [2008], Reclam Verlag Nr 18545, S 25.

289 bei L. *Annaeus Seneca*, De brevitate vitae – Von der Kürze des Lebens [2008], Reclam Verlag Nr 18545, S 7.

290 *Erich Fromm*, Den Menschen verstehen – Psychoanalyse und Ethik[7] [2005], dtv Nr 34077, S 42 und S 78.

291 *Erich Fromm*, Den Menschen verstehen – Psychoanalyse und Ethik[7] [2005], dtv Nr 34077, S 44.

292 *Erich Fromm*, Den Menschen verstehen – Psychoanalyse und Ethik[7] [2005], dtv Nr 34077, S 128.

293 Zweites Buch, Kapitel 55, 128 in *Lao-tse*, Tao-Tê-King – Das Heilige Buch vom Weg und von der Tugend [1961, 1979], Reclam Verlag Nr 6798, S 84.

294 *Hermann Hesse*, Das Glasperlenspiel [1996], suhrkamp taschenbuch Nr 2572, S 379 und *Hermann Hesse*, Piktors Verwandlungen [1975], insel taschenbuch Nr 122, S 32.
295 *Anne Reichardt/Ingo Reichardt*, Treffende Worte [2003], Linde Verlag, S 161.
296 *Antoine de Saint-Exupéry*, Die Stadt in der Wüste [2009], Karl Rauch Verlag, S 53 und S 86f.
297 *Ursula Michels-Wenz (Hg)*, Schopenhauer für Gestreßte [1999], insel taschenbuch Nr 2504, S 97.
298 *L. Annaeus Seneca*, De brevitate vitae – Von der Kürze des Lebens [2008], Reclam Verlag Nr 18545, S 27f. Oder wie *Seneca* an anderer Stelle betont: »Oft hat ein hochbetagter Greis als einzigen Beweis für sein langes Leben sein Alter.« in *L. Annaeus Seneca*, De tranquilitate animi – Über die Ausgeglichenheit der Seele [1984], Reclam Verlag Nr 1846, S 27.
299 »Und so lange du das nicht hast, dieses: Stirb und werde! Bist du nur ein trüber Gast auf der dunklen Erde.« aus dem Gedicht *Selige Sehnsucht* in *Johann Wolfgang Goethe*, Gedichte [1998], Reclam Verlag Nr 6782, S 174. »Der ist der glücklichste Mensch der das Ende seines Lebens mit dem Anfang in Verbindung setzen kann.« in Maximen und Reflexionen in *Johann Wolfgang Goethe*, Sämtliche Werke Münchner Ausgabe Band 17 [2006], btb Verlag, S 743; vgl auch *Walter Hinck (Hg)*, Goethe für Gestreßte [1997], insel taschenbuch Nr 1900, S 47. Auch *Schopenhauer* sagte: »Wer das Wesen der Welt erkannt hat, sieht im Tode das Leben, aber auch im Leben den Tod.« in *Ursula Michels-Wenz (Hg)*, Schopenhauer für Gestreßte [1999], insel taschenbuch Nr 2504, S 114. Bemerkenswert sind dazu die Überlegungen von *Rudolf Steiner* in Verbindung mit dem Flussprinzip: »Denn man kann, wie Heraklit sich ausdrückt, nicht zweimal in derselben Welle schwimmen und ebenso wenig ein sterbliches Wesen zweimal in demselben Zustand ergreifen, sondern durch die Heftigkeit und Schnelligkeit der Bewegung zerstört es sich und vereinigt sich wieder; es entsteht und vergeht; es geht herzu und geht weg. Daher das, was wird, nie zum wahren Sein gelangen kann, weil die Entstehung nie aufhört oder einen Stillstand hat, sondern schon beim Samen die Veränderung anfängt, indem sie einen Embryo bildet, dann ein Kind, dann einen Jüngling, einen Mann, einen Alten und einen Greis, indem sie die ersten Entstehungen und Alter stets vernichtet durch die darauffolgenden. Daher ist es lächerlich, wenn wir uns vor dem einen Tode fürchten, da wir schon auf so vielfache Art gestorben sind und sterben. Denn nicht bloß, wie Heraklit sagt, ist der Tod des Feuers das Entstehen der Luft und der Tod der Luft das Entstehen des Wassers, sondern man kann dieses noch deutlicher an dem Menschen selbst wahrnehmen; der kräftige Mann stirbt, wenn er ein Greis wird, der Jüngling, indem er ein Mann wird, der Knabe, indem er ein Jüngling wird, das Kind, indem es ein Knabe wird. Das Gestrige ist Sterben in dem Heutigen, das Heutige stirbt in dem Morgen.« »Das Sterben ist Vergehen, um neuen Leben Platz zu machen; aber in dem neuen Leben lebt das Ewige wie in dem alten. Das gleiche Ewige erscheint im vergänglichen Leben wie im Sterben. Hat der Mensch dieses Ewige ergriffen, dann blickt er mit demselben Gefühle auf das Sterben wie auf das Leben.« in *Rudolf Steiner*, Das Christentum als mystische Tatsache und die Mysterien des Altertums[9] [1989], Rudolf Steiner Verlag, S 28 und S 40.

300 Matthäus 19, 14, Markus 10, 14 und Lukas 18, 16 (Die Bibel – Altes und Neues Testament – Einheitsübersetzung [1980], Herder Verlag, S 1106, S 1136 und S 1177).
301 *Johann Wolfgang Goethe*, Faust – Der Tragödie Erster Teil [2000], Reclam Verlag Nr 1, S 8.
302 *Arthur Schopenhauer*, Aphorismen zur Lebensweisheit[16] [2007], Kröners Taschenausgabe Bd 16, S 293. Am Ende des sechsten Kapitels schreibt *Schopenhauer*: »Im Upanischad des Veda wird die natürliche Lebensdauer auf hundert Jahre angegeben. Ich glaube, mit Recht; weil ich bemerkt habe, dass nur die, welche das neunzigste Jahr überschritten haben, der Euthanasie teilhaft werden, dh ohne alle Krankheit, auch ohne Apoplexie [Schlaganfall], ohne Zuckung, ohne Röcheln, ja bisweilen ohne zu erblassen, meistens sitzend, und zwar nach dem Essen, sterben, oder vielmehr gar nicht sterben, sondern nur zu leben aufhören. In jedem früheren Alter stirbt man bloß an Krankheiten, also vorzeitig.«
303 Gedicht *Wandrers Nachtlied* in *Johann Wolfgang Goethe*, Gedichte [1998], Reclam Verlag Nr 6782, S 78.

4 Tätigkeit und Leben

4.1 Tätigkeit als Lebensinhalt

304 »Tätig zu sein ist des Menschen erste Bestimmung, und alle Zwischenzeiten, in denen er auszuruhen genötigt ist, sollte er anwenden, eine deutliche Erkenntnis der äußerlichen Dinge zu erlangen, die ihm in der Folge abermals seine Tätigkeit erleichtern.« in *Johann Wolfgang Goethe*, Wilhelm Meisters Lehrjahre [1982], Reclam Verlag Nr 7826, S 434. Als sich Tamino in *Mozarts Zauberflöte* dem Tempel der Eingeweihten nähert, erkennt er, dass »Klugheit und Arbeit und Künste hier weilen./Wo Tätigkeit thronet und Müßiggang weicht,/Erhält seine Herrschaft das Laster nicht leicht.« in *Wolfgang Amadeus Mozart*, Die Zauberflöte KV 620 [1991], Reclam Verlag Nr 2620, S 28.
305 Buch I, 9 in *Aristoteles*, Nikomachische Ethik [2003], Reclam Verlag Nr 8586, S 20 und S 20 und S 15ff.
306 Teil IV, Definition 8 in *Benedictus de Spinoza*, Ethica – Die Ethik [1977], Reclam Verlag Nr 851, S 445; *Spinoza*, Die Ethik, Schriften und Briefe[7] [1976], Kröners Taschenausgabe Bd 24, S 195.
307 bei *Peter Boerner*, Johann Wolfgang von Goethe[7] [2007], rowohlts monographien Nr 50577, S 107f.
308 aus dem Gedicht *Sendschreiben* in *Johann Wolfgang Goethe*, Gedichte [1998], Reclam Verlag Nr 6782, S 42.
309 *Erich Fromm*, Den Menschen verstehen – Psychoanalyse und Ethik[7] [2005], dtv Nr 34077, S 64 und S 73.
310 *Ursula Michels-Wenz (Hg)*, Nietzsche für Gestreßte [1997], insel taschenbuch Nr 1928, S 49. Wunderbar sind dazu auch die Überlegungen von *Khalil Gibran* in seinem Buch *Der Prophet*: »Und indem ihr euch mit Mühe erhaltet, seid ihr in Wahrheit dabei, das Leben zu lieben./Und das Leben durch Mühe zu lieben heißt, mit dem tiefsten Geheimnis des Lebens ver-

traut zu sein. Arbeit ist sichtbar gemachte Liebe.« in *Khalil Gibran*, Der Prophet [2005], Diederichs Gelbe Reihe, S 35f.

311 Teil V, Lehrsatz 40 in *Benedictus de Spinoza*, Ethica – Die Ethik [1977], Reclam Verlag Nr 851, S 693.

312 *Augustinus*, De beata vita – Über das Glück [1982], Reclam Verlag Nr 7831, S 47.

313 *Viktor Emil Frankl*, Ärztliche Seelsorge – Grundlagen der Logotherapie und Existenzanalyse [2007], dtv Nr 34427, S 91 und S 167.

314 *Viktor Emil Frankl*, Ärztliche Seelsorge – Grundlagen der Logotherapie und Existenzanalyse [2007], dtv Nr 34427, S 174f.

315 *Antoine de Saint-Exupéry*, Die Stadt in der Wüste [2009], Karl Rauch Verlag, S 264.

316 *Ursula Michels-Wenz (Hg)*, Nietzsche für Gestreßte [1997], insel taschenbuch Nr 1928, S 69. Bemerkenswert sind dazu auch die Überlegungen von *Khalil Gibran*: »Ihr arbeitet, auf dass ihr mit der Erde und der Seele der Erde Schritt haltet./Denn müßig zu gehen heißt, den Jahreszeiten fremd zu werden und aus dem Zug des Lebens herauszutreten, der in Würde und stolzer Unterwerfung zum Unendlichen hinmarschiert.« in *Khalil Gibran*, Der Prophet [2005], Diederichs Gelbe Reihe, S 33.

317 *Arthur Schopenhauer*, Aphorismen zur Lebensweisheit[16] [2007], Kröners Taschenausgabe Bd 16, S 26ff, S 36 und S 41.

318 *Viktor Emil Frankl*, Ärztliche Seelsorge – Grundlagen der Logotherapie und Existenzanalyse [2007], dtv Nr 34427, S 160. Goethe hat die Langeweile in einer wunderbaren Spruchweisheit beschrieben: »Langeweile ist ein böses Kraut,/Aber auch eine Würze, die viel verdaut.« in *Johann Wolfgang Goethe*, Sämtliche Werke Münchner Ausgabe Band 9 [2006], btb Verlag, S 130.

319 aus *De otio – Über die Muße* in *L. Annaeus Seneca*, De otio – Über die Muße/De providentia – Über die Vorsehung [1996], Reclam Verlag Nr 9610, S 5f.

320 *L. Annaeus Seneca*, De tranquilitate animi – Über die Ausgeglichenheit der Seele [1984], Reclam Verlag Nr 1846, S 75f.

321 *Ursula Michels-Wenz (Hg)*, Schopenhauer für Gestreßte [1999], insel taschenbuch Nr 2504, S 42.

322 *L. Annaeus Seneca*, De tranquilitate animi – Über die Ausgeglichenheit der Seele [1984], Reclam Verlag Nr 1846, S 75f.

4.2 Zielgerichtetes Handeln und Streben – Beständigkeit und Veränderung

323 *L. Annaeus Seneca*, De tranquilitate animi – Über die Ausgeglichenheit der Seele [1984], Reclam Verlag Nr 1846, S 19f und S 59. Auch *Saint-Exupéry* betont diesen Aspekt der Treue zu sich selbst: »Ich wünsche dich beständig und fest gegründet. Ich wünsche dich treu. Denn Treue ist vor allem Treue zu sich selbst.« in *Antoine de Saint-Exupéry*, Die Stadt in der Wüste [2009], Karl Rauch Verlag, S 560.

324 Teil V, Lehrsatz 42, Anmerkung in *Benedictus de Spinoza*, Die Ethik – Ethica [1977], Reclam Verlag Nr 851, S 701. Auch in *Mozarts Zauberflöte* eröffnet sich diese wunderbare Wahrheit. Vor Beschlussfassung über Taminos Aufnahme und Einweihung macht Sarastro seine Brüder darauf

aufmerksam, dass Tamino an der nördlichen Pforte des Tempels wandelt und »mit tugendvollem Herzen nach einem Gegenstande« seufzt, »den wir alle mit Mühe und Fleiß erringen müssen.« in *Wolfgang Amadeus Mozart*, Die Zauberflöte KV 620 [1991], Reclam Verlag Nr 2620, S 36.

325 *Arthur Schopenhauer*, Aphorismen zur Lebensweisheit[16] [2007], Kröners Taschenausgabe Bd 16, S 159.

326 *Johann Wolfgang Goethe*, Wilhelm Meisters Lehrjahre [1982], Reclam Verlag Nr 7826, S 422f.

327 *L. Annaeus Seneca*, De tranquilitate animi – Über die Ausgeglichenheit der Seele [1984], Reclam Verlag Nr 1846, S 35 und S 57f.

328 *Johann Wolfgang Goethe*, Wilhelm Meisters Lehrjahre [1982], Reclam Verlag Nr 7826, S 342.

329 *Hermann Hesse*, Demian [2003], suhrkamp taschenbuch Nr 3518, S 114.

330 eine von Epikurs Weisungen in *Epikur*, Briefe Sprüche Werkfragmente [2000], Reclam Verlag Nr 9984, S 95.

331 *Erich Fromm*, Den Menschen verstehen – Psychoanalyse und Ethik[7] [2005], dtv Nr 34077, S 147ff. Bei der erwähnten Bibelstelle beruft sich *Fromm* auf Exodus 3, 2, wo es heißt: »Dort erschien ihm der Engel des Herrn in einer Flamme, die aus einem Dornbusch emporschlug. Er schaute hin: Da brannte der Dornbusch und verbrannte doch nicht« (Die Bibel – Altes und Neues Testament – Einheitsübersetzung [1980], Herder Verlag, S 56).

332 *Jaap Mansfeld*, Die Vorsokratiker I [1999], Reclam Verlag Nr 7965, S 273.

333 http://de.wikipedia.org/wiki/Panta_rhei; *Erich Fromm*, Die Kunst des Liebens[9] [2009], dtv Nr 36102, S 119ff.

334 aus dem Gedicht *Eins und Alles* in *Johann Wolfgang Goethe*, Gedichte [1998], Reclam Verlag Nr 6782, S 203.

335 *Hermann Hesse*, Piktors Verwandlungen [1975], insel taschenbuch Nr 122, S 29 bis S 35.

336 *Viktor Emil Frankl*, Ärztliche Seelsorge – Grundlagen der Logotherapie und Existenzanalyse [2007], dtv Nr 34427, S 133.

337 *Hermann Hesse*, Siddhartha [1999], suhrkamp taschenbuch Nr 2931, S 89f.

338 Bei der Beschreibung der weiteren Aspekten von »Haben und Sein« meint *Fromm* dazu: »Sich nicht vorwärts zu bewegen, zu bleiben, wo man ist, zu regredieren, kurz sich auf das zu verlassen, was man hat, ist eine sehr große Versuchung, denn was man *hat*, kennt man; man fühlt sich darin sicher, man kann sich daran festhalten. Wir haben Angst vor dem Schritt ins Ungewisse, ins Unsichere, und vermeiden ihn deshalb; denn obgleich der *Schritt* nicht gefährlich erscheinen mag, *nachdem* man ihn getan hat, so scheint doch vorher, was sich daraus ergibt riskant und daher Angst erregend zu sein. Nur das Alte, Erprobte ist sicher, oder wenigstens scheint es das zu sein. Jeder neue Schritt birgt die Gefahr des Scheiterns, und das ist einer der Gründe, weshalb der Mensch die Freiheit fürchtet.« in *Erich Fromm*, Haben oder Sein[38] [2011], dtv Nr 34234, S 134.

4.3 Leben und Pflichterfüllung

339 Tugendlehre, I. Ethische Elementarlehre, 1. Teil, 2. Buch, 1. Abschnitt, § 20 in *Immanuel Kant*, Die Metaphysik der Sitten [1990], Reclam Verlag Nr 4508, S 333. Zuvor in § 19 (S 331f) sagt *Kant*, dass es sich der Mensch selbst (als ein Vernunftwesen) schuldig ist, »die Naturanlage und Vermögen, von denen seine Vernunft dereinst Gebrauch machen kann, nicht unbenutzt und gleichsam rosten zu lassen«. Es ist »Pflicht des Menschen gegen sich selbst, seine Vermögen auszubauen und in pragmatischer Rücksicht ein dem Zweck seines Daseins angemessener Mensch zu sein.« Dementsprechend kommt *Kant* in § 20 zum Schluss: »Denn abgesehen von dem Bedürfnis der Selbsterhaltung, welches an sich keine Pflicht begründen kann, ist es Pflicht des Menschen gegen sich selbst, ein der Welt nützliches Glied zu sein, weil dieses auch zum Wert der Menschheit in seiner eigenen Person gehört, die er also nicht abwürdigen soll.« Auch *Rudolf Steiner* betont, dass der Mensch zur Einsicht gelangen muss, dass »er der ganzen Welt und allen Wesen in ihr einen Schaden zufügt, wenn er seine Kräfte nicht in der rechten Art zur Entfaltung bringt.« in *Rudolf Steiner*, Die Geheimwissenschaft im Umriß [2005], Rudolf Steiner Verlag, S 40.

340 »Denn indem ein Mensch mit den ihm von Natur gegebenen Gaben sich zu verwirklichen sucht, tut er das Höchste und einzig Sinnvolle, was er kann.« in *Hermann Hesse*, Narziß und Goldmund [1975], suhrkamp taschenbuch Nr 274, S 272.

341 *Johann Wolfgang Goethe*, Sämtliche Werke Münchner Ausgabe Band 9 [2006], btb Verlag, S 127, vgl auch *Walter Hinck (Hg)*, Goethe für Gestreßte [1997], insel taschenbuch Nr 1900, S 32.

342 *Antoine de Saint-Exupéry*, Nachtflug [2009], Karl Rauch Verlag, S 7.

343 *Peter Singer*, Wie sollen wir leben? Ethik in einer egoistischen Zeit[4] [2004], dtv Nr 36156, S 142. Soweit ersichtlich ist es bisher in der westlichen Welt nur *Spinoza* gelungen, in seiner vernunftbezogenen Ethik die Einzelinteressen des Menschen mit den Interessen aller Menschen und damit der Gemeinschaft in Einklang zu bringen: »Nichts vorzüglicheres, sage ich, können sich die Menschen zur Erhaltung ihres Seins wünschen, als dass alle in allem dermaßen übereinstimmen, dass gleichsam alle Geister und Körper einen Geist und einen Körper bilden und alle zugleich, soviel sie vermögen, ihr Sein zu erhalten suchen und alle zugleich für sich den gemeinsamen Nutzen aller suchen.« in Teil IV, Lehrsatz 18, Anmerkung in *Benedictus de Spinoza*, Ethica – Die Ethik [1977], Reclam Verlag Nr 851, S 479f.

344 Tugendlehre, Einleitung zur Tugendlehre, XIV in *Immanuel Kant*, Die Metaphysik der Sitten [1990], Reclam Verlag Nr 4508, S 283.

345 *Viktor Emil Frankl*, Ärztliche Seelsorge – Grundlagen der Logotherapie und Existenzanalyse [2007], dtv Nr 34427, S 93 und S 105.

346 Maximen und Reflexionen in *Johann Wolfgang Goethe*, Sämtliche Werke Münchner Ausgabe Band 17 [2006], btb Verlag, S 801; vgl auch *Walter Hinck (Hg)*, Goethe für Gestreßte [1997], insel taschenbuch Nr 1900, S 41.

347 *Viktor Emil Frankl*, Ärztliche Seelsorge – Grundlagen der Logotherapie und Existenzanalyse [2007], dtv Nr 34427, S 101 und S 105.

348 *Johann Wolfgang Goethe*, Wilhelm Meisters Lehrjahre [1982], Reclam Verlag Nr 7826, S 439.

4.4 Selbsterziehung und Selbstbeherrschung

349 *Johann Wolfgang Goethe*, Wilhelm Meisters Lehrjahre [1982], Reclam Verlag Nr 7826, S 301.
350 Erstes Stück in *Immanuel Kant*, Die Religion innerhalb der Grenzen der bloßen Vernunft [1974], Reclam Verlag Nr 1231, S 23 und auch S 55; vgl auch *Ursula Michels-Wenz (Hg)*, Kant für Gestreßte [2004], insel taschenbuch Nr 2990, S 36.
351 Buch II, 1 in *Aristoteles*, Nikomachische Ethik [2003], Reclam Verlag Nr 8586, S 34f.
352 Erstes Stück, Allgemeine Anmerkung in *Immanuel Kant*, Die Religion innerhalb der Grenzen der bloßen Vernunft [1974], Reclam Verlag Nr 1231, S 55.
353 »Dabei müssen wir nichts sein, sondern alles werden wollen, und besonders nicht öfter stille stehen und ruhen, als die Notdurft eines müden Geistes und Körpers erfordert.« Die Stelle stammt aus einem Brief an Hetzler vom 24. August 1770 in *Peter Boerner*, Johann Wolfgang von Goethe[7] [2007], rowohlts monographien Nr 50577, S 26f.
354 *Erich Fromm*, Den Menschen verstehen – Psychoanalyse und Ethik[7] [2005], dtv Nr 34077, S 182 und S 191f.
355 *Arthur Schopenhauer*, Aphorismen zur Lebensweisheit[16] [2007], Kröners Taschenausgabe Bd 16, S 1.
356 *Hermann Hesse*, Demian [2003], suhrkamp taschenbuch Nr 3518, S 8.
357 *Viktor Emil Frankl*, Ärztliche Seelsorge – Grundlagen der Logotherapie und Existenzanalyse [2007], dtv Nr 34427, S 141 und S 133. Schon *Augustinus* hat gemeint, dass Erziehung und Lernen nie aufhören und uns bis in das hohe Alter fordern: »Um zu lernen, was zu lernen ist, scheint mir kein Alter zu fortgeschritten zu sein.« – »*Sed ad discendum, quod opus est, nulla mihi aetas sera videri potest.*« in *Zentrum für Augustinus-Forschung in Würzburg*, Augustinus-Zitatenschatz[4] [2006], Eigenverlag, S 34, www.augustinus.de.
358 *Johann Wolfgang Goethe*, Wilhelm Meisters Lehrjahre [1982], Reclam Verlag Nr 7826, S 410.
359 »Wer die Menschen kennt, der ist klug;/Wer sich selber kennt, ist erleuchtet./Wer andere Menschen besiegt, hat Gewalt;/Wer sich selbst besiegt, der ist stark.« im ersten Buch, Kapitel 33, 77 in *Lao-tse*, Tao-Tê-King – Das Heilige Buch vom Weg und von der Tugend [1961, 1979], Reclam Verlag Nr 6798, S 57.
360 *Anne Reichardt/Ingo Reichardt*, Treffende Worte [2003], Linde Verlag, S 115.
361 *L. Annaeus Seneca*, De tranquilitate animi – Über die Ausgeglichenheit der Seele [1984], Reclam Verlag Nr 1846, S 13f und S 106ff,
362 Gedicht *Glück* in *Hermann Hesse*, Die Gedichte [2001], insel taschenbuch Nr 2762, S 286.
363 *Hermann Hesse*, Demian [2003], suhrkamp taschenbuch Nr 3518, S 46, S 101 und die Nachbemerkung von *Volker Michels* auf S 195.

4.5 Edles Handeln – Die Handlungstugenden

364 *André Comte-Sponville*, Ermutigung zum unzeitgemäßen Leben – Ein kleines Brevier der Tugenden und Werte[3] [2004], Rowohlt Sachbuch Nr 60524, S 177 und S 183.

365 *Johann Wolfgang Goethe*, Wilhelm Meisters Lehrjahre [1982], Reclam Verlag Nr 7826, S 496.

366 *Walter Abendroth*, Arthur Schopenhauer[20] [2003], rowohlts monographien Nr 50133, S 10.

367 *Johann Wolfgang Goethe*, Wilhelm Meisters Lehrjahre [1982], Reclam Verlag Nr 7826, S 52.

368 *Antoine de Saint-Exupéry*, Der kleine Prinz[65] [2008], Karl Rauch Verlag, S 96f.

369 Teil IV, Lehrsatz 52 samt Anmerkung in *Benedictus de Spinoza*, Ethica – Die Ethik [1977], Reclam Verlag Nr 851, S 547f.

370 Der Begriff der »Ehrfurcht vor dem Leben« wurde ganz wesentlich durch *Albert Schweitzer* in den 1960er Jahren geprägt: »Der denkend gewordene Mensch erlebt die Nötigung, allem Willen zum Leben die gleiche Ehrfurcht vor dem Leben entgegenzubringen, wie dem seinen. Er erlebt das andere Leben in dem seinen. Als gut gilt ihm, Leben erhalten, Leben fördern, entwickelbares Leben auf seinen höchsten Wert bringen.« Der Grundsatz kommt in dem Satz »Ich bin Leben, das leben will, inmitten von Leben, das leben will« wunderbar zum Ausdruck. Letztendlich handelt es sich nach *Schweitzer* bei der Ethik der Ehrfurcht vor dem Leben um die »ins Universelle erweiterte Ethik der Liebe« bzw um die »als denknotwendig erkannte Ethik Jesu« in *Albert Schweitzer*, Die Ehrfurcht vor dem Leben[9] [2008], Verlag C.H.Beck, Beck'sche Reihe Bd 255, S 21f, S 111 und S 156.

371 Gedicht *Ich fürchte mich so vor der Menschen Wort* in *Rainer Maria Rilke*, Gedichte [1997], Reclam Verlag Nr 9623, S 20.

372 *André Comte-Sponville*, Ermutigung zum unzeitgemäßen Leben – Ein kleines Brevier der Tugenden und Werte[3] [2004], Rowohlt Sachbuch Nr 60524, S 115 und S 124.

373 *Antoine de Saint-Exupéry*, Die Stadt in der Wüste [2009], Karl Rauch Verlag, S 216.

374 Nach *Publius Syrus* (1. Jhdt v Chr) bei *Walther Frederking*, PONS Wörterbuch der lateinischen Redensarten [2009], PONS Verlag, S 136. *Johann Wolfgang Goethe*, Sämtliche Werke Münchner Ausgabe Band 9 [2006], btb Verlag, S 136.

375 Maximen und Reflexionen in *Johann Wolfgang Goethe*, Sämtliche Werke Münchner Ausgabe Band 17 [2006], btb Verlag, S 869.

376 »Denn wer eine Wohltat empfangen hat, schenkt als Entgelt sein Wohlwollen und tut damit nichts anderes, als was recht ist.« in Buch IX, 5 in *Aristoteles*, Nikomachische Ethik [2003], Reclam Verlag Nr 8586, S 236. »Um vom Wohlwollen zu reden, das man gegen uns hat, so gehört es zunächst zum pflichtgemäßen Handeln, dass wir demjenigen am meisten zukommen lassen, von dem wir am meisten geschätzt werden ... Denn keine Verpflichtung ist dringlicher als die, Gunst zu vergelten.« in Buch I, 47 in *Marcus Tullius Cicero*, De officiis – Vom pflichtgemäßen Handeln [2007], Reclam Verlag Nr 1889, S 45f. »Dankbarkeit ist die Vereh-

rung einer Person wegen einer uns erwiesenen Wohltat ... Dankbarkeit ist Pflicht, d.i. nicht bloß eine Klugheitsmaxime ... sie ist unmittelbare Nötigung durchs moralische Gesetz, d.i. Pflicht.« in Tugendlehre, I. Ethische Elementarlehre, 2. teil, 1. Hauptstück, 1. Abschnitt, B und § 32 in *Immanuel Kant*, Die Metaphysik der Sitten [1990], Reclam Verlag Nr 4508, S 344f.

377 Teil III, Lehrsatz 41 und Teil IV, Lehrsatz 71 samt Beweis in *Benedictus de Spinoza*, Ethica – Die Ethik [1977], Reclam Verlag Nr 851, S 345 und S 589.

378 Apostelgeschichte 20, 35 (Die Bibel – Altes und Neues Testament – Einheitsübersetzung [1980], Herder Verlag, S 1246).

379 *André Comte-Sponville*, Ermutigung zum unzeitgemäßen Leben – Ein kleines Brevier der Tugenden und Werte[3] [2004], Rowohlt Sachbuch Nr 60524, S 158f.

380 In seinem Vers *Feststellung* bringt *Eugen Roth* mit einigem Humor diesen egoistischen Aspekt der Undankbarkeit zum Ausdruck: »Ein Mensch wird laut, wenn er was will;/Wenn ers hat, dann wird er still:/Das ›Danke!‹ ist nach alter Sitte,/Weit seltner als das ›Bitte, bitte!‹« in *Eugen Roth*, Genau besehen [2007], dtv Nr 25262, S 22.

4.6 Das Schwert – Bewahrung des kämpferischen Geistes

381 *Johann Wolfgang Goethe*, Novelle – Das Märchen [1962], Reclam Verlag Nr 7621, S 64.

382 *André Comte-Sponville*, Ermutigung zum unzeitgemäßen Leben – Ein kleines Brevier der Tugenden und Werte[3] [2004], Rowohlt Sachbuch Nr 60524, S 63ff.

383 *Wilhelm Busch*, Und überhaupt und sowieso – Reimweisheiten [2007], dtv Nr 13624, S 147.

384 *Wolfgang Amadeus Mozart*, Die Zauberflöte KV 620 [1991], Reclam Verlag Nr 2620, S 66 und zuvor S 28.

385 *Bernhard Zeller*, Hermann Hesse [2005], rowohlts monographien Nr 50676, S 86.

386 *Johann Wolfgang Goethe*, Novelle – Das Märchen [1962], Reclam Verlag Nr 7621, S 3–30; vgl auch *Goethes* Gespräch mit Eckermann am 18. Jänner 1827 in *Johann Wolfgang Goethe*, Sämtliche Werke Münchner Ausgabe Band 19 [2006], btb Verlag, S 192.

387 *André Comte-Sponville*, Ermutigung zum unzeitgemäßen Leben – Ein kleines Brevier der Tugenden und Werte[3] [2004], Rowohlt Sachbuch Nr 60524, S 62ff.

388 Matthäus 5, 39 und Matthäus 10, 34 (Die Bibel – Altes und Neues Testament – Einheitsübersetzung [1980], Herder Verlag, S 1087 und S 1094).

389 *Wolfgang Drews*, Gotthold Ephraim Lessing[28] [2005], rowohlts monographien Nr 50075, S 107.

4.7 Die Kleinigkeiten und die Größe bei den kleinen Dingen des Lebens

390 *Antoine de Saint-Exupéry*, Der kleine Prinz[65] [2008], Karl Rauch Verlag, S 34.
391 *Viktor Emil Frankl*, ... trotzdem Ja zum Leben sagen – Ein Psychologe erlebt das Konzentrationslager[28] [2007], dtv Nr 30142, S 67f.
392 *Anne Reichardt/Ingo Reichardt*, Treffende Worte [2003], Linde Verlag, S 55 und S 114.
393 aus dem Gedicht *Legende* in *Johann Wolfgang Goethe*, Gedichte [1998], Reclam Verlag Nr 6782, S 114.
394 *Anne Reichardt/Ingo Reichardt*, Treffende Worte [2003], Linde Verlag, S 65.
395 Hesse hat dazu in seiner Betrachtung *Kleine Freuden* bemerkt: »Jeden Tag so viel nur möglich von den kleinen Freuden erleben und die größeren, anstrengenden Genüsse sparsam auf Feiertage und gute Stunden verteilen, das ist es, was ich jedem raten möchte, der an Zeitmangel und Unlust leidet. Zur Erholung vor allem, zur täglichen Erlösung und Entlastung sind uns die kleinen, nicht die großen Freuden gegeben.« in *Hermann Hesse*, Glück – Betrachtungen und Gedichte [2000], insel taschenbuch Nr 2407, S 33.
396 *Ursula Michels-Wenz (Hg)*, Nietzsche für Gestreßte [1997], insel taschenbuch Nr 1928, S 46.
397 Zweites Buch, Kapitel 63, 147 und 148 in *Lao-tse*, Tao-Tê-King – Das Heilige Buch vom Weg und von der Tugend [1961, 1979], Reclam Verlag Nr 6798, S 92.
398 *Martin Kämpchen (Hg)*, Gandhi für Gestreßte [2002], insel taschenbuch Nr 2806, S 19.
399 *Walter Abendroth*, Arthur Schopenhauer[20] [2003], rowohlts monographien Nr 50133, S 96; vgl auch *Ursula Michels-Wenz (Hg)*, Schopenhauer für Gestreßte [1999], insel taschenbuch Nr 2504, S 77.

5 Partnerschaft und Familie

5.1. Liebe

400 aus dem Gedicht *Freudvoll und leidvoll* in *Johann Wolfgang Goethe*, Gedichte [1998], Reclam Verlag Nr 6782, S 53.
401 Erster Teil, I. Buch, 3. Hauptstück in *Immanuel Kant*, Kritik der praktischen Vernunft [1961], Reclam Verlag Nr 1111, S 134f und Tugendlehre, Einleitung zur Tugendlehre, XII, c in *Immanuel Kant*, Die Metaphysik der Sitten [1990], Reclam Verlag Nr 4508, S 279.
402 *André Comte-Sponville*, Ermutigung zum unzeitgemäßen Leben – Ein kleines Brevier der Tugenden und Werte[3] [2004], Rowohlt Sachbuch Nr 60524, S 16 und S 263.
403 *Friedrich Nietzsche*, Jenseits von Gut und Böse [1988], Reclam Verlag Nr 7114, S 83 – Nr 153; vgl auch *Ursula Michels-Wenz (Hg)*, Nietzsche für Gestreßte [1997], insel taschenbuch Nr 1928, S 40.
404 In ihrem Duett, in dem sie das Wunder der Liebe preisen, singen Pamina und Papageno in *Mozarts Zauberflöte*: »Nichts Edleres sei, als Weib und Mann./Mann und Weib und Weib und Mann/Reichen an die Gottheit

an.« in *Wolfgang Amadeus Mozart*, Die Zauberflöte KV 620 [1991], Reclam Verlag Nr 2620, S 27.

405   *André Comte-Sponville*, Ermutigung zum unzeitgemäßen Leben – Ein kleines Brevier der Tugenden und Werte[3] [2004], Rowohlt Sachbuch Nr 60524, S 117. Als Tamino am Eingang des Tempels der Eingeweihten in *Mozarts Zauberflöte* vom Priester gefragt wird, was er »hier im Heiligtum« sucht, bringt er diese wunderbare Verbindung zwischen Liebe und Tugend zum Ausdruck, indem er antwortet: »Der Lieb und Tugend Eigentum.« in *Wolfgang Amadeus Mozart*, Die Zauberflöte KV 620 [1991], Reclam Verlag Nr 2620, S 29.

406   *Antoine de Saint-Exupéry*, Die Stadt in der Wüste [2009], Karl Rauch Verlag, S 472.

407   *André Comte-Sponville*, Ermutigung zum unzeitgemäßen Leben – Ein kleines Brevier der Tugenden und Werte[3] [2004], Rowohlt Sachbuch Nr 60524, S 266ff, S 284ff, S 298f und S 312ff, insbesondere S 298f.

408   *Erich Fromm*, Den Menschen verstehen – Psychoanalyse und Ethik[7] [2005], dtv Nr 34077, S 83, S 85, S 92 und S 147 und *Erich Fromm*, Die Kunst des Liebens[9] [2009], dtv Nr 36102, S 48ff.

409   *Viktor Emil Frankl*, Ärztliche Seelsorge – Grundlagen der Logotherapie und Existenzanalyse [2007], dtv Nr 34427, S 178f und S 179.

410   Genesis 1, 27 und Genesis 2, 21–25: Gott hat am sechsten Tag den Menschen geschaffen. Als der Mensch schlief, nahm Gott eine seiner Rippen und baute daraus »eine Frau und führte sie dem Menschen zu. Und der Mensch sprach: Das endlich ist Bein von meinem Bein und Fleisch von meinem Fleisch. Frau soll sie heißen, denn vom Mann ist sie genommen. Darum verlässt der Mann Vater und Mutter und bindet sich an seine Frau und sie werden ein Fleisch.« (Die Bibel – Altes und Neues Testament – Einheitsübersetzung [1980], Herder Verlag, S 5 und S 6f).

411   *Erich Fromm*, Die Kunst des Liebens[9] [2009], dtv Nr 36102, S 58ff und 22f.

412   *Hermann Hesse*, Piktors Verwandlungen [1975], insel taschenbuch Nr 122, S 34f.

413   *Viktor Emil Frankl*, … trotzdem Ja zum Leben sagen – Ein Psychologe erlebt das Konzentrationslager[28] [2007], dtv Nr 30142, S 58 und S 65ff; vgl auch *Viktor Emil Frankl*, Ärztliche Seelsorge – Grundlagen der Logotherapie und Existenzanalyse [2007], dtv Nr 34427, S 184ff. Auch *Saint-Exupéry* hat dieses So-sein des geliebten Partners wunderbar beschrieben: »Es kommt die Stunde, in der du dich mit deiner Liebsten vereinigst, was nicht auf dieser oder jener Geste, nicht auf dieser oder jener Einzelheit des Gesichtes oder diesem oder jenem Wort, das sie ausspricht, sondern auf *ihr* beruht.« in *Antoine de Saint-Exupéry*, Die Stadt in der Wüste [2009], Karl Rauch Verlag, S 676.

414   *Viktor Emil Frankl*, Ärztliche Seelsorge – Grundlagen der Logotherapie und Existenzanalyse [2007], dtv Nr 34427, S 187.

415   *André Comte-Sponville*, Ermutigung zum unzeitgemäßen Leben – Ein kleines Brevier der Tugenden und Werte[3] [2004], Rowohlt Sachbuch Nr 60524, S 214.

416   *Viktor Emil Frankl*, Ärztliche Seelsorge – Grundlagen der Logotherapie und Existenzanalyse [2007], dtv Nr 34427, S 199.

417   Teil V, Lehrsatz 42 in *Benedictus de Spinoza*, Ethica – Die Ethik [1977], Reclam Verlag Nr 851, S 699.

418   *Erich Fromm*, Die Kunst des Liebens⁹ [2009], dtv Nr 36102, S 17, S 11 und S 42.
419   Das ist die Grundüberlegung von *Denis de Rougemont* in seinem Buch *Die Liebe und das Abendland*: »Verliebt sein bedeutet nicht unbedingt lieben. Verliebt sein ist ein Zustand. Liebe ist eine Handlung. Man erliegt einem Zustand, aber zu einer Handlung entscheidet man sich.« in *Denis de Rougemont*, Die Liebe und das Abendland [2007], H. Frietsch Verlag, edition epoché, S 318. *Saint-Exupéry* hat diesen aktiven Charakter der Liebe zu einem geliebten Partner in wunderbarer Weise beschrieben: »Denn ich lebe nicht von den Dingen, sondern vom Sinn der Dinge. So ist es auch mit der schlafenden Gattin. Wenn ich sie um ihrer selbst willen betrachten wollte, werde ich sofort ihrer müde werden und anderswo auf die Suche gehen. Denn sie ist weniger schön als eine andere oder hat einen schlechten Charakter, und selbst wenn sie scheinbar vollkommen ist, bleibt doch bestehen, dass sie nicht jenen Glockenton erklingen lässt, dessen Sehnsucht ich spüre; es bleibt bestehen, dass sie die Worte ›Du, mein Gebieter‹ ganz verkehrt ausspricht – diese Worte, die auf den Lippen einer anderen zu einer Musik für das Herz werden. Aber schlafe nur getrost in deiner Unzulänglichkeit, du meine unvollkommene Gefährtin. Ich stoße mich nicht an einer Mauer. Du bist nicht Ziel und Belohnung oder ein Schmuckstück, das man um seiner selbst willen verehrt und das mich sofort langweilen würde: Du bist Weg und Gefährt und Beförderung. Und ich bin es niemals müde, zu *werden*.« in *Antoine de Saint-Exupéry*, Die Stadt in der Wüste [2009], Karl Rauch Verlag, S 684.
420   Erster Brief an die Korinther 13, 1–13 (Die Bibel – Altes und Neues Testament – Einheitsübersetzung [1980], Herder Verlag, S 1281).
421   *Anne Reichardt/Ingo Reichardt*, Treffende Worte [2003], Linde Verlag, S 102 und S 103. Wunderbar sind in diesem Zusammenhang auch die Wort von *Khalil Gibran*: »Die Liebe schenkt nichts als sich selbst, und sie nimmt nichts außer von sich selbst./Die Liebe besitzt nicht, noch will sie sich besitzen lassen;/Denn die Liebe genügt der Liebe.« in *Khalil Gibran*, Der Prophet [2005], Diederichs Gelbe Reihe, S 17. Und auch *Saint-Exupéry* betont diesen Aspekt der Liebe: »Die wirkliche Liebe beginnt, wo keine Gegengabe mehr erwartet wird. Und wenn es darum geht, den Menschen die Menschenliebe zu lehren, kommt der Übung des Gebetes vor allem deshalb solche Bedeutung zu, weil das Gebet ohne Antwort bleibt.« in *Antoine de Saint-Exupéry*, Die Stadt in der Wüste [2009], Karl Rauch Verlag, S 225 und S 282.
422   aus dem Gedicht *Willkommen und Abschied* in *Johann Wolfgang Goethe*, Gedichte [1998], Reclam Verlag Nr 6782, S 20.

5.2 Ehe und Partnerschaft – Die Treue

423   *Ursula Michels-Wenz (Hg)*, Nietzsche für Gestreßte [1997], insel taschenbuch Nr 1928, S 40.
424   »Während nun bei den Tieren die Gemeinschaft nur so weit (nämlich bis zur Paarung) reicht, schließen die Menschen nicht nur wegen der Fortpflanzung eine Hausgemeinschaft, sondern auch wegen der Bedürfnisse des täglichen Lebens. Denn von vornherein sind die Aufgaben geteilt:

die Arbeit des Mannes ist eine andere als die der Frau. Und so helfen sie sich gegenseitig, indem jedes das Seine zum Ganzen beisteuert. Daher ist bekanntlich auch Nutzen und Lust in dieser Freundschaft zu finden. Sie kann aber auch sittliche Vortrefflichkeit als Fundament haben, wenn beide Partner gut sind. Denn jedes hat seinen Wesensvorzug, und an solchem Verhältnis mögen sie dann ihre Freude haben.« in Buch VIII, 14 in *Aristoteles*, Nikomachische Ethik [2003], Reclam Verlag Nr 8586, S 236. Auch die *Allgemeine Erklärung der Menschenpflichten (A Universal Declaration of Human Responsibilities)* des *InterAction Council* aus 1997 (www.interactioncouncil.org) betont diesen positiven Aspekt einer Partnerschaft in Artikel 17: »Die Ehe erfordert – bei allen kulturellen und religiösen Verschiedenheiten – Liebe, Treue und Vergebung, und sie soll zum Ziel haben, Sicherheit und gegenseitige Unterstützung zu garantieren.«

425   Teil IV, Lehrsatz 35, Anmerkung, und Teil IV, Lehrsatz 18, Anmerkung in *Benedictus de Spinoza*, Ethica – Die Ethik [1977], Reclam Verlag Nr 851, S 509 und S 479. Spinoza erwähnt hier nicht ausdrücklich die freundschaftliche Gemeinschaft zwischen Mann und Frau, sondern bezieht seine Anmerkungen ganz allgemein auf eine Gemeinschaft von Menschen.

426   *Saint-Exupéry* hat diese Verbindung von zwei Menschen durch ein gemeinsames Ziel in wunderbare Worte gefasst: »Und die Erfahrung lehrt uns, dass Liebe nicht darin besteht, dass man einander ansieht, sondern dass man gemeinsam in gleicher Richtung blickt.« in *Antoine de Saint-Exupéry*, Wind, Sand und Sterne [2010], Karl Rauch Verlag, S 223.

427   *André Comte-Sponville*, Ermutigung zum unzeitgemäßen Leben – Ein kleines Brevier der Tugenden und Werte[3] [2004], Rowohlt Sachbuch Nr 60524, S 309.

428   *Johann Wolfgang Goethe*, Wilhelm Meisters Lehrjahre [1982], Reclam Verlag Nr 7826, S 387f.

429   *Ursula Michels-Wenz (Hg)*, Nietzsche für Gestreßte [1997], insel taschenbuch Nr 1928, S 40.

430   *Wolfgang Amadeus Mozart*, Die Zauberflöte KV 620 [1991], Reclam Verlag Nr 2620, S 65.

431   Brief an die Römer 12, 9–10: »Eure Liebe sei ohne Heuchelei. Verabscheut das Böse, haltet fest am Guten! Seid einander in brüderlicher Liebe zugetan, übertrefft euch in gegenseitiger Achtung!« (Die Bibel – Altes und Neues Testament – Einheitsübersetzung [1980], Herder Verlag, S 1269).

432   *Ursula Michels-Wenz (Hg)*, Kant für Gestreßte [2004], insel taschenbuch Nr 2990, S 113. Auch die *Allgemeine Erklärung der Menschenpflichten (A Universal Declaration of Human Responsibilities)* des *InterAction Council* aus 1997 (www.interactioncouncil.org) betont den Aspekt der Achtung im Rahmen einer Partnerschaft in Artikel 16: »Alle Männer und alle Frauen haben die Pflicht, einander Achtung und Verständnis in ihrer Partnerschaft zu zeigen.«

433   *Antoine de Saint-Exupéry*, Der kleine Prinz[65] [2008], Karl Rauch Verlag, S 93ff.

434   *André Comte-Sponville*, Ermutigung zum unzeitgemäßen Leben – Ein kleines Brevier der Tugenden und Werte[3] [2004], Rowohlt Sachbuch Nr 60524, S 31, S 35 und S 42.

435 *Antoine de Saint-Exupéry*, Die Stadt in der Wüste [2009], Karl Rauch Verlag, S 140.
436 Das mag auch daran liegen, dass die Tugend der Treue in der Vergangenheit oft falsch verstanden wurde und sie deshalb heute bei vielen jungen Menschen einen negativen Beigeschmack hat. Weil die katholische Kirche allzu lang an der Dogmatik der Untrennbarkeit der vor Gott geschlossenen Ehe festgehalten hat, waren vielen Menschen aufgrund des dogmatischen Ewigkeitsgedankens der Ehe gezwungen, an einer unglücklichen oder gar hasserfüllten und gewalttätigen Partnerschaft festzuhalten. Und das hat der Tugend der Treue zweifelsohne geschadet. Dabei übersieht die kirchliche Dogmatik, dass eine gute und glückliche Partnerschaft nur möglich ist, wenn sie auf der freundschaftlichen Liebe beruht, und es nicht entscheidend ist, in welcher Form diese Beziehung institutionalisiert ist. »Zwei Herzen, die von Liebe brennen, kann Menschenohnmacht niemals trennen«, singen Pamina und die drei Knaben gegen Schluss in *Mozarts Zauberflöte* (*Wolfgang Amadeus Mozart*, Die Zauberflöte KV 620 [1991], Reclam Verlag Nr 2620, S 65). Sie bringen damit wunderbar zum Ausdruck, dass einer aus Liebe eingegangenen Partnerschaft die Treue innewohnt. Wenn Liebe ganz wesentlich durch die freundschaftliche Liebe, also durch Freundschaft, gekennzeichnet ist, dann ist auch Treue ein wesentlicher Bestandteil der Liebe und damit der Partnerschaft. Denn wir würden niemals einem guten Freund untreu werden und ihn betrügen, warum also den Partner, den wir freundschaftlich lieben?
437 *Viktor Emil Frankl*, Ärztliche Seelsorge – Grundlagen der Logotherapie und Existenzanalyse [2007], dtv Nr 34427, S 130f.
438 An anderer Stelle bemerkt *Saint-Exupéry*: »Und du bestehst durch deine Bindungen. Deine Bindungen bestehen durch dich. Der Tempel besteht durch jeden seiner Steine. Nimmst du einen weg, stürzt er ein.« in *Antoine de Saint-Exupéry*, Die Stadt in der Wüste [2009], Karl Rauch Verlag, S 617 und S 562. *Denis de Rougemont* spricht in diesem Zusammenhang von der »absurden Treue«, eine Treue, die »kraft des Absurden gehalten wird, einfach weil man sich dazu verpflichtet hat und weil das ein absolutes Faktum ist, auf das sich gerade die Persönlichkeit der Gatten gründet«. Person, Werk und Treue sind dabei nicht voneinander zu trennen. Das Treueversprechen bietet eine Chance »ein Werk zu vollbringen und sich auf die Ebene der Person zu erheben.« Die Treue der Ehegatten besteht darin, »die Schöpfung anzunehmen, den anderen so anzunehmen zu wollen, wie er ist, in seiner persönlichen Einzigartigkeit.« in *Denis de Rougemont*, Die Liebe und das Abendland [2007], H. Frietsch Verlag, edition epoché, S 314f und S 316f.
439 *Wolfgang Amadeus Mozart*, Die Zauberflöte KV 620 [1991], Reclam Verlag Nr 2620, S 66f. *Mozart* und *Schikaneder* beschreiben hier die allumfassende und allbezwingende Kraft der Liebe. Doch wirklich bemerkenswert ist an dieser Stelle der *Zauberflöte*, dass Pamina als Frau die Führung übernimmt und Tamino als Mann durch die Prüfungen führt. Das widerlegt nicht nur die vorhergehenden patriarchalisch anmutenden Stellen (die in Wahrheit gar nicht so gemeint sind, weil das »Weib« hier in der Person der Königin der Nacht nur als Symbol für Aberglauben und Vorurteile steht), sondern zeigt auch den revolutionären Geist *Mozarts* und wie weit er in Wahrheit mit seinem Denken seiner Zeit voraus war.

5.3 Egoismus, Eifersucht und deren Vermeidung

440 Erstes Stück, Allgemeine Anmerkung in *Immanuel Kant*, Die Religion innerhalb der Grenzen der bloßen Vernunft [1974], Reclam Verlag Nr 1231, S 56; *Jean-Jacques Rousseau*, Abhandlung über den Ursprung und die Grundlagen der Ungleichheit unter den Menschen [1998], Reclam Verlag Nr 1770, S 151.

441 Buch IX, 8 in *Aristoteles*, Nikomachische Ethik [2003], Reclam Verlag Nr 8586, S 260 und S 258ff.

442 Teil IV, Lehrsatz 20 in *Spinoza*, Die Ethik, Schriften und Briefe[7] [1976], Kröners Taschenausgabe Bd 24, S 211; *Benedictus de Spinoza*, Ethica – Die Ethik [1977], Reclam Verlag Nr 851, S 483.

443 Aus Martins Tagebuch in *Hermann Hesse*, Siddhartha [1999], suhrkamp taschenbuch Nr 2931, S 149. Auch *Nietzsche* betont diesen Aspekt in *Also sprach Zarathustra*: »Ihr drängt euch um den Nächsten und habt klare Worte dafür. Aber ich sage euch: eure Nächstenliebe ist eine schlechte Liebe zu euch selber. Ihr flüchtet zum Nächsten vor euch selber und möchtet euch daraus eine Tugend machen: aber ich durchschaue euer ›Selbstloses‹. Das Du ist älter als das Ich; das Du ist heilig gesprochen, aber noch nicht das Ich: so drängt der Mensch hin zum Nächsten. Liebt immerhin euren Nächsten gleich euch –, aber seid mir erst Solche, die sich selber lieben.« in *Friedrich Nietzsche*, Also sprach Zarathustra [1994], Reclam Verlag Nr 7111, S 61 und S 178.

444 *Erich Fromm*, Den Menschen verstehen – Psychoanalyse und Ethik[7] [2005], dtv Nr 34077, S 104f und S 111 und *Erich Fromm*, Die Kunst des Liebens[9] [2009], dtv Nr 36102, S 97ff.

445 *André Comte-Sponville*, Ermutigung zum unzeitgemäßen Leben – Ein kleines Brevier der Tugenden und Werte[3] [2004], Rowohlt Sachbuch Nr 60524, S 210f und S 279.

446 Anmerkung zu Teil III, Lehrsatz 35, den *Spinoza* wie folgt formulierte: »Wenn sich jemand vorstellt, dass der geliebte Gegenstand sich mit einem anderen durch ein gleiches oder engeres Band der Freundschaft verbindet, als das war, wodurch er ihn allein in Besitz hatte, so wird er von Hass gegen den geliebten Gegenstand affiziert werden und jenen anderen Gegenstand beneiden.« in *Benedictus de Spinoza*, Ethica – Die Ethik [1977], Reclam Verlag Nr 851, S 329ff.

447 *Viktor Emil Frankl*, Ärztliche Seelsorge – Grundlagen der Logotherapie und Existenzanalyse [2007], dtv Nr 34427, S 201f. Und nebenbei bemerkt dient Eifersucht auch nicht gerade der Eigennützigkeit. Nach dem griechischen Philosophen *Demokrit* ist Eifersucht eigentlich vollkommen sinnlos. »Indem man nämlich nach des Nebenbuhlers Schaden Ausschau hält, merkt man nicht, was einem selbst von Nutzen wäre.« aus Teil II, 2 in *Demokrit*, Fragmente zur Ethik [1996], Reclam Verlag Nr 9435, S 35.

448 *Viktor Emil Frankl*, Ärztliche Seelsorge – Grundlagen der Logotherapie und Existenzanalyse [2007], dtv Nr 34427, S 202.

449 Zweites Buch, Kapitel 64, 153 und erstes Buch, Kapitel 17, 42 in *Lao-tse*, Tao-Tê-King – Das Heilige Buch vom Weg und von der Tugend [1961, 1979], Reclam Verlag Nr 6798, S 93 und S 41.

450 *Johann Wolfgang Goethe*, Novelle – Das Märchen [1962], Reclam Verlag Nr 7621, S 65; vgl auch *Sigrid Bauschinger*, Unterhaltungen deutscher Aus-

gewanderten (1795) in *Paul Michael Lützeler/James E. McLeod (Hg)*, Interpretationen Goethes Erzählwerk [1985], Reclam Verlag Nr 8081, S 163f.

5.4 Familie – Unsere Herkunftsfamilie und unsere Kinder

451　*André Comte-Sponville*, Ermutigung zum unzeitgemäßen Leben – Ein kleines Brevier der Tugenden und Werte³ [2004], Rowohlt Sachbuch Nr 60524, S 306f.
452　*Peter Singer*, Wie sollen wir leben? Ethik in einer egoistischen Zeit⁴ [2004], dtv Nr 36156, S 108.
453　Erstes Buch der Könige 3, 16–28 (Die Bibel – Altes und Neues Testament – Einheitsübersetzung [1980], Herder Verlag, S 335f).
454　*Hesse* beschreibt diesen Emanzipationsprozess wunderbar in seiner Biographie des heiligen *Franz von Assisi*. Als der heilige Franziskus nach seiner inneren Läuterung beschloss, ein neues Leben zu beginnen, wurde er von seinem Vater, Herrn Bernardone, verklagt und vor des Bischofs Gericht geladen. »Da aber sein Vater ihn mit großem Zorne verstieß und enterbte, legte der Jüngling demütig sogleich seine Kleider von sich, welche Herrn Bernardone zugehörten, übergab sie demselben, stand nackend da und bekannte seinen Vorsatz, er wolle künftig allein dem Vater im Himmel angehören. Da vermochte niemand zu spotten, und der Bischof, über so viel Mut und Glauben erstaunend, hüllte den Entkleideten in seinen eigenen Mantel.« in *Hermann Hesse*, Franz von Assisi [1988], insel taschenbuch Nr 1069, S 29f.
455　*Hermann Hesse*, Siddhartha [1999], suhrkamp taschenbuch Nr 2931, S 120.
456　*André Comte-Sponville*, Ermutigung zum unzeitgemäßen Leben – Ein kleines Brevier der Tugenden und Werte³ [2004], Rowohlt Sachbuch Nr 60524, S 307.
457　*Hermann Hesse*, Siddhartha [1999], suhrkamp taschenbuch Nr 2931, S 110f.
458　*Viktor Emil Frankl*, Ärztliche Seelsorge – Grundlagen der Logotherapie und Existenzanalyse [2007], dtv Nr 34427, S 122f.

5.5 Erziehung zu einem tugendhaften Leben

459　Methodenlehre, Erstes Hauptstück, Zweiter Abschnitt in *Immanuel Kant*, Kritik der reinen Vernunft [1966], Reclam Verlag Nr 6461, S 763f.
460　*André Comte-Sponville*, Ermutigung zum unzeitgemäßen Leben – Ein kleines Brevier der Tugenden und Werte³ [2004], Rowohlt Sachbuch Nr 60524, S 23 und S 25.
461　*Martin Kämpchen (Hg)*, Gandhi für Gestreßte [2002], insel taschenbuch Nr 2806, S 68.
462　*André Comte-Sponville*, Ermutigung zum unzeitgemäßen Leben – Ein kleines Brevier der Tugenden und Werte³ [2004], Rowohlt Sachbuch Nr 60524, S 47 und S 50f.
463　Beeindruckt vom Spiel der Zauberflöte singen Pamina und Tamino am Schluss bei ihren Prüfungen gemeinsam: »Wir wandeln durch des Tones Macht froh durch des Todes düstre Nacht.« in *Wolfgang Amadeus Mozart*, Die Zauberflöte KV 620 [1991], Reclam Verlag Nr 2620, S 67.

5.6 Erziehung im pädagogischen Sinn

464 aus dem Gedicht *Vorbemerk* in *Wilhelm Busch, Und überhaupt und sowieso – Reimweisheiten* [2007], dtv Nr 13624, S 72 und S 134.
465 *Erich Fromm*, Den Menschen verstehen – Psychoanalyse und Ethik[7] [2005], dtv Nr 34077, S 161.
466 »Meine Nächstenliebe besteht darin, ihm zur Geburt seines eigenen Wesens zu verhelfen.« in *Antoine de Saint-Exupéry*, Die Stadt in der Wüste [2009], Karl Rauch Verlag, S 61.
467 *Walter Abendroth*, Arthur Schopenhauer[20] [2003], rowohlts monographien Nr 50133, S 25.
468 *Johann Wolfgang Goethe*, Wilhelm Meisters Lehrjahre [1982], Reclam Verlag Nr 7826, S 519f.
469 Teil VII, 11 in *Demokrit*, Fragmente zur Ethik [1996], Reclam Verlag Nr 9435, S 65.
470 *Ursula Michels-Wenz (Hg)*, Kant für Gestreßte [2004], insel taschenbuch Nr 2990, S 73f.
471 *Johann Wolfgang Goethe*, Wilhelm Meisters Lehrjahre [1982], Reclam Verlag Nr 7826, S 518.
472 Erstes Buch, Kapitel 10, 118 und zweites Buch, Kapital 51, 118 in *Lao-tse*, Tao-Tê-King – Das Heilige Buch vom Weg und von der Tugend [1961, 1979], Reclam Verlag Nr 6798, S 34 und S 80. Auch *Khalil Gibran* betont diesen Aspekt: »Eure Kinder sind nicht eure Kinder./Sie sind die Söhne und Töchter der Sehnsucht des Lebens nach sich selbst./Sie kommen durch euch, aber nicht von euch./Und obgleich sie bei euch sind, gehören sie euch nicht.« in *Khalil Gibran*, Der Prophet [2005], Diederichs Gelbe Reihe, S 21.
473 *André Comte-Sponville*, Ermutigung zum unzeitgemäßen Leben – Ein kleines Brevier der Tugenden und Werte[3] [2004], Rowohlt Sachbuch Nr 60524, S 322.
474 *Erich Fromm*, Den Menschen verstehen – Psychoanalyse und Ethik[7] [2005], dtv Nr 34077, S 120 und S 122ff.
475 *Friedrich Nietzsche*, Also sprach Zarathustra [1994], Reclam Verlag Nr 7111, S 212.
476 *Ursula Michels-Wenz (Hg)*, Nietzsche für Gestreßte [1997], insel taschenbuch Nr 1928, S 60.
477 *Hermann Hesse*, Demian [2003], suhrkamp taschenbuch Nr 3518, S 66.
478 »Da es nun die, von uns stets a priori gemachte Voraussetzung, dass Alles einen Grund habe, ist, die uns berechtigt, überall Warum zu fragen; so darf man das Warum die Mutter aller Wissenschaften nennen.« »Nichts ist ohne Grund warum es sei.« – »*Nihil est sine ratione cur potius sit, quam non sit.*« in *Walter Abendroth*, Arthur Schopenhauer[20] [2003], rowohlts monographien Nr 50133, S 43.
479 Elementarlehre, Zweiter Teil, III in *Immanuel Kant*, Kritik der reinen Vernunft [1966], Reclam Verlag Nr 6461, S 126; vgl auch bei *Ursula Michels-Wenz (Hg)*, Kant für Gestreßte [2004], insel taschenbuch Nr 2990, S 46.
480 Erster Teil, I. Buch, 1. Hauptstück, § 3 Lehrsatz II, Anmerkung I in *Immanuel Kant*, Kritik der praktischen Vernunft [1961], Reclam Verlag Nr 1111, S 42. Kant bezieht seine Aussage hier zwar auf die »Obliegenheit eines Philosophen«, doch ist sie allgemein gültig.

481 Ursula Michels-Wenz (Hg), Kant für Gestreßte [2004], insel taschenbuch Nr 2990, S 75f.
482 Teil X, 4a in *Demokrit*, Fragmente zur Ethik [1996], Reclam Verlag Nr 9435, S 87.
483 *Antoine de Saint-Exupéry*, Der kleine Prinz[65] [2008], Karl Rauch Verlag, S 22.

5.7 Freiheit und Ordnungsprinzip

484 *Antoine de Saint-Exupéry*, Die Stadt in der Wüste [2009], Karl Rauch Verlag, S 183.
485 Genesis 1, 1 (Die Bibel – Altes und Neues Testament – Einheitsübersetzung [1980], Herder Verlag, S 5). Diese Stimmung kommt auch am Beginn von *Haydns Schöpfung* wunderbar zum Ausdruck.
486 Exodus 20, 1–21 und Deuteronomium 5, 1–22 (Die Bibel – Altes und Neues Testament – Einheitsübersetzung [1980], Herder Verlag S 72 und S 174f.)
487 Das entspricht auch den Überlegungen in *Kants* Rechtslehre: Was ist Recht? »Das Recht ist also der Inbegriff der Bedingungen, unter denen die Willkür des einen mit der Willkür des anderen nach einem allgemeinen Gesetze der Freiheit zusammen vereinigt werden kann.« Allgemeines Prinzip des Rechts: »Eine jede Handlung ist recht, die oder nach deren Maxime die Freiheit der Willkür eines jeden mit jedermanns Freiheit nach einem allgemeinen Gesetze zusammen bestehen kann.« bei § B und § C der Einleitung in die Rechtslehre in *Immanuel Kant*, Die Metaphysik der Sitten [1990], Reclam Verlag Nr 4508, S 66f.
488 *Viktor Emil Frankl*, Ärztliche Seelsorge – Grundlagen der Logotherapie und Existenzanalyse [2007], dtv Nr 34427, S 130f. Diesen Aspekt betont auch *Saint-Exupéry*: »Mensch sein heißt, Verantwortung fühlen: Sich schämen beim Anblick einer Not, auch wenn man offenbar keine Mitschuld an ihr hat; stolz sein über den Erfolg der Kameraden; seinen Stein beitragen im Bewusstsein, mitzuwirken am Bau der Welt.« in *Antoine de Saint-Exupéry*, Wind, Sand und Sterne [2010], Karl Rauch Verlag, S 56.
489 www.interactioncouncil.org; Auch im *Glasperlenspiel* bringt *Hesse* in diesem Zusammenhang zum Ausdruck, dass »jeder Aufstieg in der Stufe der Ämter nicht ein Schritt in die Freiheit, sondern in die Bindung« ist. »Je größer die Amtsgewalt, desto strenger der Dienst. Je stärker die Persönlichkeit, desto verpönter die Willkür.« in *Hermann Hesse*, Das Glasperlenspiel [1996], suhrkamp taschenbuch Nr 2572, S 408 und 149f.
490 *Johann Wolfgang Goethe*, Wilhelm Meisters Lehrjahre [1982], Reclam Verlag Nr 7826, S 432.
491 *Jean-Jacques Rousseau*, Gesellschaftsvertrag [1977], Reclam Verlag Nr 1769, S 23.

6 Grundregeln für das Zusammenleben

6.1 Nächstenliebe und Wohlwollen

492 Johannes 13, 5–7; 13, 14–15; 13, 34 und 15, 9–13 (Die Bibel – Altes und Neues Testament – Einheitsübersetzung [1980], Herder Verlag, S 1208 und S 1211).

493 Brief an die Römer 13, 8–10: »Bleibt niemand etwas schuldig; nur die Liebe schuldet ihr einander immer. Wer den anderen liebt, hat das Gesetz erfüllt. Denn die Gebote: Du sollst nicht die Ehe brechen, du sollst nicht töten, du sollst nicht stehlen, du sollst nicht begehren!, und alle anderen Gebote sind in dem einen Satz zusammengefasst: Du sollst deinen Nächsten lieben wie dich selbst. Die Liebe tut dem Nächsten nichts Böses. Also ist die Liebe die Erfüllung des Gesetzes.« Brief an die Galater 5, 14. »Denn das ganze Gesetz ist in dem einen Wort zusammengefasst: Du sollst deinen Nächsten lieben wie dich selbst!« Erster Brief des Johannes 3, 11: »Denn das ist die Botschaft, die ihr von Anfang an gehört habt: Wir sollen einander lieben.« Matthäus 5, 43–44: »Ihr habt gehört, dass gesagt worden ist: Du sollst deinen Nächsten lieben und deinen Feind hassen. Ich aber sage euch: Liebt eure Feinde und betet für die, die euch verfolgen«, Ähnlich auch bei Lukas 6, 27 (Die Bibel – Altes und Neues Testament – Einheitsübersetzung [1980], Herder Verlag, S 1270, S 1308, S 1376, S 1087 und S 1157).

494 »Die Wurzel deines Handelns bleibe innerhalb der Liebe. Aus dieser Wurzel kann nichts anderes als Gutes wachsen.« – »*Radix sit intus dilectionis, non potest de ista radice nisi bonum existere.*« in *Zentrum für Augustinus-Forschung in Würzburg*, Augustinus-Zitatenschatz[4] [2006], Eigenverlag, S 36 und S 37, www.augustinus.de.

495 Punkt XLVI.87 in *Augustinus*, De vera religione – Über die wahre Religion [1983], Reclam Verlag Nr 7971, S 147; vgl auch unter Punkt XLVII.90 (S 153).

496 Buch VIII, 2 und Buch IX, 5 in *Aristoteles*, Nikomachische Ethik [2003], Reclam Verlag Nr 8586, S 215f und S 253. Im Buch IX, 5 heißt es wörtlich: »Das Wohlwollen hat etwas an sich von einem freundschaftlichen Verhältnis, ist aber nicht eigentlich Freundschaft. Denn Wohlwollen ist auch gegenüber Unbekannten möglich und so, dass es nach außen gar nicht hervortritt, Freundschaft dagegen nicht. Wohlwollen ist aber auch keine Form des Liebens, denn es hat nicht jene belebende Spannung und jenes Streben, das die Liebe begleitet. Liebe bedeutet ferner gegenseitige Vertrautheit, das Wohlwollen aber entsteht auch aus dem Erlebnis des Augenblicks.«

497 Teil IV, Lehrsatz 37, und zuvor Teil IV, Lehrsatz 18, Anmerkung in *Benedictus de Spinoza*, Ethica – Die Ethik [1977], Reclam Verlag Nr 851, S 511 und S 481.

498 Tugendlehre, Einleitung zur Tugendlehre, XII, c in *Immanuel Kant*, Die Metaphysik der Sitten [1990], Reclam Verlag Nr 4508, S 279.

499 vgl etwa *Richard David Precht*, Wer bin ich und wenn ja, wie viele?[9] [2007], Goldmann Verlag, S 309.

500 Erster Teil, I. Buch, 3. Hauptstück in *Immanuel Kant*, Kritik der praktischen Vernunft [1961], Reclam Verlag Nr 1111, S 134f und S 131ff und

Tugendlehre, Einleitung zur Tugendlehre, XII, c in *Immanuel Kant*, Die Metaphysik der Sitten [1990], Reclam Verlag Nr 4508, S 279; vgl auch bei *Werner Stegmaier*, Hauptwerke der Philosophie – Von Kant bis Nietzsche [1997], Reclam Verlag Nr 8743, S 89f.

501 Der »Nächste« im Sinn des Gebotes der Nächstenliebe war schon von der Grundüberlegung her jeder Fremde, wie *Jesus* das am Beispiel des barmherzigen Samariters in Lukas 10, 25–37 verdeutlicht hat: Ein Gesetzeslehrer fragte *Jesus*, wer denn nun sein Nächster im Sinn des Grundsatzes »Deinen Nächsten sollst du lieben wie dich selbst« ist: »Darauf antwortete ihm Jesus: Ein Mann ging von Jerusalem nach Jericho hinab und wurde von Räubern überfallen. Sie plünderten ihn aus und schlugen ihn nieder; dann gingen sie weg und ließen ihn halb tot liegen. Zufällig kam ein Priester denselben Weg herab; er sah ihn und ging weiter. Auch ein Levit kam zu der Stelle; er sah ihn und ging weiter. Dann kam ein Mann aus Samarien, der auf der Reise war. Als er ihn sah, hatte er Mitleid, ging zu ihm hin, goss Öl und Wein auf seine Wunden und verband sie. Dann hob er ihn auf sein Reittier, brachte ihn zu einer Herberge und sorgte für ihn. Am andern Morgen holte er zwei Denare hervor, gab sie dem Wirt und sagte: Sorge für ihn, und wenn du mehr für ihn brauchst, werde ich es dir bezahlen, wenn ich wiederkomme. Was meinst du: Wer von diesen dreien hat sich als der Nächste dessen erwiesen, der von den Räubern überfallen wurde? Der Gesetzeslehrer antwortete: Der, der barmherzig an ihm gehandelt hat. Da sagte Jesus zu ihm: Dann geh und handle genauso!« (Die Bibel – Altes und Neues Testament – Einheitsübersetzung [1980], Herder Verlag, S 1165).

502 Matthäus 5, 44 und 5, 39 und Lukas 6, 27 und 6, 29 (Die Bibel – Altes und Neues Testament – Einheitsübersetzung [1980], Herder Verlag, S 1087 und S 1157).

503 Teil IV, Lehrsatz 46 samt Beweis und Anmerkung in *Benedictus de Spinoza*, Ethica – Die Ethik [1977], Reclam Verlag Nr 851, S 539; vgl auch Teil III, Lehrsatz 43, S 349.

504 Tugendlehre, Einleitung zur Tugendlehre, XII, c in *Immanuel Kant*, Die Metaphysik der Sitten [1990], Reclam Verlag Nr 4508, S 279.

505 *Ursula Michels-Wenz (Hg)*, Schopenhauer für Gestreßte [1999], insel taschenbuch Nr 2504, S 106.

506 *Peter Singer*, Wie sollen wir leben? Ethik in einer egoistischen Zeit[4] [2004], dtv Nr 36156, S 149ff (Kapitel 7), insbesondere S 156ff und S 159.

507 Exodus 21, 23: »Ist weiterer Schaden entstanden, dann musst du geben: Leben für Leben, Auge für Auge, Zahn für Zahn, Hand für Hand, Fuß für Fuß, Brandmal für Brandmal, Wunde für Wunde, Strieme für Strieme.« Deuteronomium 19, 21: »Und du sollst in dir kein Mitleid aufsteigen lassen: Leben für Leben, Auge für Auge, Zahn für Zahn, Hand für Hand, Fuß für Fuß.« vgl auch bei Matthäus 5, 38 (Die Bibel – Altes und Neues Testament – Einheitsübersetzung [1980], Herder Verlag, S 73, S 191 und S 1087).

508 Matthäus 10, 34 (Die Bibel – Altes und Neues Testament – Einheitsübersetzung [1980], Herder Verlag, S 1094).

509 *Peter Singer*, Wie sollen wir leben? Ethik in einer egoistischen Zeit[4] [2004], dtv Nr 36156, S 167f.

510 *Ursula Michels-Wenz (Hg)*, Schopenhauer für Gestreßte [1999], insel taschenbuch Nr 2504, S 105f.

6.2 Mitleid, Mitgefühl, Einfühlungsvermögen und Rücksichtnahme

511   *Antoine de Saint-Exupéry*, Der kleine Prinz[65] [2008], Karl Rauch Verlag, S 44.
512   Teil III, Definition 18 in *Benedictus de Spinoza*, Ethica – Die Ethik [1977], Reclam Verlag Nr 851, S 407 sowie in *Spinoza*, Die Ethik, Schriften und Briefe[7] [1976], Kröners Taschenausgabe Bd 24, S 178. *Jean-Jacques Rousseau* hat Mitleid wie folgt definiert: »Mithin steht wohl fest, dass das Mitleid ein natürliches Gefühl ist, das in jedem Individuum die Wirksamkeit der Selbstliebe mäßigt und daher zur gegenseitigen Erhaltung der gesamten Gattung beiträgt. Das Mitleid veranlasst uns, ohne zu überlegen denjenigen Hilfe zu leisten, die wir leiden sehen.« in *Jean-Jacques Rousseau*, Abhandlung über den Ursprung und die Grundlagen der Ungleichheit unter den Menschen [1998], Reclam Verlag Nr 1770, S 64.
513   Teil III, Definition 24 in *Benedictus de Spinoza*, Ethica – Die Ethik [1977], Reclam Verlag Nr 851, S 411 sowie in *Spinoza*, Die Ethik, Schriften und Briefe[7] [1976], Kröners Taschenausgabe Bd 24, S 180.
514   *Albert Schweitzer*, Die Ehrfurcht vor dem Leben[9] [2008], Verlag C.H.Beck, Beck'sche Reihe Bd 255, S 36f.
515   *André Comte-Sponville*, Ermutigung zum unzeitgemäßen Leben – Ein kleines Brevier der Tugenden und Werte[3] [2004], Rowohlt Sachbuch Nr 60524, S 125f.
516   *Richard David Precht*, Wer bin ich und wenn ja, wie viele?[9] [2007], Goldmann Verlag, S 129.
517   *André Comte-Sponville*, Ermutigung zum unzeitgemäßen Leben – Ein kleines Brevier der Tugenden und Werte[3] [2004], Rowohlt Sachbuch Nr 60524, S 139.
518   Lehrsatz SV 1 in *Epikur*, Briefe Sprüche Werkfragmente [2000], Reclam Verlag Nr 9984, S 67; vgl auch eine von Epikurs Weisungen (S 97): »Der in sich unbeschwerte Mensch ist auch den andern keine Last.«
519   »Was soll ich viel lieben, was soll ich viel hassen;/Man lebt nur vom leben lassen.« in *Johann Wolfgang Goethe*, Sämtliche Werke Münchner Ausgabe Band 9 [2006], btb Verlag, S 143.

6.3 Aufrichtigkeit, Ehrlichkeit und Wahrheit

520   *André Comte-Sponville*, Ermutigung zum unzeitgemäßen Leben – Ein kleines Brevier der Tugenden und Werte[3] [2004], Rowohlt Sachbuch Nr 60524, S 229f.
521   Erster Brief an die Korinther 13, 6 (Die Bibel – Altes und Neues Testament – Einheitsübersetzung [1980], Herder Verlag, S 1285); vgl auch Punkt 1 in *Papst Benedikt XVI*, Enzyklika Caritas in veritate [2009], www.vatican.va, S 1.
522   Buch IV, 13 in *Aristoteles*, Nikomachische Ethik [2003], Reclam Verlag Nr 8586, S 112f.
523   Diese strenge Haltung geht offenbar auf *Martin Luthers* Übersetzung des achten bzw neunten Gebotes über das Falschzeugnis in Exodus 20, 16 bzw Deuteronomium 5, 20 zurück. *Luther* hat das Falschzeugnisgebot mit »Du sollst nicht falsch Zeugnis reden wider deinen Nächsten.« übersetzt

und es damit als allgemeines Lügenverbot interpretiert. Doch tatsächlich enthält die Bibel kein generelles Verbot zu lügen. In der Einheitsübersetzung versteht sich das Falschzeugnisgebot nur als Meineidverbot (»Du sollst nicht falsch gegen deinen Nächsten aussagen«), was auch durch die historische Entwicklung des Gebotes unterstützt wird (Die Bibel – Altes und Neues Testament – Einheitsübersetzung [1980], Herder Verlag, S 72 und S 175; Die Bibel nach der Übersetzung Martin Luthers [1984], Deutsche Bibelgesellschaft, S 78 und S 185; vgl auch *Matthias Köckert*, Die Zehn Gebote [2007], C.H.Beck Verlag, S 81f).

524 Teil IV, Lehrsatz 72 samt Beweis und Anmerkung in *Benedictus de Spinoza*, Ethica – Die Ethik [1977], Reclam Verlag Nr 851, S 589f. Der wesentliche Grundsatz, dass aus Tugend handeln nichts anderes ist als nach der Leitung der Vernunft zu handeln, findet sich im Teil IV, Lehrsatz 24 samt Beweis, S 487f. Auch *Goethe* war ein vehementer Gegner der Lüge: »Habt ihr gelogen in Wort und Schrift,/Andern ist es und euch ein Gift.« in *Johann Wolfgang Goethe*, Sämtliche Werke Münchner Ausgabe Band 13.1 [2006], btb Verlag, S 55.

525 § 9 der Tugendlehre in *Immanuel Kant*, Die Metaphysik der Sitten [1990], Reclam Verlag Nr 4508, S 312f; vgl auch *Werner Stegmaier*, Hauptwerke der Philosophie – Von Kant bis Nietzsche [1997], Reclam Verlag Nr 8743, S 82.

526 www.interactioncouncil.org.

527 *Wolfgang Amadeus Mozart*, Die Zauberflöte KV 620 [1991], Reclam Verlag Nr 2620, S 14, S 19 und S 33.

528 *André Comte-Sponville*, Ermutigung zum unzeitgemäßen Leben – Ein kleines Brevier der Tugenden und Werte[3] [2004], Rowohlt Sachbuch Nr 60524, S 232f. Auch die *Allgemeine Erklärung der Menschenpflichten (A Universal Declaration of Human Responsibilities)* des InterAction Council aus 1997 (www.interactioncouncil.org) bringt diese Grenze des allgemeinen Lügenverbotes zum Ausdruck. Denn wenngleich nach Artikel 12 jeder Mensch die Pflicht hat, »wahrhaftig zu reden und zu handeln« und »niemand lügen« darf, legt Artikel 12 doch weiter fest, dass niemand verpflichtet ist, »die volle Wahrheit jedem zu jeder Zeit zu sagen«.

529 *Zentrum für Augustinus-Forschung in Würzburg*, Augustinus-Zitatenschatz[4] [2006], Eigenverlag, S 19, www.augustinus.de. Die Idee eines wahrhaften Seins kommt auch in der Allgemeinen Erklärung der Menschenpflichten (*A Universal Declaration of Human Responsibilities*) des InterAction Council aus 1997 (www.interactioncouncil.org) zum Ausdruck. Denn nach Artikel 12 hat jeder Mensch ganz allgemein die Pflicht, »wahrhaftig zu reden und zu handeln«.

6.4 Geduld und Selbstbeherrschung

530 Biographische Texte in *Hermann Hesse*, Siddhartha [1999], suhrkamp taschenbuch Nr 2931, S 155. *Hesse* sagt hier weiter, dass Geduld das Schwerste und das Einzige ist, was zu lernen sich lohnt.

531 *Augustus* (63 v–14 n Chr) bei *Walther Frederking*, PONS Wörterbuch der lateinischen Redensarten [2009], PONS Verlag, S 125. In seiner Betrachtung *Kleine Freuden* meint *Hesse* dazu: »Die hohe Bewertung der Minute,

die Eile, als wichtigste Ursache unserer Lebensform, ist ohne Zweifel der gefährlichste Feind der Freude.« in *Hermann Hesse*, Glück – Betrachtungen und Gedichte [2000], insel taschenbuch Nr 2407, S 27f.

532   *Hermann Hesse*, Piktors Verwandlungen [1975], insel taschenbuch Nr 122, S 31 und S 34.
533   Biographische Texte in *Hermann Hesse*, Siddhartha [1999], suhrkamp taschenbuch Nr 2931, S 155.

6.5 Verzeihen und Vergessen

534   *André Comte-Sponville*, Ermutigung zum unzeitgemäßen Leben – Ein kleines Brevier der Tugenden und Werte[3] [2004], Rowohlt Sachbuch Nr 60524, S 141f.
535   Johannes 8, 1–11 (Die Bibel – Altes und Neues Testament – Einheitsübersetzung [1980], Herder Verlag, S 1200).
536   Lukas 23, 34 und Apostelgeschichte 7, 60 (Die Bibel – Altes und Neues Testament – Einheitsübersetzung [1980], Herder Verlag, S 1185 und S 1229).
537   *André Comte-Sponville*, Ermutigung zum unzeitgemäßen Leben – Ein kleines Brevier der Tugenden und Werte[3] [2004], Rowohlt Sachbuch Nr 60524, S 150 und S 154.
538   *André Comte-Sponville*, Ermutigung zum unzeitgemäßen Leben – Ein kleines Brevier der Tugenden und Werte[3] [2004], Rowohlt Sachbuch Nr 60524, S 141.
539   *Arthur Schopenhauer*, Aphorismen zur Lebensweisheit[16] [2007], Kröners Taschenausgabe Bd 16, S 227.
540   *Ursula Michels-Wenz (Hg)*, Nietzsche für Gestreßte [1997], insel taschenbuch Nr 1928, S 25, S 26 und S 76.
541   *Rudolf Steiner*, Die Geheimwissenschaft im Umriß [2005], Rudolf Steiner Verlag, S 55.

6.6 Kritik und deren Vermeidung

542   Matthäus 7, 1–3; ähnlich auch bei Lukas 6, 37–38 (Die Bibel – Altes und Neues Testament – Einheitsübersetzung [1980], Herder Verlag, S 1089 und S 1158). *Rudolf Steiner* argumentiert in diesem Zusammenhang, dass Christus damit im eminentesten Sinn die Karma-Idee bzw das Karmagesetz zum Ausdruck bringt. Diese bedeutet »nichts Geringeres, als dass kein Mensch sich aufwerfe zum Richter über das Innerste eines anderen Menschen. Solange ein Mensch über den anderen richtet, so lange stellt ein Mensch den anderen unter den Zwang des eigenen Ich. Wenn aber einer wirklich an das ›Ich-bin‹ im christlichen Sinn glaubt, richtet er nicht; dann sagt er: Ich weiß, dass das Karma der große Ausgleicher ist. Der wirkliche Christ würde sagen: Was ihr auch vorbringt, ob er es getan hat oder nicht, respektiert muss werden das ›Ich-bin‹, dem Karma muss es überlassen werden, dem großen Gesetz, das das Gesetz des Christus-Geistes selber ist. Dem Christus selber muss es überlassen bleiben. – Karma vollzieht sich im Laufe der Erdentwickelung; wir können es dieser Entwickelung überlassen, welche Strafe Karma über den Men-

schen verhängt.« in *Rudolf Steiner*, Das Johannes Evangelium[11] [2005], Rudolf Steiner Verlag, S 146.

543 Teil III, Lehrsatz 40 in *Benedictus de Spinoza*, Ethica – Die Ethik [1977], Reclam Verlag Nr 851, S 343.

544 Matthäus 7, 3–5: »Warum siehst du den Splitter im Auge deines Bruders, aber den Balken in deinem Auge bemerkst du nicht? Wie kannst du zu deinem Bruder sagen: Lass mich den Splitter aus deinem Auge herausziehen! – und dabei steckt in deinem Auge ein Balken? Du Heuchler! Zieh zuerst den Balken aus deinem Auge, dann kannst du versuchen, den Splitter aus dem Auge deines Bruders herauszuziehen.« Fast wortgleich findet sich das bei Lukas 6, 41–42. (Die Bibel – Altes und Neues Testament – Einheitsübersetzung [1980], Herder Verlag, S 1089 und S 1158).

545 *Dale Carnegie*, Wie man Freunde gewinnt [1993], Scherz Verlag, S 41. Die Schwierigkeit mit der Kritik hat *Eugen Roth* in seinem blendenden Vers *Lob und Tadel* zusammengefasst: »Ein Mensch weiß aus Erfahrung: Lob/Darf kurz und bündig sein, ja grob./Für Tadel – selbst von milder Sorte –/Brauchts lange, klug gewählte Worte.« in *Eugen Roth*, Genau besehen [2007], dtv Nr 25262, S 53.

546 *Rudolf Steiner*, Die Geheimwissenschaft im Umriß [2005], Rudolf Steiner Verlag, S 304.

547 *Bernhard Zeller*, Hermann Hesse [2005], rowohlts monographien Nr 50676, S 70.

548 *Antoine de Saint-Exupéry*, Die Stadt in der Wüste [2009], Karl Rauch Verlag, S 134.

549 *Antoine de Saint-Exupéry*, Der kleine Prinz[65] [2008], Karl Rauch Verlag, S 51ff. In *Die Stadt in der Wüste* meint *Saint-Exupéry* dazu: »Den Freund kennzeichnet es vor allem, dass er nicht richtet.« Und etwas später bemerkt er: »Und es offenbarte mir nach und nach jene Wahrheit, die freilich auf der Hand liegt: dass einer, der das Gute liebt, nachsichtig gegen das Böse ist. Dass einer, der die Kraft liebt, nachsichtig gegen die Schwäche ist.« in *Antoine de Saint-Exupéry*, Die Stadt in der Wüste [2009], Karl Rauch Verlag, S 233 und S 403.

550 »Wenn wir die Menschen nur nehmen, wie sie sind, so machen wir sie schlechter; wenn wir sie behandeln, als wären sie, was sie sein sollten, so bringen wir sie dahin, wohin sie zu bringen sind.« in *Johann Wolfgang Goethe*, Wilhelm Meisters Lehrjahre [1982], Reclam Verlag Nr 7826, S 557.

6.7 Das Gespräch, Zuhören und Schweigen

551 *Johann Wolfgang Goethe*, Novelle – Das Märchen [1962], Reclam Verlag Nr 7621, S 37.

552 *Ursula Gräfe (Hg)*, Konfuzius für Gestreßte [2001], insel taschenbuch Nr 2754, S 46.

553 *Hermann Hesse*, Siddhartha [1999], suhrkamp taschenbuch Nr 2931, S 99 und *Hermann Hesse*, Das Glasperlenspiel [1996], suhrkamp taschenbuch Nr 2572, S 318.

554 *Friedrich Nietzsche*, Also sprach Zarathustra [1994], Reclam Verlag Nr 7111, S 91 und S 147.

555 Zweites Buch, Kapitel 56, 129 in *Lao-tse*, Tao-Tê-King – Das Heilige Buch vom Weg und von der Tugend [1961, 1979], Reclam Verlag Nr 6798, S 85.
556 vgl bei *Richard David Precht*, Wer bin ich und wenn ja, wie viele?[9] [2007], Goldmann Verlag, S 111f.
557 Jesus Sirach 20, 5–7: »Mancher schweigt und gilt als weise, mancher wird trotz vielen Redens verachtet. Mancher schweigt, weil er keine Antwort weiß, mancher schweigt, weil er die rechte Zeit beachtet. Der Weise schweigt bis zur rechten Zeit, der Tor aber achtet nicht auf die rechte Zeit.« (Die Bibel – Altes und Neues Testament – Einheitsübersetzung [1980], Herder Verlag, S 769).
558 Erstes Buch, Kapitel 5, 15 in *Lao-tse*, Tao-Tê-King – Das Heilige Buch vom Weg und von der Tugend [1961, 1979], Reclam Verlag Nr 6798, S 29.
559 *Martin Kämpchen (Hg)*, Gandhi für Gestreßte [2002], insel taschenbuch Nr 2806, S 26f und S 79.
560 *Arthur Schopenhauer*, Aphorismen zur Lebensweisheit[16] [2007], Kröners Taschenausgabe Bd 16, S 247. Auch *Nietzsche* sah das Schweigen als heilsam an: »Man lernt zu sprechen, aber man verlernt zu schwätzen, wenn man ein Jahr lang schweigt.« in *Friedrich Nietzsche*, Die nachgelassenen Fragmente [1996], Reclam Verlag Nr 7118, S 81.
561 *Wolfgang Amadeus Mozart*, Die Zauberflöte KV 620 [1991], Reclam Verlag Nr 2620, S 41ff und 51ff.
562 *Martin Kämpchen (Hg)*, Gandhi für Gestreßte [2002], insel taschenbuch Nr 2806, S 81.
563 *Arthur Schopenhauer*, Aphorismen zur Lebensweisheit[16] [2007], Kröners Taschenausgabe Bd 16, S 176 und S 29. Interessanterweise hat *Schopenhauer* dabei den Aspekt der Einsamkeit auch mit der Freiheit verbunden (S 173): »Ganz er selbst sein darf jeder nur solange er allein ist: wer also nicht die Einsamkeit liebt, der liebt auch nicht die Freiheit: denn nur wenn man allein ist, ist man frei.«
564 *Erich Fromm*, Den Menschen verstehen – Psychoanalyse und Ethik[7] [2005], dtv Nr 34077, S 127.
565 *Hermann Hesse*, Siddhartha [1999], suhrkamp taschenbuch Nr 2931, S 69.
566 *Friedrich Nietzsche*, Also sprach Zarathustra [1994], Reclam Verlag Nr 7111, S 136f; vgl auch *Ursula Michels-Wenz (Hg)*, Nietzsche für Gestreßte [1997], insel taschenbuch Nr 1928, S 11.

7 Gesundheit, Umwelt und Wirtschaft

7.1 Die Bedeutung der körperlichen Gesundheit

567 *Juvenal* (um 60–140) bei *Walther Frederking*, PONS Wörterbuch der lateinischen Redensarten [2009], PONS Verlag, S 68: »*Orandum est ut sit mens sana in corpore sano.*«.
568 *Martin Kämpchen (Hg)*, Gandhi für Gestreßte [2002], insel taschenbuch Nr 2806, S 20.
569 *André Comte-Sponville*, Ermutigung zum unzeitgemäßen Leben – Ein kleines Brevier der Tugenden und Werte[3] [2004], Rowohlt Sachbuch Nr 60524, S 49.

570 Uwe Schulz, Immanuel Kant³ [2005], rowohlts monographien Nr 50659, S 46f.
571 Arthur Schopenhauer, Aphorismen zur Lebensweisheit¹⁶ [2007], Kröners Taschenausgabe Bd 16, S 22.

7.2 Maßnahmen zur Erhaltung und Förderung der körperlichen Gesundheit

572 Arthur Schopenhauer, Aphorismen zur Lebensweisheit¹⁶ [2007], Kröners Taschenausgabe Bd 16, S 20, S 22 und S 209; vgl auch Ursula Michels-Wenz (Hg), Schopenhauer für Gestreßte [1999], insel taschenbuch Nr 2504, S 12 und 14f.
573 »Vita humana prope uti ferrum est: si exerceas, conteritur; si non exerceas, tamen robigo interficit. Item hominess exercendo videmus conteri; si nihil exerceas, inertia atque torpedo plus detrimenti facit quam exercitio.«
574 Viktor Emil Frankl, Ärztliche Seelsorge – Grundlagen der Logotherapie und Existenzanalyse [2007], dtv Nr 34427, S 116.
575 Ursula Michels-Wenz (Hg), Nietzsche für Gestreßte [1997], insel taschenbuch Nr 1928, S 78.
576 Jesus Sirach 38, 15: »Wer gegen seinen Schöpfer sündigt, muss die Hilfe des Arztes in Anspruch nehmen.« (Die Bibel – Altes und Neues Testament – Einheitsübersetzung [1980], Herder Verlag, S 786).
577 Teil IV, 10 in Demokrit, Fragmente zur Ethik [1996], Reclam Verlag Nr 9435, S 49.
578 Lehrsatz SV 50 in Epikur, Briefe Sprüche Werkfragmente [2000], Reclam Verlag Nr 9984, S 69.
579 Teil I, 8 in Demokrit, Fragmente zur Ethik [1996], Reclam Verlag Nr 9435, S 33.

7.3 Gesundheit und Krankheit – Gesundheitsfördernde Faktoren

580 Erich Fromm, Den Menschen verstehen – Psychoanalyse und Ethik⁷ [2005], dtv Nr 34077, S 11.
581 Das moderne Gesundheitskonzept der »Salutogenese« wurde von Aaron Antonovsky (1923–1994) begründet und in seinem Buch Aaron Antonovsky, Salutogenese – Zur Entmystifizierung der Gesundheit [1997], DGVT-Verlag, wesentlich zusammengefasst. Das Gesundheitskonzept wurde auch einer kritischen Würdigung in einer Expertise der Bundeszentrale für gesundheitliche Aufklärung unterzogen: Jürgen Bengel/Regine Strittmatter/Hildegard Willmann, Was erhält den Menschen gesund? Antonovskys Modell der Salutogenese – Diskussionsstand und Stellenwert [2001], BZgA Eigenverlag, und unter www.bzga.de.
582 Aaron Antonovsky, Salutogenese – Zur Entmystifizierung der Gesundheit [1997], DGVT-Verlag, S 15 und 91f.
583 Aaron Antonovsky, Salutogenese – Zur Entmystifizierung der Gesundheit [1997], DGVT-Verlag, S 36 und 33ff.
584 Andreas Graeser, Hauptwerke der Philosophie – Antike [2004], Reclam Verlag Nr 8740, S 43.

585 *Viktor Emil Frankl*, Ärztliche Seelsorge – Grundlagen der Logotherapie und Existenzanalyse [2007], dtv Nr 34427, S 136.
586 *Arthur Schopenhauer*, Aphorismen zur Lebensweisheit[16] [2007], Kröners Taschenausgabe Bd 16, S 255f; vgl auch *Ursula Michels-Wenz (Hg)*, Schopenhauer für Gestreßte [1999], insel taschenbuch Nr 2504, S 96.

7.4 Unsere Verantwortung gegenüber Natur und Umwelt

587 *Peter Singer*, Wie sollen wir leben? Ethik in einer egoistischen Zeit[4] [2004], dtv Nr 36156, S 66f.
588 Teil IV, Lehrsatz 37: »Das Gut, das jeder, der den Weg der Tugend geht, für sich begehrt, wünscht er auch den übrigen Menschen, und umso mehr, je größer seine Erkenntnis Gottes ist.« In seiner Anmerkung 1 zu diesem Lehrsatz sagt *Spinoza* ua weiter: »Wer dagegen aus Vernunft bestrebt ist, die anderen zu leiten, der handelt nicht ungestüm, sondern menschenfreundlich und gütig und ist im Geiste mit sich vollkommen einig.« in *Benedictus de Spinoza*, Ethica – Die Ethik [1977], Reclam Verlag Nr 851, S 511ff.
589 *Hermann Hesse*, Piktors Verwandlungen [1975], insel taschenbuch Nr 122, S 29ff. Wie *Hesse* in seiner Betrachtung *Vom Naturgenuß* betont, fühlt sich der wertvolle Mensch »nicht nur seiner Familie und Umgebung, sondern jedem Menschen- und Naturleben verwandt.« in *Hermann Hesse*, Glück – Betrachtungen und Gedichte [2000], insel taschenbuch Nr 2407, S 87.
590 Genesis 1, 29–30 und Genesis 2, 4b–19; Jesaja 11, 6–9: »Dann wohnt der Wolf beim Lamm, der Panther liegt beim Böcklein. Kalb und Löwe weiden zusammen, ein kleiner Knabe kann sie hüten. Kuh und Bärin freunden sich an, ihre Jungen liegen beieinander. Der Löwe frisst Stroh wie das Rind. Der Säugling spielt vor dem Schlupfloch der Natter, das Kind streckt seine Hand in die Höhle der Schlange. Man tut nichts Böses mehr und begeht kein Verbrechen auf meinem ganzen heiligen Berg.«; Markus 16, 15: »Dann sagte er zu ihnen: geht hinaus in die ganze Welt, und verkündet das Evangelium allen Geschöpfen!« (Die Bibel – Altes und Neues Testament – Einheitsübersetzung [1980], Herder Verlag, S 5f, S 813 und S 1146).
591 Es war *Hesse*, der eine der wohl wunderbarsten Biographien des heiligen *Franz von Assisi* geschrieben hat. Darin beschreibt er den heiligen Franziskus als einen Menschen, der mit einem freudigen Gemüt voller Ehrfurcht vor der Schönheit der Schöpfung war und in Harmonie mit sich selbst, der Welt und Gott lebte. *Franz von Assisi* wird darin als Ideal und Symbol einer Humanität im weiteren Sinn dargestellt, dem *Hesse* selbst nachstreben wollte und auch in seinem Leben nachgestrebt hat (*Hermann Hesse*, Franz von Assisi [1988], insel taschenbuch Nr 1069).
592 *Albert Schweitzer*, Die Ehrfurcht vor dem Leben[9] [2008], Verlag C.H.Beck, Beck'sche Reihe Bd 255, S 21f, S 111 und S 156.
593 *Jean-Jacques Rousseau*, Abhandlung über den Ursprung und die Grundlagen der Ungleichheit unter den Menschen [1998], Reclam Verlag Nr 1770, S 64. Auch die *Allgemeine Erklärung der Menschenpflichten (A Universal Declaration of Human Responsibilities)* des *InterAction Council* aus 1997 (www.interactioncouncil.org) bringt diese Maxime der Güte in Artikel 7

zum Ausdruck: »Jede Person ist unendlich kostbar und muss unbedingt geschützt werden. Schutz verlangen auch die Tiere und die natürliche Umwelt. Alle Menschen haben die Pflicht, Luft, Wasser und Boden um der gegenwärtigen Bewohner und der zukünftiger Generationen willen zu schützen.«

594 *Erich Fromm*, Den Menschen verstehen – Psychoanalyse und Ethik[7] [2005], dtv Nr 34077, S 83, S 85, S 92 und S 147.
595 Erster Teil, I. Buch, 1. Hauptstück, § 7 in *Immanuel Kant*, Kritik der praktischen Vernunft [1961], Reclam Verlag Nr 1111, S 53.
596 Gedicht *Spruch* in *Hermann Hesse*, Die Gedichte [2001], insel taschenbuch Nr 2762, S 264.

7.5 Ethik und Wirtschaft

597 Punkt 45 in *Papst Benedikt XVI*, Enzyklika Caritas in veritate [2009], www.vatican.va, S 27f.
598 vgl auch Punkte 35 und 36 der Enzyklika *Caritas in veritate*: »Die Wirtschaft und das Finanzwesen können, insofern sie Mittel sind, tatsächlich schlecht gebraucht werden, wenn der Verantwortliche sich nur von egoistischen Interessen leiten lässt. So können an sich gute Mittel in schadenbringende Mittel verwandelt werden. Doch diese Konsequenzen bringt die verblendete Vernunft der Menschen hervor, nicht die Mittel selbst. Daher muss sich der Appell nicht an das Mittel, sondern an den Menschen richten, an sein moralisches Gewissen und an seine persönliche und soziale Verantwortung. Die Soziallehre der Kirche ist der Ansicht, dass wahrhaft menschliche Beziehungen in Freundschaft und Gemeinschaft, Solidarität und Gegenseitigkeit auch innerhalb der Wirtschaftstätigkeit und nicht nur außerhalb oder ›nach‹ dieser gelebt werden können. Der Bereich der Wirtschaft ist weder moralisch neutral noch von seinem Wesen her unmenschlich und antisozial. Er gehört zum Tun des Menschen und muss, gerade weil er menschlich ist, nach moralischen Gesichtspunkten strukturiert und institutionalisiert werden.« in *Papst Benedikt XVI*, Enzyklika Caritas in veritate [2009], www.vatican.va, S 20f.
599 *Peter Singer*, Wie sollen wir leben? Ethik in einer egoistischen Zeit[4] [2004], dtv Nr 36156, S 69f.
600 *Erich Fromm*, Den Menschen verstehen – Psychoanalyse und Ethik[7] [2005], dtv Nr 34077, S 151f. Wie bereits ausgeführt hat auch *Saint-Exupéry* in bemerkenswerter Weise diesen wunden Punkt unserer heutigen Gesellschaft berührt: »Und du zerlegst das Leben in zwei unannehmbare Teile: eine Arbeit, die dir eine Last bedeutet, weil du ihr das Geschenk deiner Hingabe verweigerst, und eine Muße, die lediglich einen Mangel darstellt.« in *Antoine de Saint-Exupéry*, Die Stadt in der Wüste [2009], Karl Rauch Verlag, S 264.
601 *Heinrich Böll*, Anekdote zur Senkung der Arbeitsmoral [1963]; der Text findet sich auf www.uni-flensburg.de/asta/pol_kultur_anekdote.htm; vgl auch http://de.wikipedia.org/wiki/Anekdote zur_Senkung_der_ Arbeitsmoral.
602 *Antoine de Saint-Exupéry*, Der kleine Prinz[65] [2008], Karl Rauch Verlag, S 59ff.

603 *Saint-Exupéry* hat diese Weisheit wunderbar in einem seiner Bücher formuliert: »Die Größe eines Berufes besteht vielleicht vor allem anderen darin, dass er Menschen zusammenbringt. Es gibt nur eine wahrhafte Freude: den Umgang mit Menschen. Wenn wir nur für Geld und Gewinn arbeiten, bauen wir uns ein Gefängnis und schließen uns wie Klausner ein. Geld ist nur Schlacke und kann nichts schaffen, was das Leben lebenswert macht.« in *Antoine de Saint-Exupéry*, Wind, Sand und Sterne [2010], Karl Rauch Verlag, S 41.

604 Markus 10, 17–27 (Die Bibel – Altes und Neues Testament – Einheitsübersetzung [1980], Herder Verlag, S 1136).

605 *Khalil Gibran*, Der Prophet [2005], Diederichs Gelbe Reihe, S 47.

606 Punkte 6 und 7 in *Papst Benedikt XVI*, Enzyklika Caritas in veritate [2009], www.vatican.va, S 3f.

7.6 Nachhaltigkeit und unternehmerische Sozialverantwortung

607 Peter Singer, Wie sollen wir leben? Ethik in einer egoistischen Zeit[4] [2004], dtv Nr 36156, S 55ff. *Singer* weist hier nach, dass bei der Haltung von Rindern aus über 790 Kilogramm pflanzlichem Eiweiß nicht einmal 50 Kilogramm tierisches Eiweiß werden. Und die Rinder der Erde erzeugen vermutlich 20 Prozent des Methans, das in die Atmosphäre gelangt.

608 http://de.wikipedia.org/wiki/Nachhaltigkeit.

609 Das ist die wesentliche Aussage des Abschlussdokumentes *Unsere gemeinsame Zukunft* aus dem Jahr 1987 der sogenannten Brundtland-Kommission, der von den Vereinten Nationen 1983 eingesetzten Weltkommission für Umwelt und Entwicklung (http://de.wikipedia.org/wiki/Brundtland-Bericht).

610 Wohl bemerkenswert ist in dieser Hinsicht der Spruch *Demokrits*: »Die übertriebene Anhäufung von Vermögen im (angeblichen) Interesse der Kinder ist nichts als ein Vorwand für Gewinnsucht, die damit ihren wahren Charakter verrät.« in Teil X, 7a in *Demokrit*, Fragmente zur Ethik [1996], Reclam Verlag Nr 9435, S 89.

611 http://de.wikipedia.org/wiki/Nachhaltigkeit.

612 http://de.wikipedia.org/wiki/Corporate_Social_Responsibility.

613 Punkte 20 und 21 des Grünbuchs der Kommission der Europäischen Gemeinschaften über Europäische Rahmenbedingungen für die soziale Verantwortung der Unternehmen, KOM (2001) 366, S 7, http://eur-lex.europa.eu.

614 http://de.wikipedia.org/wiki/Ehrbarer_Kaufmann.

615 *Daniel Klink*, Der ehrbare Kaufmann [2007], Eigenverlag, S 59f, http://www.der-ehrbare-kaufmann.de/files/der-ehrbare-kaufmann.pdf.

616 *Daniel Klink*, Der ehrbare Kaufmann [2007], Eigenverlag, S 60f, http://www.der-ehrbare-kaufmann.de/files/der-ehrbare-kaufmann.pdf sowie Punkte 27ff und 42ff des Grünbuchs der Kommission der Europäischen Gemeinschaften über Europäische Rahmenbedingungen für die soziale Verantwortung der Unternehmen, KOM (2001) 366, S 9ff und S 12ff, http://eur-lex.europa.eu. Ähnliche Überlegungen finden sich auch in Punkt 40 der Enzyklika *Caritas in veritate*, welche die Grundüberzeugung anspricht, »nach der die Führung des Unternehmens nicht allein

auf die Interessen der Eigentümer achten darf, sondern auch auf die von allen anderen Personenkategorien eingehen muss, die zum Leben des Unternehmens beitragen: die Arbeitnehmer, die Kunden, die Zulieferer der verschiedenen Produktionselemente, die entsprechende Gemeinde.« Eine Investition hat daher richtigerweise neben »der wirtschaftlichen immer auch eine moralische Bedeutung.« in *Papst Benedikt XVI*, Enzyklika Caritas in veritate [2009], www.vatican.va, S 23.

7.7 Perspektiven für ein modernes ethisches Leben

617   *Peter Singer*, Wie sollen wir leben? Ethik in einer egoistischen Zeit[4] [2004], dtv Nr 36156, S 69ff (Kapitel 4) und S 125.
618   *Peter Singer*, Wie sollen wir leben? Ethik in einer egoistischen Zeit[4] [2004], dtv Nr 36156, S 195ff.
619   Es geht darum, in unserem Leben etwas zu schaffen, was *Saint-Exupéry* mit dem Begriff »sich austauschen« meint: *Antoine de Saint-Exupéry*, Die Stadt in der Wüste [2009], Karl Rauch Verlag, S 21f, S 25, S 48, S 86f, S 151, S 181 und S 426.
620   Punkte 8, 17 und 19 sowie 50f in *Papst Benedikt XVI*, Enzyklika Caritas in veritate [2009], www.vatican.va, S 4, S 8, S 10 und S 31.
621   Eine wunderbare Weisheit von *Pasternak*, die ich einmal auf einer Glückwunschkarte gelesen habe.

Schlusswort

622   Gedicht *Vermächtnis* in *Johann Wolfgang Goethe*, Gedichte [1998], Reclam Verlag Nr 6782, S 223.

Hermann Hesse:
»Das Leben jedes Menschen ist
ein Weg zu sich selber hin,
der Versuch eines Weges,
die Andeutung eines Pfades.«[3]

Antoine de Saint-Exupéry:
»Denn die Vollkommenheit ist eine Richtung,
auf die man hinweisen muss,
obwohl es nicht in deiner Macht steht, sie zu erreichen.«[4]

Der Autor

René Schneider wurde 1967 in Graz geboren und kam früh im Rahmen seiner Schulbildung im Bischöflichen Seminar und Gymnasium in Graz mit humanistischen Gedanken in Berührung. Er studierte in Graz und London Rechtswissenschaften und ist seit 1998 in Wien als Rechtsanwalt im Bereich wirtschaftsrechtlicher Beratung tätig. Seine Frau Ingrid, eine Tierärztin, hat er während seiner Studienzeit in London kennengelernt. Die beiden haben drei Kinder und leben in der Nähe von Wien. René Schneider wurde wesentlich durch die Gedanken von Spinoza, Goethe, Hesse, Saint-Exupéry, Steiner, Fromm und Frankl geprägt. Erklärtes Ziel seiner schriftstellerischen Tätigkeit ist es, in einer Zeit der Unsicherheit, Verwirrung, Orientierungslosigkeit und Angst den Weg zum wahrhaft menschlichen Sein aufzuzeigen.

Der Verlag

„Semper Reformandum", der unaufhörliche Zwang sich zu erneuern begleitet die novum publishing gmbh seit Gründung im Jahr 1997. Der Name steht für etwas Einzigartiges, bisher noch nie da Gewesenes.

Im abwechslungsreichen Verlagsprogramm finden sich Bücher, die alle Mitarbeiter des Verlages sowie den Verleger persönlich begeistern, ein breites Spektrum der aktuellen Literaturszene abbilden und in den Ländern Deutschland, Österreich und der Schweiz publiziert werden.

Dabei konzentriert sich der mehrfach prämierte Verlag speziell auf die Gruppe der Erstautoren und gilt als Entdecker und Förderer literarischer Neulinge.

Neue Manuskripte sind jederzeit herzlich willkommen!

novum publishing gmbh
Rathausgasse 73 · A-7311 Neckenmarkt
Tel: +43 2610 431 11 · Fax: +43 2610 431 11 28
Internet: office@novumverlag.com · www.novumverlag.com

Printed in Great Britain
by Amazon.co.uk, Ltd.,
Marston Gate.